全国船舶工业职业教育教学指导委员会“十三五”重点规划教材

轮机自动化

主　编　马洪涛　吴　俊
副主编　师光飞
主　审　郑其山

哈爾濱工程大學出版社
Harbin Engineering University Press

内容简介

本书是全国船舶工业职业教育教学指导委员会"十三五"重点规划教材，依据船舶电气技术专业所对应的船舶机舱自动化设备和系统的安装、调试、维护管理等岗位职责，立足于高等职业教育特征和高端技能型专门人才的成长规律编写而成。本书将课程内容划分为5个项目，分别为船舶自动控制基础，自动化仪表及船舶常用传感器、变送器，船舶监视与报警系统，船舶主机遥控系统，船舶辅助机械自动控制系统。

本书从技能培养的角度出发，以职业岗位所需的技能为依据，介绍了船舶机舱自动化设备和系统的相关知识。

本书可作为高等职业学校船舶工程领域船舶电气工程技术专业的教材，也可作为船厂船舶电气自动化设备的安装调试从业人员及相关企业员工参考用书。

图书在版编目(CIP)数据

轮机自动化/马洪涛，吴俊主编. —哈尔滨：哈尔滨工程大学出版社，2021.8(2025.5 重印)
ISBN 978-7-5661-3216-1

Ⅰ.①轮… Ⅱ.①马… ②吴… Ⅲ.①轮机-自动化
Ⅳ.①U664.1

中国版本图书馆 CIP 数据核字(2021)第 157903 号

选题策划 史大伟 薛 力
责任编辑 卢尚坤 刘海霞
封面设计 李海波

出版发行 哈尔滨工程大学出版社
社　　址 哈尔滨市南岗区南通大街 145 号
邮政编码 150001
发行电话 0451-82519328
传　　真 0451-82519699
经　　销 新华书店
印　　刷 哈尔滨午阳印刷有限公司
开　　本 787 mm×1 092 mm 1/16
印　　张 18
字　　数 455 千字
版　　次 2021 年 8 月第 1 版
印　　次 2025 年 5 月第 4 次印刷
定　　价 48.00 元
http://www.hrbeupress.com
E-mail:heupress@hrbeu.edu.cn

船舶行指委“十三五”规划教材编委会

编 者 的 话

为深入贯彻国家关于“大力发展职业教育”的决定，积极推进课程改革和教材建设，为职业教育教学和培训提供丰富、实用的教材，更好地满足我国造船工业快速发展的需要，江苏海事职业技术学院组织编写了本书。

本书紧紧围绕高等职业教育人才培养目标，针对造船企业中船舶机舱自动化设备和系统的相关知识做了简明扼要的讲解和阐述。

本书在编写过程中，以船舶机舱自动化设备的认知、操作和维护为依据，根据教学项目的性质设置相应的教学情境，融知识传授、能力培养和素质教育为一体，通过任务训练，使学生熟悉船舶机舱自动控制设备和系统的控制功能、原理和调试。随着船舶设备自动化程度的不断提高，轮机自动化技术越来越普及，并不断推动船舶自动化朝着网络化和智能化的方向发展。本书体现了微型计算机、工业控制网络等先进技术在船舶机舱自动控制和监视系统中的应用，以适应现代新型船舶自动化设备安装和调试的需要。

本书注重以就业为导向，以能力为本位，体现了职业教育的特色，满足了高素质的实用型、技能型船舶技术类高等职业人才培养的需要。本书在组织编写过程中，形成了以下特色：

(1)本书在对全国相关行业企业调研的基础上，以用人单位对本专业学生职业岗位的能力需求为出发点，适当精简了教学内容，代表性强、适用性广，充分体现了工学结合原则；

(2)本书内容力求贯彻理论联系实际，突出职业教育特色，坚持循序渐进和少而精的原则，并能反映船舶机舱自动化系统的发展趋势和最新技术，具有较强的针对性。

全书在介绍船舶自动化的基础知识、调节器的作用规律、执行机构和自动化仪表的基础上，着重介绍了船舶监视与报警系统、主动力推进装置的自动控制系统、船舶辅助机械的自动控制系统，从系统认知、操作维护、调试、维修等方面对上述设备和系统进行了阐述。

参加本书编写工作的人员有：主编江苏海事职业技术学院马洪涛(编写项目一)、江苏海事职业技术学院吴俊(编写项目四中的任务一～任务七)，副主编武汉交通职业学院师光飞(编写项目五中的任务一～任务五)，参编江苏海事职业技术学院祁辉宇(编写项目二)、江苏海事职业技术学院莫丽琴(编写项目三)、江苏海事职业技术学院李冰蟾(编写项目五中的任务六～任务八)、南通中远海运川崎船舶工程有限公司黄勇华(编写项目四中的任务八～任务十)。全书由江苏海事职业技术学院马洪涛统稿，招商局南京油运股份有限公司郑其山主审。

本书在编写过程中,得到了许多兄弟院校教师和哈尔滨工程大学出版社的大力支持,在此表示衷心的感谢。

由于编者水平有限,加之时间仓促,书中谬误和不足之处在所难免,恳请读者批评指正,以便修订时完善。

编 者

2020 年 12 月

目　录

项目一　船舶自动控制基础

所谓自动控制，是指在没有人参与的情况下利用控制器使生产过程自动地按预定的规律运行。而船舶机舱自动化是指船舶机舱动力装置及设备系统的控制、监测和管理自动化。它用各种自动化仪表及控制元件和逻辑元件（包括计算机）组成各种控制和监视系统，能部分地或绝大部分地代替管理人员，对机舱中的运行参数进行自动控制、监视、显示、记录和报警，以及对主要机器设备进行自动操作。

任务一　反馈控制系统的认知

一、反馈控制系统的组成及传递

1. 反馈控制系统的组成

反馈控制系统对机器设备或生产过程参数的控制过程实际上是直接模拟人的手动操作过程。图 1－1 示出了柴油机气缸冷却水温度控制过程。

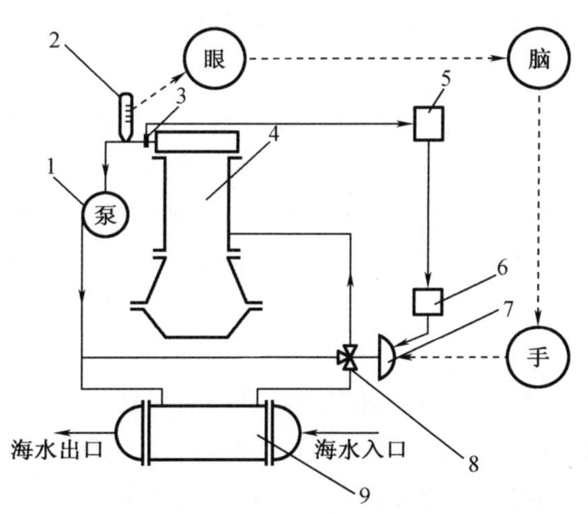

1—淡水泵；2—温度表；3—感温元件；4—柴油机；5—温度变送器；
6—调节器；7—执行机构；8—三通调节阀；9—淡水冷却泵。

图 1－1　柴油机气缸冷却水温度控制过程示意图

柴油机在运行过程中需要保持一个最佳的冷却水温度。假如冷却水出口温度应为 80 ℃，则在手动控制时，操作人员要用眼睛观察温度表，并把观察到的冷却水实际温度反映给大脑，大脑对这一水温进行分析（温度的实际值是否偏离了最佳值）、判断（实际水温是高于最佳值还是低于最佳值）和计算（实际水温离开最佳值的数量），然后输出一个控制指令给双手,用双手来改变三通调节阀的开度,即改变旁通水量和经冷却器冷却后的冷水流量,从而改变对气缸冷却水的冷却强度,使冷却水的实际温度逐渐恢复到冷却水温度的最佳值。

在自动控制过程中,由于不需要人为干预控制过程,因此必须采用相应的自动化仪表来代替人的功能器官。比如可用温度传感器和变送器来代替人的眼睛,随时测量冷却水的实际温度,并把该值送给调节器。调节器代替人的大脑,并对冷却水实际温度进行分析和计算,然后输出控制信号给执行机构。执行机构代替人的双手,改变三通调节阀的开度。不论是手动控制还是自动控制,反馈的作用都是存在的。我们把包含反馈作用的控制过程称为反馈控制过程。

其实,对任何其他运行参数进行控制也都具有类似的过程。分析上述实例不难发现,组成一个反馈控制系统,必须有4个最基本的环节,即控制对象、测量单元、调节单元和执行机构。

(1)控制对象

控制对象是指所要控制的机器、设备或装置,而所要控制的运行参数则称为被控量。例如,在柴油机气缸冷却水温度自动控制系统中,柴油机是控制对象,冷却水温度是被控量;在锅炉水位自动控制系统中,锅炉是控制对象,水位是被控量。

(2)测量单元

测量单元的作用是检测被控量的实际值,并把它转换成统一的标准信号,该信号称为被控量的测量值。测量单元一般包含两部分,即传感器和变送器。传感器用于对物理量进行检测,变送器则将传感器的输出转换为调节器能够接收的信号。

(3)调节单元

调节单元是指具有某种调节作用规律的调节器。调节器接收测量单元送来的被控量测量值,并与被控量的希望值相比较得到偏差信号,再根据偏差信号的大小和方向,按照某种调节作用规律输出一个控制信号,送给执行机构,对被控量施加控制作用,直到偏差等于零或接近零为止。根据控制对象的特性及对被控量控制精度的要求,控制系统可选用不同调节作用规律的调节器。

(4)执行机构

执行机构接收调节单元输出的控制信号,并将该信号转换为作用于控制对象的实际控制作用。调节单元输出的控制信号一般都要经过执行机构才能作用到控制对象上,从而改变流入控制对象的物质或能量,使之能适应控制对象的负荷变化。

以上4个单元是组成反馈控制系统必不可少的基本单元。

2. 反馈控制系统传递

为了分析反馈控制系统的工作过程,可把组成反馈控制系统的4个基本单元分别用一个小方框来表示,并用带箭头的信号线来表示各单元之间的信号传递关系。这样就构成了图1-2所示的反馈控制系统传递方框图。

偏差值$e(t)$是设定值$r(t)$与测量值$z(t)$之间的差值,$e(t)=r(t)-z(t)$。若$e>0$,称为正偏差;若$e<0$,称为负偏差;若$e=0$,称为无偏差。

通过传递方框图,我们需要明确以下几个概念。

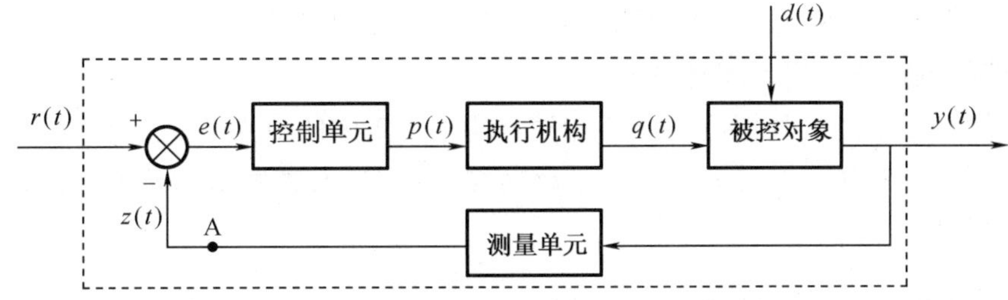

$r(t)$—设定值;$z(t)$—测量值;$e(t)$—偏差值;$y(t)$—被控量;$q(t)$—执行量;$p(t)$—控制量;$d(t)$—外部扰动。

图1-2　反馈控制系统传递方框图

(1)环节

在反馈控制系统传递方框图中,代表实际单元的每个小方框称为一个环节。每个环节都有输入量和输出量,并用带箭头的信号线来表示。其中箭头指向该环节的信号线为输入量,箭头离开该环节的信号线为输出量。

(2)扰动

控制对象作为反馈控制系统的组成环节,其输出量是被控量,而引起被控量变化的因素统称为扰动。显然,扰动量是控制对象的输入量,具体包含两类:基本扰动和外部扰动。

基本扰动是指来自控制系统内部控制通道(调节通道)的扰动。例如,在水位控制系统中,给水调节阀开度的改变将引起水位的变化。这种扰动通过系统内部的调节通道,改变流入控制对象的物质或能量的流量,从而影响控制对象的输出。因此,基本扰动通过调节通道影响被控量。

外部扰动是指来自系统外部环境的扰动。例如,以锅炉为控制对象的水位控制系统,水位是被控量,锅炉负荷(外部用汽量)的变化将引起水位的变化。这种扰动是由设备负荷或外界环境的扰动变化导致控制对象内部的能量平衡遭到破坏而引起的。因此,外部扰动通过扰动通道影响被控量。

在图1-2中,有两个信号线的箭头指向被控对象,分别为基本扰动 $q(t)$(执行机构的输出,即执行量)和外部扰动 $d(t)$(控制对象负荷或环境因素的变化)。

(3)系统的输入与输出

将图1-2所示的各个基本环节看作一个整体,如图中的虚线框所示。作为一个整体,系统具有两个输入,即设定值 $r(t)$ 和外部扰动 $d(t)$,还有一个输出 $y(t)$。

(4)反馈

系统输出的变化经测量单元送回系统的输入端,这个过程叫作反馈。反馈有正反馈和负反馈之分。正反馈是指加强系统输入效应的反馈,它使偏差 e 增大;而负反馈是指减弱系统输入效应的反馈,它使偏差 e 减小。显然,按偏差进行控制的系统必定是一个负反馈控制系统。

(5)前向通道与反馈通道

在反馈控制系统传递方框图中,从系统的输入端沿信号线方向到达系统输出端的通道称为前向通道;而相反方向的通道则称为反馈通道。

(6)闭环系统

在反馈控制系统传递方框图中,前一环节的输出就是后一环节的输入,系统的输出又经反馈通道送回到系统的输入端。这样,控制系统就形成了一个封闭的控制回路,称为闭环系统,反馈控制系统必定是闭环系统。

如果在闭环系统的某处把回路断开,例如在图 1 - 2 中的 A 处断开,那么该系统就由闭环系统变成了开环系统。开环系统不再是反馈控制系统,无法根据偏差来实现设备或生产过程的参数自动控制。

二、反馈控制系统的品质

1. 反馈控制系统的动态过程

(1)控制系统的动态过程

控制系统在运行过程中,若输出量(被控量)不随时间变化,而是稳定在给定值上或给定值附近,系统的这种平衡状态叫作稳态。系统从受到扰动开始到被控量稳定在新稳态值,达到新的平衡状态的过程,即被控量随时间的变化规律,称为动态过程,也叫作过渡过程。图 1 - 3 所示为控制系统动态过程(过渡过程)示意图。

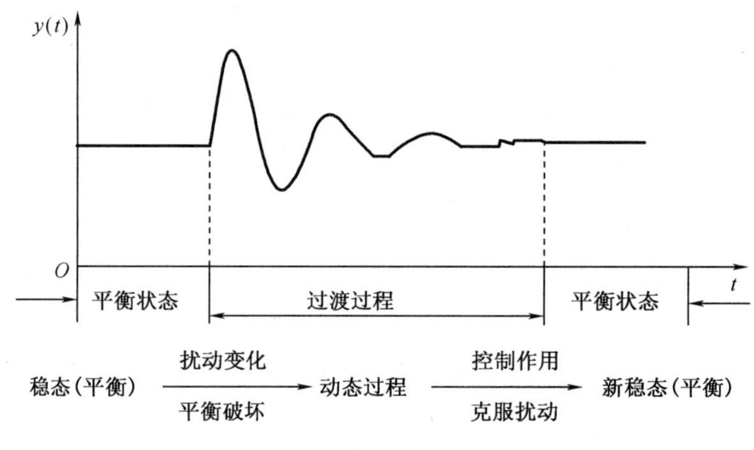

图 1 - 3　控制系统动态过程示意图

假设系统处在稳态时突然受到一个外部扰动,被控量将离开初始稳定值而发生变化,测量单元把被控量的实际值送至调节器,在调节器内部,被控量的给定值与测量值进行比较,得到偏差值 e,调节器依据某种调节作用规律输出一个控制信号,通过执行机构改变流入控制对象的物质或能量流量,被控量朝着偏差减少的方向变化,这一信号又通过测量单元发送至调节器,重复上述过程,最终使被控量又回到给定值或给定值附近,系统达到一个新的平衡状态(稳态)。

综上所述,系统在受到扰动之后,被控量将围绕给定值产生波动。在调节器的控制作用下,波动会越来越小,最终被控量会稳定在新稳态值(给定值或给定值附近),系统达到一个新的平衡状态。

(2)控制系统的典型输入信号

常用的输入信号主要有以下 4 种形式,即阶跃输入函数、速度输入函数、脉冲输入函数和正弦输入函数。

①阶跃输入函数的定义为

$$r(t)=\begin{cases}R & (t\geqslant 0)\\ 0 & (t<0)\end{cases}$$

式中，如果 $R=1$，则称为单位阶跃输入函数。阶跃输入函数的波形如图 1－4(a)所示。

②速度输入函数的定义为

$$r(t)=\begin{cases}Rt & (t\geqslant 0)\\ 0 & (t<0)\end{cases}$$

速度输入函数也称为斜坡输入函数，当 $R=1$ 时称为单位速度输入函数或单位斜坡输入函数。速度输入函数的波形如图 1－4(b)所示。

③脉冲输入函数的定义为

$$r(t)=\begin{cases}R & (0\leqslant t\leqslant h)\\ 0 & (t<0,t>h)\end{cases}$$

当脉冲输入函数波形曲线包含的面积为 1 时，则称为单位脉冲输入函数，如图 1－4(c)所示。特别地，当 $h\to 0$ 时，$r(t)\to\infty$，此时称为理想的单位脉冲输入函数。理想的单位脉冲输入函数只有在理论研究时才有意义，现实中是不存在的。

④正弦输入函数的定义为

$$r(t)=A\sin\omega t$$

式中，A 为振幅；ω 为角频率。波形曲线如图 1－4(d)所示。

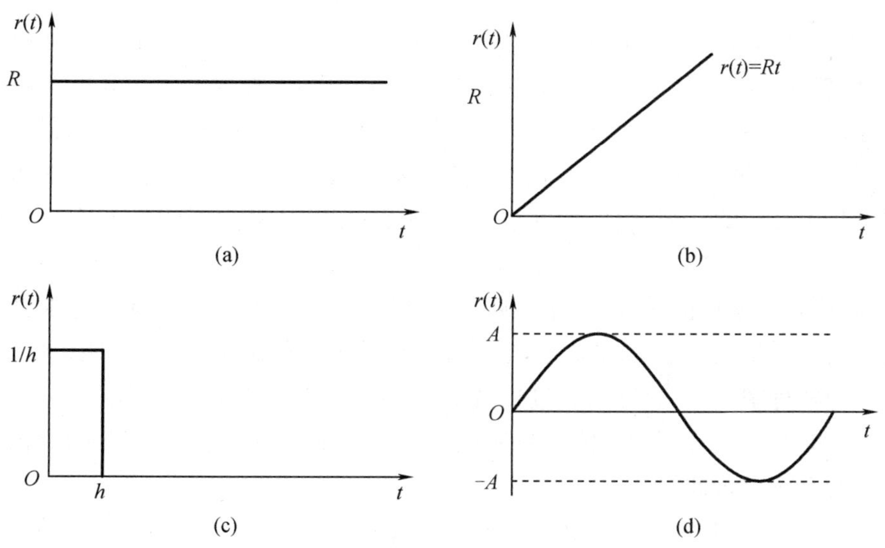

图 1－4　控制系统典型输入函数

在上述 4 种典型输入信号中，阶跃扰动对控制系统的影响是最为不利的，控制系统如果能抵御阶跃扰动，那么对其他形式的扰动也就容易克服了。另外，阶跃扰动也基本符合实际的扰动形式。因此，下面只取阶跃的输入形式来研究控制系统的动态过程。

2. 反馈控制系统的品质指标

为评定控制系统动态过程品质，通常给系统施加一个阶跃输入，然后研究系统的输出量(被控量)随时间的变化曲线，即系统的动态过程。根据控制系统接受的扰动途径，可以将其分为两种情况：一种情况是外部扰动不变，改变给定值(如随动控制)；另一种情况是给定值不变(定值控制)，改变外部扰动。控制器控制规律或系统参数不同，导致控制系统的动态过程表现为不同的形式。图 1－5 示出了控制系统在受到外部阶跃扰动后可能出现的 4 种不同情况。

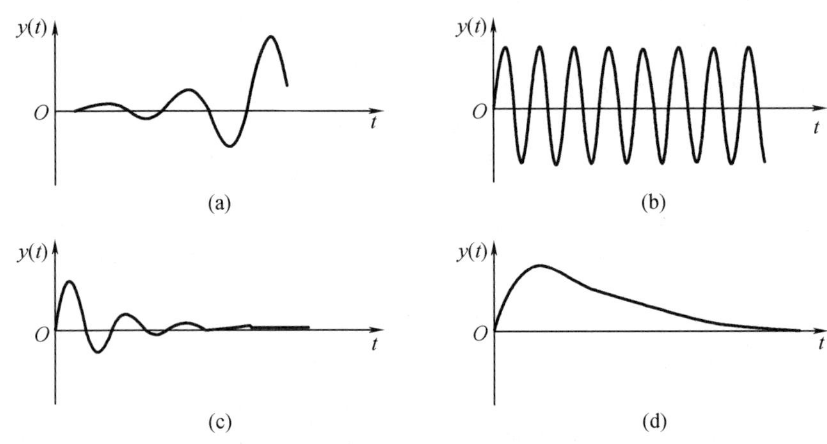

图 1－5　过程曲线基本类型

图 1－5(a)所示为振幅不断增加的发散振荡过程，图 1－5(b)所示为振幅相同的等幅振荡过程，显然这两种情况都是不稳定的过程。图 1－5(c)所示为一个振幅不断减少的衰减振荡过程，而图 1－5(d)所示为一个波峰不断减少的非周期过程，虽然这两种情况均属于稳定的过程，但非周期过程往往会出现较大的偏差，或者整个调节过程所经历的时间过长，在实际中也是不可取的。因此，一个实际可用的控制系统，最起码的要求是其过渡过程为衰减振荡。

但是，即便是衰减振荡过程，还存在衰减快慢的问题，并不是所有衰减振荡过程都符合要求。为了便于讨论控制系统动态过程品质，通常采用一些定量指标加以衡量。在定值控制和随动控制两种情况下，评定动态过程品质的指标有些相同，也有些不同。

图 1－6 和图 1－7 分别为定值控制和随动控制系统在 t_0时刻给定值阶跃变化和外部扰动阶跃变化的动态过程曲线。

归纳起来，评定控制系统动态过程品质的指标包含以下 3 个方面：

(1)稳定性指标：衰减率 φ 和振荡次数 N

衰减率 φ 是指在衰减振荡中，第一个波峰值 y_1 减去第二个同相波峰值 y_3，再除以第一个波峰值 y_1，即

$$\varphi = \frac{y_1 - y_3}{y_1}$$

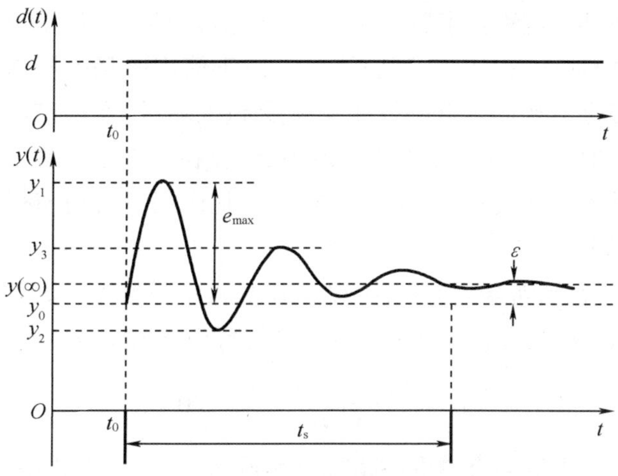

图 1-6 定值控制系统的动态过程

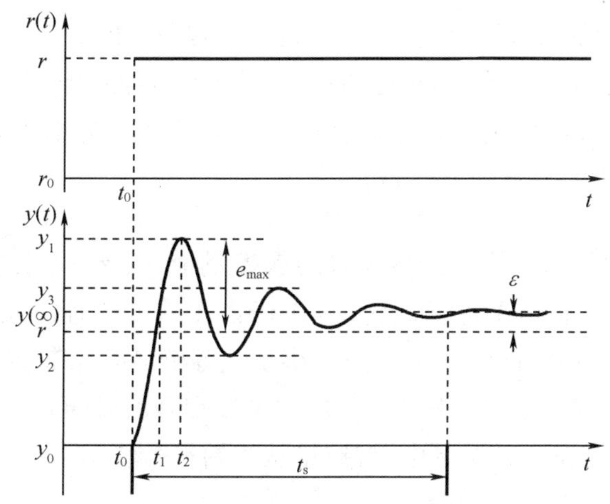

图 1-7 随动控制系统的动态过程

与衰减率相对应的另一个衡量指标是衰减比。所谓衰减比，是指第一个波峰值 y_1 和第二个同相波峰值 y_3 的比值，即 y_1/y_3。

衰减率 φ 是衡量系统稳定性的指标，要求 $\varphi=0.75\sim0.9$。当 $\varphi=0.75$ 时，y_1 是 y_3 的 4 倍，此时衰减比为 4。φ 不能小于 0.75，否则系统动态过程的振荡倾向会增加，系统稳定性会降低，过渡过程时间也因振荡不息而加长。特别是当 $\varphi=0$ 时，其动态过程是等幅振荡，系统变成不稳定系统。

振荡次数 N 是指在衰减振荡中被控量的振荡次数。一般要求被控量振荡 2～3 次就应该稳定下来。

（2）精确性指标：最大动态偏差 e_{max}、静态偏差 ε 和超调量 σ_p

最大动态偏差 e_{max} 是指在衰减振荡中第一个波峰的峰值，它是动态精度指标。e_{max} 大，说明动态精度低，因此 e_{max} 小些为好，但不是越小越好，因为 e_{max} 太小，有可能使动态过程的振荡加剧。

静态偏差 ε 是指动态过程结束后，被控量新稳态值与给定值之间的差值。ε 越小，说明控制系统的静态精度越高。在实际控制系统中，由于使用的是不同作用规律的调节器，其存在静态偏差的情况也不相同。有的控制系统受到扰动后，在调节器控制作用下，被控量最终不能稳定在给定值上，只能稳定在给定值附近，存在一个数值较小的静态偏差，称为有差调节。有的控制系统受到扰动后，在调节器的控制作用下，被控量能最终稳定在给定值上，$\varepsilon=0$，称为无差调节。

对于随动控制系统，通常采用超调量 σ_p 来衡量其动态精度。所谓超调量，是指在衰减振荡中，第一个波峰值 y_1 减去新稳态值 $y(\infty)$ 再与新稳态值 $y(\infty)$ 之比的百分数，即

$$\sigma_p=\frac{y_1-|y(\infty)|}{|y(\infty)|}\times100\%$$

超调量是评定控制系统动态精度的指标。超调量太大，说明被控量偏离规定的状态太远，对于一些要求比较严格的场合，都有允许的最大超调量要求。在实际系统的过渡过程中，一般要求 $\sigma_p<30\%$。

(3)快速性指标：过渡过程时间 t_s、上升时间 t_r 和峰值时间 t_p

过渡过程时间 t_s 是指从控制系统受到扰动开始到被控量重新稳定下来所需的时间。理论上讲，这个时间是无穷大的。因此，通常这样定义过渡过程时间 t_s：当 $t\geqslant t_s$ 时，满足

$$\frac{|y(t)-y(\infty)|}{y(\infty)}\leqslant\Delta$$

式中，$y(t)$ 是系统受到扰动后，在时间为 t 时的被控量值；$y(\infty)$ 是被控量的最终稳态值；Δ 是选定的任意小的值，一般取 $\Delta=0.02$ 或 $\Delta=0.05$。上式的物理意义是，在 $t\geqslant t_s$ 的所有时间内，被控量 $y(t)$ 的波动值 $|y(t)-y(\infty)|$ 均小于或等于最终稳态 $y(\infty)$ 的 2% 或 5%。

在讨论随动控制系统时，通常还用到上升时间 t_r 和峰值时间 t_p。

所谓上升时间，是指在衰减振荡中，被控量从初始平衡状态第一次达到新稳态值 $y(\infty)$ 所需的时间。在图 1－7 中，$t_r=t_1-t_0$。

所谓峰值时间，是指在衰减振荡中，被控量从初始平衡状态达到第一个波峰峰值所需要的时间。在图 1－7 中，$t_p=t_2-t_0$。

t_r 和 t_p 都是反映动态过程进行快慢的指标。t_r、t_p 越小，说明系统惯性越小，动态过程进行得越快。

任务二　调节器作用规律的认知与参数整定

在反馈控制系统中，调节器是最重要的组成单元。当控制对象确定后，反映控制对象特性的各种参数也是既定的，因此调节器就对控制系统的动态过程品质起着决定性的影响。调节器的输入是被控量的偏差值 $e(t)$，调节器的输出是控制量 $p(t)$，用于改变执行机构的位置(如调节阀的开度)，最终作用于控制对象。调节器的作用规律是指输出量 $p(t)$ 与输入量 $e(t)$ 之间的函数关系，即 $p(t)=f[e(t)]$，也就是说给调节器施加一个输入信号后，其输出量按何种方式进行变化。根据调节器输出的变化方向，调节器有两种类型：一是随着测量值的增加，调节器的输出也增加，称为正作用式调节器；另一种是随着测量值的增

加，调节器的输出减小，称为反作用式调节器。

在船舶机舱中广泛应用的调节器作用规律有双位作用规律、比例（P）作用规律、比例积分（PI）作用规律、比例微分（PD）作用规律、比例积分微分（PID）作用规律等 5 种。这些作用规律中，除了双位作用规律之外，都还有作用强度的问题，例如比例系数的大小衡量比例作用的强弱，积分时间的大小反映积分作用的强弱，微分时间的大小决定微分作用的强弱。

一、双位作用规律

双位作用规律的特点是，对应被控量的低限 e_{min} 和高限 e_{max}，调节器只有两个输出状态（逻辑 0 和逻辑 1），如图 1－8 所示。这种作用规律不能使被控量稳定在某个值上，而是使被控量在上限值和下限值之间上下波动。当被控量下降到下限值时，调节器的输出通过执行机构使被控量上升，到达上限值时，调节器的输出状态改变，被控量下降，如此周而复始。当被控量在上、下限之间变化时，调节器输出状态不变。

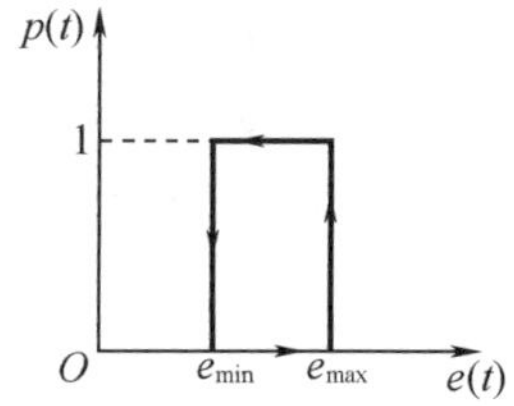

图 1－8 双位作用规律

双位控制广泛应用于允许被控量在一定范围内波动的控制系统中，例如各种液位、压力和温度等的双位控制。下面以浮子式水位双位控制系统和双位式压力调节器为例加以说明。

1. 浮子式水位双位控制系统

在机舱中，浮子式水位双位控制的例子很多，如热水井的水位控制、主机日用燃油柜的液位控制以及小型辅锅炉的水位自动控制等。图 1－9 所示为浮子式辅锅炉水位双位控制原理图。

在锅炉外面的浮子室有汽管和水管，分别与锅炉的汽空间和水空间相通，故浮子室内水位与锅炉水位一致。浮子与水位同步变化，浮子杆绕枢轴 4 转动，通过上、下限销钉 5 带动扇形调节板 3 绕枢轴 4 转动，调节板右边的永久磁铁 12 也跟着转动。当水位上升至接近上限值时，浮子杆与上面的销钉相接触，并带动扇形调节板 3 和永久磁铁 12 绕枢轴 4 顺时针转动，当永久磁铁 12 转至与它同极性的永久磁铁 6 相同高度时，由于同极性互相排斥，永久磁铁 6 立即被向上弹开，动触头 11 立即与静触头 7 断开，切断电机电源，给水泵停转，停止向锅炉供水。随着外界负荷不断消耗蒸汽，水位会不断降低，浮子连同浮子杆绕枢轴 4 逆时针转动，但调节板暂时不动。当水位下降到接近下限水位时，浮子杆与下面的销钉相碰，并带动调节板一起转动。当水位下降到下限值时，两同极性的永久磁铁 12 和 6 又正好相遇并互相排斥，动触头 11 立即与静触头 7 相接触，接通电机电源，并带动给水泵向锅炉供水。随着水位的上升，浮子连同浮子杆绕枢轴 4 顺时针转动，重复前面的过程。可见，只有水位处在上、下限值时，调节器的输出状态才发生改变，而水位在上、下限之间变化时，调节器的输出状态不变。例如，水位从上限值下降时，电机保持断电；水位从下限值上升时，电机保持通电。

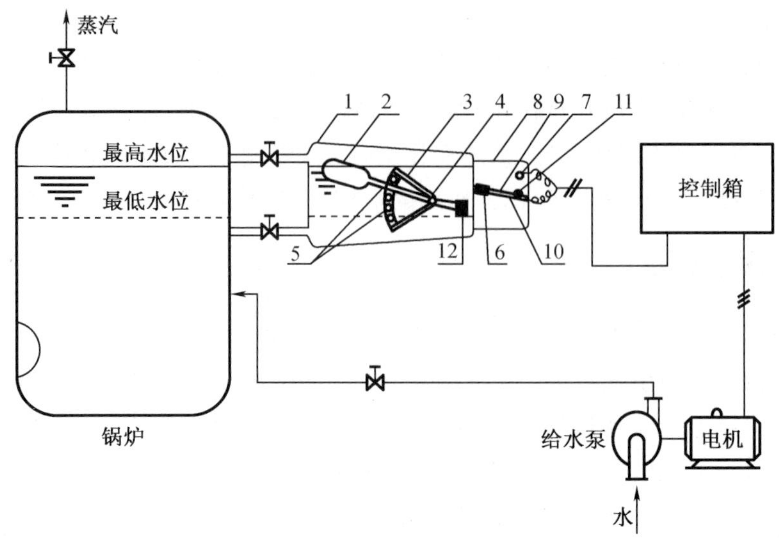

1—浮子室；2—浮子；3—调节板；4—枢轴；5—上、下限销钉；6，12—同极性永久磁铁；
7—静触头；8—开关箱；9—转轴；10—转杆；11—动触头。

图1-9　浮子式辅锅炉水位双位控制原理图

在调节板上对应浮子杆的上、下限位置各有3个销钉孔，调整上、下限销钉5的位置，可调整水位的上、下限限值，但如果把上、下限销钉之间的距离调整得太小，虽然可以减小水位的波动范围，但将导致电机启停频繁，这是不利的。

2. 双位式压力调节器

双位式压力调节器也叫压力开关。压力开关的种类较多，原理也不尽相同，但其主要的外在功能都是一样的，即根据测量压力的上限值和下限值输出不同的开关量信号，用于船舶辅锅炉的蒸汽压力和日用海、淡水压力等的双位控制。下面以YT-1226型压力调节器为例加以说明。图1-10所示为YT-1226型压力调节器的结构原理图。被测量的压力p接至测量室，通过波纹管转换为力信号作用于比较杠杆，产生测量力矩。此外杠杆上还作用着由给定值弹簧产生的给定力矩和由幅差弹簧产生的幅差力矩。

当p处在压力的下限值时，比较杠杆处于水平位置。这时动触点离开静触点1闭合于静触点2。此时，作用螺钉与幅差弹簧盘之间存在一定的间隙，幅差弹簧对杠杆不起作用。当p增大时，杠杆绕支点逆时针转动，通过拨臂使舌簧的下边框左移，通过舌簧舌片使跳簧压缩，储存弹性能。同时，作用螺钉与幅差弹簧盘的间隙逐渐消失，当杠杆继续转动时，不仅要克服给定力矩，还要克服幅差力矩。当杠杆转过某个角度，即被测量压力p达到上限值时，舌簧舌片正好与舌簧簧片处在同一平面，跳簧有了释放能量的机会，迅速把舌簧簧片弹开，使动触点离开静触点2而与静触点1闭合。当压力p降低时，杠杆绕支点顺时针转动，当杠杆回到水平位置时，舌簧舌片又与舌簧簧片处在同一平面，跳簧再次把舌簧弹开，使动触点离开静触点1闭合到静触点2。当压力p在上限值和下限值之间变化时，跳簧保持原状态不变，也就是调节器的输出状态不变。

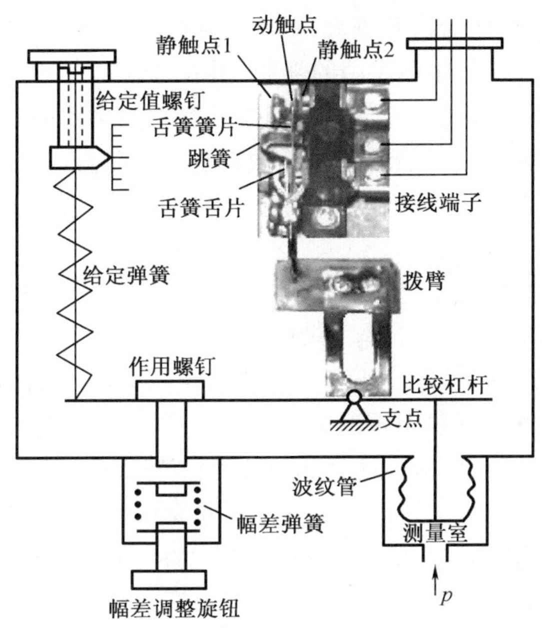

图 1-10　YT-1226 型压力调节器的结构原理图

二、比例作用规律

比例(P)作用规律是指调节器的输出量 $p(t)$ 与输入量 $e(t)$ 成比例变化，即

$$p(t)=Ke(t)$$

式中，K 称为比例系数。K 越大，在输入相同的偏差 $e(t)$ 时，调节器输出量 $p(t)$ 也越大，我们就说比例作用越强；反之，K 越小，比例作用越弱。采用比例作用规律的调节器，称为比例调节器。其开环阶跃输出特性如图 1-11 所示。

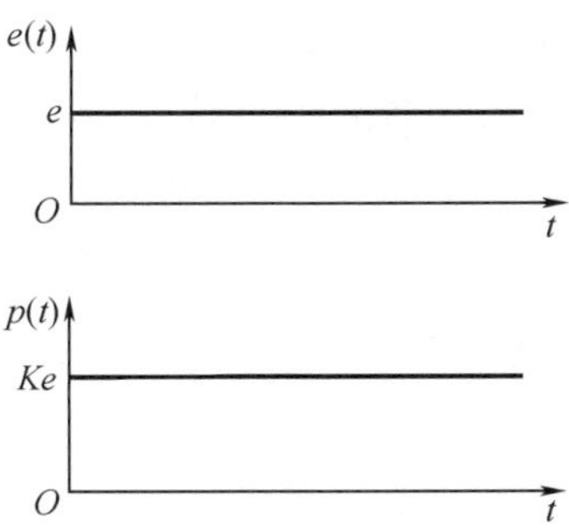

图 1-11　比例作用规律开环阶跃输出特性示意图

比例作用规律的优点：输出量 $p(t)$ 能够对偏差 $e(t)$ 及时地响应并调节。偏差 $e(t)$ 增大时，输出量 $p(t)$ 能够及时地成比例变化，因此对被控量控制比较及时。

比例作用规律的缺点：被控量的稳态值与给定值之间必定存在一个静态偏差，属于有差调节。因为当 $e(t)=0$ 时，$p(t)=0$，系统没有输出，不能正常工作；只有当 $e(t)\neq0$ 时，才

会有输出量 $p(t)$。此时，比例倍数 K 越大，则稳态时的静态偏差就越小。

比例系数 K 虽然可以衡量比例作用的强弱，但 K 通常是一个带量纲的量，不同控制系统之间，其比例作用的强弱不便于比较。因此，在实际控制系统中，更多地采用一个无量纲的参数来衡量比例作用强弱，这个无量纲的参数就是比例带 PB，有时也叫作比例度 δ。

比例带是指调节器的相对输入量与相对输出量之比的百分数，即

$$PB(\delta)=\frac{e/X_{\mathrm{imax}}}{p/X_{\mathrm{omax}}}\times 100\%=\frac{X_{\mathrm{omax}}}{X_{\mathrm{imax}}}\cdot\frac{e}{p}\times 100\%=\frac{R}{K}\times 100\%$$

式中，e 是被控量的变化量（偏差值）；X_{imax} 是被控量允许变化的最大范围，叫作全量程；被控量的变化量与全量程的比值 e/X_{imax} 是调节器的相对输入量；p 是调节器的输出量；X_{omax} 是输出量的最大变化范围；p/X_{omax} 是调节器的相对输出量；$R=X_{\mathrm{omax}}/X_{\mathrm{imax}}$ 称为量程系数。

比例带 PB 的物理意义可以这样理解，即假定调节器指挥执行机构变化全行程（例如调节阀从全关到全开或从全开到全关），需要被控量的变化量占其全量程的百分数就是比例带。例如，若 $PB=50\%$，说明只需被控量变化全量程的一半，调节器就能使调节阀开度变化全行程；若 $PB=200\%$，则说明被控量变化了全量程，调节阀的开度只变化了全行程的一半。

比例带 PB 越小，在被控量偏差占全量程百分数相同的情况下，调节器的输出变化越大，比例作用越强，克服扰动能力也就越强；但是，稍微出现一点偏差就会使执行机构的动作大幅度变化，容易造成被控量的大起大落，系统的稳定性变差，同时也会加长过渡过程时间 t_s。比例带 PB 越大，比例作用越弱，克服扰动的能力也就越弱。此时，动态过程虽然很稳定，没有波动，但是最大动态偏差 $e_{\max}$ 也大，过渡过程时间 t_s 或许会拖得很长，稳态时静态偏差 ε 也比较大。

因此，比例带 PB 的大小对控制系统动态过程品质好坏起着决定性的影响。在一般情况下，控制对象惯性大的控制系统，可使比例带 PB 小一点，如温度、黏度等控制系统；控制对象惯性小的控制系统，比例带可适当选定大一点，如液位控制系统。

三、比例积分作用规律

比例积分（PI）作用规律是指调节器的输出量随输入量做比例积分变化。采用这种作用规律的调节器叫作比例积分调节器，简称 PI 调节器。

1. 积分作用规律

所谓积分（I）作用规律是指调节器的输出与输入的积分成比例，也就是说调节器是一个积分单元，即

$$p(t)=S_0\int e(t)\cdot \mathrm{d}t$$

式中，S_0 是积分系数。由上式可以看出，积分输出取决于偏差 $e(t)$ 的大小和偏差存在时间的长短，只要存在偏差，偏差随时间的积累就不会停止，调节器输出 $p(t)$ 就会发生变化，直到偏差等于零为止，执行机构才能稳定在某一位置而不再变化。这表明，具有积分作用规律的调节器能够消除静态偏差，属于无差调节，这也是积分作用规律的突出优点。

但是，积分作用规律对于偏差的及时响应能力差。在积分作用规律中，即使偏差的瞬时值很大，调节器的输出也只能逐步增加，随着偏差存在时间的增长，积分的输出才越来越

大;而当偏差有所减少时,积分的输出仍然在增加,由于不能及时减少调节器的输出,从而会导致调节过头,造成被控量的大起大落。因此积分作用规律对于被控量的控制并不及时。

图 1－12 示意性地画出了控制系统在相同扰动情况下,采用比例调节器和积分调节器的控制系统动态过程曲线。图中曲线 b 是积分控制过程,曲线 a 为比例控制过程。在出现偏差的初期,由于积分作用控制很不及时,所以最大动态偏差 e_{max} 较大。后期由于积分作用越来越强,调节过头,造成被控量振荡,系统稳定性降低。正因为积分作用存在这些缺点,在实际控制系统中,极少采用纯积分作用的调节器,而是将积分作用与比例作用相结合,形成比例积分作用规律的调节器,即 PI 调节器。

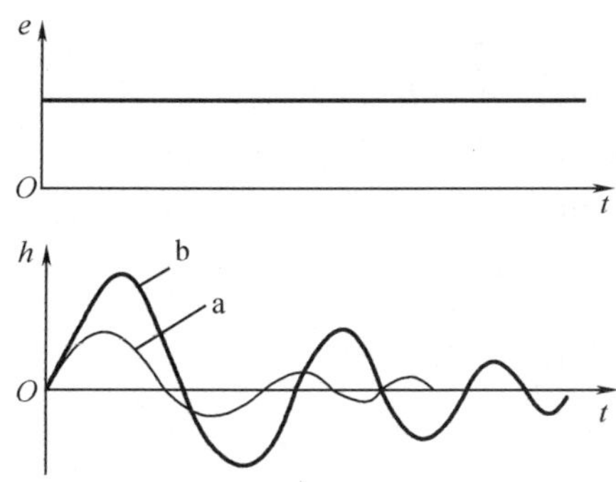

图 1－12　比例控制和积分控制的比较

2. 比例积分作用规律

比例积分(PI)作用规律是指在比例作用的基础上加入积分作用而得到的一种作用规律,即

$$p(t) = Ke(t) + S_0\int e(t)\,\mathrm{d}t = K\left[e(t) + \frac{1}{T_i}\int e(t)\,\mathrm{d}t\right]$$

式中,K 是 PI 调节器的比例系数;$T_i = K/S_0$,称为积分时间。

在 PI 调节器中,比例作用能使调节器的输出及时响应偏差的变化,起着主导作用;而积分作用是辅助的,只是用它来消除静态偏差。PI 调节器是一种在实际控制系统中应用最广泛的调节器。

衡量比例积分作用强弱的参数有两个,即比例系数 K 和积分时间 T_i。其中,比例系数 K 是衡量比例作用强弱的参数。积分时间 T_i 是衡量积分作用强弱的参数,它具有时间的量纲(秒或分)。从比例积分作用规律表达式可以看出,若 T_i 小,则积分输出部分大,即积分作用强;反之,若 T_i 大,则积分输出部分小,积分作用弱。

如果把积分时间 T_i 设定到∞,则相当于切除积分作用,而成为纯比例调节器。

比例积分作用规律的开环阶跃输出特性曲线如图 1－13 所示。

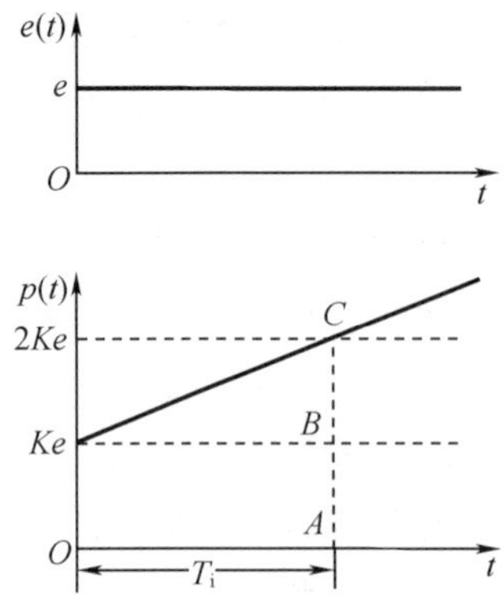

图 1－13　比例积分作用规律的开环阶跃输出特性曲线

从图 1－13 可见，在输入阶跃偏差信号的瞬间（$t=0$），先有一个阶跃的比例输出 Ke。此时不论偏差多大，其积分输出为零。以后随着时间的增长，积分呈线性关系输出。当时间进行到 $t=T_i$ 时，$p(t)=2Ke$，即调节器的积分输出部分等于比例输出（$BC=AB$）。由此得到 PI 调节器中积分时间 T_i 的物理意义：积分时间 T_i 是在给 PI 调节器输入一个阶跃的偏差信号时，其积分输出达到比例输出所需的时间。

四、比例微分作用规律

尽管比例调节器的输出能够与偏差同步变化，对系统的控制比较及时，但当控制对象的惯性比较大时，扰动出现的初期，被控量不可能在短时间内出现较大的偏差。而比例控制又是根据偏差大小来改变调节器输出的。因此，在这种情况下，比例控制作用就显得不够及时了。控制对象惯性越大，这种现象越严重。为了克服这种控制不及时的现象，需要在比例调节器的基础上增加微分作用。

1. 微分作用规律

所谓微分（D）作用规律是指调节器的内部采用了一个微分环节，其输出与偏差对时间的微分 $\mathrm{d}e(t)/\mathrm{d}t$，即与偏差变化速度成比例，表达式为

$$p(t)=S_d\cdot\frac{\mathrm{d}e(t)}{\mathrm{d}t}$$

式中，S_d 为微分系数。显然，微分作用的输出与偏差的绝对值没有关系，因此能在偏差绝对值还很小时就根据其变化速度，提前输出一个控制量，及时抵御扰动。从这个意义上说，微分作用具有超前控制的能力，或者说微分作用具有抵制偏差出现的能力。上面微分作用规律数学表达式表示的是理想的微分作用，但这种理想的微分作用在实际中是难以实现的，因此在调节器中微分作用都采用实际微分环节。图 1－14 所示为实际微分作用的开环阶跃输出特性曲线。

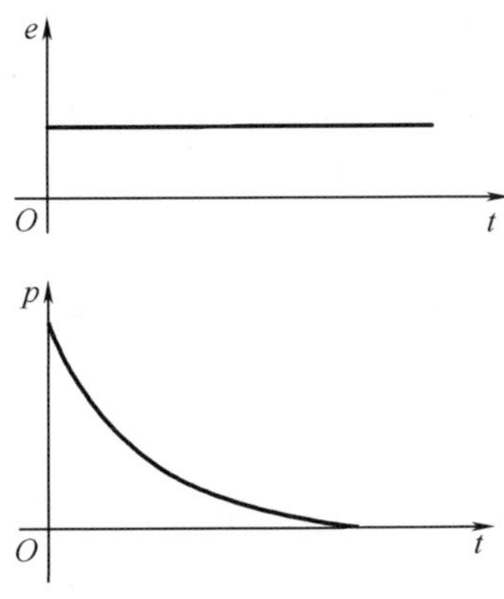

图 1－14　实际微分作用的开环阶跃输出特性曲线

图 1－14 表明，给实际微分环节施加一个阶跃的偏差输入信号后，它先有一个较大的阶跃输出，起到超前控制作用，尽管偏差依然存在，但微分输出随即按指数规律逐渐减少，最后消失为零。因此，微分作用不能单独应用于调节器并构成控制系统，它只能与比例（P）作用或比例积分（PI）作用结合在一起，组成比例微分（PD）调节器或比例积分微分（PID）调节器。

2. 比例微分作用规律

比例微分（PD）作用是指在比例作用的基础上加入微分作用而得到的一种作用规律，即

$$p(t)=Ke(t)+S_{\mathrm{d}}\frac{\mathrm{d}e(t)}{\mathrm{d}t}=K\left[e(t)+T_{\mathrm{d}}\frac{\mathrm{d}e(t)}{\mathrm{d}t}\right]$$

式中，K 是比例微分作用规律中的比例系数；$T_{\mathrm{d}}=S_{\mathrm{d}}/K$，称为微分时间。

在比例微分作用规律中，比例作用是主要的，它决定调节器的最终输出变化量。微分作用只起超前控制的辅助作用。

上述比例微分作用规律表达式中的微分部分仍然只是理想的微分作用，在实际的 PD 调节器中采用的是实际的微分环节。比例微分作用规律的开环阶跃输出特性曲线如图 1－15 所示。

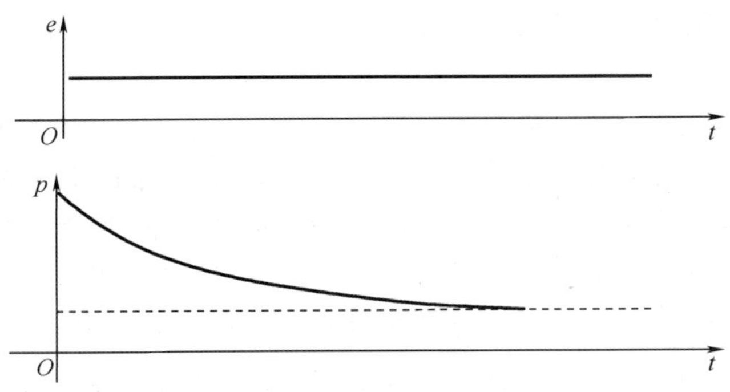

图 1－15　比例微分作用规律的开环阶跃输出特性曲线

特性曲线表明给 PD 调节器施加一个阶跃的偏差输入信号后，它首先有一个阶跃的比

例加微分的复合输出,然后微分输出逐渐消失,最后消失在比例输出上。微分时间 T_d 衡量微分输出消失的快慢,或微分输出保留的时间长短。若 T_d 大,说明微分作用消失慢,则微分作用强;若 T_d 小,说明微分作用消失快,则微分作用弱。因此,微分时间 T_d 的大小是衡量微分作用强弱的参数。

如果让微分时间 $T_d=0$,相当于切除微分作用,这时调节器就成为纯比例调节器。

五、比例积分微分作用规律

把比例、积分和微分作用组合在一起,则构成比例积分微分(PID)作用规律,即 PID 作用规律。PID 作用规律仍以比例作用为主,吸收积分作用能消除静态偏差和微分作用,实现超前控制的优点,功能最为完善。基于这种作用规律的调节器,称为 PID 调节器。PID 作用规律输出与输入之间关系为

$$p = K \cdot e(t) + S_0\int e(t) \cdot \mathrm{d}t + S_d \frac{\mathrm{d}e(t)}{\mathrm{d}t} = K\left[e(t) + \frac{1}{T_i}\int e(t)\mathrm{d}t + T_d \frac{\mathrm{d}e(t)}{\mathrm{d}t}\right]$$

式中,K 为比例系数;T_i 为积分时间;T_d 为微分时间。K、T_i 和 T_d 的大小与相应的作用强度之间的关系与 PI 和 PD 调节器相同。

PID 调节器综合了比例、积分和微分 3 种作用规律。在实际使用中,若对被控量的稳态精度要求较高,则调节器中应加入积分作用;若控制系统中控制对象惯性较大,则调节器应加入微分作用;若控制对象惯性较大且要求较高的静态指标,则应加入积分和微分作用。

在船舶机舱中,根据被控对象的特点,尽量避免采用微分作用。如机舱中的锅炉水位等液位控制系统中,就不宜采用 PD 调节器或 PID 调节器。这是因为微分作用对干扰信号比较敏感,随船舶的摇摆,微分作用会使给水调节阀的开度忽而大开,忽而大关,造成水位的大起大落,不利于对水位的稳定控制。

六、PID 调节器参数的工程整定方法

PID 调节器中的 3 个参数 K、T_i 和 T_d 对于整个控制系统的稳态性能以及动态性能有着至关重要的影响,因此需要对这些参数进行合理的整定才能获得理想的控制效果。为了方便参数的整定,利用比例带参数 PB 取代比例系数 K。目前,PID 调节器的工程整定方法主要包括经验法、衰减曲线法、临界比例带法。

1. 经验法

经验法又叫作现场凑试法。需要预先确定一个调节器参数 PB 和 T_i 的初始值。初始参数可参照表 1-1 所给的建议参数值。通过改变给定值对控制系统施加一个扰动,现场观察判断控制曲线形状。若曲线不够理想,可改变 PB 或 T_i,再画控制过程曲线,经反复凑试直到控制系统符合动态过程品质要求为止,这时的 PB 和 T_i 就是最佳值。如果调节器是 PID 三作用式的,那么要在整定好 PB 和 T_i 的基础上加进微分作用。由于微分作用有抵制偏差变化的能力,所以确定一个 T_d 值后,可把整定好的 PB 和 T_i 值减小一点再进行现场凑试,直到 PB、T_i 和 T_d 取得最佳值为止。

表 1-1　经验法经验参数表

被控量	控制对象特点及 PID 使用要点	PB/%	T_i/min	T_d/min
流量	控制对象 T 小，PB 较大，T_i 较短，不用 D	40～100	0.1～1.0	
温度	控制对象 T 小，τ 不太大，通常用 D	20～60	3.0～1.0	0.5～3.0
压力	控制对象 T、τ 都不大，不用 D	30～70	0.4～3.0	
液位	在允许有静差时，不用 I 和 D	20～80		

注：1. T 为时间常数，是衡量控制对象惯性大小的一个参数；

2. τ 为控制对象的迟延，是从控制量发生变化到被控量开始发生变化所需的时间。

2. 衰减曲线法

衰减曲线法是以 4:1 衰减比作为整定要求的。先切除调节器的积分和微分作用，用凑试法整定纯比例控制作用的比例带 PB，使之符合 4:1 衰减比的要求，记下此时的比例带 PB_S 和振荡周期 T_S，随后加入积分和微分作用，可按表 1-2 给出的经验公式进行计算。

表 1-2　衰减曲线法经验公式表

控制规律	PB/%	T_i/min	T_d/min
P	PB_S		
PI	$1.2PB_S$	$0.5T_S$	
PID	$0.8PB_S$	$0.3T_S$	$0.1T_S$

对有些控制对象，控制过程进行较快，难以从记录曲线上找出衰减比。这时，只要被控量波动两次就达到稳定状态，可近似认为是 4:1 的衰减过程，其波动一次时间即为 T_S。

3. 临界比例带法

用临界比例带法整定调节器参数时，先要切除积分和微分作用，让控制系统以较大的比例带在纯比例控制作用下运行，然后逐渐减小 PB，每减小一次认真观察过程曲线，直到达到等幅振荡时，记下此时的比例带 PB_K（称为临界比例带）和波动周期 T_K，然后按表 1-3 给出的经验公式求出调节器的参数值。按该表算出参数值后，要把比例带放在比计算值稍大一点的值上，把 T_i 和 T_d 放在计算值上，进行现场运行观察，如果比例带可以减小，再将 PB 放在计算值上。这种方法简单，应用比较广泛。但对 PB_K 很小的控制系统不适用，对被控参数不允许震荡的系统也不适用。

表 1-3　临界比例带法经验公式表

控制规律	PB/%	T_i/min	T_d/min
P	$2PB_K$		
PI	$2.2PB_K$	$0.85T_K$	
PID	$1.7PB_K$	$0.5T_K$	$0.125T_K$

任务三 执行机构

一、气动执行机构

气动执行机构是将调节器输出的气动控制信号转换为机械位移。在船舶机舱中,气动执行机构主要以气动薄膜调节阀为主。图1-16所示为气动薄膜调节阀的结构原理,它由气动执行部分和调节阀两部分组成。控制信号可接在膜片1的上部空间,这时随着输入控制信号的增大,膜片1向下弯,压缩弹簧3使阀杆2推动阀芯5一起下移,阀杆的位移与所输入控制信号的变化成比例,改变调节阀的开度。控制信号也可以接到膜片的下部空间,这时随着输入控制信号的增大,膜片向上弯,阀杆带动阀芯一起上移。

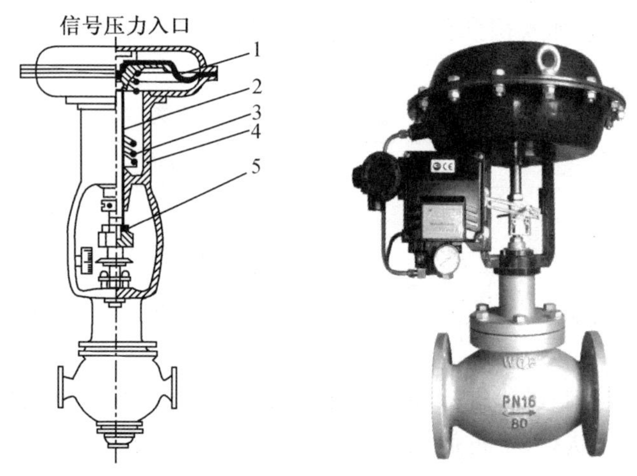

1—膜片;2—阀杆;3—压缩弹簧;4—阀体外壳;5—阀芯。

图1-16 气动薄膜调节阀的结构原理

气动薄膜调节阀具有结构简单、尺寸小等特点,适用场合比较广泛。但它的阀杆推力较小,在某些场合使用受到一定的限制。

为使调节阀动作及时,并能准确动作到位,通常需要加装一个阀门定位器。图1-17所示为带阀门定位器的气动薄膜调节阀的结构原理。从控制器输出的压力信号送到定位器的输入端E,并作用在测量气室5的膜片6上。若这个信号增大,挡板7靠近喷嘴8而远离喷嘴9,引起喷嘴8背压升高,喷嘴9背压降低。这两个背压信号送入比较气室10,分别作用于膜片11的上、下两面,使膜片11连同放气阀14一起下移,推动球阀13离开固定球阀座15,使压缩空气经C室进入D室。这时因为放气阀12处于关闭状态,故D室压力升高并由输出端输出这个升高的压力信号P_B。这个信号送入调节阀的膜盒2,由膜片3推动阀杆1下移,关小给水阀,减少给水量。当调节阀杆1向下移动时,反馈弹簧16被拉长,使杠杆17绕支点F逆时针转动。通过圆球支点使挡板往回移动,并停在一个新的位置上,这时阀门定位器有一个稳定的输出。这个输出信号与给水调节阀的阀位相对应。阀门定位器的作用是消除由阀杆引起的滞后现象。这种滞后现象产生的原因是填料太紧或流动阻力太大而使其摩擦力过大。它适用于调节阀与调节器之间距离较大的场合以及波纹管容量较小的系统中。另外,通过调整比例范围旋钮 18 可以改变阀门定位器输入与输出信号变化关系的比值。在气源中断或控制系统失灵时,可手动操作手轮 4 对调节阀的开度进行手动控制。

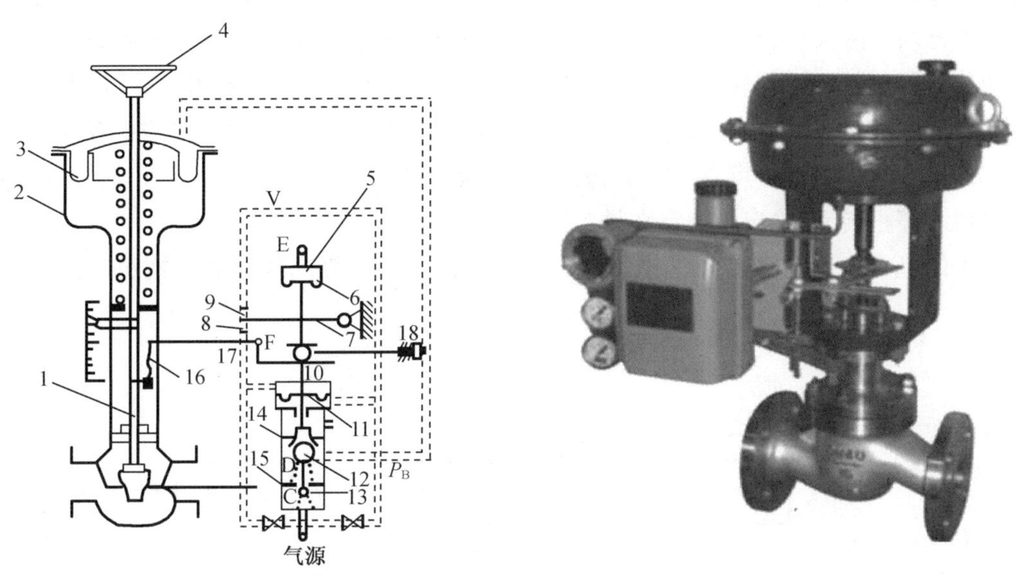

1—阀杆;2—膜盒;3—膜片;4—手轮;5—测量气室;6—膜片;7—挡板;8,9—喷嘴;
10—比较气室;11—膜片;12,14—放气阀;13—球阀;15—阀座;16—反馈弹簧;17—杠杆;18—旋钮。

图 1-17　带阀门定位器的气动薄膜调节阀的结构原理

对于一些需要阀杆推力较大的场合,还可以通过阀门定位器来控制一个气缸活塞,由活塞带动阀芯动作,称为活塞式气动执行机构。

阀门定位器实质上可看作一个比例调节器,其设定值来自调节器的阀位信号,而输出则是阀杆的实际位置。因此,通过阀门定位器可以使阀杆控制在希望的位置,具有较高的动作精度。

调节阀有气开式和气关式之分,如果输入的控制信号增大,调节阀开度也增大,则叫作气开式调节阀。反之,若输入控制信号增大,而调节阀开度减小,则叫作气关式调节阀。图 1-17 所示的调节阀就属于气关式调节阀。控制系统采用气开式调节阀或气关式调节阀,要根据实际需要和调节器的作用形式(正作用式还是反作用式)来决定。

二、电动执行机构

电动执行机构接受的是调节器输出的 0~10 mA 或 4~20 mA 直流信号,并将其转换成相对独立的机械位移,以实现自动调节。

电动执行机构主要分为两大类:直行程式和角行程式。前者用于操纵直行程式调节机构,后者用于操纵转角式调节机构,两者都是以伺服电机为动力的位置伺服机构。角行程式执行机构又可分为单转式和多转式。单转式输出的角位移一般小于 360°，通常简称为角行程式电动执行机构；多转式输出的角位移超过 360°，可达数圈，故称为多转式电动执行机构，它和闸阀等多转式调节阀配套使用。

1. 基本结构和工作原理

电动执行机构由放大器和执行单元两大部分组成，其结构原理如图 1 – 18 所示。伺服放大器将输入信号 I_i 和反馈信号 I_f 相比较，得到偏差信号 ΔI。当偏差信号 $\Delta I>0$ 时，ΔI 经伺服放大器功率放大后，驱动伺服电机转动，再经机械减速后，使输出轴转角 θ 增大。输出轴转角位置经位置发送器转换成相应的反馈电流 I_f，反馈到伺服放大器的输入端使 ΔI 减小，直至 $\Delta I=0$ 时伺服电机才停止转动，输出轴就稳定在与输入信号相对应的位置上。反之，当 $\Delta I<0$ 时，伺服电机反方向转动，输出轴转角 θ 减小，I_f 也相应减小，直至使 $\Delta I=0$ 时伺服电机才停止转动，输出轴稳定在另一新的位置上。

图中的毫安表用于输出位置指示，电动操作器用于自动控制失灵的情况下进行手动操作。

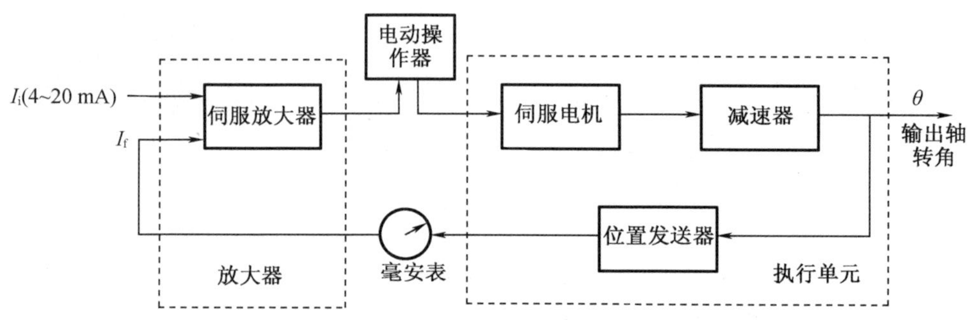

图 1 – 18　电动执行机构的结构原理框图

2. 伺服放大器

伺服放大器主要由前置放大器、触发器和可控硅交流开关等构成。它与电机配合工作的伺服驱动电路如图 1 – 19 所示。

前置放大器是一个增益很高的放大器，根据输入信号与反馈信号相减所得的偏差极性，在 a、b 两端输出不同极性的电压。当前置放大器输出电压的极性为 a(+)、b(–)时，触发电路 1 使可控硅 SCR_1 导通，桥式整流器的 c、d 两端接通，220 V 的交流电压直接接到伺服电机的绕组 Ⅰ，并经分相电容 C_F 加到绕组 Ⅱ 上。这样，绕组 Ⅱ 中的电流相位比绕组 Ⅰ 超前 90°，形成旋转磁场，使电机朝一个方向转动。若前置放大器的输出电压极性和上述相反，即 a(–)、b(+)时，则触发电路 2 使可控硅 SCR_2 导通，使另一桥式整流器的两端 e、f 接通，电源电压直接加于电机绕组 Ⅱ，并经分相电容 C_F 供电给绕组 Ⅰ，电机朝相反的方向转动。由于前置放大器的增益很高，只要偏差信号大于不灵敏区，触发电路便可使可控硅导通，电动机以全速转动，这里可控硅起的是无触点开关的作用。当 SCR_1 和 SCR_2 都不导通时，伺服电机停止转动。

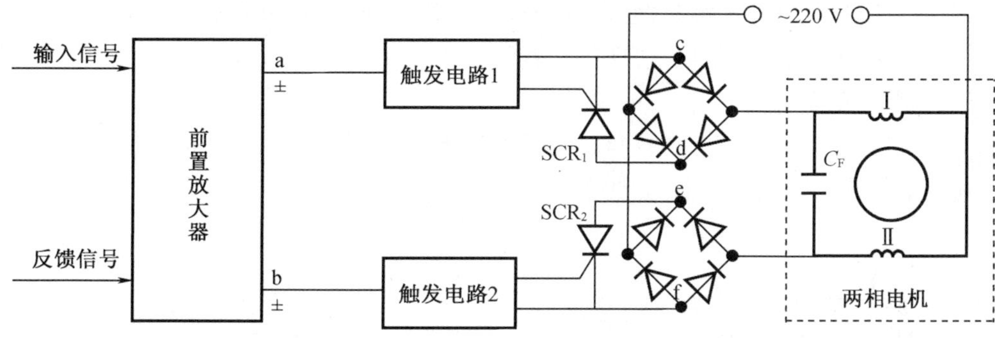

图 1－19　伺服驱动电路

3. 执行单元

执行单元由伺服电机、减速器和位置发送器 3 部分组成。执行单元接受伺服放大器或电动操作器的输出信号，控制伺服电机的正、反转，经减速器减速后输出力矩推动调节机构动作。与此同时，位置发送器将调节机构的角位移转换成相对应的 0～10 mA 直流信号，作为阀位指示，并反馈到前置放大器的输入端作为位置反馈信号以平衡输入信号。

(1)伺服电机

图 1－20 表示的是一个两相电容异步伺服电机的结构原理，它将伺服放大器输出的电功率转换成机械转矩，作为执行器的动力部件。伺服电机由一个用冲槽硅钢片叠成的定子和鼠笼式转子组成。定子上均布着两个匝数、线径相同而相隔 90°电角度的定子绕组Ⅰ和Ⅱ。由于分相电容 C_F 的作用，定子绕组Ⅰ和Ⅱ的电流相位总是相差 90°，其合成向量产生定子旋转磁场，定子旋转磁场又在转子内产生感应电流并构成转子磁场，两个磁场相互作用，使转子旋转。转子旋转方向取决于定子绕组Ⅰ和Ⅱ中的电流相位差，即取决于分相电容 C_F 串接在哪一个定子绕组中。

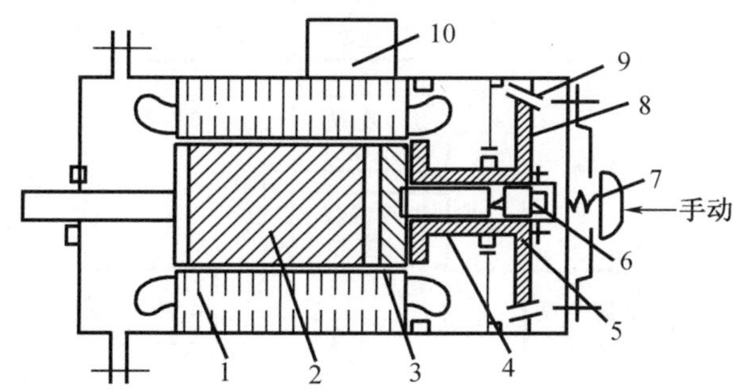

1—定子；2—转子；3—衔铁；4—套轴；5—压缩弹簧；6—调节螺钉；
7—手动按钮；8—制动轮；9—制动盘；10—出线盒。

图 1－20　伺服电机的结构原理

(2)减速器

由于交流伺服电机的转速高、力矩小，必须经过减速才能获得较大的转动力矩。常用的减速器有行星齿轮和蜗轮蜗杆两种，其中行星齿轮减速器由于体积小、传动效率高、承载能力大、单级速比可达100倍以上，获得广泛的应用。

(3)位置发送器

位置发送器的作用是将电动执行机构输出轴的位移转变为0～10 mA直流反馈信号的装置，其主要部分是差动变压器，如图1－21所示。

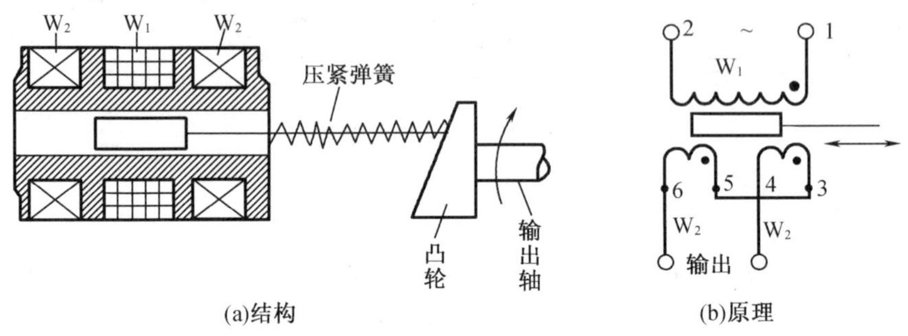

图1－21　位置发送器的结构原理

差动变压器的铁芯与凸轮斜面靠弹簧相互压紧，当输出轴转动时带动凸轮使铁芯左右移动，凸轮斜面在设计上能保证铁芯位置与输出轴之转角呈线性关系，因此变压器负边的输出电压将与输出轴的转角呈线性关系。这一交流信号经进一步处理获得0～10 mA的直流信号。

4.仪表组合方式

前面分别介绍了气动和电动执行机构的结构和工作原理。一般来说，气动和电动执行机构分别与气动和电动调节器相匹配，但控制系统的设计是非常灵活的，在船舶机舱中往往会出现电动和气动仪表相混合的形式。图1－22所示为各种可能的组合方式。

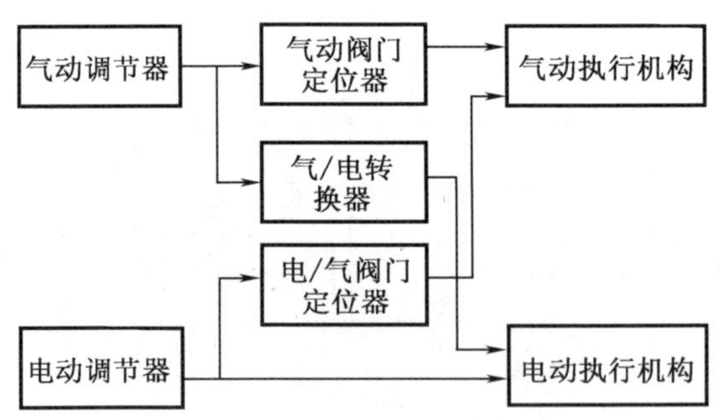

图1－22　电/气动执行机构的组合方式

(1)气动调节器、气动阀门定位器、气动执行机构

气动调节器、气动阀门定位器、气动执行机构是一种最为常见的气动控制系统的组合方式。通过阀门定位器的辅助作用，可使气动执行机构准确定位，同时可在一定程度上放大调节信号的压力，增大执行机构的输出力(力矩)，增强执行器的工作平稳性。

(2)电动调节器、电动执行机构

电动调节器、电动执行机构是一种最为常见的电动控制系统的组合方式。电动调节器的输出直接送到电动执行机构的伺服放大器驱动伺服电机动作。

(3)气动调节器、气/电转换器、电动执行机构

该组合方式通过气/电转换器将气动调节器的气压信号成比例地转换成标准的电信号,从而推动电动执行机构工作,实现了气动信号的远距离传送以及与数字装置的连接。

(4)电动调节器、电/气阀门定位器、气动执行机构

电动调节器、电/气阀门定位器、气动执行机构是目前应用较多的一种组合方式,通过电/气阀门定位器使得传输信号转换为电信号,而现场操作为气动执行机构,因此具备电动和气动执行机构的优点。电/气阀门定位器实际上是电/气转换器和气动阀门定位器的组合。

项目二　自动化仪表及船舶常用传感器、变送器

任务一　自动化仪表的认知

在船舶机舱中,自动化仪表的应用非常广泛。自动化仪表不仅能在反馈控制系统中对运行参数进行自动控制,还能对运行参数进行自动测量和显示。

自动化仪表的种类繁多,按功能分类,有测量仪表、显示仪表、调节器和执行器;按使用能源分类,有气动仪表和电动仪表,按结构形式分类,有基地式仪表和单元组合式仪表。单元组合式仪表是指把控制系统的各功能单元分别制成一台独立的仪表,包括测量仪表、显示仪表、调节器、执行器等,各个仪表之间用统一的标准信号相联系。气动仪表的统一标准信号是0.02~0.1 MPa;电动仪表的统一标准信号是0~10 mA或4~20 mA。所谓基地式仪表是指把测量、显示和调节等功能单元组装在一个壳体内,构成不可分离的整体,它们之间也不用标准信号联系。在船舶机舱实际应用中,电动控制系统很少使用电动单元组合式仪表,大多数使用电动基地式仪表。

一、气动仪表的主要元部件及组成原理

1.气动仪表的主要元部件

气动仪表的种类和结构形式虽然很多,但构成这些仪表的元部件为数并不多,主要有弹性元件、节流元件、气体容室、喷嘴挡板机构和气动功率放大器等。

(1)弹性元件

弹性元件可分为弹性支撑元件和弹性敏感元件两类。螺旋弹簧和片簧等属于弹性支撑元件,用于支撑、平衡或增强弹性敏感元件的刚度。弹性敏感元件的作用是将承受的压力或轴向推力转换成位移信号。弹性敏感元件刚度小,灵敏度(刚度的倒数)δ较大,当对弹性敏感元件施加一定的轴向推力时,其位移变形量较大,也就是说,它们对轴向推力的变化反应是敏感的。螺旋弹簧刚度较大,通常与弹性敏感元件组合使用,以增加其刚度,也多用于调整弹性敏感元件的初始位置,如图2-1所示。

弹性敏感元件有弹簧管、波纹管、金属膜片、橡胶膜片和金属膜盒等,如图2-2所示。假定送入波纹管的空气压力p是弹性敏感元件的输入量,波纹管的位移量S是弹性敏感元件的输出量,显然输出与输入的关系是

$$S=pF_e/E$$

式中,F_e是波纹管的有效面积,这个有效面积要大于波纹管顶部的几何面积$\pi d^2/4$;E是波纹管和支撑弹簧的总刚度。

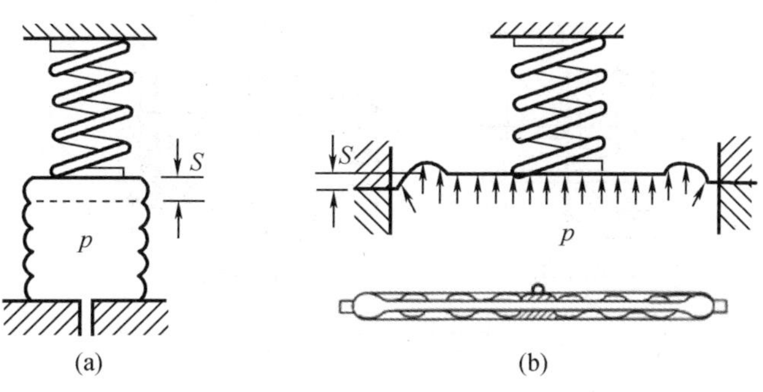

图 2－1 弹性支撑元件及弹性组合元件

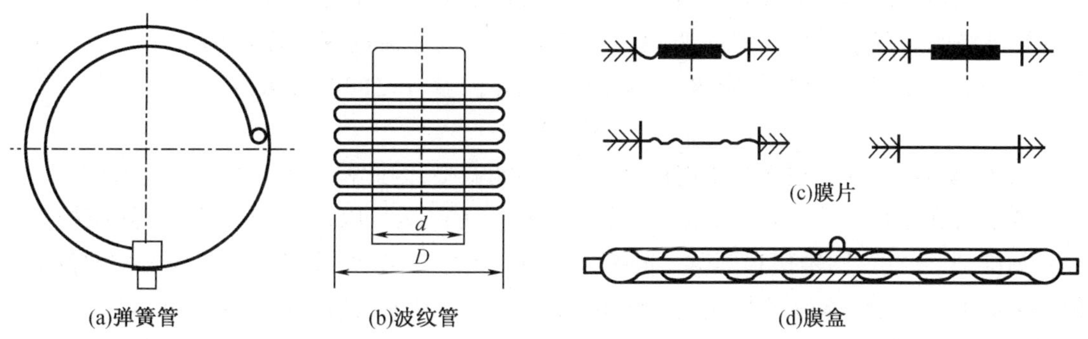

图 2－2 常用弹性敏感元件

从上面的算式可以看出，弹性敏感元件在弹性变形范围内，其刚度 E 为常数，有效面积为常数，则弹性敏感元件的输出量 S 与输入量 p 之间是成比例的。试验结果表明，对波纹管的压缩变形比拉伸变形具有更好的线性关系，且处于压缩状态能承受较大的压力。如果一开始就让波纹管处于自由状态，其工作过程中是处于拉伸变形，则当它的变形量不大时就进入了非弹性变形区。为此，在实际安装波纹管时，常采用预压缩的方法来提高波纹管的线性使用范围。

金属膜片在弹性变形范围内，其变形量很小。为了增加它的线性范围，常制成波纹状，且与水平面呈一定角度。弹簧管有单圈弹簧管和多圈弹簧管两种。单圈弹簧管的自由端位移量较小，如果要在弹性变形范围内得到较大的变形，可采用多圈弹簧管。橡胶膜片很软，在小的工作范围内，其刚度可近似为零，在实际使用中，橡胶膜片往往制成波纹状且中间加硬芯。

(2)节流元件

在气动仪表中，节流元件能够阻碍气体流动，产生压降和改变气体的流量。节流元件按其工作特点可分为恒节流孔和变节流孔两种类型。

常用的恒节流孔有两种，即毛细管式和小孔式，如图 2－3 所示。毛细管式恒节流孔可用不锈钢管或玻璃管制成，直径为 0.18～0.3 mm。小孔式恒节流孔的直径有几种规格，即 0.25 mm、0.3 mm、0.5 mm，长度为 4 mm。

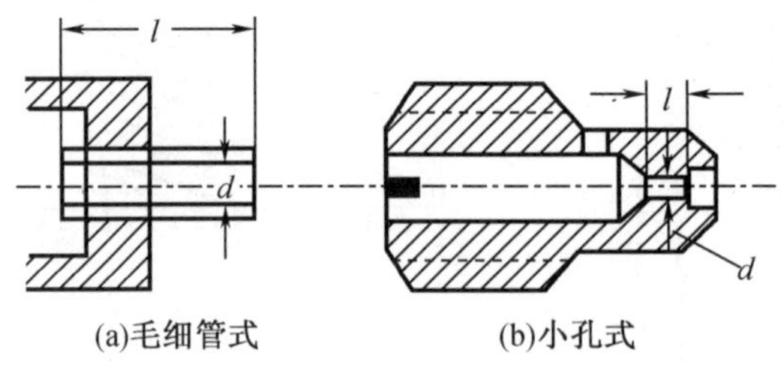

图 2－3　恒节流孔

衡量节流元件特性的参数是气阻，通常把气体流过节流元件在节流元件两端产生的压降与气体流量之间的对应关系称为节流元件的流量特性。显然，节流孔内径越小，产生的压降也就越大。我们常用气阻 R 来表示节流元件对气体流动阻碍作用的大小。若气体在节流孔中处于层流状态时，气阻 R、压降 Δp 和气体流量 G 之间的关系为

$$R=\Delta \mathrm{p}/\mathrm{G}$$

由于恒节流孔的流通面积不能改变，气阻不能调整，因此称为恒气阻或固定气阻。

变节流孔是指气体经过节流孔流通时的流通面积是可以调整和改变的，其结构有圆锥－圆锥型、圆柱－圆锥型和圆球－圆锥型 3 种，如图 2－4 所示。由于变节流孔的流通面积是可调的，故在气体流过节流孔产生相同压降的情况下，其流量是不同的，即气阻 R 不同，所以变节流孔的气阻 R 叫作可调气阻。常用变节流孔组成的变节流阀来调整调节器的比例带、积分时间和微分时间。

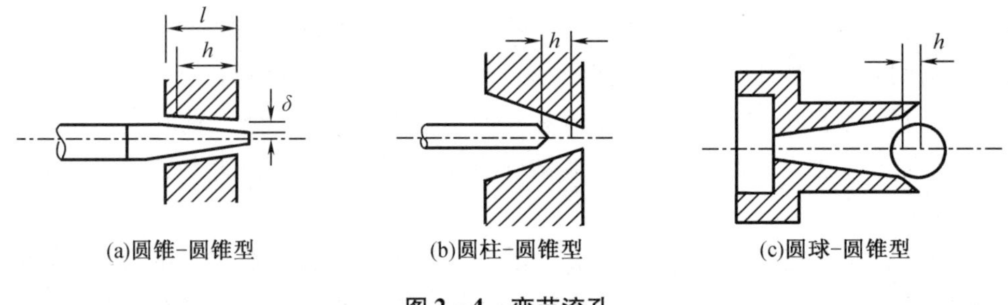

图 2－4　变节流孔

(3)气体容室

气体容室简称气容，在气动仪表或气路中，能储存或放出气体，对压力变化起惯性作用。目前，所采用的气体容室有定容气室和弹性气室，如图 2－5 所示。

定容气室是连接在气动管路上的一个能储存气体或放出气体的空腔，其特点是它的体积固定不变，不随压力的变化而改变。

弹性气室是在空腔中加装一个波纹管而构成的，其特点是它的容室体积(空腔与波纹管之间的体积)不是固定的，是随波纹管内外两侧的压力差而改变的。

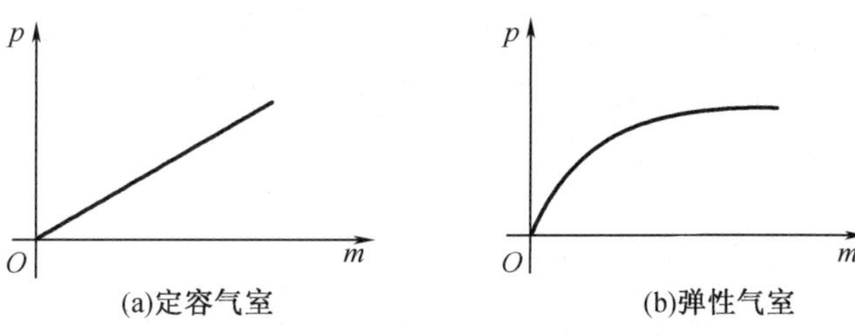

图 2-5　气体容室

通常用气容 C 来表示气体容室储存空气量的能力。所谓气容 C,是指气体容室内每升高单位压力所需要增加的空气储存量,即

$$C=\mathrm{d}m/\mathrm{d}p$$

式中,$\mathrm{d}m$ 是气体容室内空气储存量的增量;$\mathrm{d}p$ 是空气压力的增量。可见,气容 C 的大小是由气体容室的体积决定的。体积越大,压力每升高一个单位,气室内需要增加更多的空气储存量,说明它储存空气的能力越大,即气容 C 越大。对定容气室来说,由于气室的体积不变,故气容是个常数,其储蓄特性如图 2-6(a)所示。

弹性气室是在空腔中加装了一个波纹管,其容室的体积(空腔与波纹管之间的体积)是随压力 p 的变化而变化的,因此弹性气室在充、放气过程中,气容是变化的。它的储蓄特性如图 2-6(b)所示。

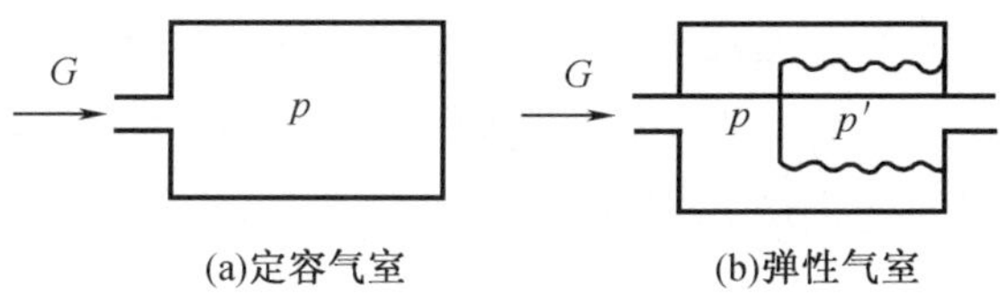

图 2-6　气体容积储蓄特性

(4)喷嘴挡板机构

喷嘴挡板机构是气动仪表中最基本的元件,也是最精密的元件,它的作用是把挡板的微小位移转换成相应的气压信号。喷嘴挡板机构的结构如图 2-7(a)所示。它由恒节流孔 1、背压室 2、喷嘴 3 和挡板 4 组成。

与恒节流孔相比较,喷嘴的孔径 D 要大得多,通常 $D=(4\sim6)d$,保证在挡板全开时背压室的压力能降低到接近大气压力。同时,喷嘴的轴心线必须与挡板平面垂直,保证在挡板靠上喷嘴时,具有良好的密封性,这时背压室的压力接近气源压力 0.14 MPa。显然,在挡板开度 h 减小时,气阻增大,使背压室的压力 p_d 增大;反之,在挡板开度 h 增大时,气阻减小,使背压室的压力 p_d 减小。实际上,喷嘴挡板起到了变气阻的作用,不同的挡板开度就对应一个不同的背压室压力。在稳定工况下(即恒节流孔的流量与喷嘴的流量相平衡,背压室内压力稳定不变),背压室的压力 p_d(输出量)与挡板开度 h(输入量)之间的一一对应关系称为喷嘴挡板机构的静特性。其特性曲线如图 2-7(b)所示。

当挡板处于全关状态时(即 $h=0$),受喷嘴挡板的加工与装配精度所限,难免有一点漏气，这样背压室的压力会略低于气源压力 0.14 MPa。在挡板全开时，由于喷嘴的孔径远大于恒节流孔的孔径，背压室的压力接近大气压力（即为零）。

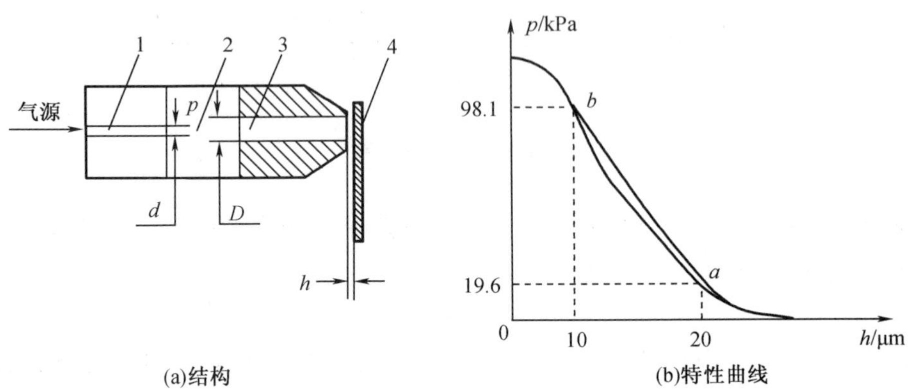

(a)结构　　(b)特性曲线

1—恒节流孔；2—背压室；3—喷嘴；4—挡板。

图 2－7　喷嘴挡板机构的结构及特性曲线

挡板从全关逐渐移到全开时，背压室的压力 p 将从接近气源压力逐渐降低到接近大气压力。从静特性曲线上可看到，各点的斜率是不相同的。换言之，背压室的压力与挡板开度之间不是严格的线性关系，特别是静特性曲线上、下两头，是明显的非线性关系。但是，在 a、b 两点之间，随挡板开度 h 的变化，背压室压力变化很快，静特性曲线很陡。这时用 a、b 两点间的直线来代替 a、b 两点间的曲线，其误差是不大的。这样，在喷嘴挡板机构的工作范围（背压室压力为 0.02～0.1 MPa）内，可把它看成线性元件。喷嘴挡板机构的背压室压力变化量 Δp 与挡板开度的变化量 Δh 呈线性关系，可表示为

$$\Delta p = K_1 \cdot \Delta h$$

式中，K_1 为比例系数，实际上它是 a、b 两点间的平均斜率。喷嘴挡板机构通常是工作在 a、b 段上，称之为工作段。由于工作段线性度较好，因此能保证仪表的精度和灵敏度。在工作段内喷嘴挡板机构可近似为一个比例环节。

（5）气动功率放大器

由于喷嘴挡板机构的恒节流孔孔径很小，工作时输出的空气量很少，很难直接推动执行机构或传送较远的距离。因此，几乎所有的气动仪表都在喷嘴挡板机构的输出端串联一个气动功率放大器，进行流量放大或流量、压力放大，即功率放大。

气动功率放大器的结构形式很多，耗气型气动功率放大器的结构如图 2－8（a）所示，它能起流量和压力放大作用。

气动功率放大器由放大气路和弹性组件组成，两个变节流阀构成了放大气路，一个是球阀 4，另一个是锥阀 1，它们各起不同的作用。球阀 4 控制来自气源的进气量，只要球阀有一微小的位移，就能引起进气量的很大变化，从而引到流量放大的作用。锥阀 1 控制排气量。弹性组件包括金属膜片 2 和弹簧片 3。

当输入压力增大时，克服金属膜片和弹簧片的刚度，使阀杆下移，开大球阀、关小锥阀，这样由 A 室进入 B 室的空气量增加，而由 B 室经锥阀排入大气的空气量减少，B 室的压力

即放大器输出压力增大，且输出的空气流量大大增加；反之，当输入压力减小时，B 室压力即放大器输出压力会降低。因此，阀杆的位移 S 就决定了放大器输出压力的大小。设输入压力为 p_d，金属膜片的有效面积为 F，则金属膜片承受的轴向推力 p_dF 与金属膜片位移变形之间的关系如图 2－8(b)所示。

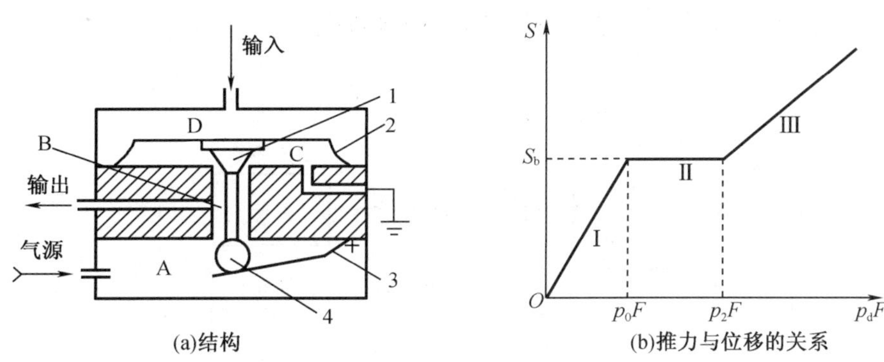

1—锥阀；2—金属膜片；3—弹簧片；4—球阀。

图 2－8 耗气型气动功率放大器的结构及推力与位移的关系

当输入压力 p_d 等于大气压力时，金属膜片与锥阀之间存在一个间隙 S_0，输入压力开始增大时，金属膜片的位移使 S_0 逐渐减小。当输入压力 p_d 增加到 p_0 时，$S_0=0$，这是图中斜线Ⅰ的情况。当 p_d 由 p_0 继续增大时，由于金属膜片承受的轴向推力 p_dF 不足以克服弹簧片的预紧力及气源对球阀的作用力，金属膜片与阀杆均无位移，这是水平线Ⅱ的情况。只有当输入压力 p_d 增加到 p_0 后，阀杆开始有位移，球阀被打开，放大器开始有输出。当输入压力 p_d 由起步压力 p_a 继续上升时，放大器工作在斜线Ⅲ(放大器的工作段)上。

在放大器的工作段上，阀杆位移的变化量 ΔS 与输入压力的变化量 Δp_d 成比例，放大器输出压力的变化量 Δp_o 出与阀杆位移的变化量 ΔS 成比例，因此可得到

$$\Delta p_o = K_2 \cdot \Delta p_d$$

式中，K_2 称为气动功率放大器的放大倍数，通常 K_2 为 10～20。它与金属膜片的有效面积、弹性组件的刚度及放大器的结构等因素有关。当金属膜片及弹簧片选定后，可以近似地把 K_2 视为常数。因此，气动功率放大器是一个比例环节。

起步压力 p_a 是指功率放大器输出压力为 0.02 MPa 时的输入压力信号。当气动功率放大器与喷嘴挡板机构串联使用时，起步压力的大小决定了喷嘴挡板机构的工作区域，合适的起步压力才能保证喷嘴挡板机构工作在静特性曲线的线性工作段。起步压力的大小与金属膜片及弹簧片的刚度、金属膜片与锥阀之间的间隙，以及弹簧片的预紧力等因素有关。若刚度、间隙或预紧力增加，则起步压力增大。通过调换不同刚度的金属膜片和弹簧片，或调整弹簧片的预紧力，可以改变放大器的起步压力。

2. 气动仪表的组成原理

几乎所有的气动仪表都是由 3 个基本环节，即放大环节、反馈环节和比较环节组成的，如图 2－9 所示。放大环节起信号的放大作用，要求它具有较高的灵敏性和足够大的输出功

率。反馈环节起信号的运算作用，通常是把仪表的输出压力 Δp_{sc} 通过反馈回路，送回到仪表的输入端与输入信号进行综合，如果放大环节的放大倍数足够大，则整台仪表的特性只取决于反馈环节的特性。这样，可消除放大环节各种非线性因素的影响，提高仪表的精度。同时，在调节器中，采用不同的反馈回路可实现不同的调节作用规律。比较环节起信号的比较作用，使输入信号与反馈信号在此比较，其输出信号等于各信号的代数和。总之，只要我们掌握了放大、反馈和比较3个基本环节，就能比较容易地分析一台仪表的工作原理和功能。

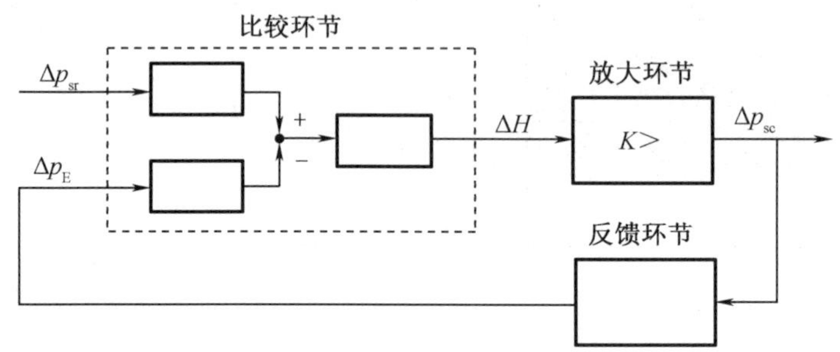

图 2－9　气动功率表的组成环节

(1)气动仪表的放大环节

在气动仪表中，喷嘴挡板机构的输出端都要串联一个气动功率放大器，在结构上两者往往成一体，称为二级气动放大器。图 2－10 是耗气型二级气动功率放大器的原理。

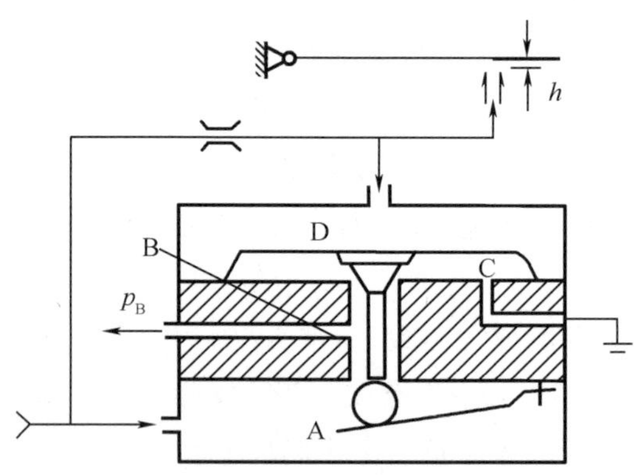

图 2－10　耗气型二级气动功率放大器的原理

功率放大器的输出压力变化范围为 0.02～0.1 MPa，其最大变化量是 0.08 MPa。假定功率放大器的压力放大倍数是 10，则喷嘴挡板机构输出压力的最大变化量为 0.08/10 = 0.008 MPa，它只占喷嘴挡板机构静特性曲线很小的一段，如图 2－11 中的 $a-b$ 段，其中 a 点所对应的喷嘴挡板机构的输出压力就是放大器的起步压力。如果起步压力调整得合适，放大器将工作在特性曲线最陡、最接近直线部分，如 $a-b$ 段，这样仪表能获得较高的灵敏度、精度和工作的稳定性。如果起步压力调得过低或过高，使放大器工作在 $a'-b'$ 段或 $a''-b''$ 段，曲线平坦，且各点的斜率差别很大，使挡板开度的变化范围增大，仪表的灵敏度降低，工作可能不稳定。因此，调整好起步压力很重要。一般仪表在出厂前已经调好，在使用中不可轻易改动。

(2)气动仪表的反馈环节

在气动仪表中，总是把输出端的输出信号引回输入端，构成负反馈回路，在调节器中采用了较复杂的反馈回路，以实现比例、积分和微分的作用规律。下面介绍一些常用的反馈回路。

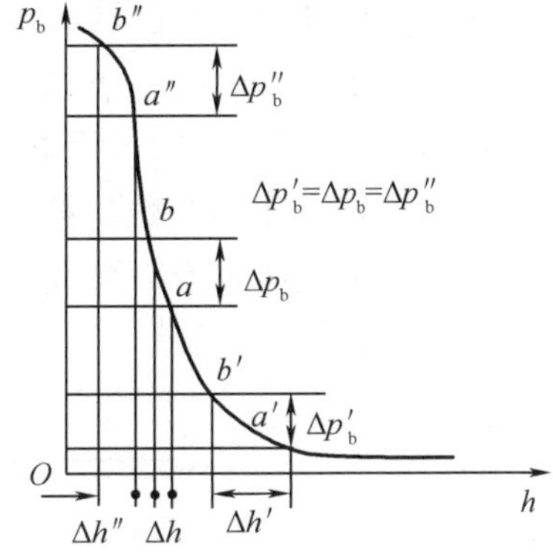

图 2－11 起步压力的调整

①节流分压器。

节流分压器又称节流通室，由可调气阻 R_F、流通气室和恒气阻 R 串联而成，如图 2－12 所示，两个气阻工作在层流状态，因为流通气室容积很小，可不考虑它充放气的过渡过程，所以仅分析流通气室压力（节流分压器的输出压力）p_1 与输入压力 p_0 和 p_2 之间的关系。一般 p_2 为大气压力，根据气体流动的连续性定理，在稳定情况下，流过可调气阻 R_F 的气体流量 G_1 必定等于流过恒节流孔 R 的气体流量 G_2。如果气体密度在气阻前后保持不变，则

$$p_1 = Rp_0/(R_F + R) = Kp_0$$

式中，$K = R/(R_F + R)$，称为分压系数。当 R_F 一定时，K 是常数，p_1 随 p_0 成比例变化。若 p_0 不变，改变可调气阻 R_F，可改变 p_1 与 p_0 之间的比值 K。当变节流阀全开时，$R_F = 0$，$p_1 = p_0$；当变节流阀全关时，$R_F \to \infty$，$p_1 \approx 0$。因此，改变节流阀的开度，可使 K 在 0～1 变化。可见，节流分压器的特性是比例环节。在调节器中，利用节流分压器作为反馈回路，可实现比例作用规律，可调气阻 R_F 可用来调整调节器的比例带。

②节流盲室。

节流盲室是在变节流孔（可调气阻）后面串联一个定容气室（盲室）构成的，如图 2－13 所示。p_i 为输入压力，p_o 为输出压力，用 R 表示变节流孔的气阻，用 C 表示盲室的气容，在盲室充气过程中 $p_i > p_o$。

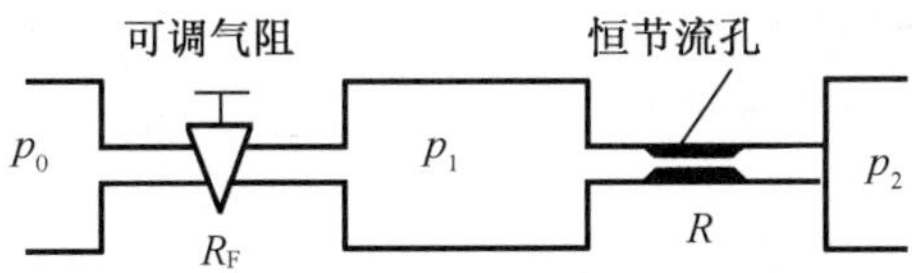

图 2－12 节流分压器的结构示意图

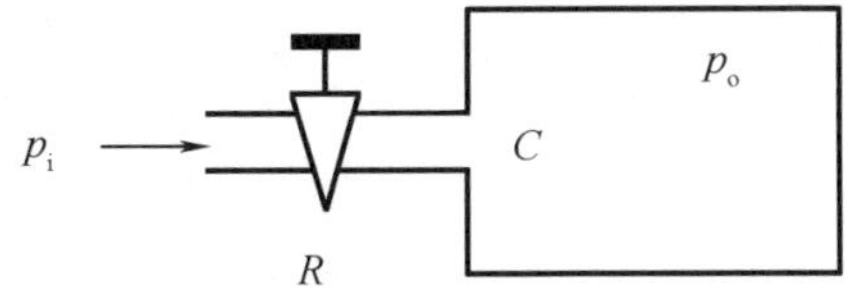

图 2－13 节流盲室的结构示意图

节流盲室的特性是一阶惯性环节，$T = RC$，为该环节的时间常数

$$p_o = p_i(1 - e^{1/T})$$

显然，节流盲室的输出压力 p_o 是按指数规律变化的，p_o 的变化速度取决于 T 的大小。因为 C 是固定不变的，所以改变气阻 R 可调整时间常数 T。T 越大，p_o 变化越缓慢；T 越小，则 p_o 变化越快。在调节器中，利用节流盲室作为反馈回路，可实现积分作用规律，可调气阻

R 可用来调整调节器的积分时间。

③比例惯性环节。

比例惯性环节是由弹性气室(波纹管 E 与壳体之间的腔室)、波纹管 E′、可调气阻 R 及连接管路组成,如图 2－14 所示,p_{sr}是输入量,p_{sc}是输出量,其工作情况与节流盲室相类似。所不同的是,第一,这里盲室的容积不是固定的,p_{sr}的变化会引起波纹管 E 的伸缩,盲室的容积随之变化,气容 C 不是常数。第二,作用于盲室有两条通道,一条是 p_{sr}经可调气阻 R 对盲室充放气;另一条是波纹管 E 伸缩造成挤排作用对弹性气室形成的通道。

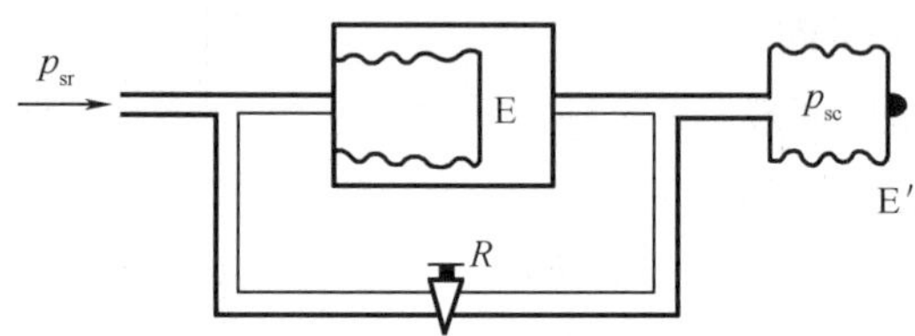

图 2－14　比例惯性环节的结构示意图

图 2－15 给出了比例惯性环节充气过程的特性曲线。当 p_{sr}阶跃上升时,由于气阻 R 和气容 C 的存在,p_{sc}不可能经气阻 R 通道立即升高,但在 p_{sr}阶跃上升的同时,波纹管 E 立即伸长,挤压弹性气室的气体使 p_{sc}所造成的弹性气室压力变化过程是个比例环节。在此基础上,p_{sr}经气阻 R 不断向弹性气室充气,p_{sc}继续升高,波纹管 E 由于内外压差的不断减小而逐渐收缩,直到 $p_{sc}=p_{sr}$为止,波纹管恢复原状。这是一个惯性环节的充气过程。总的充气过程是上述两个充气过程的叠加。在调节器中,利用比例惯性环节作为反馈回路,可实现比例微分作用规律,通过改变气阻 R 可调整调节器的微分作用。

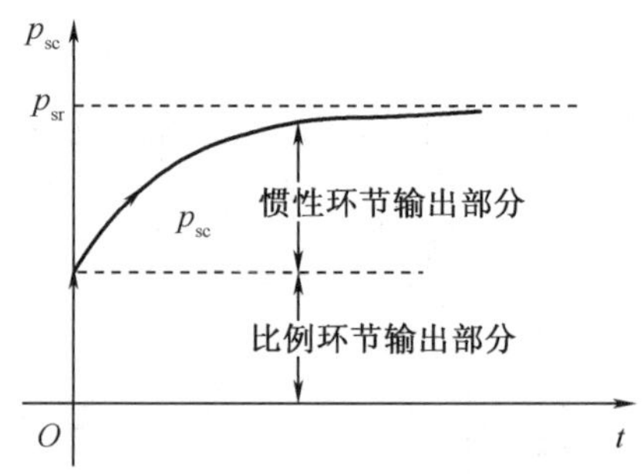

图 2－15　比例惯性环节充气过程的特性曲线

(3)气动仪表的比较环节

在气动仪表中,常常用比较环节对两个或两个以上信号进行综合和比较。只有输入信号与反馈信号始终进行比较,仪表才能有稳定的输出。比如在初始平衡状态下,输入信号突然发生变化,这时仪表的输出信号还未来得及变化,则比较环节将输出一个不平衡信号,使喷嘴挡板机构中的挡板开度改变,于是仪表的输出发生变化。这个变化经反馈回路送至比较环节,直到反馈信号平衡了输入信号,挡板的开度不再改变(挡板最终开度变化很小,可忽略不计)，仪表的输出就达到一个新的稳定状态。

在实际结构中，比较环节可按3种平衡原理来工作。其一是位移平衡原理，即输入信号使挡板开度的位移量正好为反馈信号使挡板的位移量所平衡。挡板两次开度变化的综合，基本保持原开度不变(有一微小变化，可忽略不计)。其二是力平衡原理，即输入信号转换成一个作用力信号，使挡板产生一个位移，这个位移正好为反馈信号所转换成的作用力使挡板产生的位移所平衡，经两次位移，挡板的开度基本没有变化，因此这种平衡原理是在比较环节上，输入信号与反馈信号作用力的比较。其三是力矩平衡原理，即在比较环节上，输入信号产生的力矩正好为反馈信号产生的力矩所平衡，挡板的开度基本保持不变。

任务二　船舶常用传感器、变送器的认知

一、船舶常用传感器

在船舶机舱中，传感器的类型多种多样，其原理也各不相同。这里仅从传感器的用途出发，介绍船舶机舱最常见的几种传感器及其信号变送器。

1. 温度传感器

温度传感器主要用于检测机舱中的各种温度信号，例如各种水温、油温和排气温度等。常用的温度传感器有热电阻式、热敏电阻式及热电偶式3种。

(1)热电阻式温度传感器

热电阻式温度传感器是根据热电阻材料的电阻率随温度的增加而增加的原理工作的。热电阻由电阻体、绝缘体、保护套管和接线盒4部分组成。常用铜丝或铂丝双线并绕在绝缘骨架上，再把它插入保护套管内，装在要检测的管路或设备中。

常见的热电阻有铜热电阻和铂热电阻两种，其电阻值和测量温度一一对应，且具有较好的线性关系。例如，PT100是船舶机舱常用的铂热电阻，当测量温度为0 ℃时，电阻值为100 Ω，而在100 ℃时的电阻值为138.51 Ω。详细的对应关系可通过公式计算或查阅热电阻分度表。

热电阻式温度传感器常采用电桥电路将被测温度的变化转换成相应的电压输出。但热电阻安装在所要检测的管路或设备中，若与转换电桥之间有一定的距离，连接导线的电阻值会随环境温度的变化而变化，从而引起一定的测量误差。为此，热电阻通常采用“三线制”接法来实现对环境温度变化的补偿，如图2-16所示。“三线制”接法采用两根材料、长度和截面积相同的导线分别接在测量桥臂和调零桥臂，以保证导线的电阻值相等。当环境温度变化时，两根导线阻值的变化量相等而抵消，使电桥输出 U_{ab} 保持不变。热电阻式温度传感器在船上常用于测量冷却水温度和轴承温度等。

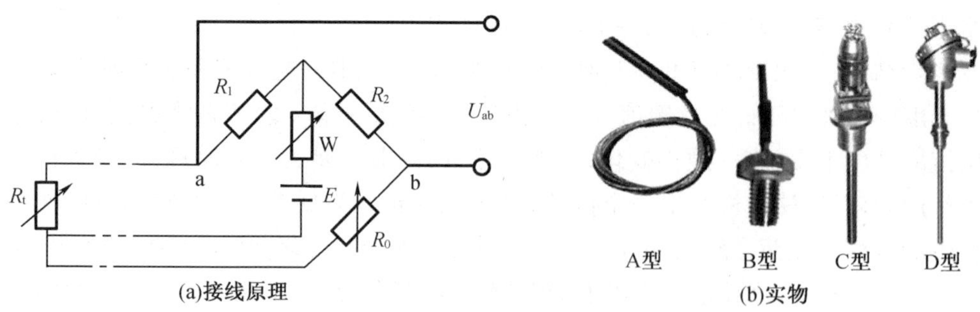

图 2-16　热电阻温度传感器接线原理图和实物图

(2)热敏电阻式温度传感器

热敏电阻是以半导体材料为基体,用热压处理,把锰、镍、铜、铁渗入半导体内,这些材料在接受温度变化时,具有使内部电子变得活泼的特性,其阻值能随温度的升高而减小。利用这一负阻特性,可做成热敏电阻。

如图 2-17 所示,它以热敏电阻(T802)配用电桥线路。热敏感电阻在感受温度变化以后,桥路就以其输出电压的变化传送到指示仪表或者监控系统中去,对温度进行自动操调。如果温度越限,会发出报警信号。热敏电阻的测温优势表现在灵敏度高、体积小、结构简单、性能比较稳定、有足够长的使用寿命。

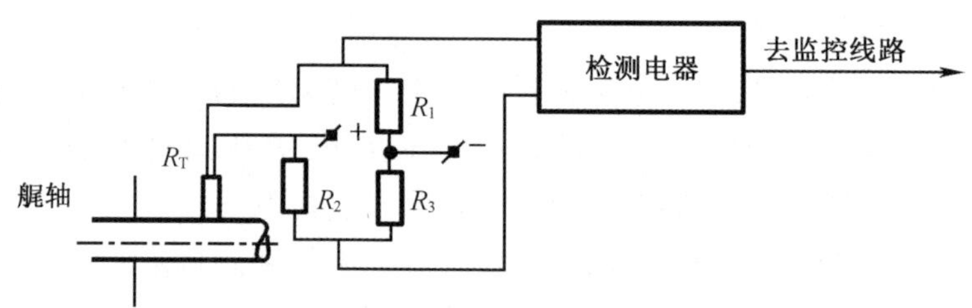

图 2-17　热敏电阻配用电桥接线图

热敏电阻测量温度的主要缺点是,有热惯性电流强度改变后,要经过一段时间,电阻才能达到新的稳定值。为防止氧化,要求加以封闭。

热敏电阻常用于轴承的温度检测,活塞冷却水是否供应中断的判断等项目。出于可靠和方便的考虑,某些如舰轴轴承的温度检测,特设置了两套热敏电阻。

(3)热电偶式温度传感器

热电偶是由两种不同的金属导体把其端点焊接在一起,并插入护套制成的。焊接端称为热端,与导线连接端称为冷端。热端插入需要测温的测量点,冷端置于环境温度中,若热、冷两端温度不同,则在热电偶回路中产生热电势 e。当冷端温度不变时,其热电势随热端温度的升高而增大。由于冷端温度是随室温变化的,若热端测量温度不变而环境温度升高,则热、冷端之间的温差减小会使热电势 e 也减小,影响测量精度。为了消除冷端温度变化对测量精度的影响,可采用冷端温度补偿。冷端温度补偿的方法有很多,图 2-18 所示为电桥补偿法原理及实物图。图中 R_0、R_1 和 R_2 是锰铜丝绕制的电阻,它们的电阻值基本不随温度变化。R_{Cu}是铜丝绕制的补偿电阻,其电阻值随温度升高而增大。温度补偿电桥的输出 U_{ab}与热电偶输出电势 e 串联,只要补偿电阻和电路参数调整合适,补偿电桥的输出正好可以抵消由于冷端温度变化而引起的测量误差。

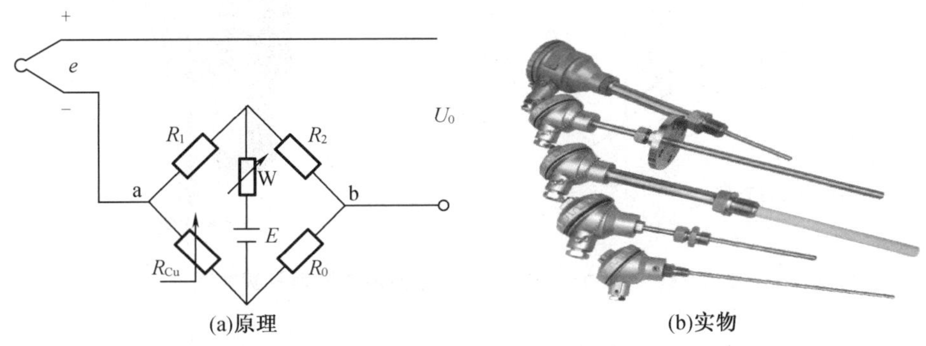

图 2-18　电桥补偿法原理及实物图

热电偶式传感器适用于检测高温的场合,例如应用于主机排气温度的测量等。常用的热电偶有:铂铑 10-铂热电偶,测温范围 0～1 600 ℃;铂铑 30-铂铑 6 热电偶,测温范围 0～1 800 ℃;镍铬-镍硅热电偶,测温范围 0～1 300 ℃。

2. 压力传感器

压力传感器用于将压力信号转换为监视报警系统能够接收的电信号。船舶机舱需要检测的压力信号很多,例如控制空气压力、启动空气压力、主机各缸冷却水入口压力、主机燃油/滑油入口压力以及各种泵浦的出口压力等。

根据不同的测压原理,压力传感器的种类较多。例如,常见的压力传感器有滑动电阻式压力传感器、金属应变片式压力传感器和电磁感应式压力传感器等。

(1)滑动电阻式压力传感器

滑动电阻式压力传感器是由弹簧管、传动机构、电位器及测量电桥组成的,它的结构和工作原理如图 2-19 所示。滑针把电位器电阻分成两部分,一部分串联在 R_4 的桥臂上,另一部分串联在 R_3 的桥臂上。当所测量的压力变化时,通过弹簧管和位移传动机构使滑针绕轴转动,改变两个相邻桥臂的电阻值,使测量电桥输出的电压信号 U_{ab}与输入压力变化成比例。

(2)金属应变片式压力传感器

金属应变片是用铜镍或镍铬等金属丝绕成栅状,并用黏结剂贴在基板上,两端焊接镀银或镀锡铜线作为引出线而制成的。应变片粘贴在压力感受器的测压部分,当压力发生变化时,应变片随同感受器一起发生形变。应变片具有一定的电阻值,作为测量电桥的一个桥臂。如图 2-20 所示,在测量压力为零时,调整 R_4 的电阻值使电桥处于平衡状态,输出电压为零。当测量压力增大时,应变片要弯曲变形,栅状金属丝被拉长,使其电阻值增大。电桥失去平衡并输出一个与测量压力成比例的电压信号。

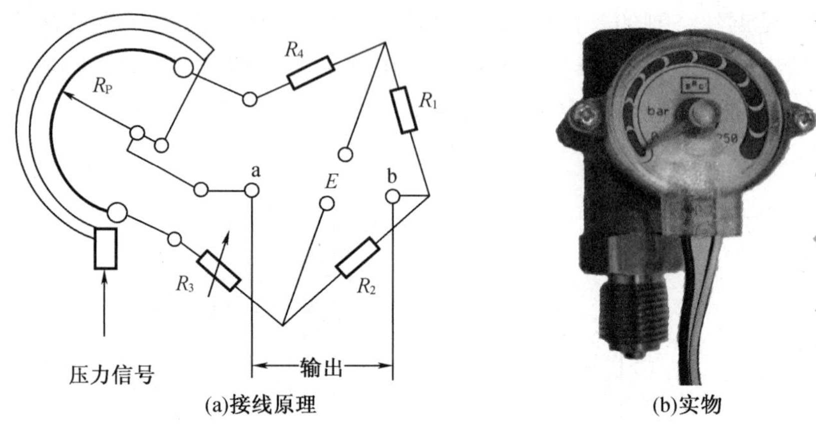

(a)接线原理　　(b)实物

图 2－19　滑动电阻式压力传感器接线原理及实物图

应变片式压力传感器可用于监测柴油机的爆压等,也可用于测量静态压力和动态压力。

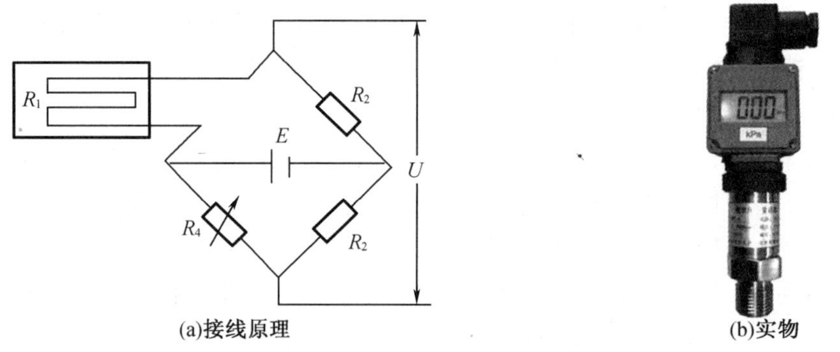

(a)接线原理　　(b)实物

图 2－20　金属应变片式压力传感器接线原理及实物图(金属片式、数显式)

(3)电磁感应式压力传感器

图 2－21 所示为电磁感应式压力传感器工作原理图,它由弹性元件和差动变压器组成。常用的弹性元件有波纹管和弹簧管,其中,波纹管适用的测量范围为 0～0.3 MPa,弹簧管则适用于 0.6 MPa 以上的压力检测。

差动变压器是由一个初级线圈、两个线径和圈数都相等的次级线圈及活动铁芯等组成的。初级线圈加上交流电源成为一个激磁绕组。次级线圈之间采用反向串联连接,它们分别安排在支架的上、下两侧。铁芯在弹性元件控制下,在线圈骨架内产生与压力大小成正比的位移。差动变压器的初级与次级之间的互感系数将随铁芯的位移变化而变化。铁芯处于中间位置时,通过两个次级线圈的磁力线相同,其感应电势是等量的,由于两个次级线圈采用反相连接,因此差动变压器的输出电势 U_o 为零。如果铁芯离开中间位置,它可以使一个次级线圈的互感系数增大,另一个互感系数减小,致使它们的感应电势一个增大,另一个减小,于是差动变压器输出电势 U_o 随之成比例增大。

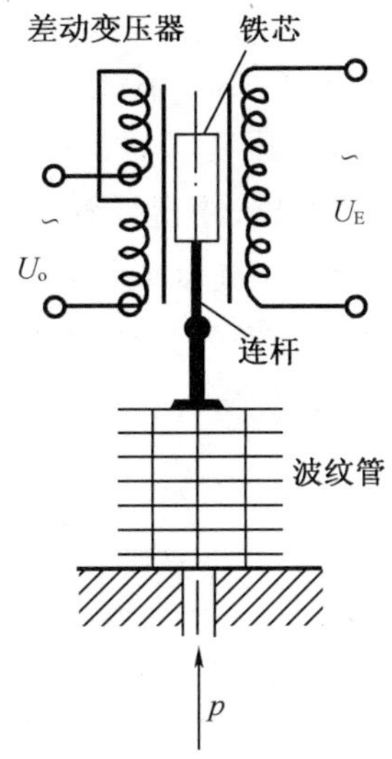

图 2－21 电磁感应式压力传感器工作原理图

3. 液位传感器

船上有很多液位参数需要进行测量和监视，常用的液位检测方法有变浮力式、静压式、电极式、电阻式、电容式、超声波式及吹气式等。以下介绍变浮力式和吹气式两种液位传感器。

(1)变浮力式液位传感器

图 2－22 给出变浮力式液位传感器工作原理，其主体由浮筒、平衡弹簧和差动变压器组成。浮筒的浮力、平衡弹簧的弹力和浮筒自身重力形成力的平衡关系，当液位发生变化时，浮力的变化必然导致浮筒位移变化，带动差动变压器的铁芯产生位移，差动变压器的输出电压 U_o 发生改变，经过整流，输出与液位变化成比例的直流信号。

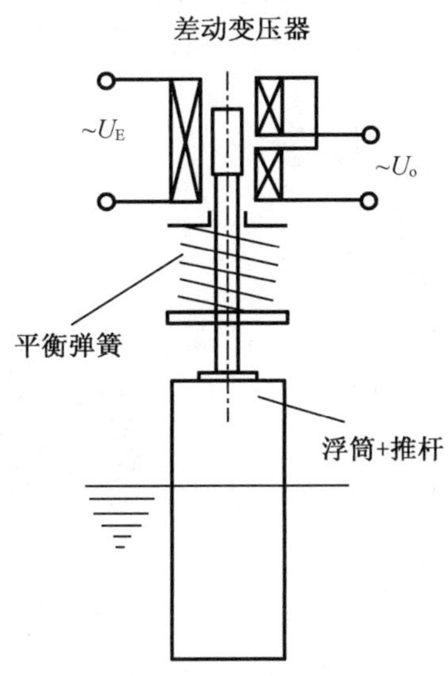

图 2－22 变浮力式液位传感器工作原理图

(2)吹气式液位传感器

吹气式液位传感器属于静压式液位传感器,其工作原理如图2-23所示。它由过滤减压阀1、节流阀2、导管3、平衡气室4及差压变送器5等元件组成。调整节流阀2使液位在最高位置时,从平衡气室中有微量气泡逸出,使得导管3中压力始终与平衡气室压力相等。平衡气室的压力就是液位的静压力,与液位高度成比例,因此液位变化时,导管内的压力也随之变化。导管内的压力信号经变送器转换为与液位高度成比例的标准压力信号(对于气动变送器)或标准电流信号(对于电动变送器)。

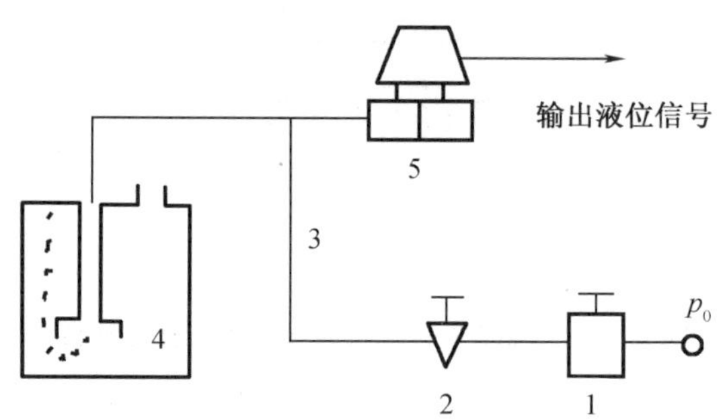

1—过滤减压阀;2—节流阀;3—导管;4—平衡气室;5—差压变送器。

图2-23 吹气式液位传感器工作原理图

4. 流量传感器

流量传感器有容积式、电磁式和差压式等几种。

(1)容积式流量传感器

容积式流量传感器在船上主要用来检测油流体的流量。它由检测齿轮1、转轴2、永久磁铁3和干簧继电器4组成,如图2-24所示。当流体自下向上流过时,由于有摩擦力存在会产生压力损失,使进口流体压力p_1大于出口流体压力p_2,检测齿轮在压力差的作用下,产生作用力矩而转动,通过的流量越大,齿轮转速越快。齿轮转动经转轴2上端的永久磁铁3驱动干簧继电器4,使其触点闭合或断开,从而输出反映流量大小的电脉冲信号。

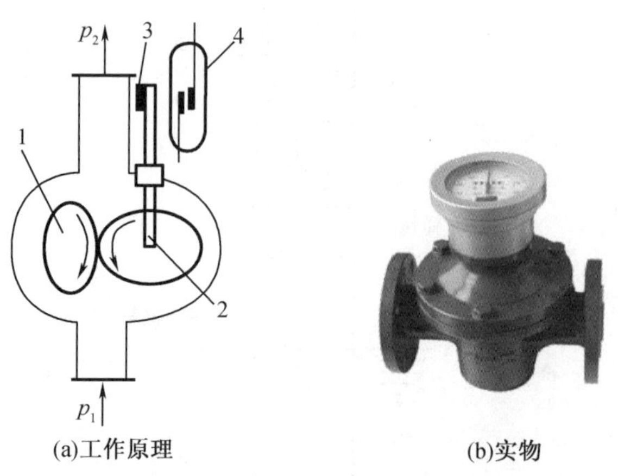

(a)工作原理　　(b)实物

1—检测齿轮;2—转轴;3—永久磁铁;4—干簧继电器。

图2-24 容积式流量传感器工作原理及实物图

(2)电磁式流量传感器

电磁式流量传感器是根据电磁感应原理来检测流量的,所以只适用于测量导电液体的流量。它主要由一对磁极、一对电极和检测放大电路组成,如图2-25所示。一对磁极置于管道两侧,以产生一磁场,导电液体在磁场中垂直于磁通方向流动时,切割磁力线,于是在两个电极上产生感应电势,其电势的大小与液体的体积流量成比例。感应电势经检测放大电路处理和放大后输出。

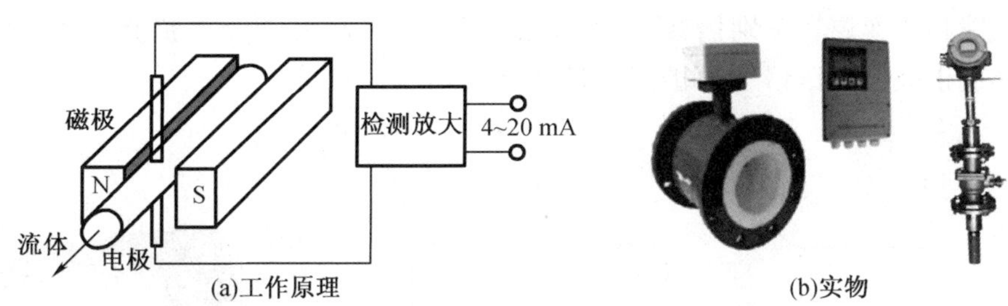

(a)工作原理 (b)实物

图2-25 电磁式流量传感器工作原理及实物图(分体式、插入式)

(3)差压式流量传感器

差压式流量传感器原理及实物如图2-26所示。它利用流体通过孔板等节流装置时产生压力差来反映流量变化。膜片两侧承受压力差信号 $\Delta p = p_1 - p_2$,通过膜片硬芯使差动变压器铁芯偏离中间位置向左移动。差动变压器输出的电信号与流量成比例。

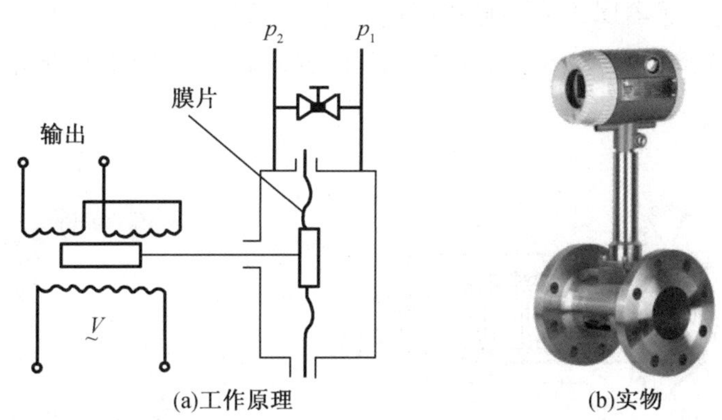

(a)工作原理 (b)实物

图2-26 差压式流量传感器工作原理及实物图

5. 转速传感器

转速传感器主要用来检测主机的转速和转向、发电原动机转速和涡轮转速等。常用的转速传感器有测速发电机和磁脉冲式转速传感器。

(1)测速发电机

测速发电机利用导体切割磁力线所产生的感应电势与转速成比例的原理,把转速变换成相应的感应电势。测速发电机有直流和交流两种形式。

直流测速发电机输出的是直流电压,其电压 U 与转速 n 成正比,即

$$U=kn$$

式中，k 为比例系数。如果用作主机测速，U 的大小反映了主机转速的高低，U 的极性反映了主机的转向。

直流测速发电机存在电刷等部件易引起故障的问题，故在新型船舶中越来越多地采用交流测速发电机。交流测速发电机输出的电压信号是交变的，需要对它进行相敏整流和滤波后变成直流电压信号。同直流测速发电机一样，该电压信号可反映主机的转速和转向。

测速发电机测得的转速信号可送至转速表来指示主机的转速和转向，但作为控制系统中的转速反馈和转速逻辑鉴别信号，因不能使用负电压，故必须经过整流把倒车负极性电压信号转换成正极性电压信号，如图 2 – 27 所示。

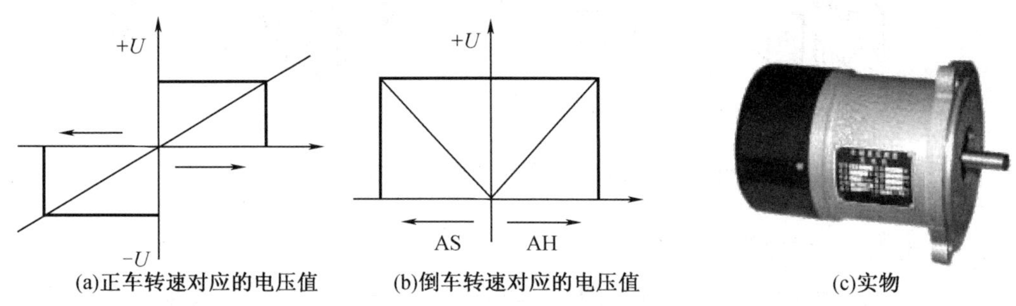

(a)正车转速对应的电压值　(b)倒车转速对应的电压值　(c)实物

图 2 – 27　整流后正、倒车转速对应的电压值及测速发电机实物图

(2)磁脉冲式转速传感器

磁脉冲式转速传感器属于非接触式测速装置，它没有运动部件，不会发生磨损，具有使用寿命长、检测精度高的特点。它由永久磁铁 1、软磁芯 2、线圈 3 及非导磁性外壳 4 组成，如图 2 – 28 所示。

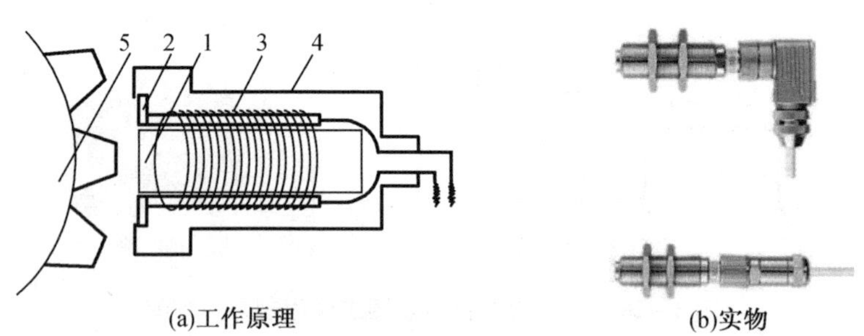

(a)工作原理　(b)实物

1—永久磁铁；2—软磁芯；3—线圈；4—非导磁性外壳；5—齿轮。

图 2 – 28　磁脉冲传感器工作原理及实物图

图 2 – 28 中 5 是一个安装在主机主轴上的铁磁材料齿轮（通常是盘车机齿轮），传感器靠近齿轮安装，齿顶之间保持一个较小的间隙。主机转动时，齿顶和齿谷交替经过，引起线圈内的磁通交替变化，使线圈感应出一系列脉冲信号。脉冲频率 f 取决于齿数 Z 和转速 n，即 $f=\dfrac{Z\cdot N}{60}$。传感器输出的感应电势脉冲信号较弱，其波形也不理想，所以要把脉冲信号送

入整形放大电路，使其转换成同频率的有较大幅值的矩形波。矩形波再经频率/电压转换电路变换成电压信号，也就是把转速按比例转换成相应的电压信号，该电压信号的大小反映了转速的高低。

为了检测主机的转向，需安装两个磁头，且它们之间错位 1/4 齿距，使两个磁头所产生的脉冲信号在相位上相差 1/4 周期。这两个磁头输出的脉冲信号经整形放大后分别送至 D 型触发器的 D 端和 CP 端，根据其输出端 Q 是 1 还是 0 来判别主机是正转或反转，其原理如图 2－29 所示。

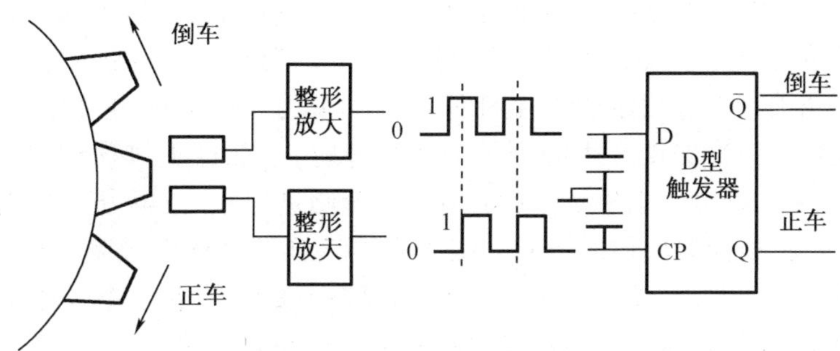

图 2－29　磁脉冲式传感器检测主机转向原理图

当齿轮沿正车方向转动时，D 型触发器 D 端的正脉冲总比 CP 端超前 1/4 周期，即 CP 端在脉冲上升沿时，D 端总是 1 信号，所以输出端 Q 保持 1 信号，表示主机在正车方向运转。当齿轮倒车方向转动时，D 型触发器 CP 端的正脉冲总比 D 端超前 1/4 周期，即 CP 端在脉冲上升沿时，D 端总是 0 信号，所以输出端 Q 保持 0 信号，表示主机在倒车运转。

二、变送器

1. 变送器的构成原理

变送器的构成原理如图 2－30 所示，主要由测量部分、放大器和反馈部分组成。测量部分的作用是检测被控量 x，并把变量 x 转换成电压、电流、位移、作用力或力矩等物理量，作为放大器的输入信号 Z_i。反馈部分则把变送器的输出信号转换成反馈信号 Z_f，输入信号 Z_i 与调零信号 Z_0 的代数和同反馈信号进行比较，其差值 ε 送给放大器进行放大，并转换成标准的气压或直流电流输出信号 y。下面分别介绍气动和电动两种类型。

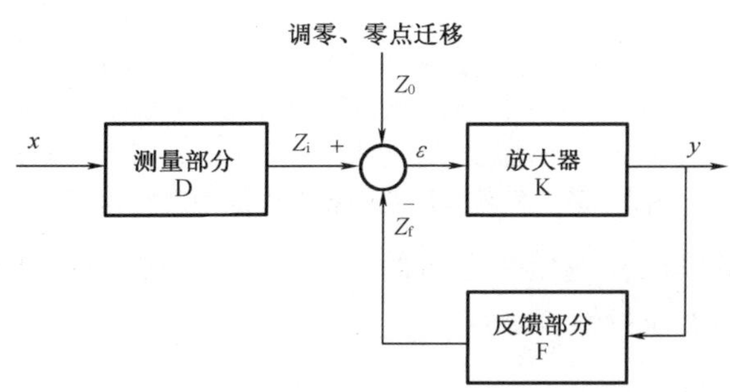

图 2－30　变送器的构成原理图

2. 气动差压变送器

气动差压变送器的作用是将被测量的物理量转化为19.8～98.1 kPa的标准气压输出信号。

气动差压变送器的结构形式也有多种，如图2－31所示。它由测量和气动转换两部分组成。测量膜盒16把测量室分成正压室15和负压室17两部分，并分别承受$p(+)$和$p(-)$压力信号。在压差$\Delta p=p(+)-p(-)$的作用下，测量膜盒16带动主杠杆9的下端产生微小的位移，主杠杆绕弹性支点13转动，其上端也会有一个微小的位移。比如，当作用在测量膜盒上的压差信号Δp增大时，测量膜盒连同主杠杆的下端一起左移，主杠杆绕弹性支点13顺时针转动，顶针架5和顶针4右移，挡板7靠本身弹性靠近喷嘴6，喷嘴背压升高，经气动功率放大器1放大，差压变送器的输出压力信号$p_{出}$增大。这个输出信号，一方面代表被控量的测量值送至显示仪表和调节器，另一方面直接送入反馈波纹管10，$p_{出}$与反馈波纹管的有效面积相乘就等于波纹管对主杠杆产生的推力。这个推力对弹性支点产生的反馈力矩与测量膜盒对弹性支点产生的测量力矩相等时，主杠杆不再移动，喷嘴与挡板之间的开度不变，差压变送器输出信号$p_{出}$稳定不变。若测量信号Δp减小，主杠杆9将绕弹性支点13逆时针转动，顶针架5和顶针4左移，使挡板7离开喷嘴6，喷嘴背压下降，差压变送器输出$p_{出}$减小，反馈波纹管10对主杠杆产生的反馈力矩将使主杠杆顺时针转动。当测量力矩与反馈力矩相等时，差压变送器的输出将稳定在比原来低的值上。

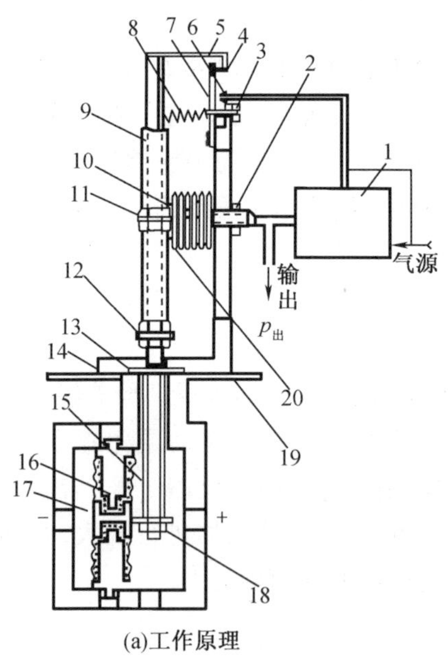

(a)工作原理

(b)实物

1—气动功率放大器；2,11,18—锁紧螺母；3—调零螺钉；4—顶针；5—顶针架；6—喷嘴；7—挡板；8—调零、迁移弹簧；9—主杠杆；10—反馈波纹管；12—静压误差调整螺母；13—弹性支点；14—支架；15—正压室；16—测量膜盒；17—负压室；19—底板；20—反馈波纹管。

图2－31 气动差压变送器工作原理及实物图

上面简单地分析了单杠杆差压变送器的工作过程。下面将详细地分析差压变送器各组成部分的结构特点和工作特性。

(1)测量部分

如图2－31所示，测量部分由主杠杆9、弹性支点13、测量膜盒16和基体等部分组成。

杠杆的密封装置直接与工作介质接触;要求它具有良好的密封性和耐腐蚀性,以防止工作介质泄漏和本身被腐蚀。同时,弹性支点作为杠杆转动的支点,要求它具有良好的弹性和抗疲劳强度。为了满足上述要求,弹性支点一般用镍铬钛合金制成。

检测元件是把基体分为正、负压室的测量膜盒。金属膜片用滚焊分别焊接在硬芯和基座上。在制造测量膜盒时,首先把膜盒抽成真空,然后充注硅油。硅油是一种低凝固点和体积膨胀系数较小的有机硅化合物,它在膜盒内作为传递压力的介质使膜片的运动产生阻尼,防止膜片乃至变送器发生振荡。单向过载保护圈和硅油可防止膜盒在单向承受过大压力时被压坏。在某些情况下,例如误操作时,可能造成正、负压室一边的压力比另一边大很多。这时,由于硅油的阻尼作用,膜片缓慢位移,当硬芯与单向过载保护密封圈接触时,因液体不可压缩,膜片不会再有位移,这就防止了膜片位移过大而损坏。

测量部分的作用是把压差信号 Δp 转换为轴向推力 $q_{测}$。假定测量膜盒中金属膜片的有效面积为 $F_{膜}$,则 $q_{测}=\Delta p \cdot F_{膜}$,若膜盒的有效面积 $F_{膜}$ 不变,那么轴向推力 $q_{测}$ 就与压差信号 Δp 成正比。

(2)气动转换部分

气动转换部分由喷嘴6、挡板7、气动功率放大器1、反馈波纹管10及调零和迁移弹簧等组成,它把测量部分输出的轴向推力(主杠杆的微小位移)转换成标准的气压信号作为差压变送器的输出。

图2-32示出了单杠杆差压变送器的工作原理,图中标明了各部分有关尺寸 L_1、L_2 和 L_3。作用在比较杠杆(主杠杆)上有两个力矩:测量力矩 $M_{测}=\Delta p \cdot F_{膜} \cdot L_1$,反馈力矩 $M_{反}=p_{出} \cdot F_{反} \cdot L_2$($F_{反}$ 是波纹管的面积)。杠杆在平衡时 $M_{测}=M_{反}$,由此可以求得差压变送器的输出压力信号为

$$P_{出}=\frac{F_{膜} \cdot L_1}{F_{反} \cdot L_2}\Delta p=K \cdot \Delta p$$

式中,$K=\dfrac{F_{膜} \cdot L_1}{F_{反} \cdot L_2}$,是差压变送器的放大系数。

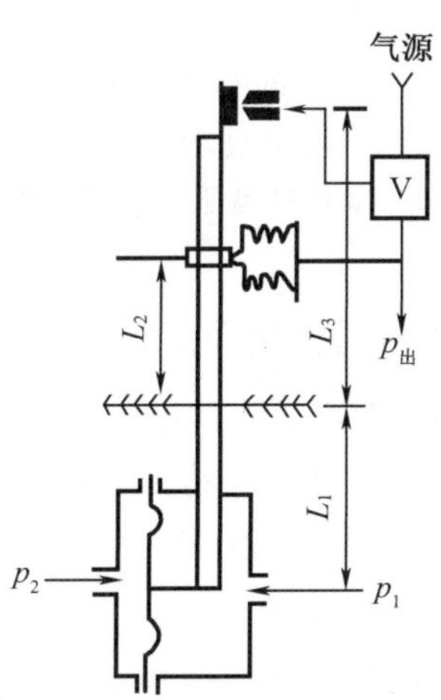

图2-32 单杠杆差压变送器工作原理图

在上式中，$F_{膜}$、$F_{反}$ 和 L_1 都是固定不变的，唯一可改变的是 L_2。反馈波纹管上移，L_2 增大，K 就减小。这就需要有较大的 Δp（即被控量要变化较大的范围）才能使 $p_{出}=0.1$ MPa，亦即增大了变送器的量程。反馈波纹管下移，L_2 减小，K 就增大，变送器的量程减小。要得到较大的量程，必须把主杠杆做得很长，这不仅影响变送器的精度，而且变送器的结构也很庞大，所以单杠杆差压变送器的量程不可能太大。在需要大量程的场合，可以采用双杠杆差压变送器。

图 2－33 示出了双杠杆差压变送器的工作原理。它的工作原理与单杠杆相仿，不过由于多了一个副杠杆 5，力的传递过程略有不同。当主杠杆 7 顺时针转动时，通过连接杆 10 使副杠杆 5 绕量程支点 8 顺时针转动，挡板 12 靠近喷嘴 11，变送器输出压力信号 p_o 增大。这个信号一路送至调节器和显示仪表，另一路直接送入反馈波纹管 14，使副杠杆 5 对量程支点 8 产生一个与测量力矩方向相反的反馈力矩。当这两个力矩平衡时，差压变送器的输出就稳定在某个值上。

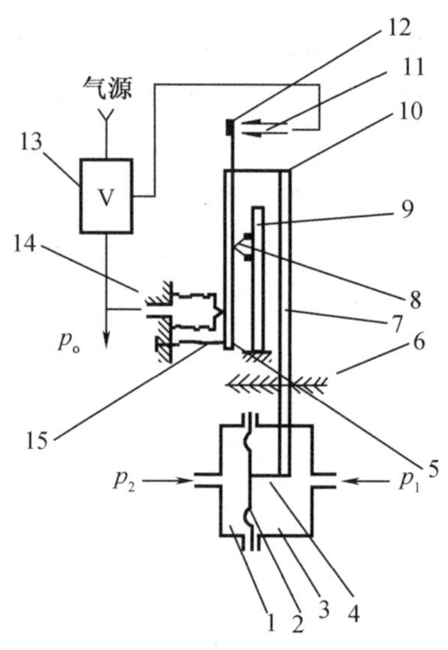

1—负压室；2—膜盒；3—正压室；4—弹簧片；5—副杠杆；6—弹性支点；7—主杠杆；8—量程支点；9—支架；10—连接杆；11—喷嘴；12—挡板；13—放大器；14—反馈波纹管；15—弹簧。

图 2－33　双杠杆差压变送器工作原理图

在双杠杆差压变送器中，副杠杆的作用实质上是对主杠杆顶端的位移进行二次放大，改变量程支点 8 的上、下位置，可以改变副杠杆的放大系数。当量程支点处于副杠杆中间时，量程等于单杠杆差压变送器的最大量程。若把量程支点向上移，则放大系数减小，这时双杠杆差压变送器的量程比单杠杆最大量程还要大。

(3)气动差压变送器零点和量程的调整

差压变送器在正常工作时，应该确保测量信号 Δp 在最大变化范围内变化时，其输出能在标准信号范围(0.02～0.1 MPa)内变化。因此在投入工作以前，要根据测量信号 Δp 的最大变化范围调整好零点和量程。

所谓调零点，就是当测量信号 $\Delta p=0$ 时，确保差压变送器的输出 $p_o=0.02$ MPa。若当 $\Delta p=0$ 时，$p_o\neq 0.02$ MPa，则应该进行调整。调整方法是，通过调整调零弹簧（或迁移弹簧）的预紧力，强制改变挡板与喷嘴之间的初始开度，使得 $\Delta p=0$ 时，$p_o=0.02$ MPa。所谓调量程，是指当测量信号 Δp 达到最大值时，调整反馈波纹管的上、下位置，使得 $p_o=0.1$ MPa。

假定测量信号 Δp 的最大变化范围是 0～0.01 MPa，调零和调量程的具体步骤如下：首先，使 $\Delta p=0$，例如让正、负压室均通大气，观察变送器输出压力 p_o 是否指示为 0.02 MPa，若不是，则可拧动调整螺钉改变弹簧预紧力，强制改变挡板与喷嘴之间的初始开度，直到 $p_o=0.02$ MPa 为止。然后，逐渐增大压差，直到 $\Delta p=0.1$ MPa 为止，观察变送器输出 p_o 是否为 0.1 MPa，若不是，比如 $p_o=0.08$ MPa，说明量程大了，则可松开反馈波纹管的锁紧螺母，下移反馈波纹管，反之亦然。由于量程的调整会影响零点，因此量程调整后，需重新调零，然后再看量程是否合适。重复上述操作，直到零点与量程准确为止。有经验者经 2～3 次调整，即可把零点和量程调准。量程调整完毕后要重新锁紧反馈波纹管的锁紧螺母。

（4）零点迁移

在实际应用中，被控量测量的起点往往不是零，即 $x_{min}\neq 0$，此时需要将测量的起始点迁移到某一正值或负值，称为零点的迁移。零点迁移的方法和零点的调整方法相同。在未加迁移时，测量起始点为零，当测量的起始点由零变为某一正值，称为正迁移；反之，当测量起始点由零变为某一负值，称为负迁移。

图 2－34 为变送器零点迁移前后的输入输出特性。由图可见，零点迁移后，变送器的输入输出特性曲线沿坐标向右或向左平移了一段距离，其斜率并没有改变，即变送器的量程大小不变，若采用零点迁移后，再辅以量程调整，可以提高仪表的测量精度和灵敏度。

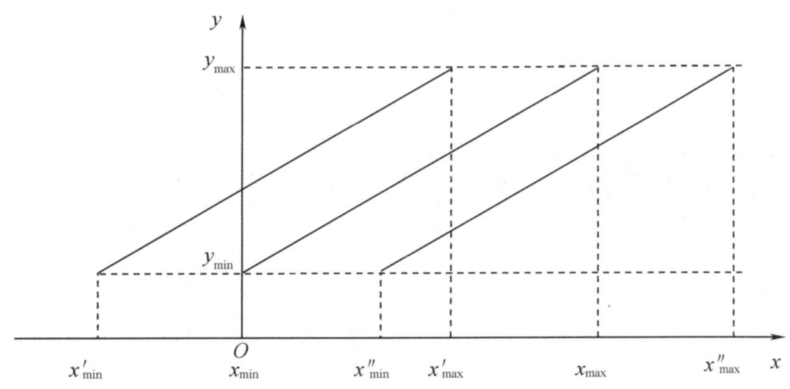

图 2－34 变送器零点迁移前后的输入输出特性

零点的调整与迁移不会影响变送器的量程。但如果通过调整反馈系数 F 而使量程发生变化之后，则零点还需要重新调整。因此，变送器零点和量程的调整往往是一个反复调整的过程。

根据被测量物理量的不同，变送器包括温度变送器、压力变送器和差压变送器等，其中差压变送器是船舶机舱中最常见的变送器。差压变送器是专门用于测量各种压差信号的一种测量仪表，用它可以间接测量温度、压力、液位、流量和黏度等物理量，并按比例转变成统一的标准信号输出。

3. 电动差压变送器

电动差压变送器将被测量的物理量转化为 4 ~ 20 mA 的标准电流输出信号，目前，在船舶机舱中主要以电容式电动差压变送器为主。电容式差压变送器的基本组成可用图 2 - 35 表示，它分成测量部分和转换放大部分。输入压差 Δp 作用于测量部件的感压膜片，使其产生位移，从而使感压膜片（即可动电极）与两固定电极所组成的差动电容器之电容量发生变化。此电容变化量由电容 - 电流转换电路转换成直流电流信号，电流信号与调零信号的代数和同反馈信号进行比较，其差值送入放大电路，经放大得到变送器的输出电流 I_0。

电容式差压变送器的整个结构无机械传动与调整装置。它采用差动电容作为检测元件，并用全封闭焊接的方式将测量部分进行固体化。因此仪表结构简单，整机性能稳定、可靠，且具有较高的精度。

（1）测量部件

测量部件的作用是把被测压差 Δp 转换成电容量的变化，其核心是差动电容敏感元件。差动电容敏感元件包括中心感压膜片（可动电极），正、负压侧弧形电极（固定电极），电极引线，正、负压侧隔离膜片和基体等，如图 2 - 36 所示。在差动电容敏感元件的空腔内充有硅油，用以传递压力。中心感压膜片与其两边的正、负压侧弧形电极形成电容 C_H 和 C_L，当作用在正、负压侧隔离膜片上的压力相等时，$C_H = C_L$。差动电容敏感元件将测量室分割成正、负压室，当正、负压室引入的被测压力 $p(+)$ 和 $p(-)$ 作用于正、负压侧隔离膜片上时，$p(+)$ 和 $p(-)$ 通过硅油的传递，分别引入到中心感压膜片的两侧。$p(+)$ 和 $p(-)$ 之差使中心感压膜片产生位移，从而使中心感压膜片与其两边弧形电极的间距不相等，结果使一个电容（C_H）的容量减小，另一个电容（C_L）的容量增加。

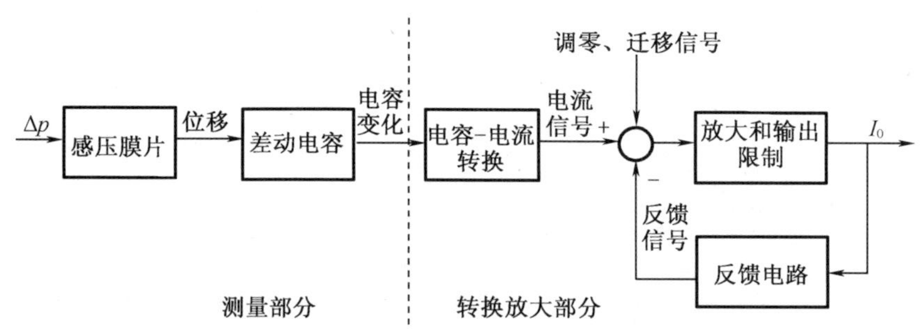

图 2 - 35　电容式差压变送器的基本组成

由于膜片的位移很小（小于 0.1 mm），因此膜片在压差 Δp 作用下的位移量 ΔS 与压差 Δp 之间近似为线性关系，即可写成

$$\Delta S = K_1 \cdot \Delta p$$

式中，K_1 为比例系数。

当 $\Delta p = 0$ 时，测量膜片与两弧形电极间的距离相等，设其间距为 S_0，而当 $\Delta p \neq 0$ 时，设测量膜片与两弧形电极间的距离分别为 S_1 和 S_2，则有 $S_1 = S_0 + \Delta S$，$S_2 = S_0 - \Delta S$。若不考虑

边缘电场影响,测量膜片与两边弧形电极构成的电容 C_H 和 C_L 可近似地看作平行板电容器,其电容量可分别表示为

$$C_H = \frac{\varepsilon_1 A_1}{S_1} = \frac{\varepsilon A}{S_0 + \Delta S}$$

$$C_L = \frac{\varepsilon_2 A_2}{S_2} = \frac{\varepsilon A}{S_0 - \Delta S}$$

式中,ε_1 和 ε_2 为电容 C_H 和 C_L 内介质的介电常数,由于填充介质均为硅油,故 $\varepsilon_1 = \varepsilon_2 = \varepsilon$;$A_1$ 和 A_2 为电容 C_H 和 C_L 的弧形电极板的面积,制造上能保证使 $A_1 = A_2 = A_0$。

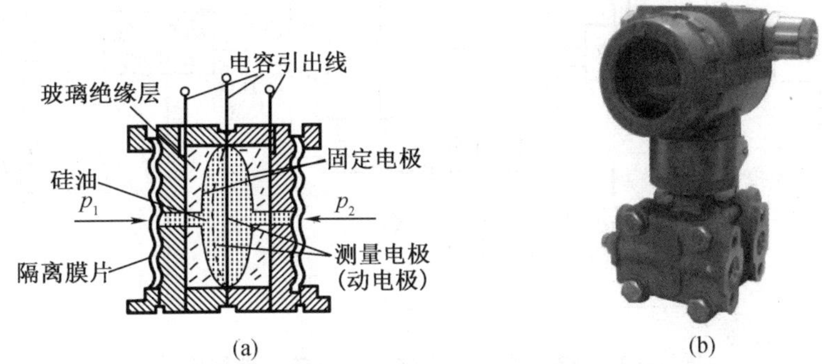

图 2-36 电容式差压变送器的敏感元件

以上两式相减,得

$$\Delta C = C_H - C_L = \varepsilon A\left(\frac{1}{S_0 + \Delta S} - \frac{1}{S_0 - \Delta S}\right)$$

由此可知,两电容量的差值与测量膜片的位移 ΔS 呈非线性关系,难以满足高精度的测量要求。若取两电容量之差与两电容量之和的比值,则有

$$\frac{C_H - C_L}{C_H + C_L} = \frac{\varepsilon A\left(\frac{1}{S_0 + \Delta S} - \frac{1}{S_0 - \Delta S}\right)}{\varepsilon A\left(\frac{1}{S_0 + \Delta S} + \frac{1}{S_0 - \Delta S}\right)} = -\frac{\Delta S}{S_0} = K_2 \Delta S = K_1 K_2 \Delta p$$

式中,K_1、K_2 为比例系数。

由此可以得到以下结论:

①差动电容的相对变化值$(C_H - C_L)/(C_H + C_L)$与 Δp 呈线性关系,可以通过转换电路将这一相对变化值转换为与 Δp 呈线性关系的标准电流信号;

②$(C_H - C_L)/(C_H + C_L)$与介电常数 ε 无关,从原理上消除了填充介质介电常数的变化引起的测量误差;

③$(C_H - C_L)/(C_H + C_L)$的大小与 S_0 有关,S_0 越小,差动电容的相对变化量越大,即灵敏度越高。

(2)转换放大电路

转换放大电路的作用是将上述差动电容的相对变化值转换成标准的电流输出信号。此外,还具有零点调整、量程调整、正负迁移和阻尼调整等功能。其原理如图 2-37 所示。

该电路包括电容－电流转换电路及放大电路两部分。电容－电流转换部分主要有振荡器、解调器、振荡控制放大器，它的作用是将差动电容的相对变化值成比例地转换成差动电流信号 I_i，并实现非线性补偿功能。放大电路部分主要有前置放大器、调零与零点迁移电路、量程调整电路、功放与输出限制电路等，该部分电路的作用是将差动电流 I_i 进行放大，并输出 4～20 mA 的直流电流。具体的电路原理比较复杂，在这里不进行详细分析。

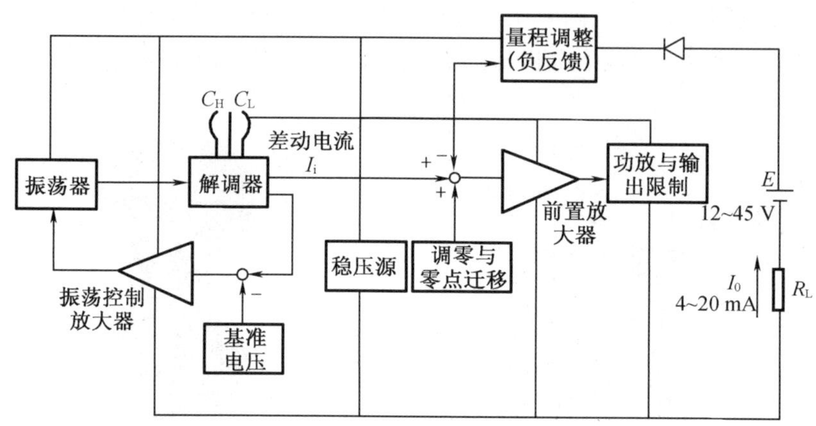

图 2－37　电容式差压变送器转换放大电路原理

任务三　船舶常用传感器、变送器的测试与校验

一、温度传感器的测试与检验

1. 实效测试法

实效测试法检测温度是实验室常用的一种检测法。如图 2－38 所示，温度的实效测试法要求配备必需的检测设备，如电热容器(俗称电热槽)、标准温度计等。图 2－38 中表明，在电热槽中盛以水或油，把温度计及被拆卸的温度传感器安装在电热槽中，逐步加温，并使电热槽内的温度较为均匀。加温到传感器输出信号达到报警值，读取报警时的温度值。同时，读取温度计的读数，就可以对测试结果进行比较，得出准确结论。

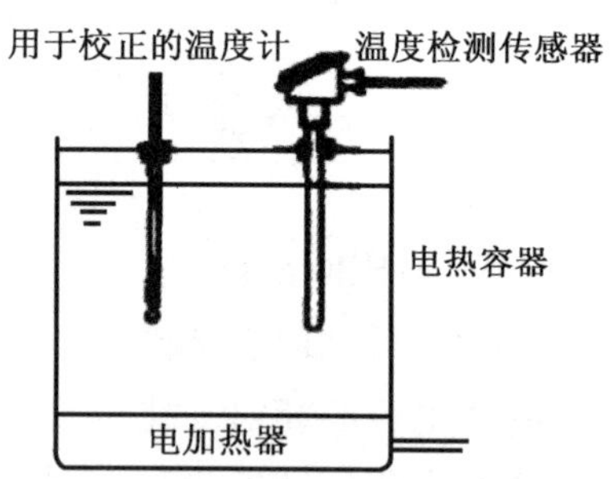

图 2－38　实效测试法示意图

在测试过程中，应特别注意必须等到电热容器内的温度达到稳定状态，这是准确、可靠读取温度测量值的一个关键条件。否则，测试的结果可能造成明显的温度偏差。

该方法适用于温度检测范围在 0～800 ℃的任何模拟量和开关量传感器，对该检测通道的各相关功能环节均能进行有效的测试，但测试时间比较长，工作量比较大。

2. 直接测试法

对于热电偶温度器,其输出信号为毫伏级电压信号,因此可直接用直流电位差计测量其各种温度下的输出电压,然后再与该型传感器的“温度 - 电压(毫伏)”特性曲线进行比较,进而判断该传感器的测量是否准确。船上一般都备有热电偶“温度 - 电压(毫伏)”特性分度表。

3. 可变电阻或电位器的取代测试法

对于 PT100 温度传感器或热敏电阻温度传感器,可以采用替代的方法,即以可调电阻器来替代温度传感器,把原先接在 PT100 温度传感器的接线连到可调电阻器上去,然后根据电阻值与温度之间的对应关系做出记录,据此查看该通道的温度显示值,直至系统发出警报为止。然后通过查分度表做出测试结论,找出对应的报警温度准确值,并记入周期表中。

这种测试方法要注意以下两点:

其一,要弄清楚 PT100 温度传感器是由什么材料制成的。这是因为 PT100 温度传感器采用的材料不同,其“温度 - 电阻”的分度关系是不一样的。通常在船上都具有这类分度表。

其二,该方法只能检测除传感器以外的通道情况,对传感器本身无法进行检测。

4. 暂时改变警报设定值的相对测试法

在传感器进入正常状态以后,把传感器的报警设定值暂时调低(对高限报警)或暂时调高(对低限报警),使系统发出报警信号,以试验报警系统的可靠性。但此法无法测得报警时的准确值,测试后务必把报警定值调回原先位置。

5. 开关量温度传感器的模拟测试法

对于开关量温度传感器,可以断开或短接温度开关线头,或直接拨动温度开关使其发出报警信号,以测试传感器以外的通道是否正常。此法只适用于以上方法难于实现的场合。

6. 对变送器零位和量程的整定

对变送器零位和量程进行整定是一项基本技能。船上使用的变送器种类很多,调零和调量程的原理可能不尽相同,但就其零位和量程调整方法而言,一般地说,可按如下步骤进行:

①按图 2 - 39 进行电路接线。

②查阅 PT100 温度传感器分度表,调整变阻箱将测量温度值设为 0 ℃(此时对应阻值为 100 Ω),输出电流指示值为 4 mA。

③调整变阻箱将测量温度值设为 100 ℃(此时对应阻值为 138.51 Ω),输出电流指示值为 20 mA。

④如果变送器的零点(0 ℃所对应的电流值)或者满量程点(1 000 ℃所对应的电流值)不准确,可以打开变送器壳体,用模拟仪表或者数字仪表进行零点或量程的校准。校准时需要先将电阻箱值设定为 100 Ω,若电流表指示值不是 4 mA,则调整变送器内部的蓝色标记“Z”的模块,将其调整为 4 mA,然后再次调整电阻箱值为 138.51 Ω,此时调整标记为“m”的模块使电流表指示值为 20 mA;零点和量程调整需反复进行,直到变送器输出值准确

为止。

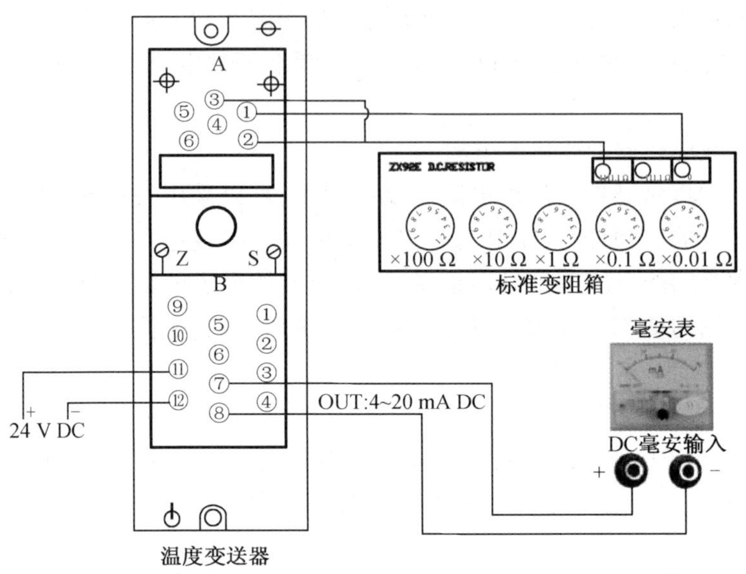

图 2－39　温度变送器接线(模拟仪表)

注意:变送器出厂时已经经过严格调校,因此在调整时只需掌握方法,不可大范围调整。

⑤在 0～100 ℃任意选定 10 个温度值,查 PT100 分度表设定其相应的电阻值,记录下相应变送器输出电流值,并对 10 个测量点进行线性度拟合,观测变送器输出线性度是否准确。

7. 数显仪表的设置及其温度数字指示

(1)数显仪表的设置

实验台上的数显仪表是智能式数显仪表,其输入信号可以是电流、电压、热电阻和热电偶信号,针对仪表的不同用途,需要进行仪表设置。数显仪表的设置分为一级设置和二级设置,一级设置适用于操作人员,而二级设置则适用于调试人员。

(2)用数显仪表显示温度变送器的输出

①按图 2－40 进行电路连接,将温度变送器的输出接入数显仪表的电流输入端。

②按下仪表上的“SET”键,仪表显示“tH－n”,再次按下“SET” 键,按下旁边的向上箭头,将参数值设置为 19。长时间按住“SET”键,仪表显示为“CH－1”;再次按下“SET”键,将其参数设置为 13(输入类型为电流)。按下“SET”键,仪表显示为“SP－1”,参数意义为“小数点位置”,设置其值为 1(即 1 位小数);按下“SET”键,仪表显示“A1－0”,参数意义为“测量量程的高端值”,设置其值为 20.0;按下“SET”键,仪表显示“A1－1”,参数意义为“测量量程的低端值”,设置其值为 4.0;按下“SET”键,仪表显示“OK”后自动跳回,电流输入设置完成。设定输入量为 DC 电流输入,量程为 4～20 mA。

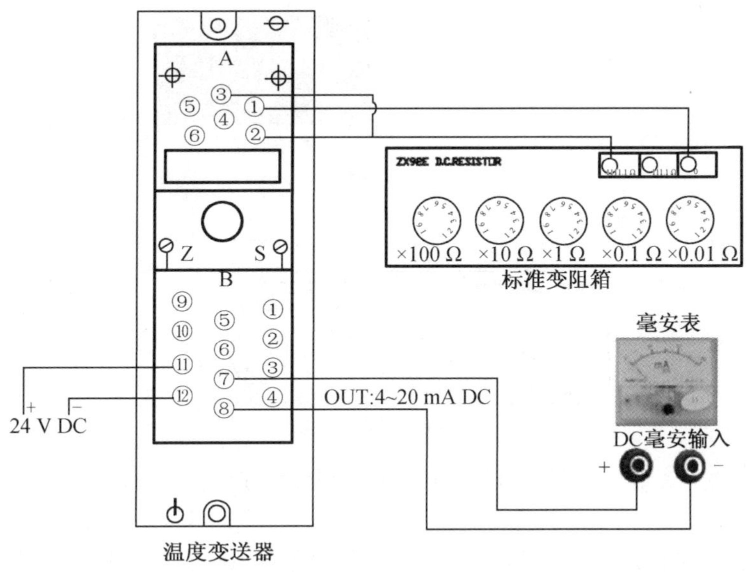

图 2－40　温度变送器接线(数显仪表)

③零点和量程校准。此时需先设定电阻箱值为 100 Ω,经温度变送器变送后输出 4 mA 电流,对应仪表输入量为 4 mA。

数显仪表的自动校准:自动校准功能首先需要设置 tH－n =9,然后长时间按住"SET"键,仪表显示"tJ",参数意义为"调校参数设定";设定其值为 0,进入信号自动调校流程;按下"SET"键,仪表显示"yn",参数意义为"输入信号自动调校";按下"SET"键,将其值设定为"0",再按下"SET"键,仪表将进行零点自动校准。由于已经设定仪表零点为 4 mA,因此此时输入电流对应的即为仪表的零点值。

设定电阻箱值为 138.51 Ω,对应仪表输入量为 20 mA。自动校准功能首先需要设置 tH－n =9,然后长时间按住"SET"键,仪表显示"tJ",参数意义为"调校参数设定";设定其值为 0,进入信号自动调校流程;按下"SET"键,仪表显示"yn",参数意义为"输入信号自动调校";按下"SET"键,将其值设定为"1",按下"SET"键,仪表将进行量程自动校准。由于已经设定仪表量程为 20 mA,因此此时输入电流对应的即为仪表的最大量程值。

(3)用数显仪表显示标准电阻箱设定的温度

数显仪表可以直接接受热电阻信号,因此可以直接将标准电阻箱调定的温度信号直接用数显仪表来指示。

①按图 2－41 进行电路连接,将标准电阻箱的输出接入数显仪表的热电阻输入端。

②按下仪表上的"SET"键,仪表显示"tH－n",再次按下"SET" 键,按旁边的向上箭头,将参数值设置为 19。长时间按住"SET"键,仪表显示为"CH－1";再次按下"SET"键,将其参数设置为 03(输入类型为热电阻)。按下"SET"键,仪表显示"OK"后自动跳回,热电阻输入设置完成。根据 PT100 分度表设置相应的电阻值,观察数显仪表变送后输出的温度值是否准确。

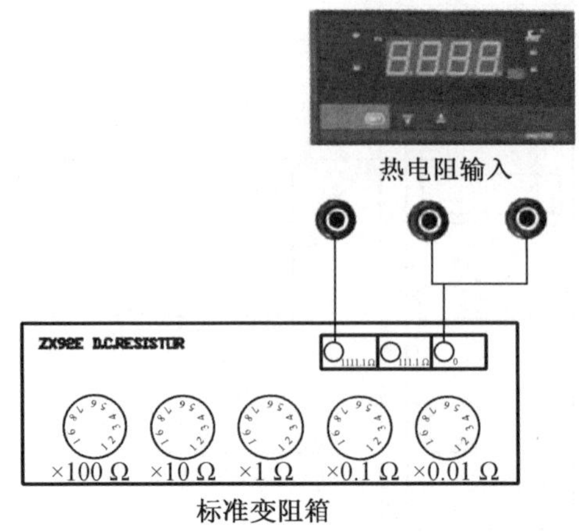

图 2-41 热电阻测量接线(数显仪表)

③零点和量程的校准。此时需先设定电阻箱值为 100 Ω,对应仪表显示温度值应为 0 ℃。若数显仪表显示值不准确,则首先需要设置 tH - n =9,然后长时间按下“SET”键,仪表显示“tJ”,参数意义为“调校参数设定”;设定其值为 0,进入信号自动调校流程;按下“SET”键,仪表显示“yn”,参数意义为“输入信号自动调校”;按下“SET”键,将其值设定为“0”,再按下“SET”键,仪表将进行零点自动校准。由于已经设定仪表输入电阻值为 100 Ω,相当于仪表输入经其自身所带的温度变送器变送后输出显示的温度值为 0 ℃,因此仪表将自动整定,显示输出为 0。

设定电阻箱值为 313.71 Ω,对应仪表显示温度值应为 600 ℃。若数显仪表显示值不准确,需要设置 tH - n =9,然后长时间按下“SET”键,仪表显示“tJ”,参数意义为“调校参数设定”;设定其值为 0,进入信号自动调校流程;按下“SET”键,仪表显示“yn”,参数意义为“输入信号自动调校”;按下“SET”键,将其值设定为“1”,再按下“SET”键,仪表将进行量程自动校准。由于已经设定仪表输入电阻值为 313.71 Ω,相当于仪表输入经其自身所带的温度变送器变送后输出显示的温度值为 600 ℃,因此仪表将自动整定,显示输出为 600。

④零点量程调好后,调整标准电阻箱的电阻值,查 PT100 分度表,设定电阻值为 0 ~ 100 ℃中任意 10 个温度点对应的电阻值,分别记录数显仪表所测量点的值。对 10 个测量点进行线性度拟合,观测数显仪表变送器输出线性度是否准确。

二、压力传感器的测试与检验

压力传感器的效能好坏,可以依据其工作原理、输出信号的类型和测试时的实际情况综合决定,对压力传感器或其相关环节一般可以采取以下 5 种方法进行校验。

1. 实效测试法

实效测试法要求设有一次压力仪表(标准压力表)作为基准,这种测试方法是指,逐渐给被监视通道实施加压或减压,压力传感器感受压力变化而使输出信号有相应变化,直到该通道发出报警信号为止。这时,一方面记下系统给出的压力指示值,另一方面读取一次压力仪表的显示值。把这两个压力值进行比较,从而判断压力传感器是否准确。

标准压力表必须定期送交国家计量单位进行测定,以保证实效的可靠和标准。实效测试的特点:它对所有的压力传感器都适用,除了标准压力表以外,几乎不需要其他测试工具,测试时检测通道上相关功能环节都得到测试。但是其适用性受到很大限制。因为改变被测设备的压力工况不仅不便于实现,而且有些设备不允许这样做。

2. 泵压(压缩空气)测试法

这是一种常见的实验室测试方法,它要求依照图 2 - 42 对被测压力传感器进行安装,用装有标准压力表的手摇泵,通过系统设备上原先配置的三通阀,给压力传感器逐渐泵压,直到发出报警信号为止。如果原先没有这些装置,则必须自行进行改装。把标准压力表的报警读数记录下来,就可检查报警时传感器的报警设定值是否准确。

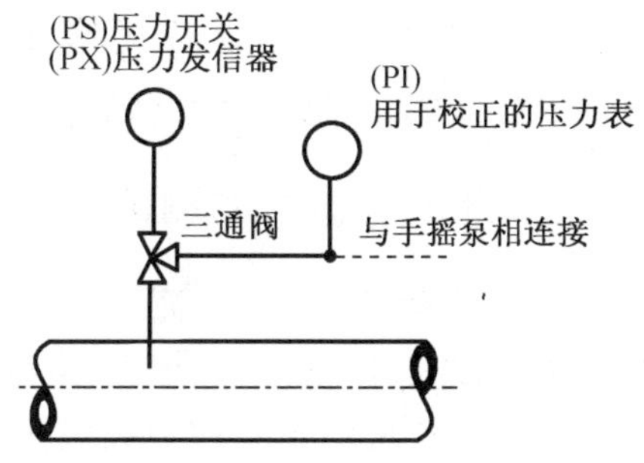

图 2 - 42 泵压测试法的检测安装

该方法的特点是对模拟量和开关量传感器均适用,测试时,只要保证不漏气,且其测量结果是可靠的。同样,在该检测通道上各相关功能环节都能进行有效测试。

3. 压差信号的泵压测试法

从图 2 - 43 可以看出压差信号的泵压测试法的工作原理与泵压测试法大体相同。在进行压差测试时,首先打开平衡阀,向压力传感器泵压至正常压力,这时的压差为零;然后关闭平衡阀再逐渐泵压,使传感器获得压差,直到差压传感器发出警报切换动作,记下报警时的压差值。这种测试方法对模拟量和开关量传感器均适用,同样,在该检测通道上各相关功能环节均可以得到测试,其测试结果是准确可靠的。

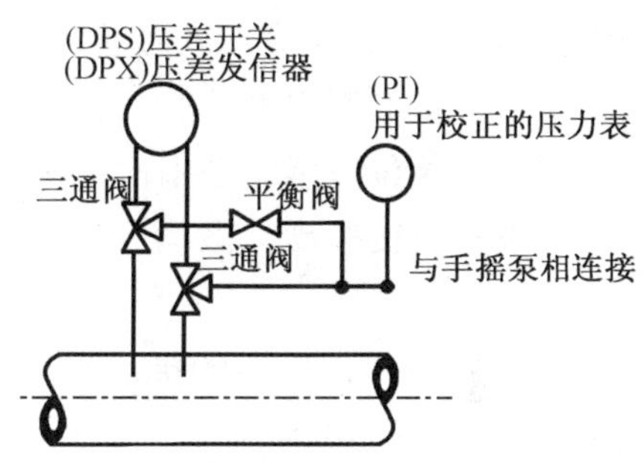

图 2 - 43 压差信号的泵压测试法

4. 暂时改变报警各设定值的相对测试法

相对测试法主要用来检测传感器中报警环节的功能是否正常,这种测试应在传感器正常工作的情况下进行,通过对传感器报警设定值进行调整来达到检测的目的,具体操作时:对高限报警的测试点,要把警报设定值暂时调低;对低限报警的测试点,要把报警设定值暂时调高。直到使检测设备发出报警信号为止,这样就可以实现系统报警可靠性的功能测试。这种试验只限于检测报警功能,但是却无法测得它的报警值。

特别要提到:测试结束后,切勿忘记把报警设定值调回原先的设定位置。

5. 开关量传感器的模拟测试法

对于无法采用上述方法进行测试的开关量传感器可直接拨动压力传感器微动开关,使系统发出报警信号,从而对开关量测试通道有关报警功能进行测试。这种模拟测试法对传感器本身是无法进行测试的,而且仅对开关量传感器适用。

在对模拟量压力传感器的测试过程中,有时会发现其检测值不甚准确,这时经初步判定后,必须对传感器进行调试,调试时,可以参照图 2 - 44 所示输入输出特性曲线进行。有的传感器还提供工作电流的调节,在进行调节时,应先调整好空载工作电流,再进行零点和量程调节。由于调零和调量程之间会互有影响,调零和调量程工作必须反复交叉进行。

还需要注意,传感器对工作电压的要求比较严格,当工作电压发生较大变化时,将引起传感器的输出发生变化,而且这种变化呈非线性。

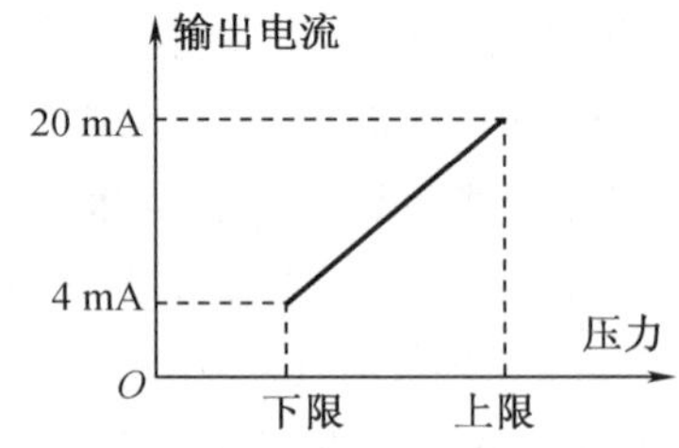

图 2-44 模拟量输入输出曲线

三、液位传感器的测试与校验

对于以模拟量来检测液位的传感器,由于模拟实际液位以及环境的实际困难,进行实效测试往往很难实现。考虑这种类型传感器的输出大都是 4～20 mA 的电流信号,因而通常可设计一个简单的测试电路来检测这类传感器。

实际操作中,以下 3 种测试方法比较常用。

1. 实效测试法

在测试时,升高或降低液位,直到液位达到报警值,通道可使系统给出报警信号。考虑在船舶航行过程中,液位往往存在一定波动范围。因此在实效测试液位时,同样应该使被测液位出现波动,以检查该通道延时报警的准确性。

2. 开关量的模拟测试法

开关量液位传感器采用模拟测试法的机会比较多,它有以下两种方法可供使用。

一种是直接拨动其微动开关或移动浮子的位置使输出状态发生变化,从而进行模拟测试。

另一种是把传感器的接线端用短接或断开的方法,使这个报警通道发出报警信号,依此来测试其报警功能。

注意:在采用这种方法进行测试时,必须事先确认该检测回路是否允许传感器的端子被短路或断开,以防止设备在测试过程中发生意外。

3. 模拟量液位传感器的测试

可以采取与模拟量压力传感器相类似的方法进行。需特别注意的是:在安装、检查过程中,要严格按照说明书的要求进行,以免损坏传感器。

四、电动差压变送器的调整

1. 要求

操作内容为用电动差压变送器测量气动压差信号,整定变送器的零点和量程。要求能够进行正确的电路连接,调整变送器的零点和量程,使得当输入压差在规定的范围内全程变化时,变送器的输出能在 4～20 mA 变化。

差压变送器是反馈控制系统的测量单元,电动差压变送器越来越多地应用于船舶机舱,特别是用于测量锅炉水位。掌握电动差压变送器的调校方法对控制系统的维护管理、保证控制系统的正常运行有重要的实际意义。

2. 调整步骤

(1)气路连接

差压变送器的测量信号由实训台上的两个气压定值器提供,定值器设定的压力分别由相应的精密压力表和快速接头进行指示和输出。在进行气路连接时,应先使两个压力表的调定压力相等,即压差为零,然后再通过快速连接气管将高压端接至变送器的正压室 H,低压端接至负压室 L,如图 2－45 所示。

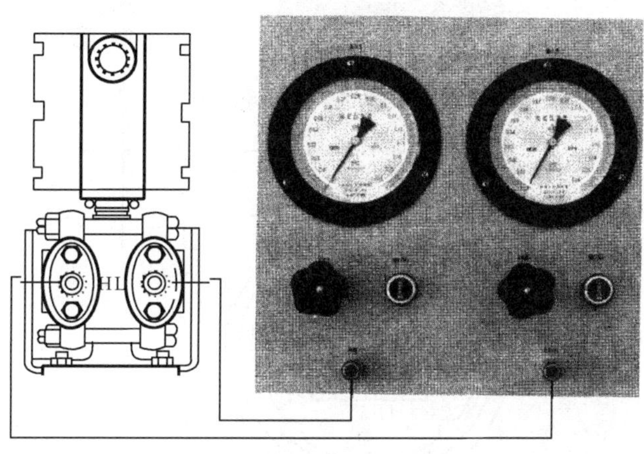

图 2－45　电动差压变送器实训气路连接

至于哪个输出用作高压端,哪个输出用作低压端,可由学员自行定义。另外,本实训无须使用阶跃开关,因此实训过程中要把两个阶跃开关保持在气路接通的状态。

(2)电路连接

实训中使用的电动差压变送器,其工作电源为直流电,输出信号为 4 ~ 20 mA 交流。在实际使用中,变送器的输出往往带有负载,随着输出负载的不同,变送器的电源电压范围为 12 ~ 45 V 交流,电源电压与负载的关系如图 2－46 所示。

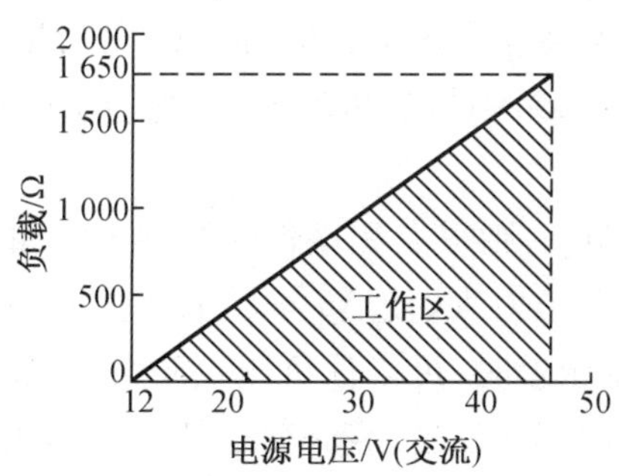

图 2－46　电源电压与负载的关系

本实训中,电源采用实训台上的数显仪表提供的 24 V 直流馈电输出,因此最大可以驱动 500 Ω 的负载。但为简单起见,实训中可以不需要负载电阻,直接在输出回路中串接毫安表,用以测量输出电流的大小。

打开变送器电气壳体的端盖，可以发现有上、下两排接线端子，上排标有“SIGNAL”的字样，下排标有“TEST”的字样。接线时应将电源正极接至“SIGNAL”的“+”端，“SIGNAL”的“-”端接至毫安表的“+”端，毫安表的“-”端接到电源负极，构成封闭回路。电路连接如图2-47所示。

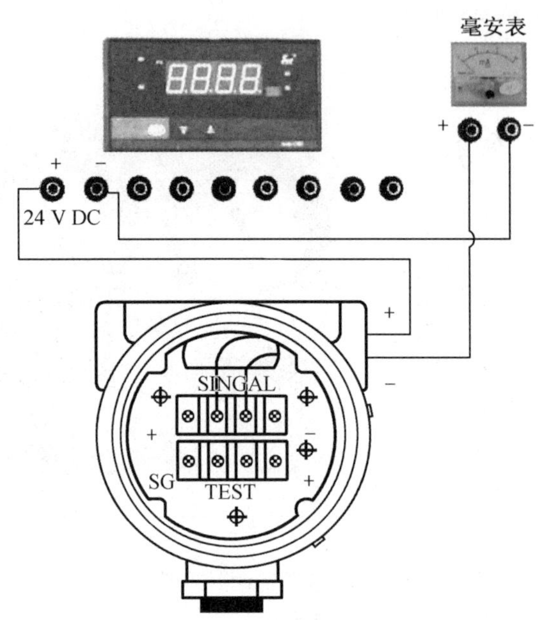

图2-47　电动差压变送器实训电路连接

“TEST”端子是当变送器在工业现场使用时用于输出测试的，可以接内阻小于8 Ω的电流表，也可不接。本实训中，若将“SIGNAL”的“-”端接电源负极，而将毫安表接至“TEST”端子，也可以得到同样的实训效果。

(3)零点和量程的调整方法

在变送器的转换电路中设有两个电位器，分别用于调整零点和量程，它们位于电气壳体的铭牌后面，移开铭牌即可调整。调零电位器旁标有“Z”，量程电位器旁标有“R”，如图2-48所示。当输入信号不变时，顺时针转动两个电位器，均使变送器的输出电流增大；逆时针转动，则使输出电流减少。

设定量程范围为0～0.1 MPa，则零点和量程的调整步骤如下：

①调整定值器，并观察两个压力表，使 $\Delta p=0$（下限值），调整调零电位器，直到变送器输出为4 mA。在操作中，设定压差时，可以让负压室放大气，调节正压室压力即可。

②使 $\Delta p=0.1$ MPa，调整量程电位器，直到变送器输出为20 mA。

③重复步骤①和②，直到0～0.1 MPa测量范围与4～20 mA标准输出相对应。

④线性、阻尼调整。除零点和量程调整外，放大器板的焊接面还有一个线性调整电位器和阻尼调整电位器。线性调整电位器在出厂时即调到了最佳状态，一般不在现场调整。阻尼调整电位器用来抑制由被测压力的高频变化而引起的输出快速波动。其时间常数在0.2 s（正常值）和1.67 s之间，出厂时，阻尼器调整到逆时针极限的位置上，时间常数为

0.2 s。最好选择最短的时间常数,时间常数调节不影响变送器的零点和量程,可在现场进行阻尼调整。

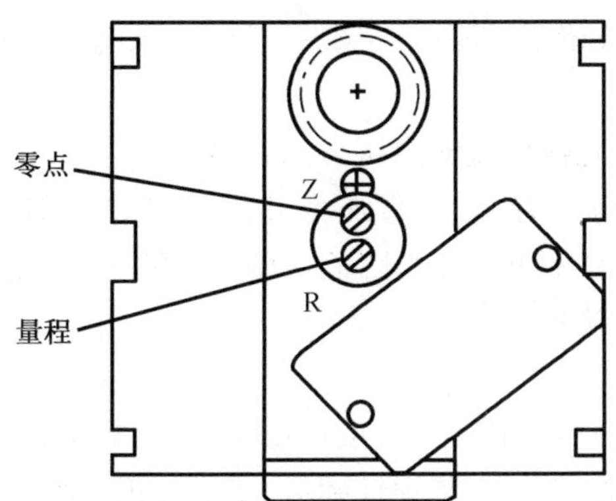

图 2-48 零点和量程调整螺钉

3. 差压变送器的使用保护和常见故障分析

(1)差压变送器的使用保护

差压变送器在投入工作或退出工作时,如果正压 p_1 和负压 p_2 不能同时作用在测量膜盒上,就会在测量膜盒的一侧突然受到一个很大的作用力,有可能使膜盒和挡板等元件损坏。为了防止差压变送器发生单向过载而损坏,除了在测量膜盒的结构上采取抗单向过载的保护措施外,还必须在差压变送器的测量管路上安装三通平衡阀(或称三通导压阀)。三通平衡阀由截止阀(导压阀)1,3 和平衡阀 2 构成,如图 2-49 所示。为了达到保护变送器的目的,三通平衡阀必须按如下步骤正确操作:变送器在投入工作时,即接入信号时,应先开平衡阀 2,后开截止阀 1 和 3。这样无论是先开截止阀 1 还是 3,测量管中的高压经平衡阀将同时作用于膜盒两侧,使膜盒两侧的压力相等,不会产生单向受力情况。当截止阀 1 和 3 都打开后,再关闭平衡阀 2,使 p_1 和 p_2 同时接入正、负压室,变送器开始正常工作。当变送器退出工作时也须先开平衡阀 2,后关截止阀 1 和 3,使 p_1 和 p_2 同时切除。图中 4 和 5 是测量管路冲洗阀。冲洗时,也要注意先开平衡阀 2。

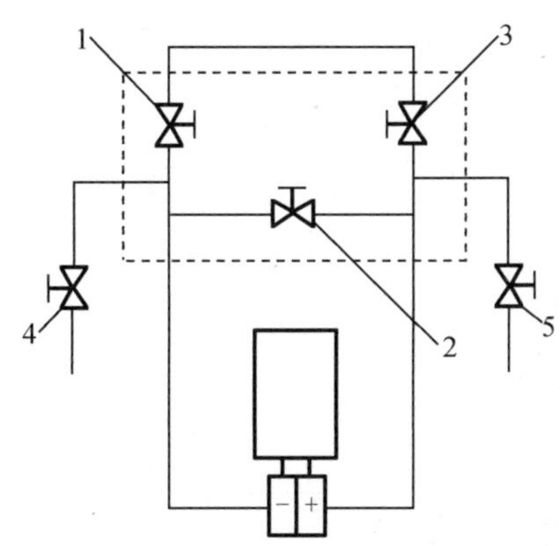

1,3—截止阀(导压阀);2—平衡阀;4,5—冲洗阀。

图 2-49 差压变送器的阀组

(2)常见故障分析及排除

①变送器有输入但无输出。

这种故障现象可能是气源管路漏气或堵塞、减压阀过滤器堵塞、恒节流孔堵塞、输出管路漏气、输出管接头漏气或堵塞、迁移不正确等原因造成的。排除方法:清堵、堵漏、重新调整迁移等。

②变送器没有输入但有输出或输出压力达到最大值。

这种故障现象可能是喷嘴堵塞、气源压力过大、反馈波纹管有些漏气、放大器中球阀有污物、测量膜盒上的弹簧拉片变形等原因造成的。排除方法:清堵,调整气源压力,更换反馈波纹管,清洗、更换弹簧拉片等。

③零点漂移。

这种故障现象可能是喷嘴挡板沾污、顶针螺钉松动、输出管路漏气、测量膜盒漏油等原因造成的。排除方法:清洗、重新上紧顶针螺钉、堵漏或更换膜盒等。

④输出压力波动。

这种故障现象可能是输出管路漏气、反馈气路漏气、放大器或喷嘴沾污等原因造成的。排除方法:堵漏或换新、清洗等。

项目三　船舶监视与报警系统

任务一　机舱监视与报警系统

机舱监视与报警系统是轮机自动化的重要组成部分，它能准确可靠地监测机舱内各种动力设备的运行状态及运行参数。一旦运行设备发生故障，该系统能自动发出声光报警信号并进行报警打印记录。在自动化机舱中，设备的运行状态、运行参数及故障报警状态最终都集成在集控室的监视屏上，轮机员在集控室内就能了解到所有机舱设备的运行状态及其参数值，从而可减轻轮机员的劳动强度，改善工作条件，确保及时发现设备的运行故障，提高设备运行的可靠性。无人机舱监视与报警系统能把报警信号延伸到驾驶台、公共场所、轮机长及值班轮机员住所。

一、机舱监视与报警系统基础知识

1. 参数类型及特点

机舱中，各监测点的参数分为两类：一类是开关量，另一类是模拟量。

所谓开关量，是指只有两个状态的量。这两个状态通常表示为开关的断开和闭合，开关的形式可以是机械开关，也可以是继电器触点。在船舶机舱中，开关量可以反映设备的运行状态，例如设备处于运行状态还是停止状态，设备是正常工作状态还是故障状态，主机凸轮轴开关位置以及阀门开关位置等。监视与报警系统能对这些开关量进行显示，需要报警的则发出声光报警。

所谓模拟量，是指连续变化的量，例如温度、液位、压力和转速等。监视与报警系统应能对这些模拟量进行实时显示。如果参数超出预定的范围，则应发出越限报警。越限报警分为上限报警和下限报警两类。通常，温度参数的报警为上限报警，压力参数的报警为下限报警，而液位参数的报警既有上限报警也有下限报警。

应当指出的是，对于有些设备，其运行参数虽然为模拟量，但并不是把这些模拟量直接送入监视与报警系统，而是通过压力继电器、温度继电器或液位开关等转换为开关量信号再送至监视与报警系统。也就是说，监视与报警系统有时可将模拟量以开关量的形式进行处理。

2. 监测方法

监视与报警系统的种类很多，但所采用的监测方法无外乎两类：一类是连续监测，另一类是扫描监测。

(1)连续监测

连续监测是指机舱中所有监测点的参数并行送入监视与报警系统，并对所有监测点的状态及参数进行连续监测。单元组合式监视与报警系统采用连续监测，系统中的核心部件是报警控制单元，它由各种测量和报警控制电路组成。每一个监测点需要一个独立的电路进行测量并产生报警信号,测量结果和报警信号送至公共的显示和报警电路。在设计时通常将多个同类参数的电路制作成一块电路板。

连续监测的方法由于每个监测点采用单独的电路,因此各监测点之间的相互影响较小,当某些监视点通道发生故障时,不会影响其他通道的工作,监视点的数量增减原则上不受限制。但所需硬件较多,造价较高。

(2)扫描监测

扫描监测也称为巡回监测,这种方法是以一定的时间间隔依次对各监测点的参数和状态进行扫描,将监测点信息逐一送入监视与报警系统进行分时处理。因此,数个监测点的监测任务可由一个测量和报警控制单元完成。

巡回监测可通过常规集成电路或微型计算机来实现。由于微型计算机具有采样速度快、检测精度高、体积小、数据处理功能强大、显示手段先进等优点,因此大多数船舶均采用基于微型计算机技术的监视与报警系统。此外,计算机网络技术的成熟应用已经使得监视与报警系统朝着完全分布式网络化的方向发展。

3. 监视与报警系统的功能

不同的监视与报警系统,由于实现手段不同,在功能上也略有差异,但通常都应具有如下功能。

(1)声光报警

声光报警是监视与报警系统最基本的功能,只要监测点的状态发生异常或出现参数越限,系统就会发出声响报警和相应报警灯光指示,即声光报警。系统发出声光报警,提醒轮机员介入,以便问题得以及时处理。

(2)参数与状态显示

参数显示是指通过模拟仪表、数字仪表或者计算机显示屏对所有监测点的运行参数进行显示,即模拟量显示。状态显示指的是反映设备运行状态的开关量显示,通常采用绿色指示灯(灯泡或发光二极管)表示系统或设备的正常运行状态,红色指示灯表示报警状态。对于采用计算机屏幕的系统,还可采用“ON”“OFF”“HIGH”“LOW”“NORMAL”和“FAIL”等文本来进行状态显示。

(3)打印记录

打印记录一般有参数打印和报警打印两种。参数打印又可分为定时制表打印和召唤打印。定时制表打印是打印机以设定的时间间隔自动将机舱内需要记录的全部参数打印制表,轮机员只要将打印纸整理成册,即可作为《轮机日志》。召唤打印是根据需要,随时打印当时的工况参数,可对监测点参数进行全点或选点打印。报警打印是由系统自动进行的,只要有报警发生,系统就会把报警名称、报警内容和报警时间进行自动打印输出。而报警解除时,则自动打印报警解除。

许多监视与报警系统的软件功能还具有“事件”记录和打印功能。当对系统进行设置,组态或上、下限报警等参数的修改时,这些操作都会以“事件”的形式在数据库中进行记录或打印输出。

(4)报警延时

在报警装置中,一般设有延时报警环节,以免发生误报警。根据所监视参数的不同,其延时有长延时和短延时之分。例如，在液位监测时，由于船舶的摇摆，容易反复造成虚假越限现象，导致频繁报警。类似这些情况可采用2~30 s的长延时报警，在延时时间之内越限不报警。另外，在运行期间，某些监测开关的状态会由于环境干扰而发生瞬间变化，例如船舶在激烈振动时，某些压力系统的压力波动容易使报警开关发生抖动。为避免误报警，可采用0.5 s的短延时。

(5)报警闭锁

报警闭锁就是根据动力设备不同的工作状态，封锁一些不必要的监视点报警。例如，船舶在停港期间，主机处于完车状态，主机的冷却系统、燃油系统、滑油系统等均停止工作，与这些系统相关的参数相对主机运行时都会出现异常。因此，有必要对与这些系统有关的监测点进行报警闭锁。报警闭锁可以手动实现，也可以自动实现，可以成组闭锁，也可以单点闭锁。

(6)延伸报警

延伸报警功能是为无人值班机舱设置的。在无人值班的情况下，必须将机舱故障报警信号传送到驾驶台、公共场所、轮机长及值班轮机员住所。延伸报警通常是按照故障的严重程度来分组的，可把全部监视点的报警信息分为4组：主机故障自动停车报警、主机故障自动减速报警、重要故障报警和一般故障报警。有时为了简化延伸报警，在值班轮机员住所延伸报警单元上仅设置重要故障报警和一般故障报警两个故障指示灯。

(7)失职报警

在无人值班的情况下，监视与报警系统在发出故障报警的同时，还会触发3 min计时程序。若值班轮机员未能在3 min(大型船舶为5 min)内及时到达集控室完成确认操作，即使已在延伸报警单元上进行过确认，仍将被认为是一种失职行为，系统会使所有延伸报警单元发出声光报警信号。触发失职报警后，只能在集控室进行消音，复位3 min计时程序后才能撤销失职报警。

(8)值班呼叫

值班呼叫功能主要用于轮机员交接班时进行信号联络。例如，大管轮与三管轮进行交接班时，大管轮只要在集控室把“值班选择”开关指向“三管轮”位置即可。这样，系统就会撤销大管轮的值班信号，而向驾驶台、公共场所和三管轮居室的延伸报警箱发出三管轮值班呼叫声响信号，值班指示灯闪烁。应答后，报警声消失，值班指示灯从闪烁转为平光，表示三管轮进入值班状态。此后，监视与报警系统会把报警信号传送到三管轮居室的延伸报警箱，而不再送到大管轮居室。

(9)轮机员安全报警

轮机员安全报警又称DEAD MAN报警。在无人机舱船舶上，轮机员在进机舱工作前可开启轮机员安全报警设置，即在集控室开启该项报警功能(其本质是计时程序功能)，并设置定时时间。机舱内一般会设置数个定时复位按钮。轮机员在机舱工作时须在定时时间以内就近进行复位操作，使计时程序清零当前计时值而重新开始计时。如果超过定时时间未进行复位操作，将触发轮机员安全报警而通报全船，以提醒其他人员前来救人。新型的轮机员安全报警功能为避免机舱轮机员在安全状态下忘记复位操作而导致触发不必要的DEAD MAN报警，一般增设一个预报警时间，预报警时间可设置得比报警时间稍短些(如短3 min)，预报警时间到达仅机舱内触发该项报警，提醒轮机员及时进行复位操作。

(10)测试功能

在集控室的操纵台上,一般都设有试灯按钮和功能测试按钮。按下试灯按钮,所有指示灯都将处于常亮状态,不亮的指示灯需要更换。按下功能测试按钮,所有监视点均应进入报警状态,而未报警的监测点及其相应通道则有故障发生。测试功能可协助进行故障定位。

(11)自检功能

监视与报警系统正常工作的前提是系统本身没有故障。为了确保监视与报警系统本身工作的可靠性,诸如输入通道、电源电压和保险丝等重要环节,应具有自动监测功能。出现异常时,系统将自动发出相应的系统故障报警。

(12)备用电源的自动投入

要使监视与报警系统在全船失电的情况下能正常工作,就必须配备相应的备用电源。在主电源失压或欠压的瞬间,系统能自动启动备用电源,实现不间断供电。

4. 监测点报警处理流程

机舱中,大多数导致报警发生的原因均无法在报警发生后自行消失,只有进行相应的处理后才能使状态恢复正常,这类报警称为常规报警或长时报警。对于某些具有主/备用切换功能的设备,当主用设备出现故障并发出声光报警时,备用设备自动投入运行,运行参数又恢复正常,从而使故障在短时间内自动消失,这类报警称为短时报警。监视与报警系统对这两种情况一般采用不同的处理方法,具体处理流程如图 3 – 1 所示。

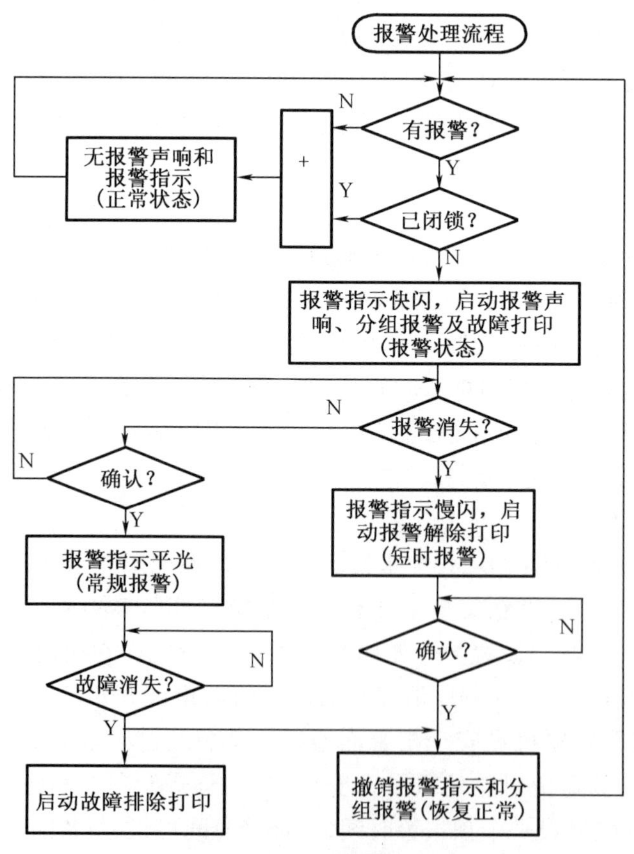

图 3 – 1　监测点报警处理流程

在正常运行期间,监视与报警系统不会发出报警指示和声响报警。当监测点发生异常时,若该监测点未被闭锁,则系统立即发出声响报警,并且相应的报警指示灯(或屏幕文本)快速闪烁,指示报警内容。报警发生后,要求值班人员按消音按钮进行消音(一般情况下,消音按钮对于所有的报警都是公用的)和报警确认(按确认按钮或用鼠标点击闪烁文本)。报警确认后,报警指示灯由闪烁转为平光(或者闪烁文本转为高亮)。当监视点状态或参数恢复正常时,报警消失,即报警指示灯熄灭(或文本高亮消失)。

当出现短时报警时,系统也会立即发出声光报警,但往往由于监测状态在短时间内自动恢复正常,报警指示将由“快闪”转为“慢闪”,但声响报警还将继续,直到按下消音按钮。在了解报警原因后,进行报警确认,报警指示灯由“慢闪”转为熄灭。

5. 监视与报警系统的组成

一个完善的监视与报警系统一般由 3 部分组成:分布在机舱各监视点的传感器,安装在集控室内的控制柜和监视仪表或监视屏,安装在驾驶台、公共场所、轮机长和轮机员居室的延伸报警箱。典型的机舱监视与报警系统的组成如图 3－2 所示。

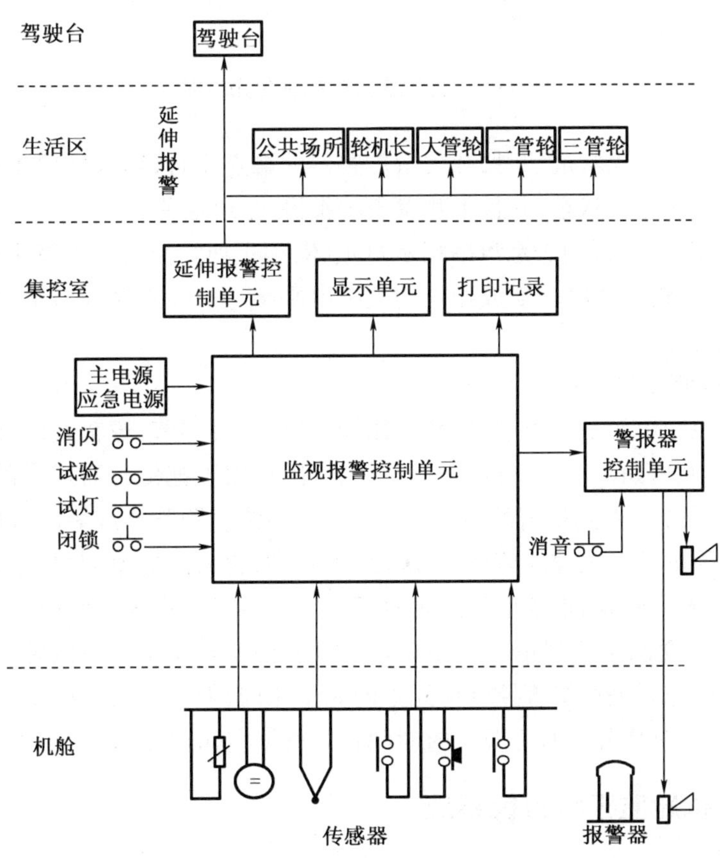

图 3－2　机舱监视与报警系统的组成

6. 故障报警原理

监测点的参数类别无外乎开关量和模拟量两种,其监测过程分别由开关量报警控制单元和模拟量报警控制单元实现。为便于理解机舱监视与报警系统故障报警原理,在此以完全由硬件电路实现的报警控制单元为例讲述报警过程。

(1)开关量报警控制单元

开关量报警控制单元由输入回路、延时环节和逻辑判断环节组成,其原理如图 3-3 所示。其中,输入回路较简单,主要将开关量传感器给出的触点断开信息转换成相应的故障电平(0 或 1),或者在接收到"试验"信号后输出故障电平以模拟故障发生。延时环节用来延时故障输出电平,完成延时报警功能,以避免误报警。逻辑判断环节主要完成逻辑运算和状态记忆功能,根据延时后的开关量传感器的状态信息、报警闭锁信息及消闪指令信息进行逻辑判断,以控制故障指示灯,启动声响报警,输出分组延伸报警及控制故障打印。

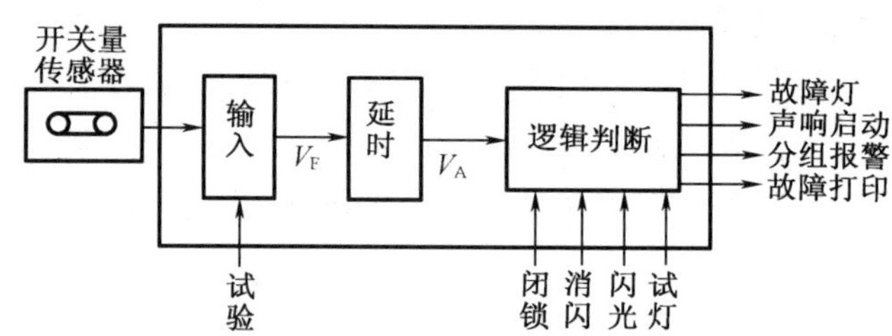

图 3-3　开关量报警控制单元原理

在监测点参数处于正常范围时,开关量传感器的触点闭合,输入回路不输出故障电平,因此故障指示灯处于熄灭状态,并且不触发声响报警、分组报警及故障打印。这时若按"试灯"按钮,故障指示灯亮;否则表示故障指示灯损坏,须更换。当监测点发生故障时,开关量传感器触点断开,经输入回路转换成相应的故障电平 V_F,V_F 经延时环节输出故障报警电平 V_A 至逻辑判断环节。

(2)模拟量报警控制单元

模拟量报警控制单元主要由测量回路、比较环节、延时环节、逻辑判断环节和显示及其识别环节组成,其原理如图 3-4 所示。图中,测量回路用于把传感器送来的模拟量信号转换(或适配)成代表监测点测量值的电压信号 U_i,并在传感器开路或短路故障时,向自检回路发送传感器故障信号。比较环节用于故障报警鉴别,它将测量值 U_i 与报警设定值 U_L 进行比较,若参数越限,则输出报警信号至延时环节。在功能试验时,比较环节接收到"试验"信号,若产生报警,则说明控制单元工作正常;否则,说明控制单元有故障。延时环节和逻辑判断环节的作用与开关量报警控制单元中的完全相同,但不是所有模拟量报警控制单元都设置延时环节,延时环节的有无及延时时间长短根据实际需要而定。

二、网络型机舱监视与报警系统

机舱监视与报警系统先后采用继电器电路、集成电路、计算机等技术来实现。采用计算机技术实现的机舱监视与报警系统又经历了集中控制、分散控制、集散控制及完全分布式控制的时代。计算机集散控制及其以前的控制方式已然成为历史,采用完全分布式网络化设计的机舱监视与报警系统是当前营运船舶机舱监控的绝对主流。挪威 KONGSBERG 公司推出的 Data Chief C20 系列产品(简称 DC C20)是完全分布式的网络型机舱监视与报警系统的典型代表。在此以 DC C20 为例介绍网络型机舱监视与报警系统的组成原理及相关操作。

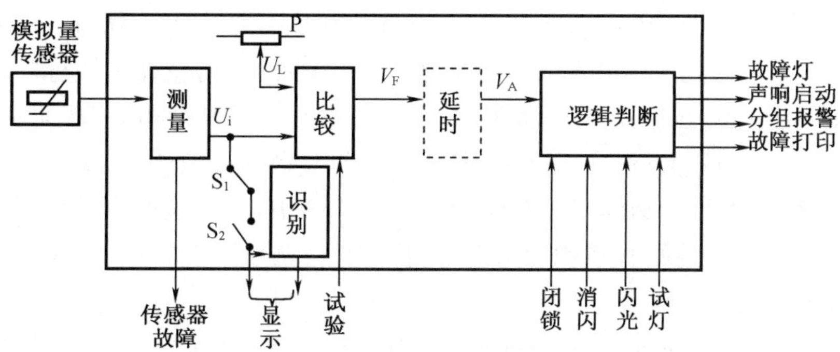

图 3－4　模拟量报警控制单元原理

1. DC C20 机舱监视与报警系统的结构组成

DC C20 采用 CAN 总线和以太网(Ethernet)相结合的网络结构形式,其机舱监视与报警系统的结构原理如图 3－5 所示。

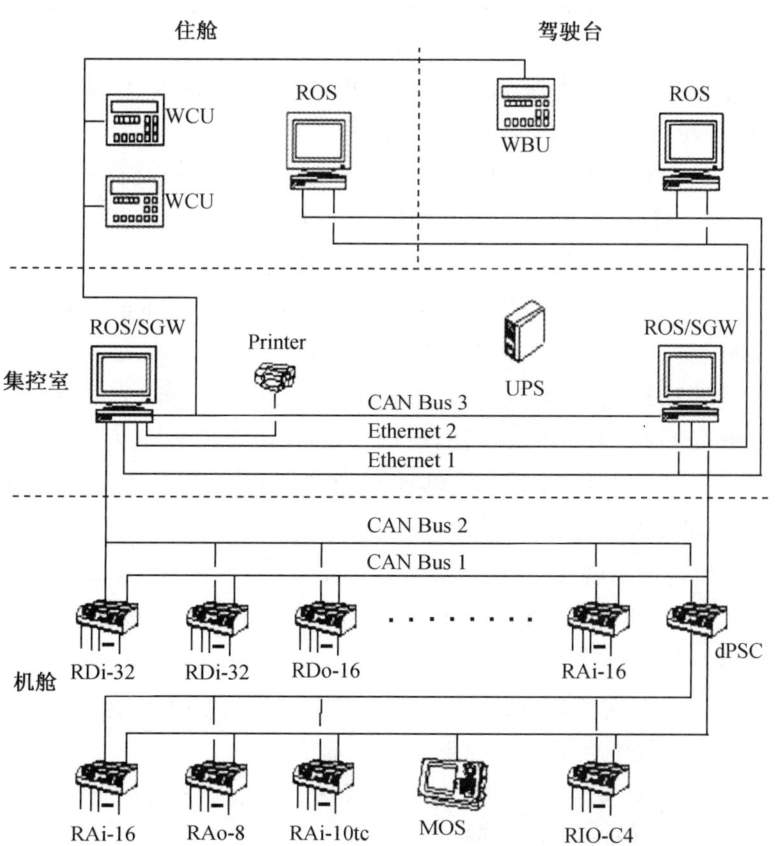

图 3－5　DC C20 机舱监视与报警系统的结构原理图

系统中的主要设备如下。

(1)分布式处理单元

分布式处理单元(distributed processing unit,DPU)是采用模块化设计具有通信功能的智能化远程输入/输出(I/O)单元,如图3－5中所示的RDi－32、RDo－16、RAi－16、RAo－8、RAi－10tc和RIO－C4等。它们分布在机舱各处,一方面作为传感器和执行器的I/O接口,直接与传感器和执行器相连,另一方面通过CAN总线与上层网络相连,从而实现上层网络对机舱设备的监视和控制。连接DPU和上层网络的CAN总线采用双冗余结构,即具有两套CAN总线,图3－5中分别标识为CAN Bus 1和CAN Bus 2。这两套CAN总线总是互为热备份,当主网络出现故障时,备用网络自动切入工作,充分保证系统工作的可靠性。

(2)远程操作站

远程操作站(remote operator station,ROS)由PC机、操作控制面板(OCP)或普通PC机键盘、鼠标、显示屏和打印机组成,PC机采用Windows NT或Windows XP操作系统。ROS通常设置在集控室、驾驶台和甲板舱室,常用的配置是集控室两台、驾驶台和轮机长房间各一台,其他舱室是否设置可根据需要而定。其中,集控室的两台是必备的,其他场所为可选安装。各ROS均配置双Ethernet网卡,形成双冗余的Ethernet网络,图3－5中分别标识为Ethernet 1和Ethernet 2。

集控室的两台ROS还兼有系统网关(system gate way,SGW)的功能,使得局域网中的各个ROS能够通过SGW与CAN总线相连。通过SGW和CAN总线,ROS一方面可以接收各个DPU送出的机舱现场数据,另一方面还能向DPU发送操作指令、控制参数和程序包。

(3)值班呼叫系统

按照无人机舱的基本设计原则,DC C20系统在驾驶台和轮机员住舱及公共场所设有延伸报警单元。驾驶台的延伸报警单元为WBU(watch bridge unit),住舱及公共场所的延伸报警单元为WCU(watch cabin unit)。WBU和WCU通过CAN总线(在图3－5中标识为CAN Bus 3)与ROS进行通信连接,形成值班呼叫系统(watch calling system,WCS)。

(4)其他辅助设备

系统中的其他辅助设备包括不间断电源(UPS)、以太网集线器(HUB)、现场操作站(local operator station,LOS)和便携式操作站(midi operator station,MOS)。

UPS确保在短时间失电的情况下能够继续给系统提供220 V AC和24 V DC电源。HUB用于各个ROS的Ethernet组网。

LOS用于在机舱现场对各个DPU模块进行操作,在LOS面板上可以选择和访问挂在同一CAN总线上的任意DPU,例如查看DPU中的过程变量、对所辖设备现场操作、参数调整和模块自检操作等。

MOS是一个特殊设计的移动式操作站,通过MOS面板可以方便地实现各种操作站功能,可用作LOS、ROS或驾驶台值班监控系统的显示单元。

DC C20系统是一个完全分布式网络型监控系统,其完全分布式的结构最大限度地保证了系统的安全可靠和管理维护上的方便。

2. DPU

DPU是DC C20系统中最为核心的一类装置,所有的监测和自动控制功能均由这些

DPU 进行最终实施。它们分布在机舱各处,可以直接安装在机器设备上,也可以安装在机舱或集控室内的相应控制箱(台)内。例如,在机舱现场,往往会根据需要将若干个用于数据采集的 DPU 组装在一个控制箱内,我们称之为"数据获取单元(SAU)"。

DPU 以微处理器为核心,采用单电路板结构。一方面,DPU 作为传感器或执行器的接口,对来自模拟量、开关量传感器的信号进行处理、监视和报警,或向不同设备输出模拟量、开关量控制信号;另一方面,DPU 通过双芯屏蔽电缆或双绞线等连接到 CAN 总线上,实现各 DPU 间的互联以及 DPU 与 ROS、LOS 之间的数据通信。ROS 通过网络能对 DPU 的工作状态进行连续监视,并可通过网络向各个 DPU 下载相应的软件和参数,使得不同的 DPU 具有相应的不同功能,例如,某些用于监视与报警,某些用于控制,某些用于安全保护,或这些功能的混合。与传统系统相比,连接电缆的数量大大减少。

按照数据输入、输出类型的不同,DPU 模块也分为不同的类型,主要有模拟量输入模块,热电偶输入模块,模拟量输出模块,开关量输入模块,开关量输出模块,以及输入、输出混合模块等。DPU 模块类型和功能见表 3-1。

表 3-1 DPU 模块类型和功能

模块类型	功能
RAi-16	16 通道模拟量输入模块
RDi-32	32 通道数字量输入模块,触点信号
RDi-32A	32 通道数字量输入模块,24 V AC 或 24 V DC 电压信号
RDo-16	32 通道继电器输出模块
RAo-8	8 通道模拟量输出模块,输出信号为 ±10 V DC 或 0~20 mA DC
RAi-10tc	10 通道热电偶输入模块,量程为 ±50 ℃、±200 ℃、0~600 ℃
RIO-C1	混合模块,有 21 个模拟量和数字量输入或输出通道
RIO-C2	混合模块,有 8 个模拟量和数字量输入或输出通道

尽管不同 DPU 的输入、输出类型及其功能不同,但它们都有如下共同的特点:

①所有 DPU 模块均采用统一的机械和电气设计。作为一个例子,图 3-6 给出了模拟量输入 DPU 模块。从图 3-6 可以看出,模块的正面包括接线端子、状态指示灯和各种说明符号。其中,X10 为两路 24 V 电源端子、X1 为输入端子、X3 为计数输入端子、X7 为 RS-422/485 通信端子、X8 和 X9 分别为 CAN 总线 1 和 CAN 总线 2 的接线端子。每个端子上均有端子号,端子的名称和端子号的编排规则适用于所有 DPU。例如,X1 端子的编号共有 3 位数,其中第 1 位和第 2 位为通道号,第 3 位为接线端子号(如 011~014 表示第 1 通道的 1~4 号接线端子,161~164 表示第 16 通道的 1~4 号端子)。

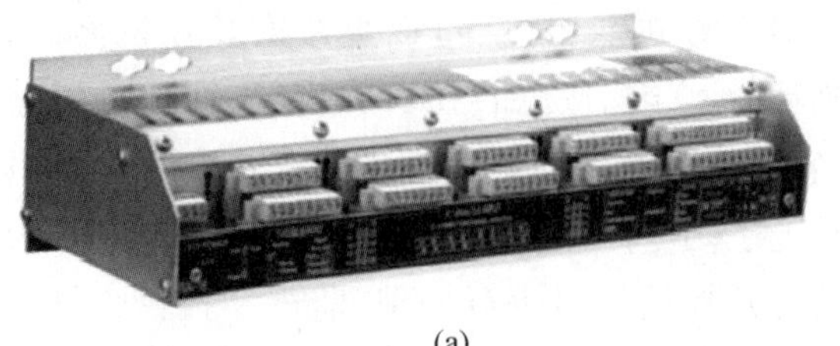

(a)

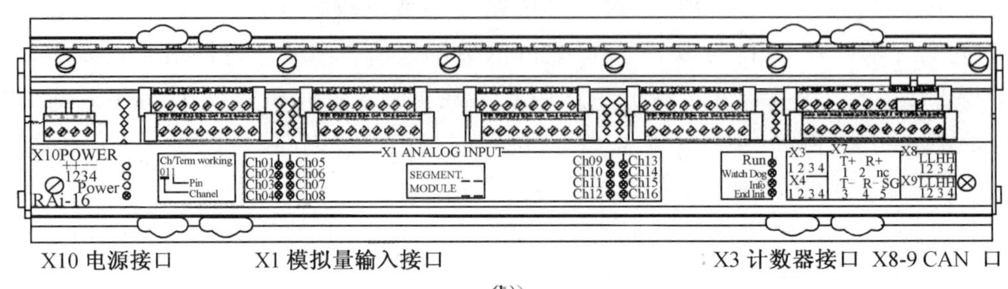

(b)

图 3－6　DPU 模块

状态指示灯包括通道状态指示灯和模块状态指示灯。通道状态指示灯用于指示相应输入、输出通道的工作状态，每个指示灯对应一个通道；模块状态指示灯有“Run”“Watch Dog”“Info. ”“End Init. ”和“Power”等，它们组合起来表示模块的不同状态，见表 3－2。

表 3－2　DPU 状态指示灯的组合含义

LED 指示灯名称标识	正常工作	应用程序未加载	未初始化	工作停止	电源极性错误
Run	绿	灭	灭	灭	灭
Watch Dog	灭	红	红	红	灭
Info.	黄(闪)	灭	灭	灭	灭
End Init.	绿	绿	灭	绿	灭
Power	绿	绿	绿	绿	红

②DPU 模块均具有参数储存功能，能够独立完成参数的监视、报警和控制。机舱设备的数据采集、控制均可由 DPU 完成，因而即使在 ROS 失效的情况下，DPU 仍可完成对所控制设备的自动控制。

③DPU 具备完备的通信功能，支持双冗余 CAN 高速多主通信网络协议，具备 CAN 网络状态、容错管理功能。各 DPU 间通过冗余的 CAN 总线进行通信，一个 DPU 内的数据可以被其他的 DPU 使用。除双冗余的 CAN 总线端口外，DPU 还配备一个 RS422 或 RS485 串行通信接口，以便和其他外部设备进行通信。

④用于 DPU 硬件组态和功能实现的应用程序与数据可以从远程工作站 ROS 下载，并永久性地储存在 DPU 的电擦除可编程只读存储器(EEPROM)中。可以在 ROS 上对 DPU 进行遥控组态，允许 DPU 具备监测报警、控制、安全保护等功能。

⑤所有的 DPU 模块均用 24 V DC 电源供电。DPU 模块的硬件没有任何附加部件，无须

设定微型电位器、指拨开关(DIP)开关、跳线或插座。

⑥DPU 模块的电源、I/O 通道与通信总线连接都采用光电隔离。

⑦DPU 模块具有强大的自检功能(检查模块内部温度、功耗、存储器性能以及 CAN 总统状态等),若 DPU、通信总线、I/O 通道有故障,则会产生声光报警。在远程工作站 ROS 和本地工作站 LOS 上,可以实现对 DPU 的监视、控制和参数调整。

⑧故障 DPU 的更换可以在系统不断电的情况下进行。在更换 DPU 模块后,需要在 ROS 上将参数下载给新模块。

3. DPU 网关

DC C20 系统包含 Ethernet 和 CAN 总线网两种不同的网络,CAN 总线网还可能包含多个网段。在不同网络类型及不同网段之间需要有一个专门设施来转换网络(或网段)之间不同的通信协议,这一设施称为网关。DC C20 系统中共有两种网关。一种是系统网关(SGW),一种是 CAN 总线双处理器网段控制器(dual process segment controller,dPSC)。

(1)SGW

SGW 是 CAN 总线网和 Ethernet 之间的网关,采用双冗余设计,实现 CAN 总线网与 Ethernet 两种网络之间的冗余连接,进而实现 DPU 和 ROS 之间的双向信息传输。其主要任务是:①接受来自 CAN 总线的信息,对 ROS 进行刷新;②管理从 ROS 发送到 DPU 或 LOS 的操作指令、参数和程序。

所有必需的组态和软件安装均通过 Ethernet 完成。通过执行简单的网络管理协议还可以通过 Ethernet 进入 SGW 和 CAN 的故障诊断数据库。

(2)dPSC

CAN 网络最多能支持 110 个节点,即在 CAN 总线上最多能挂接 110 个 DPU 模块。当系统规模较大,或者出于某种特殊需要时,往往需要对 CAN 网络进行扩展,即把 CAN 网络扩展成上、下两层,上层一般叫作全局 CAN 总线(global CAN bus),下层则叫作局部 CAN 总线(local CAN bus)。dPSC 就是用于扩展局部 CAN 总线的专门设备,它是一个双二通道 CAN 网关,设有两个单独供电的处理器,每个处理器各有两个 CAN 接口,两个处理器通过双口存储器共享信息。

因此,一个 dPSC 模块共有 4 个 CAN 网络接口,其中两个冗余接口连接上层全局 CAN 总线,另外两个连接下层局部 CAN 总线。此外,dPSC 还提供了两个 RS422/485 串行通信接口,用于连接其他具有数字通信功能的控制系统或设备,如辅锅炉控制系统和分油机控制系统等。

4. ROS

ROS 是 DC C20 系统的重要组成部分,一个 ROS 由主计算机(MCU)、显示器(VDU)、打印机、操作控制面板(OCP)或普通的 PC 键盘和鼠标等组成。在系统的监视报警和控制过程中完成以下任务:

①和 CAN 网络中的数据采集或控制设备(即 DPU)进行双向数据通信,从 DPU 收集数据或向 DPU 传送指令、数据和程序;

②对报警信息进行监控和确认;

③向驾驶台和轮机员住所提供延伸报警信息;

④在 CAN 网络和 Ethernet 局域网之间起网关的作用。

（1）操作控制面板

操作控制面板（operating control panel，OCP）是 DC C20 系统的主要输入设备，由按键、指示灯和轨迹球等组成，如图 3－7（a）所示。此外，在 OCP 的左下角还设有一个键盘接口，以便需要时连接 PC 机标准键盘。

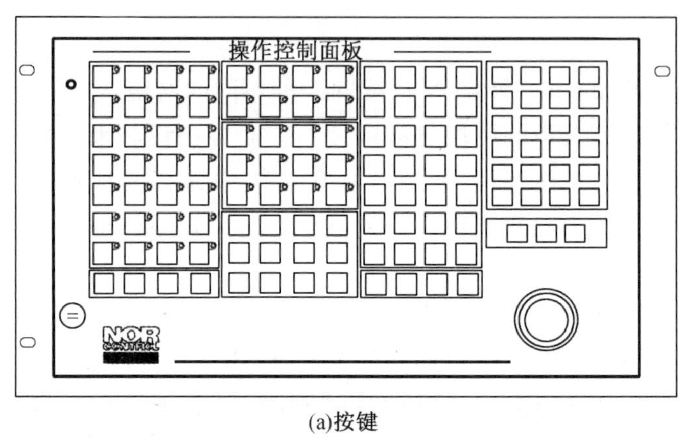

(a)按键

操作控制面板
电源指示
分组报警功能按钮(带红色LED)
值班功能按钮(带绿色LED)
功能按钮(带黄色LED)
功能按钮
Mimic功能按钮
数字键区域
轨迹球按键
报警控制按钮
功能按钮
键盘接口
轨迹球

(b)分区说明

图 3－7　OCP 功能结构图

OCP 分为不同的功能区，图 3－7（b）示出了不同区域的功能划分。分组报警功能按钮区域用于在发生报警时进行分组报警指示和报警确认；值班功能按钮区域用于值班状态的指示、值班切换和值班呼叫；Mimic 功能按钮用于各种系统的 Mimic 模拟图的显示和操作；数字键区域用于在需要时输入各种数值，并提供屏幕的翻页和方向键功能；报警控制按钮用于报警确认、消音、报警汇总显示（显示当前存在的所有报警）和历史报警显示（分页显示最后发生的 2 000 个报警，每页 26 个）；轨迹球和轨迹球按键相配合完成光标移动、光标定位和相应的操作功能；其他功能按钮的设置因实船具体功能要求而异。

如果系统没有配置 OCP 硬件，则可在主计算机上连接标准键盘和鼠标。按 F1 功能键，将在显示屏上调出 OCP 模拟图，可用鼠标进行点击操作。模拟 OCP 的功能与硬件 OPC 相同。

(2)显示界面

显示界面是计算机监控系统重要的信息输出手段,DC C20 的软件系统在 ROS 上提供了丰富的显示界面,与 OCP 相配合可以实现各种复杂的人机交互功能。ROS 上的显示界面大致包括以下几种类型。

①文本显示界面。

文本显示界面用于输出报警信息和监视机舱设备运行的实时状态或实时参数,分为报警显示窗口和监视窗口。

报警显示窗口包括:

- 分组报警窗口,按分组类型显示当前报警状态;
- 报警汇总窗口,显示当前存在的所有报警;
- 历史报警窗口,分页显示最后发生的 2 000 个报警,每页 26 个。

监视窗口类型包括:

- 分组显示窗口,显示同一报警组中所有测量点的状态清单;
- 选点显示窗口,显示预先选定的各个测量点的状态清单;
- 测量点属性窗口,显示某一测量点的详细信息,如测量点名称、报警限等(在计算机编程时,通常用一被称为“标签(tag)”的变量来保存测量点的属性,因此测量点属性也称为标签属性)。

图 3-8 给出了一个文本显示界面的例子,显示内容为主机分组显示窗口。

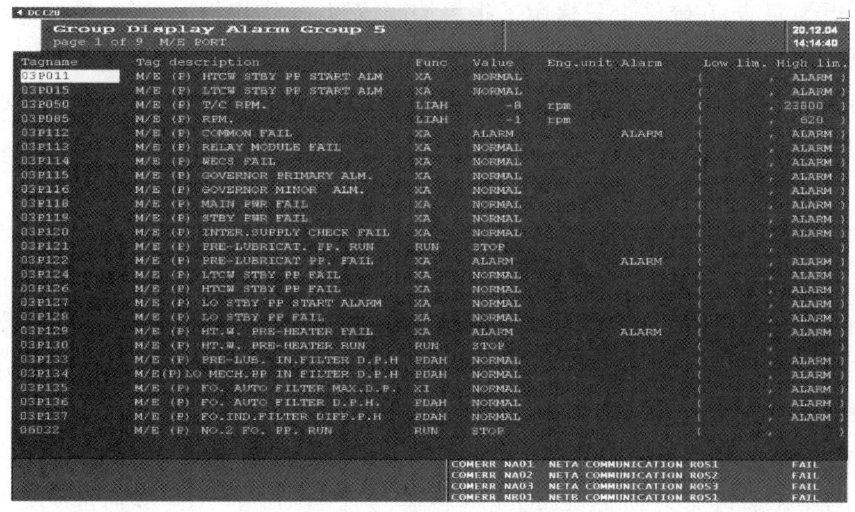
DC C20

Group Display Alarm Group 5
page 1 of 9 M/E PORT

20.12.04
14:14:40

Tagname	Tag description	Func	Value	Eng.unit	Alarm	Low lim.	High lim.
03P011	M/E (P) HTCW STBY PP START ALM	XA	NORMAL				ALARM
03P015	M/E (P) LTCW STBY PP START ALM	XA	NORMAL				ALARM
03P050	M/E (P) T/C RPM.	LIAH	-8	rpm			23800
03P085	M/E (P) RPM.	LIAH	-1	rpm			620
03P112	M/E (P) COMMON FAIL	XA	ALARM		ALARM		ALARM
03P113	M/E (P) RELAY MODULE FAIL	XA	NORMAL				ALARM
03P114	M/E (P) WECS FAIL	XA	NORMAL				ALARM
03P115	M/E (P) GOVERNOR PRIMARY ALM.	XA	NORMAL				ALARM
03P116	M/E (P) GOVERNOR MINOR ALM.	XA	NORMAL				ALARM
03P118	M/E (P) MAIN PWR FAIL	XA	NORMAL				ALARM
03P119	M/E (P) STBY PWR FAIL	XA	NORMAL				ALARM
03P120	M/E (P) INTER.SUPPLY CHECK FAIL	XA	NORMAL				ALARM
03P121	M/E (P) PRE-LUBRICAT. PP. RUN	RUN	STOP				
03P122	M/E (P) PRE-LUBRICAT PP. FAIL	XA	ALARM		ALARM		ALARM
03P124	M/E (P) LTCW STBY PP FAIL	XA	NORMAL				ALARM
03P126	M/E (P) HTCW STBY PP FAIL	XA	NORMAL				ALARM
03P127	M/E (P) LO STBY PP START ALARM	XA	NORMAL				ALARM
03P128	M/E (P) LO STBY PP FAIL	XA	NORMAL				ALARM
03P129	M/E (P) HT.W. PRE-HEATER FAIL	XA	ALARM		ALARM		ALARM
03P130	M/E (P) HT.W. PRE-HEATER RUN	RUN	STOP				
03P133	M/E (P) PRE-LUB. IN.FILTER D.P.H	PDAH	NORMAL				ALARM
03P134	M/E(P)LO MECH.PP IN FILTER D.P.H	PDAH	NORMAL				ALARM
03P135	M/E (P) FO. AUTO FILTER MAX.D.P.	XI	NORMAL				ALARM
03P136	M/E (P) FO. AUTO FILTER D.P.H.	PDAH	NORMAL				ALARM
03P137	M/E (P) FO.IND.FILTER DIFF.P.H	PDAH	NORMAL				ALARM
06032	M/E (P) NO.2 FO. PP. RUN	RUN	STOP				

COMERR NA01 NETA COMMUNICATION ROS1 FAIL
COMERR NA02 NETA COMMUNICATION ROS2 FAIL
COMERR NA03 NETA COMMUNICATION ROS3 FAIL
COMERR NB01 NETB COMMUNICATION ROS1 FAIL

图 3-8 主机分组显示窗口

②图形显示界面。

图形显示界面包括机舱主要系统的 Mimic 模拟窗口、柱状图窗口和设备状态窗口等,主要包括:

- 管路系统 Mimic 窗口;
- 柱状图窗口,如各缸排烟温度及其平均温度柱状图窗口;

- 备用泵汇总显示窗口;
- 控制器和阀位状态汇总窗口;
- 参数曲线趋势图窗口;
- 电站管理窗口;
- 主配电板和发电机窗口。

这些窗口实时显示设备的工作状态,例如阀门的开闭状态、设备的启停状态、液位或其他参数的高低等。图形显示界面具有可交互的性质,即在图形界面上可以对实际设备进行操作和控制。

③访问控制界面。

为了安全考虑,系统可以通过访问密码来设置对系统进行操作和控制的权限,包括报警限修改在内的参数调整及对系统所进行的其他所有操作均以事件记录的形式进行保存。

(3)打印设备

ROS 可以配置打印设备进行必要的打印输出。通过设置,打印设备可以按定时或者即时召唤的方式打印各种记录。记录内容包括报警或者事件的名称以及报警或事件发生的具体时间等。对于报警信息,还包括报警消失的时间。

三、网络型监视与报警系统的信号连接

K – Chief 系列机舱监视与报警系统是 DC C20 的升级产品,其主要组成部件、网络结构、系统功能与 DC C20 基本相同,只是在人机交互上做了改进。K – Chief 的操作面板相对于 DC C20 更为简洁,在硬件上只保留了报警控制按钮、操作权控制按钮、数字/字母小键盘和轨迹球等基本部件,而监控操作主要通过操作站计算机的软件界面来实现。

为便于对网络型监视与报警系统有更全面的认识,在此以 K – Chief 500 的实船应用为例,讲述网络型机舱监视与报警系统的系统连接。

1. K – Chief 500 的网络连接

一个典型的 K – Chief 500 的系统结构如图 3 – 9 所示,它由 2 个集控室操作站 OS(OS1 和 OS2)、7 个 DPU、1 个 MOS、1 个 WBU、5 个 WCU 和 1 个报警记录打印机组成。

OS1 和 OS2 的主机为 2 台专用 PC 计算机,19 寸 LCD 通过电缆 W29 连接计算机的 DV1 接口,集控室面板 CRP 通过电缆 W30 与计算机的一个 USB 接口相连,报警记录打印机连接 OS1 主机的打印机接口。

2 台 OS 主机均设有 NET A、NET B、NET C 和 CAN NET 共 4 个 Ethernet 接口。其中,2 台OS 的 NET A 通过交叉 Ethernet 网线 W24 连接,2 台 OS 的 NET B 通过交叉 Ethernet 网线 W25 连接。若配置 3 台及以上的 OS,则增配集线器 HUB,并采用直通 Ethernet 网线将各 OS 与 HUB 连通。NET C 和 CAN NET 分别通过直通 Ethernet 网线 W20 和 W40 接至“Terminal module”模块的 U20 和 U40 接口的 RJ45 接线端,经 ETHER/CAN 转换后,2 组 CAN 总线从该模块的 U20 和 U40 接口的 CAN 接线端送出,其转换接线如图 3 – 10 所示。

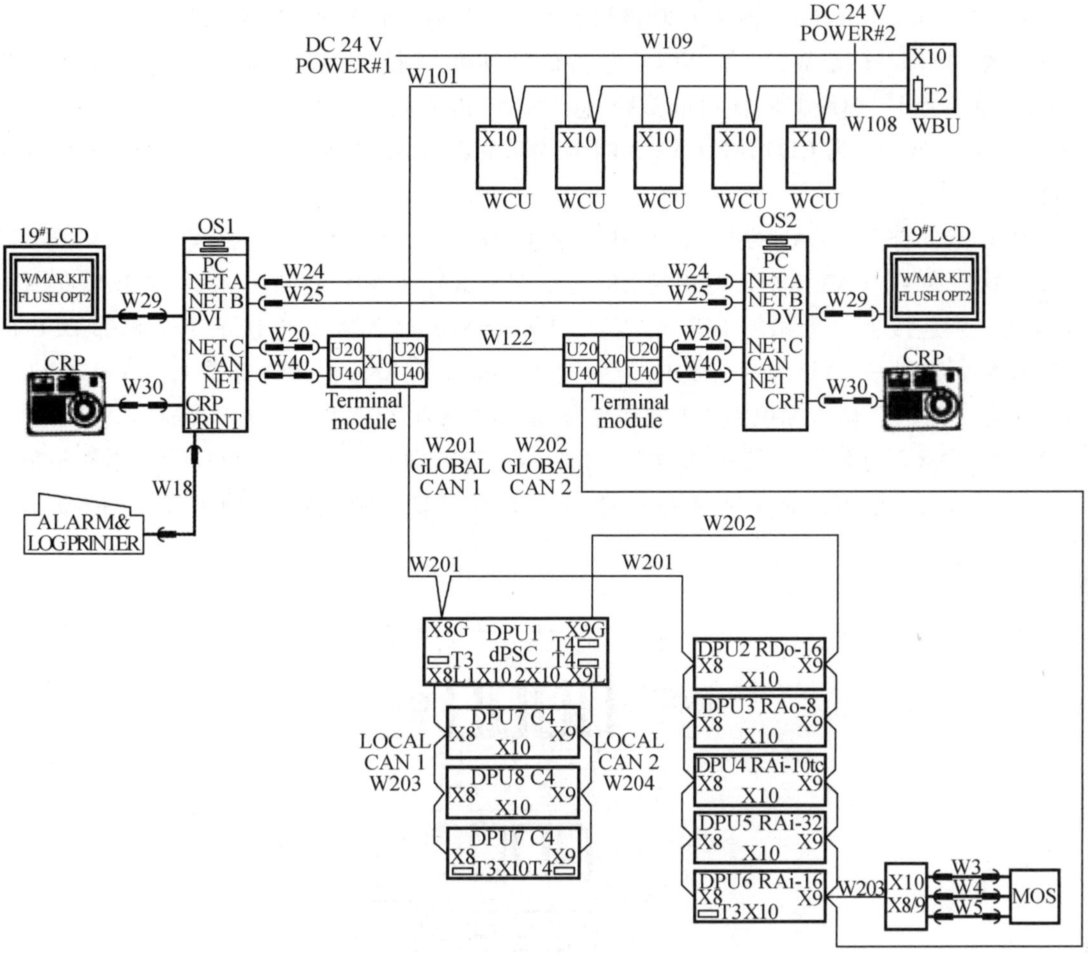

DC 24 V
POWER#1
W101
W109
DC 24 V
POWER#2
X10
T2
W108
WBU
X10
X10
X10
X10
X10
WCU
WCU
WCU
WCU
WCU
19#LCD
W/MAR.KIT
FLUSH OPT2
OS1
PC
NET A
NET B
DVI
NET C
CAN
NET
CRP
PRINT
W29
CRP
W30
W24
W25
W20
W40
U20
U40
X10
U20
U40
Terminal
module
W122
U20
U40
X10
U20
U40
Terminal
module
W24
W25
W20
W40
OS2
PC
NET A
NET B
DVI
NET C
CAN
NET
CRF
W29
W30
19#LCD
W/MAR.KIT
FLUSH OPT2
CRP
W18
ALARM&
LOGPRINTER
W201
GLOBAL
CAN 1
W202
GLOBAL
CAN 2
W202
W201
W201
X8G
DPU1
dPSC
X9G
T3
T4
T4
X8L1X10 2X10 X9L
DPU7 C4
X8
X9
X10
DPU8 C4
X8
X9
X10
DPU7 C4
X8
T3X10T4
X9
LOCAL
CAN 1
W203
LOCAL
CAN 2
W204
DPU2 RDo-16
X8
X9
X10
DPU3 RAo-8
X8
X9
X10
DPU4 RAi-10tc
X8
X9
X10
DPU5 RAi-32
X8
X9
X10
DPU6 RAi-16
X8
T3X10
X9
W203
X10
X8/9
W3
W4
W5
MOS

图 3－9　K－Chief 500 系统结构

OS1
CAN
NET
NET
C
Terminal
module
W40
W20
U40
U20/U21
ETHER
NET
CAN
ETHER
NET
CAN
R40
R20/R21
W40
W20/W21
X40
1
3
X20/X21
1
3
CAN 1
DPU
CAN
WCALL
W201
OS2
CAN
NET
NET
C
Terminal
module
W40
W20
U40
U20/U21
ETHER
NET
CAN
ETHER
NET
CAN
R40
R20/R21
W40
W20/W21
X40
1
3
X20/X21
1
3
CAN 2
DPU
CAN
WCALL
W122
W101
W202

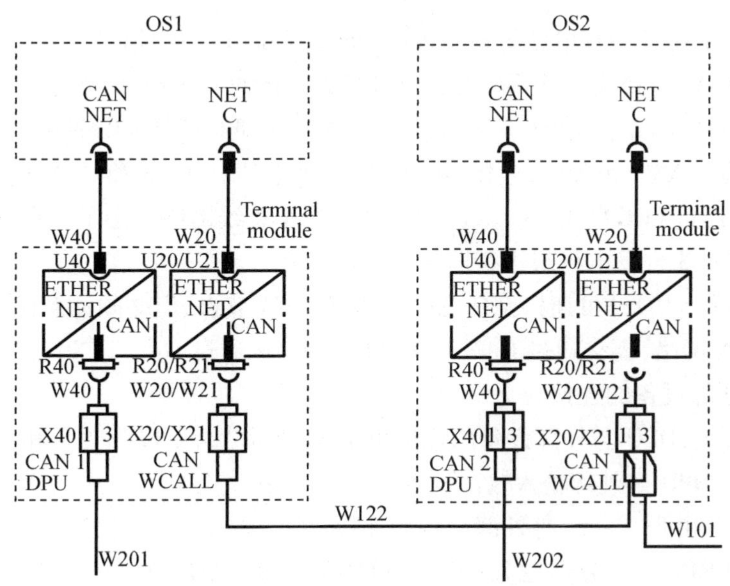

图 3－10　Ethernet 与 CAN 总线转换接线图

2 个“Terminal module”模块 U20 接口的 CAN 端通过双绞线电缆 W122 对接，并通过双绞线电缆 W101 连接 WBU 和 WCU，为值班呼叫系统提供 CAN 网络通信。从 OS1 侧“Terminal module”模块 U40 接口的 CAN 总线端引出的双绞线电缆 W201 为 GLOBAL CAN 1 网络；同理，W202 为 GLOBAL CAN 2 网络；W201 和 W202 形成两套互为冗余的 GLOBAL CAN 总线网络。

DPU 至少有 2 个 CAN 端口（即 CAN 1 和 CAN 2），如图 3－11 所示，每个 CAN 端口设置 4 个接线端子。CAN 1 端口标识为 X8，接线端子编号由 X81 至 X84。每一个 DPU 的 X81 和 X83 分别连接上一个相邻 DPU 的 X82 和 X84，X82 和 X84 则连接下一个相邻 DPU 的 X81 和 83。若某一 DPU 为网络中的最后一个模块，则其 X82 和 X84 间接入一个 120 Ω 的终端电阻。CAN 2 端口标识为 X9，接线端子编号由 X91 至 X94，接线方式与 CAN 1 相似。CAN 1 和 CAN 2 与 DPU 的连接如图 3－11 所示。应特别注意，CAN 1 和 CAN 2 是相向布线的，这种布线方法可以确保网络中任意一个节点出现故障时均能使 CAN 网络覆盖所有 DPU。

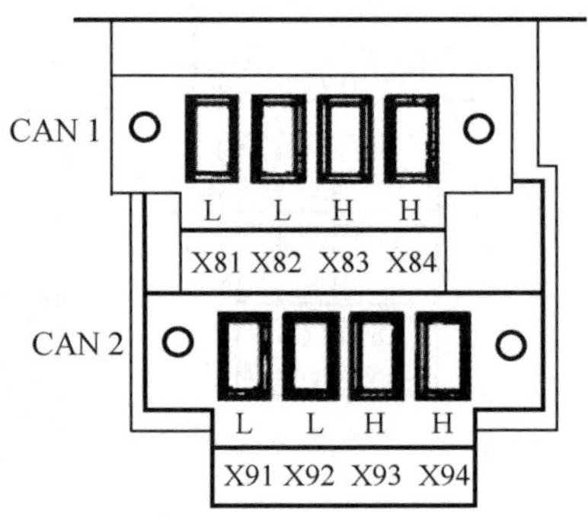

图 3－11 DPU 的 CAN 接口

该系统中还配置了一套电站管理系统（PMS）。PMS 是一个相对独立的子系统，因此采用 dPSC 对 GLOBAL CAN 进行扩展，得到 2 组互为冗余的 LOCAL CAN 总线网络（即 LOCAL CAN 1 和 LOCAL CAN 2）。dPSC 具有 4 个 CAN 接口（即 CAN 1～CAN 4），CAN 1 和 CAN 2 分别对应接线端子 X8G 和 X9G，连接 GLOBAL CAN 总线；CAN 3 和 CAN 4 分别对应接线端子 X8L 和 X9L，连接 LOCAL CAN 总线。LOCAL CAN 总线网络挂接了 3 个混合 I/O 的 DPU 模块（C4），分别对 3 台发电机组进行监测与控制。

便携式操作站（MOS）可连接至任意一个 CAN 总线节点，但必须注意的是，MOS 不能同时连接 2 组 CAN 网络，要么通过 CAN 1（X8）接入，要么通过 CAN 2（X9）接入。

2. DPU 与外部设备的连接

模块类别不同，DPU 与外部设备的连接也不尽相同。这里以开关量和模拟量的输入输出模块为例说明 DPU 与外部输入输出设备的连接方法。

（1）RDi－32 和 RDo－16 与外部设备的连接

RDi－32 和 RDo－16 分别是 K－Chief 500（DC C20）中典型的开关量输入和输出模块，图 3－12（a）和（b）分别给出了 RDi－32 的开关量输入连接方法和 RDo－16 的开关量输出连接方法。

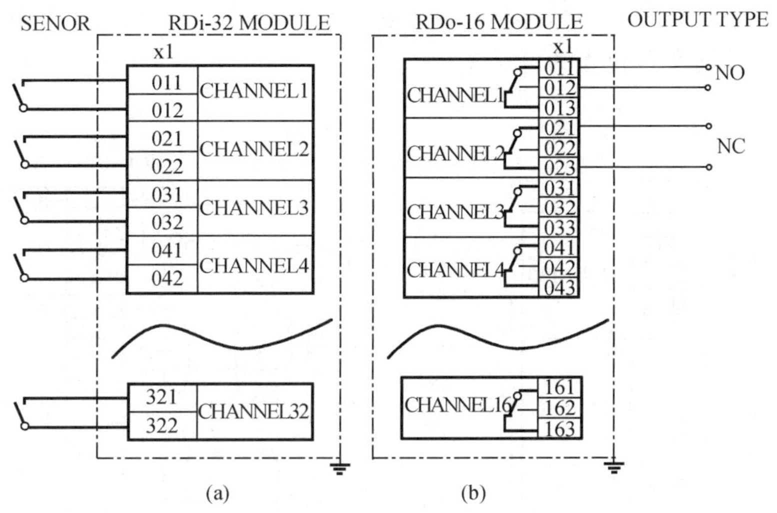

图 3－12 RDi－32、RDo－16 的外部连接

注：SENSOR 为传感器，OUTPUT TYPE 为输出类型，PDi－32 MODULE 为 32 通道的开关量输入模块，RDo－16 为 16 通道的开关量输出模块。

RDi－32 共有 32 个开关量输入通道，每个通道(channel)对应 2 个接线端子。端子编号为 3 位数，个位为端子号，十位和百位为通道号，如 011 和 012 为第 1 通道的 1 号和 2 号端子。这种端子编号规律适用于其他所有 DPU 模块。RDi－32 每个通道 2 个接线端子分别连接外部开关两端的导线。

RDo－16 共有 16 个开关量输出通道，均为继电器触点输出，可对外部设备进行开关控制或输出脉冲信号。每个通道对应 3 个接线端，其中端子 1 和端子 2 之间为常开(normally open，NO)触点，端子 1 和端子 3 之间为常闭(normally closed，NC)触点。具体使用常开触点还是常闭触点需要根据实际应用情况确定。

(2)RAi－16 与传感器的连接

RAi－16 是典型的模拟量输入模块，共有 16 个模拟量输入通道和 1 个计数器输入通道。图 3－13 仅给出了 RAi－16 模拟量输入通道与外部传感器的连接方法。RAi－16 的每个模拟量输入通道包括 4 个接线端子，端子 1 可为外部传感器或变送器提供工作电源，端子 2 和端子 3 用作测量信号输入，端子 4 为信号地。

在 ROS 上，可对每个通道进行组态。端子 1 是否向外提供电源，端子 2 和端子 3 哪个端子连接测量信号、如何选择测量信号种类及量程，端子 4 是否需要接线，这些均需软件组态决定。图 3－13 中，通道 1 和通道 2 所示分别为采用内部电源和外部电源的 ±20 mA 电流输入，通道 3 和通道 4 所示分别为采用内部电源和外部电源的 ±1 mA 电流输入，通道 5 和通道 6 所示分别为采用内部电源和外部电源的 ±10 V 或 ±1 V 电压输入，通道 7 为热电阻输入，通道 8 为电位器输入，通道 9 为带断线检测功能的开关量输入，通道 10 为 4～20 mA 电流输入，通道 16 为干触点开关量输入。其中，通道 9 和通道 16 输入的虽然是开关量，但其开关状态是通过检测在开关的不同状态下所输入的模拟量大小来判断的。

应当指出的是，图 3－13 的接线方法只是一个示例，各个通道的信号连接形式可根据实际需要确定。另外，模拟量信号容易受到电磁环境的干扰，因此信号电缆必须采用屏蔽电缆，并确保电缆屏蔽层与机壳的可靠连接。

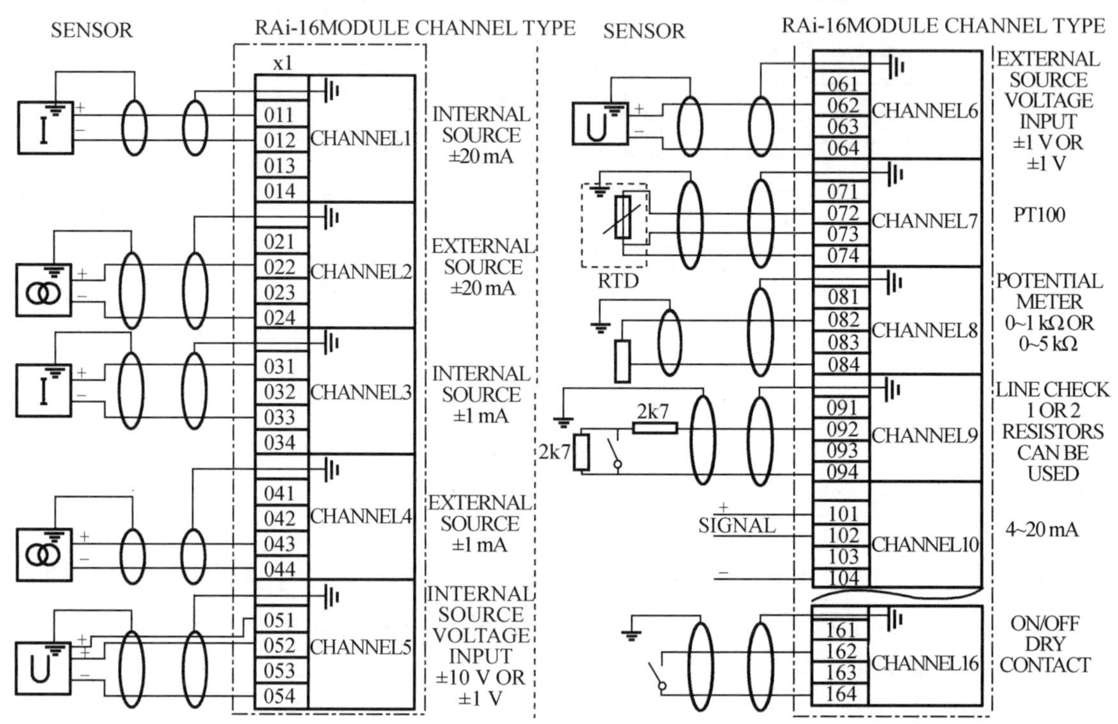

图 3－13　RAi－16 的外部连接

注：SENSOR 为传感器，CHANNEL TYPE 为通道类型，RAi－16 MODULE 为 16 通道的模拟量输入模块。

(3) RAo－8 与外部设备的连接

RAo－8 模块专门用在需要模拟量输出的场合，其输出类型包括 0～10 V DC 或 2～10 V DC 的电压信号和 0～20 mA 或 4～20 mA 的电流信号。RAo－8 共有 8 个模拟量输出通道，每个通道包括 3 个接线端子，其中端子 1 输出电压信号，端子 2 输出电流信号，端子 3 为信号地。图 3－14 中的通道 3 和通道 5 所示分别为电流输出和电压输出直接驱动外部设备的例子，通道 1 所示为经过电压隔离器进行的电压输出，通道 7 和通道 8 为经过隔离器的电流输出。

以上介绍的是几个通用模块的输入输出接线方法，对于一些专用模块（如 RIO－C1/C2/C3/C4，DGU 和 ESU 等），在单个模块上同时设有不同的输入和输出通道，其接线方法和通用模块相应的输入输出通道类型相同。

四、网络型监视与报警系统的管理与维护

K－Chief 500（DC C20）是一个集监视报警和控制功能于一体的全分布式系统，不论是

进行日常的操作还是进行管理维护,都需要有一定的计算机基础知识和操作经验,而且还要熟悉被控对象的控制原理。

一般网络型监视与报警系统的管理和维护主要涉及 ROS 和 DPU 两个方面。

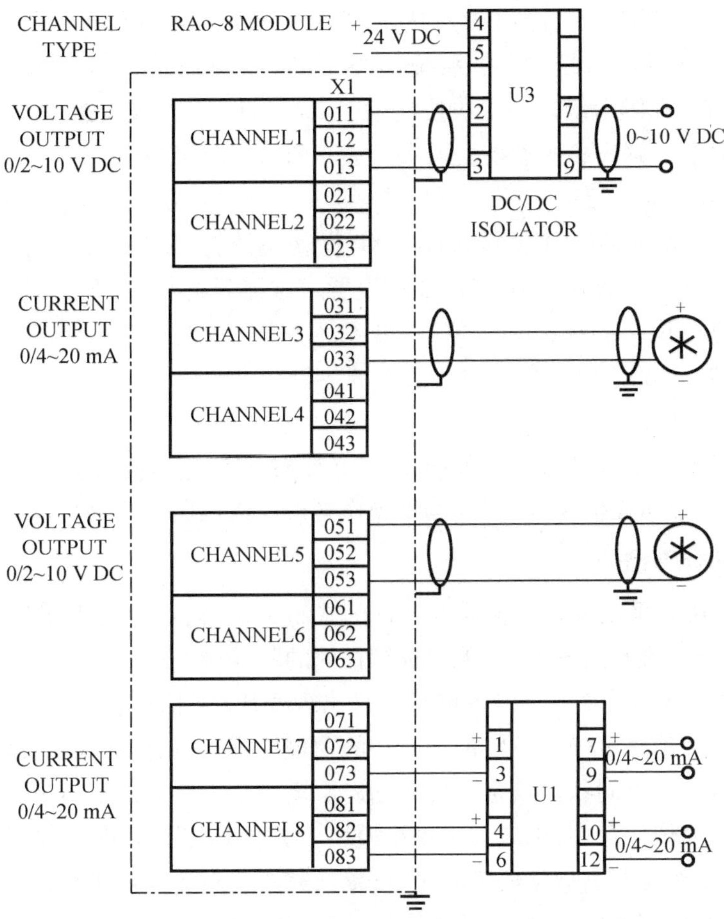

注:CHANNEL TYPE 为通道类型,RAo-8 MODULE 为 8 通道模拟量输出模块,VOLTAGE OUTPUT 为电压输出,CURRENT OUTPUT 为电流输出,DC/DC ISOLATOR 为直/直隔离器。

图 3-14 RAo-8 的外部连接

(一)ROS 的管理维护

1. 熟悉系统

ROS 的软件系统具有内建的在线测试和程序自诊断功能,只要与 ROS 相连的内部或外部设备出现故障,多数情况下都可以在屏幕上显示出故障代码。因此,必须充分熟悉说明书,以便在需要时能够快速查阅故障代码所对应的可能的故障原因及其排除方法。

2. 定期进行系统测试

说明书推荐每周进行一次系统测试,以确定系统本身是否工作正常。对于 DC C20 系统,测试方法如下:

①按下 OCP 上的“报警测试(alarm test)”按钮,“系统故障(system failure)”指示灯闪光,蜂鸣器响;

②按下“报警确认(alarm acknowledgment)”按钮,“系统故障(system failure)”指示灯变为平光,蜂鸣器停响;

③再次按下“报警测试(alarm test)”按钮,“系统故障(system failure)”指示灯熄灭。

对于 K - Chief 500 系统,可在系统的主界面(navigator)上进行。其方法是点击“SERVICE”主按钮,在随后出现的二级按钮组中点击“TEST”二级按钮。

如果测试不成功,则应参照设备说明书所述步骤进行故障诊断。

3. ROS 的系统设置

ROS 运行的是 Windows NT 或 Windows XP 操作系统,为使系统能够正常工作,要进行各种系统设置,特别是网络设置和 CAN 节点设置。这需要比较专门的知识,但系统调试好之后,如果没有进行设备的更换和维修,除非系统崩溃,一般不需要进行特别的操作。因此,为防患于未然,必须对 ROS 软件进行必要的备份。

4. ROS 的停机操作

某些时候,例如对系统进行电气维护时,有必要对 ROS 进行停机。为避免系统故障,说明书规定了严格的停机操作步骤,因此停机操作必须严格按照说明书规定的程序进行。

(二)DPU 的管理维护

所有 DPU 模块均采用统一的金属外壳密闭式封装,在内部电路上采用智能化设计,因此不存在任何用户可维修的部件,也无须进行任何的跳线设置。

当 DPU 模块出现异常时,在 ROS 屏幕上将出现模块“通信错误(communication error)”报警,根据报警显示信息可确定相应模块所在的物理位置。所有 DPU 模块均设有 5 个状态指示灯,根据指示灯的不同状态组合可以分别采取模块断电重启或从 ROS 对模块进行重新加载等措施,若故障依然存在,则应考虑更换模块。更换 DPU 模块时需要考虑以下问题:

①模块更换要按说明书规定的步骤进行,更换完毕要对新模块进行初始化设置。

②一旦由于某种原因导致两个 DPU 的节点 ID 发生冲突时,将会使系统出现严重问题。此时,应首先把其中一个从 CAN 总线断开,对另一个进行断电复位,并在 ROS 上利用 RioLoad 工具软件对节点 ID 进行更正。

③若诊断结果显示只是 DPU 模块中个别通道出现故障,则可考虑启用同一模块的空闲通道,而不必更换整个模块。如果同一模块内的空闲通道不足,则还可以考虑采用其他模块的空闲通道。但无论哪种情况,都需要对所涉及的模块进行重新设置。

系统的日常维护主要包括:

①每 3 个月对系统的所有传感器的接线桩头、接线盒的水密填料函、传感器对地绝缘(用万用表高阻挡测量)及中间接线箱进行一次检查。

②每 3 个月对现场采集箱模块进行接线桩头紧固、箱体内外清洁、内部电缆检查(包括电缆屏蔽层的接地)、模块工作状态指示检查。

③每周检查一次 2 台工控计算机的冷却风扇工作是否正常。

任务二 曲轴箱油雾浓度监视与报警系统

柴油机运行时，主轴承、十字头轴承等处的滑油由于机械和高温作用会蒸发成油雾，正常情况下曲轴箱会形成一定的油雾浓度。但在柴油机出现不正常的轴承磨损、过热或填料函泄漏等异常情况时，轴承表面可快速产生高于200 ℃的高温油气，高温油气遇到曲轴箱内相对低温的空气会凝结成细雾（细雾直径的典型值为0.5～5 μm），曲轴箱内的油雾浓度就会升高，超过正常标准时（30～50 mg/L）可能会引起曲轴箱的爆炸事故。为此，船检规范规定，3 000 kW以上的柴油机必须设置曲轴箱油雾浓度监视报警装置，一旦油雾浓度超过正常标准，应能及时发出声光报警，同时控制柴油机的自动减速或自动停车。

一、曲轴箱油雾浓度检测原理

船上所采用的曲轴箱油雾浓度监测装置种类繁多，但大多采用光学测量技术进行检测。根据工作原理，可分为透射光检测（如MARK4、MARK5、VISATRON CN115/116/215、DAIHATSUMD 9x等）和散射光检测（如MARK6等）。

检测透光率的传统装置在检测室中面对面（180°）布置光源和感光管，利用油雾对光线的阻光度和浓度成正比的关系对油雾浓度进行监测。这种技术的灵敏度较低，一般只能分辨零点几毫克/升的油雾浓度，无法区分样品中的油雾和水汽，误报率高。受物理尺寸和工作原理所限，系统支持的监测点数有限，更不能同时监测多台柴油机。

利用检测散射光的新型装置检测光束侧向的散射光，散射光越强，说明油雾的浓度越高。为此，它的光源和感光管侧向布置（一般为90°）。光线穿过样品气体，被悬浮于气体中的杂质颗粒向四面八方反射，形成了光的散射。由于各种物质对于光线的反射率不同，颗粒的大小/质量不同，受到光作用后发生的振动也不同，由此产生的次级光波也不一样。所以，光散射型探测器检测特定波长的光线强度，就可以识别出反光物质的种类和密度（可以测量小到0.05 mg/L的油雾浓度），从而减少了样品背景噪声的影响，使误报率得以降低，灵敏度大大提高。同时，现代微电子技术的发展也使得探测器的体积和质量大大减小，为系统分布式设计创造了条件。

本节内容将以英国GRAVINER公司的MARK5和MARK6型油雾浓度监视与报警系统为例进行介绍。

二、MARK5与MARK6型油雾浓度监视与报警系统

1. MARK5型油雾浓度监视与报警系统的组成

GRAVINER公司的MARK5型油雾浓度监视与报警系统在20世纪90年代后期所建船舶上应用较多。它以单片机为监视报警的核心部件，对曲轴箱油雾浓度进行检测、监视、显示、报警及对主机进行安全保护。它采样准确，执行速度快，并有较强的自检功能。该监视与报警系统主要由采样切换电磁阀、油雾浓度测量单元、显示报警单元及控制电路等部分组成，这些单元均装在一个控制箱中。在控制箱的下部有10个采集曲轴箱油雾气样的采样管口（在使用中接几根采样管视主机的缸数而定）；一个清洗空气（压力为0.1 MPa）管接

口;还有 2 根 3 m 长的电缆,其中一根用于接电源,一根用于监视报警器的输出。

该控制箱面板如图 3 - 15 所示。在控制箱的显示板上,有 3 个状态指示灯,即 SYSTEM ON(系统接通电源亮)、SIMULATION MODE(系统模拟运行时亮)、TEST MODE(对系统进行测试时亮)。在指示灯的右侧还有 4 个报警和故障状态指示灯,即 AVERAGE ALARM(发生平均浓度报警时亮)、DEVIATION ALARM(发生偏差浓度报警时亮)、FLOW FAULT(系统不能正常采样时亮)、OPTICAL FAULT(光学系统有故障时亮)。此外在控制箱的最右侧还有 3 个操作按钮,即 SELECT(选择采样显示点按钮),在正常运行时,若按下此按钮,则系统只检测现行采样点,并显示其油雾浓度;TEST(测试按钮),对系统进行测试时要按下此按钮;RESET(复位按钮),该按钮用于系统复位,当监视与报警系统某些预选参数需要重新调整时,参数调整后要按下此按钮,以确认所调整的参数并重新启动系统,使系统恢复到正常运行状态。在面板上还有一个液晶显示器,用来显示采样点和曲轴箱的油雾浓度。需要注意的是,该显示器不是直接显示采样点油雾浓度的具体值,而是显示其浓度相当于报警浓度设定值的百分数。也就是说,当达到报警设定值时,显示器上应显示百分之百的浓度。

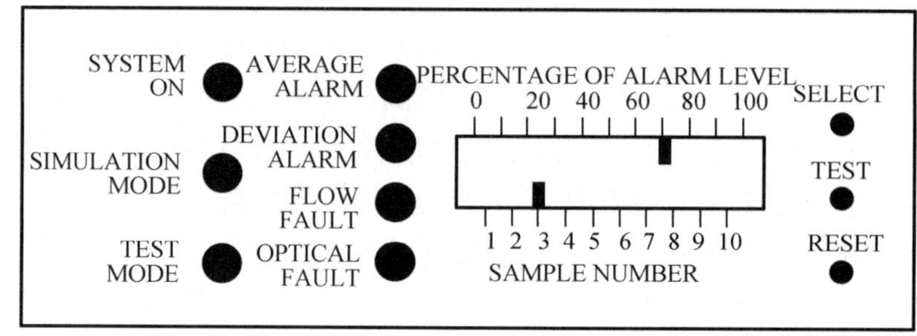

图 3 - 15　MARK5 型油雾浓度监视与报警系统控制面板图

2. MARK5 型油雾浓度监视与报警系统的基本原理

该系统组成原理如图 3 - 16 所示。该系统共有 11 个两位三通电磁阀,其中有 10 个电磁阀分别采集各曲轴箱的气样,称为采样电磁阀,该系统最多可检测 10 个缸的气样。如果是 6 缸柴油机,只用其中 6 个电磁阀,空 4 个不用。另有一个清洗空气电磁阀,用压缩空气通过该电磁阀清洗测量系统。当控制系统通电和气源打开后,约 5 s 的时间就可开始采样工作。此时由单片机发出信号使气源电磁阀开启,空气就可以进入测量室内。系统在正常运行期间,单片机轮流使各采样点电磁阀通电,通电的电磁阀左位通,该曲轴箱油雾气样在抽风机作用下流经测量室,其他点的采样电磁阀断电右位通,曲轴箱气样在抽风机作用下,经旁通管路排出而不经测量室。

测量部分是由测量室、光源和光电池组成的,光源接通电源后将发射一束光强不变的平行光并照射在光电池上。当流经测量室待测气样油雾浓度变化时,其气样的透光程度发生变化,即照射在光电池上的光强也发生变化,光电池输出的电流大小与接收到的光强具有一定的函数关系。该电流信号经 I/U 转换成电压信号,并经变增益放大器后送至 A/D 转换器转换成数字量送入单片机。单片机先把每个缸曲轴箱气样油雾浓度分别存在 RAM 中的一个单元，然后把所有缸曲轴箱气样油雾浓度值加在一起被缸数除，得到一个平均浓度值并存入 RAM 的一个单元中，以后每检测一个缸的曲轴箱气样油雾浓度值，就与平均浓度相比较得到一个偏差浓度值，并用新检测的浓度值取代原先所检测到的该缸气样的油雾浓度值，即可算出一个新的平均浓度值，单片机再把这两个值与报警设定值相比较，如果平均浓度值达到浓度报警值或偏差浓度值达到偏差浓度报警值，都将在液晶显示器上显示 100%，即达到报警设定值，并发出声光报警，同时向主机安全保护系统送去一个故障降速或故障停车信号。

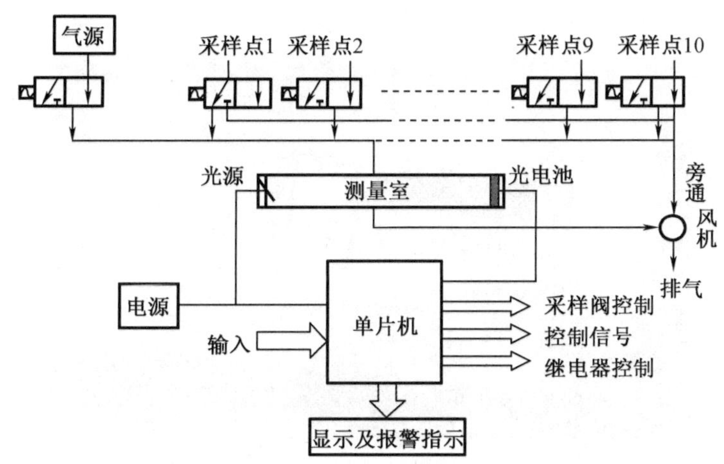

图 3－16　MARK5 型油雾浓度监视系统组成原理

在正常运行期间，单片机定时使清洗空气电磁阀通电一次，气源经该阀左位进入测量室。压缩空气具有以下作用：

①对光源、光电池及测量室进行清洗，防止光电池和光源被油雾污染而影响测量精度。

②压缩空气对测量室、光源和光电池起冷却作用，以提高它们的使用寿命，同时也能防止光电池因温度升高而产生特性漂移。

③测量单元要检测一次空气的油雾浓度，该值此时应该为零，如果不为零，则要比较一下与原零点偏差值有多大，若偏差不大，则以新得到的零点为相对零点并取代原零点；若偏差较大，系统则认为光源或光电池污染严重，清洗无效，OPTICAL FAULT 灯亮，发出报警并终止采样。

3. MARK6 型油雾浓度监视与报警系统

和 MARK5 型比较，MARK6 型油雾浓度监视与报警系统最主要的改进设计是取消了采样管路，每个检测点用一个传感器进行检测，并通过通信总线连接起来，大大降低了扫描时间，提高了检测速度。MARK6 保留了 GRAVINER 公司建立的差动测量系统，使系统具有高灵敏度，最大限度地降低了误报警的发生。该系统仍然使用光学传感测量方法，但用散射光测量取代了透明度的测量，从而实现传感器的小型化，通过标准的接口安装固定在机器上，各个采样点独立且不用采样管路，传感器内部多光源的设计使得当一个光源损坏时传感器仍能正常使用。模块化设计使得在很短的时间内就能完成故障探头的更换。

(1)系统组成

GRAVINER公司的MARK6型油雾浓度监视与报警系统可以安装多达64个分布于8台柴油机上的探头。在没有报警的正常情况下全系统扫描时间为1.2 s。

传感器电缆直接连接安装于柴油机上的接线盒,然后通过两根电缆(通信电缆和电源线)分别连接到位于集控室的控制单元及显示单元或其他合适的地方。该系统采用数字传输技术,这意味着显示及控制部分可以安装在位于集控室的控制单元内,在有报警发生时没有必要到现场进行操作。该系统控制面板如图3-17所示。系统主要由传感器(探头)、接线箱及控制单元组成,系统结构如图3-18所示。

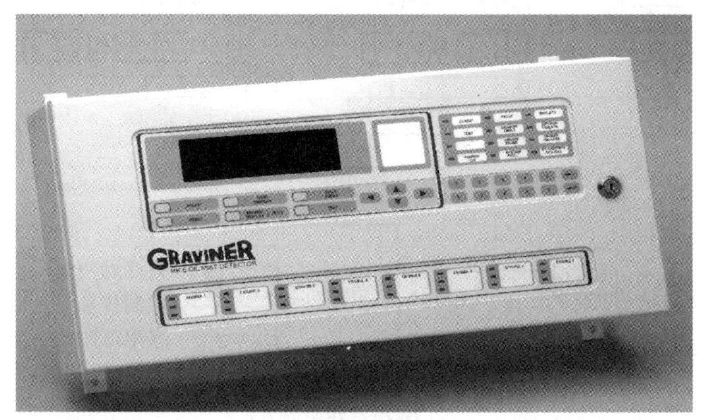

图3-17 MARK6型油雾浓度监视与报警系统控制面板

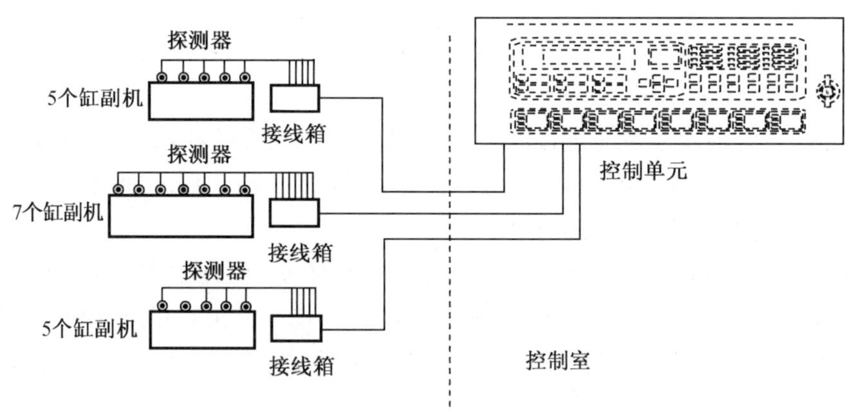

图3-18 MARK6型油雾浓度监视与报警系统结构框图

每个传感器连续不断地监视它所连接的曲轴箱内部的油雾浓度,此外传感器本身要进行自检。控制单元按顺序扫描传感器内以数字量形式存储的各种信息,包括传感器的地址码。控制单元根据这些信息分别处理每台机器,计算油雾浓度平均值及相对平均报警值的偏差值,再与预设的平均报警值及偏差报警值进行比较。

控制单元配有LCD显示器显示每台机器的平均油雾浓度,在报警状态下根据需要自动显示报警点的油雾浓度值及相应的机器的油雾浓度平均值。

油雾浓度探测器可以通过软件设置使之适应二冲程机或四冲程机或其组合,软件菜单提供各种功能的实现方法,它有 3 个操作级别:用户、工程师及服务商。用户级别的操作只能实现查询功能,不能进行报警设定及系统设定。工程师级别的操作受密码保护。输入密码后可以完成很多设置,但不可以对事件及历史记录进行更改及复位。服务商级别的操作受密码保护,但不同于工程师级别的菜单,允许进行所有操作,这种操作必须有厂家的授权或代理授权。

(2)MARK6 型传感器接线方式

为了安全,所有的系统控制及报警显示与输出都在控制单元实现。每个传感器上装有 3 个指示灯:绿色灯指示电源状态,红色灯指示报警状态,淡黄色灯指示故障状态。探头上还有设置地址码的开关。传感器(探头)结构如图 3－19 所示。

图 3－19 传感器结构

任何一个传感器的工作都是独立的,一个传感器出现故障或者保养并不影响其他传感器的工作,一个传感器或者一个柴油机油雾浓度检测系统都可以被隔离,从而便于维修保养,且并不影响其他部分的正常工作,探头之间及控制单元之间采用 CAN 总线连接完成彼此之间的信息交互。

MARK6 型油雾浓度监视与报警系统接线如图 3－20 所示,图中安装有 14 个传感器,每个传感器有 5 根线。

图中符号说明如下:

①每个传感器都有 2 根电源线,0 V 和 +24 V。

②C + 和 C − 为 2 根 CAN 总线通信线,连接到所有传感器。

③AL BCK UP 为故障信号线。

④所有传感器都通过接线盒再与控制单元连接,传感器之间通过 CAN 总线连在一起。

⑤每台机器配一个接线盒。

⑥控制单元中每台机器对应一个继电器故障停车信号。NC 为常闭触点,NO 为常开触点,C 为公共触点。

(3)MARK6 型油雾浓度监视与报警系统维护

必须注意的是,对系统做任何维护保养时,应停止系统的工作,或关闭电源或将维护部分隔离开来。

下列项目建议在关闭系统的情况下，每 6 个月进行一次检查：

①控制单元(Control Unit)。

检查确认所有的密封管都被上紧，防止任何油气或水汽进入。

检查控制箱门上的密封条是否有损坏，保证密封性能良好。

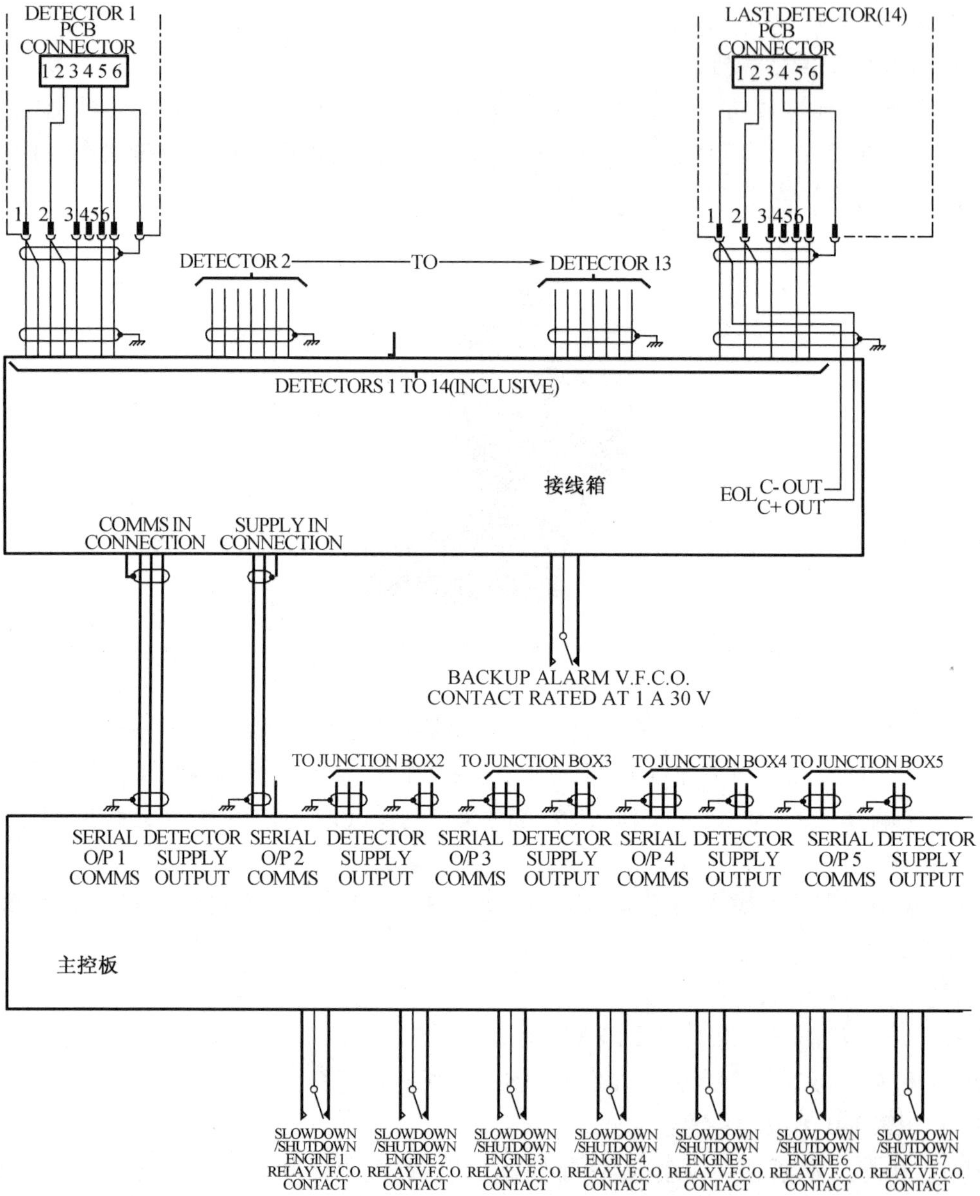

图 3-20　MARK6 型油雾浓度监视与报警系统接线图

注：DETECTOR 为探测器，CONNECTOR 为连接器，COMMS IN CONNECTION 和 SUPPLY IN CONNECTION 为调试连接，JOUNCTION BOX 为连接盒，SERIAL O/P COMMS 为串口通信，DETECTOR SUPPLY OUTPUT 为探测器电源输出，SLOWDOWN/SHUTDOWN ENGINE RELAY V. F. C. O. CONTACT 为柴油机降速或停车继电器触点，BACKUP ALARM V. F. C. O. CONTACT RATED AT 1 A 30 V 为备用报警无源触点输出 触点额定值 1 A 30 V。

②连接盒(Junction Box)。

检查确认所有的密封管都被上紧,防止任何油气或水汽进入。

检查确认盖子的螺钉都被上紧,防止任何油气或水汽进入。

③电缆(Cable)。

检查确认控制单元和连接盒上的所有电缆是否都被上紧,是否有损坏,若有要更换。

④探测器(Detectors)。

检查确认所有探测器在曲轴箱上的底座是否被上紧固定。

从探测器上拔下电缆连接头检查是否有损坏。

当某个探测器发生故障或失效而更换该探测器时,要等柴油机停止运转后方可进行,防止曲轴箱中的热油飞溅出来。更换探测器时需要注意以下事项:

操作之前需要将系统关闭或将该探测器从系统中隔离;

更换时要注意尽量不要移动探测器的底座;

要注意原来探测器上所设定的地址。

更换后要重新设定该探测器的地址,因为一个新的探测器出厂时的默认地址是00,设定方法如下:揭掉地址开关窗口的透明粘纸,用一个小的十字头螺丝刀拨动开关到相应的数字,左手的开关设定的是十位数,右手的开关设定的是个位数,设定的地址应与原来的一样。如果同时有几个更换而弄混掉,记住探测器地址的设定原则是,如果第一台柴油机的最后一个探测器的地址是08,那么第二台柴油机的第一个探测器地址就是09。

更换好后,要记得把系统恢复正常,隔离的探测器要重新接入系统,同时回到主显示页面后按RESET键。

任务三 船舶火灾监视与报警系统

众所周知,在茫茫大海中航行的船舶,火灾一旦蔓延,由于孤立无援,其后果不堪设想。正因如此,船舶火灾自动报警系统是在船舶上最早实现自动控制的系统之一。它能在火灾发生初期,将燃烧产生的烟雾、热量、火焰等物理量通过火灾探测器变成电信号,传输到火灾报警控制器,并同时显示出火灾发生的部位、时间等,使人们能够及时发现火灾并及时采取有效措施,扑灭初期火灾,最大限度地减少因火灾造成的生命和财产的损失。随着科学技术的发展,单一的火灾报警器逐渐被既能发现火灾并报警,又能联动灭火、排烟,还能联动防火分隔等智能化程度越来越高的火灾自动报警系统所取代。

一、火灾探测方法及探测器

1. 火灾探测方法

普通可燃物的燃烧表现形式是:首先产生燃烧气体和烟雾,在氧气充足的条件下才能达到完全燃烧,产生火焰并发出一些可见光与不可见光,同时释放大量的热,使得环境温度升高。普通可燃物由初期阴燃阶段到火焰燃烧、火势渐大、最终酿成火灾的过程如图3-21所示。

火灾探测以物质燃烧过程中产生的各种火灾现象为依据,以实现早期发现火灾。分析普通可燃物的火灾特点，以物质燃烧过程中发生的能量转换和物质转换为基础，可形成不同的火灾探测方法，具体方法如图 3－22 所示。

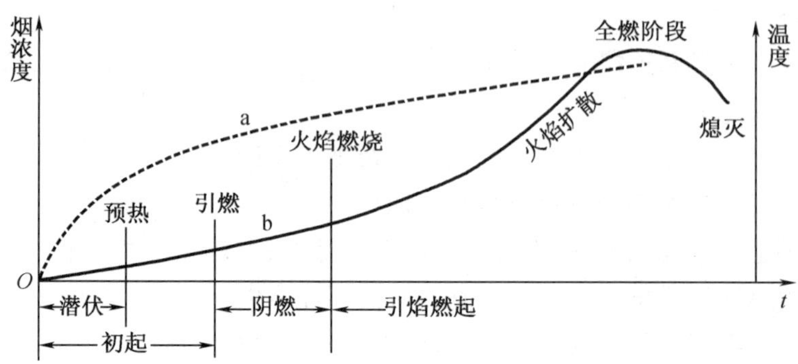

图 3－21　普通可燃物起火燃烧过程

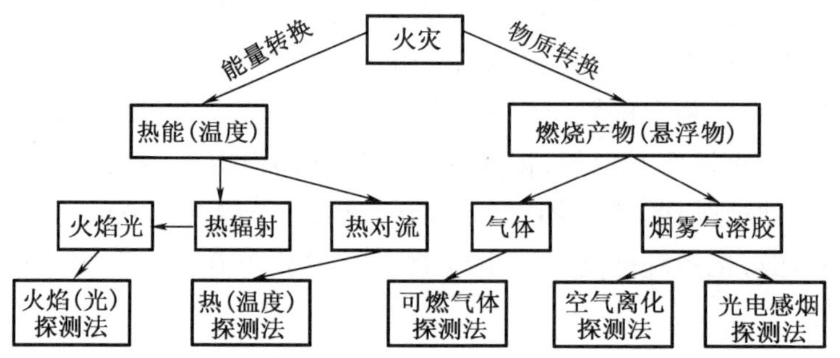

图 3－22　火灾探测方法

2. 常用火灾探测器

火灾探测器是火灾自动报警系统的检测单元，它能够连续或周期性地监视与火灾有关的物理和(或)化学现象，并且向控制和指示设备提供一个合适的信号，由探测器或控制和指示设备判断是否形成火灾报警或启动自动消防设备。简而言之，火灾探测器是及时探测和传输与火灾有关的物理和化学现象的探测装置。

火灾探测器由火灾参数传感器(或测量元件)、探测信号处理单元和火灾判断电路组成。根据各类物质燃烧时的火灾信息探测要求和上述不同的火灾探测方法，可以构成各种类型的火灾探测器，主要有感烟式、感温式、感光式(火焰探测式)和可燃气体等 4 大类型，如图 3－23 所示。由于船舶上感烟式、感温式火灾探测器和手动报警按钮使用较多，故分别介绍如下。

(1)感烟式火灾探测器

感烟式火灾探测器是目前使用最多的火灾火警探测器。它利用火灾早期的烟雾效应进行探测，据有关机构统计，感烟式火灾探测器可以探测 70% 以上的火灾。船上常用的烟雾探测器有离子和光电等形式。

①离子感烟型探测器。

离子感烟型探测器的工作原理如图 3－24 所示，它是利用烟雾颗粒能吸附离子的特性来探测的。

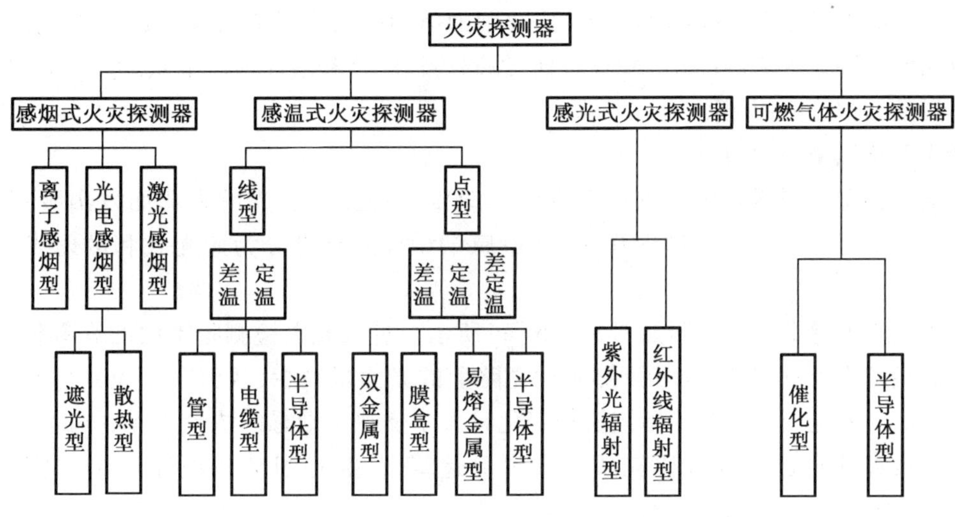

图 3－23　船舶常用火灾探测器的分类

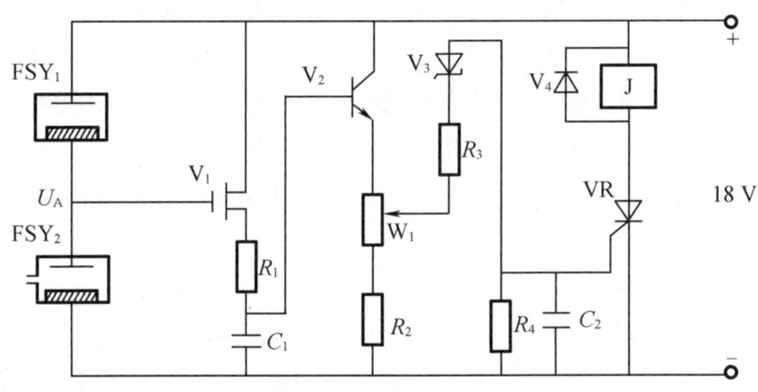

图 3－24　离子感烟型探测器的工作原理

探测器由内、外两个电离室以及检测电路组成。其中，内电离室 FSY_1 是封闭的，外电离室 FSY_2 通过小孔可以与外部环境连通。两个电离室内均设有同位素镅 241 和电极，同位素镅 241 具有发射 α 射线的能力且能使空气电离，并在电场作用下形成离子流，离子流的强度随着烟雾浓度的提高而减弱。在检测电路中，两个电离室相当于两个等效电阻，这两个等效电阻形成分压电路。

探测器接通电源后，同位素镅 241 不断发射 α 粒子使空气电离化，在直流电场作用下形成离子流。未发生火灾时，两个电离室内的离子流大体相等，两个等效电阻大小相等，此时的分压值 U_A 不大，可控硅处于截止状态，无报警信号输出。一旦发生火警，大量烟雾进入外电离室，烟雾颗粒吸附了一部分离子，离子流强度减少，外电离室的等效电阻增大。此时，内电离室的等效电阻没有变化，因而 U_A 增大，经场效应管 V_1 源极耦合到晶体管 V_2 的基极，再经 V_2 的发射极输出，击穿起门槛作用的稳压管 V_3，经 RC 电路形成正向触发脉冲，使可控硅切换成导通状态，继电器线圈通电，发出火灾探测信号。同位素镅 241 的半衰期为 485 年，这类探测器具有灵敏度高、寿命长的优点。

在离子感烟型探测器中，选择不同的电子线路可以实现不同的信号处理方式，从而构成不同形式的离子感烟型探测器。例如，选用阈值比较大和具有开关电路的电子线路，可以构成阈值报警式探测器；选用 A/D 转换、编码传输电路和微处理器单元，可以构成带地址编码模拟量的智能型探测器。

②光电感烟型探测器。

光电感烟型探测器利用火灾产生的烟雾改变光敏元件受光的强弱而发出警报信号。根据烟雾粒子对光的吸收和散射作用，光电感烟型探测器可分为遮光式和散射光式两种类型。

遮光式光电感烟型探测器如图 3－25(a)所示。进入光电检测暗室内的烟雾粒子对光源发出的光产生吸收和散射作用，使通过光路上的光通量减少，从而在受光元件上产生的光电流降低。光电流相对初始标定值的变化量大小反映了烟雾的浓度大小，据此可通过电子线路对火灾信息进行放大比较或火灾参数运算，最后通过传输电路产生相应的火灾信号。

散射光式光电感烟型探测器如图 3－25(b)所示。进入遮光暗室的烟雾粒子对发光元件发出的一定波长的光产生散射作用，使处于一定夹角位置的受光元件的阻抗发生变化，产生光电流。此光电流的大小与散射光强弱有关，并且由烟粒子的浓度和粒径大小决定。根据受光元件的光电流大小，即当烟粒子浓度达到一定值时，散射光的能量就足以产生一定大小的光电流，可以激励遮光暗室外部的信号处理电路发出火灾信号。显然，遮光暗室外部的信号处理电路采用的结构和数据处理方式不同，可以构成不同类型的火灾探测器。

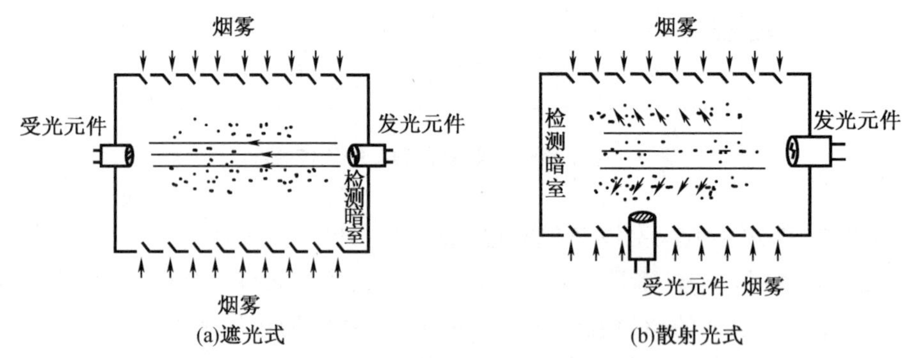

图 3－25　光电感烟型探测器基本原理图

(2)感温式火灾探测器

感温式火灾探测器是利用火灾的热效应制作的，即以监视区内温度有异常变化作为检测依据。按照作用机理的不同，感温式火灾探测器可以分成 3 种类型：定温式、差温式和差定温式。

①定温式火灾探测器。

定温式火灾探测器是根据监视区内温度升到设定报警值(如 70 ℃),发出火灾报警的一种探测器。常用的定温式火灾探测器有熔断式和双金属片两种。

图 3 - 26(a)所示为熔断式火灾探测器,它是利用低熔点合金材料(由锡、铅、铋、镉等材料组成)在达到设定温度时会自动熔断的特性来监测火灾的。图 3 - 26(b)所示为双金属片探测器,这种探测器内有两种膨胀系数不同的金属片,当金属片受热弯曲到一定程度时触点断开,进而通过相应的检测电路发出火灾报警信号。

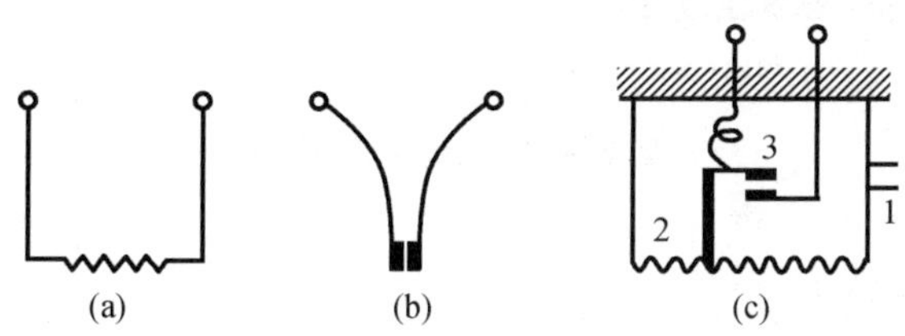

1—气孔;2—波纹膜片;3—触头。

图 3 - 26 感温式火灾探测器基本原理

②差温式火灾探测器。

差温式火灾探测器不是根据温度的高低而是根据监视区内温度升高的速率是否超过设定的警戒值来发出火灾报警的。图 3 - 26(c)所示为小孔放气式火灾探测器。在正常情况下环境温度的变化速率比较缓慢,探测器气室内的气体膨胀不明显,膨胀的气体可以经节流小孔向外排放,气室内的压力基本上与大气压力持平,膜片不会有大的变形。当发生火灾时,监视区内温度急剧上升,超过设定的温升速率(如 5.5 ℃/min)时,气室内的气体快速膨胀,仅通过小孔排放已不可能充分泄放气体,致使气室内的压力快速升高,膜片就会有一个较大的变形,推动活动触点向下动作使动、静触点闭合。然后通过检测电路发出火灾报警信号。

③差定温式火灾探测器。

差定温式火灾探测器是将定温式和差温式组合在一起,兼有两者的功能,扩大了使用范围,提高了可靠性,差定温式火灾探测器一般多是膜盒型或热敏电阻型等典型结构的组合。差定温式火灾探测器按其工作原理又可分为机械式和电子式两种。

感烟式火灾探测器主要用于外室走廊、控制室和舱容较小的场所的火灾探测。对于那些经常存在大量粉尘、油雾、水蒸气的场所,无法使用感烟式火灾探测器,只有用感温式火灾探测器才比较合适。在某些重要的场所,为了提高火灾监控系统的功能和可靠性或保证自动灭火系统的动作的准确性,也要求同时使用感烟式和感温式火灾探测器。

(3)手动报警按钮

如图 3 - 27 所示,手动报警按钮与火警探测器的功能基本相同。探测器是自动报警,而手动报警按钮是人工报警。两者输送的报警电信号都传输给报警指示设备,发出火灾报警信号。

手动报警按钮安装于经常有人出入的通道、走廊、控制站、公共舱室等场所。《国际海上人命安全公约》(SOLAS)规定每一通道口应安装一个手动报警按钮。每层甲板的走廊内,手动报警按钮安装地点应便于操作,并使走廊任何部位与手动报警按钮的距离不大于20 m。具体安装时,应尽可能与应急照明灯靠近,距离甲板的高度约为1.4 m。

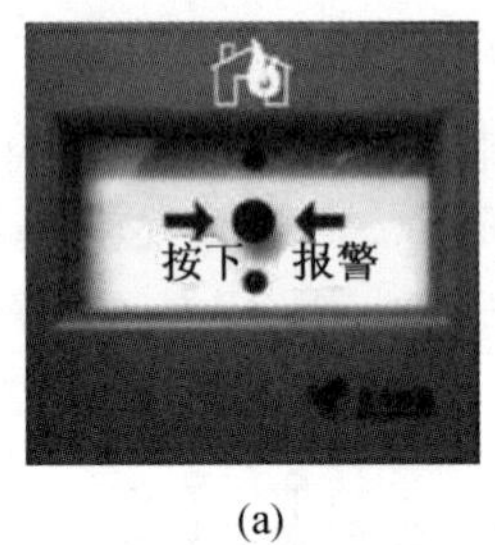

(a)

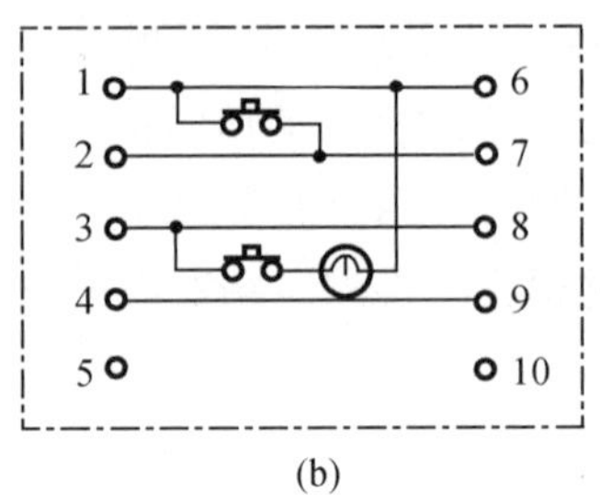

(b)

图3-27　手动报警按钮

3.火灾探测器的接线形式

在实际系统中,火灾探测器和控制器的接线方式一般均采用并联。也就是说,若干个火灾探测器的信号线按一定关系并联在一起,然后以一个部位或区域的信号送入火灾报警装置(或控制器),即若干个火灾探测器连接起来后仅构成一个探测回路,并配合各个火灾探测器的地址编码实现保护区域内多个探测部位火灾信息的监测与传送。在每一个探测回路一般均有一个终端电阻,在正常监视状态提供一个监视电流(一般为微安级),发生火警时,探测器动作后产生一个报警电流(一般为毫安级)。这里所谓“按一定关系并联”,大体可以分为两种形式:①若干个火灾探测器的信号线以某种逻辑关系组合,作为一个地址或部位的信号线送入火灾报警装置,如机舱内某一区域的火灾探测。②若干个火灾探测器的信号线简单地直接并联在一起,然后送入火灾报警装置。例如采用地址编码火灾探测器,通过二总线来实现探测器与控制器的通信,以实现不同的监控功能。自1996年起,单片机技术的发展和新型传感器的出现,为火灾自动报警系统的智能化提供了可能,其典型的技术特点是探测器内置了CPU,摆脱了单一“阈值”报警模式,增加了环境参数变化规律的判断,设置了火灾模拟曲线,从而大大提高了火灾报警的准确性,减少了误报现象的发生。

目前在火灾报警系统中,对于火灾探测器通常采用3种接线方式:二线制、三线制、四线制,如图3-28所示(由于三线制在实船中较少使用,在此不做介绍)。

图3-28(a)是二线制接线方式,此电路电源线与信号线重合,各个火灾探测器如果状态正常,则通电后其内部接线柱6,7闭合,使电源得以送入下一个火灾探测器,在终端探头有一终端设备(一般为电阻),使得系统在正常监视状态时有一监视电流(微安级),一旦火警发生,相应探测器动作,使电源两端电阻急剧下降,产生一较大的动作电流(毫安级),由系统内部处理后给出声光报警;如果某一回路中一个探头故障,则其内部接线柱6,7不能闭合,使电源端开路,由系统处理后显示该回路开路或探头故障。图3-28(b)是四线制接线方式,其工作原理与二线制接线方式类似,此种电路中电源线与信号线相互分开。不管采用何种方式,均要求可以实现检测探测器脱落、探测器故障失效、线路开路故障、终端电阻脱落或故障失效、火灾报警等功能。

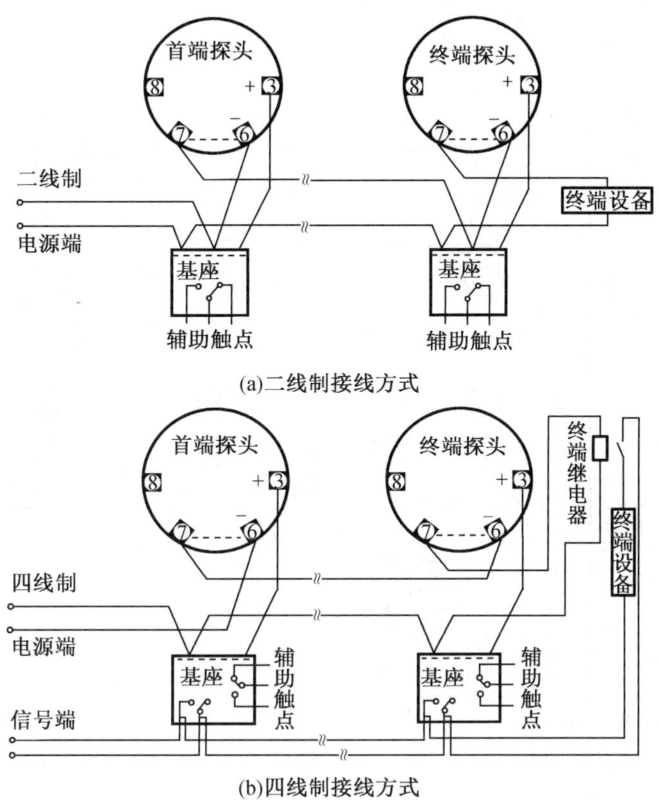

图 3-28 火灾探测器的接线方式

二、总线型火灾报警系统

近年来,火灾报警系统开始采用总线制编码传输技术,这种新型的集中报警系统是由火灾报警控制器、区域显示器(如集控室或生活区显示屏)、声光报警装置及感温或感烟式智能探测器(带地址编码功能)、控制模块(控制消防联控设备)等组成的总线制编码传输型集中报警系统。

图 3-29 是一种典型的总线区域火灾监控系统框图。该系统由一个中央处理单元、一个或几个控制单元、数个探测环路所构成。该系统采用单片机技术,线制小,安装开通方便,在使用编码底座后,可与感烟式探测器、感温式探测器、编码手动报警按钮等组成火灾自动监控系统。

(1)中央处理单元

中央处理单元为模块式结构,由几种功能不同的模块所组成,可根据需要选用。所有的线路板安装在一个标准的框架中。中央处理单元由以下几个部分组成。

①报警处理板。

此板是中央处理单元的核心部分,板内有 1 个内部和 2 个外部串行通信口。内部串行口用于接收来自探测环路接口板的信息,控制其相应动作。外部串行口用于与操作单元等通信。此板还通过继电器板完成相应的报警、控制功能,通过通信接口板实现与外部计算机、打印机等的串行通信,控制开关量 I/O 板完成相应功能。

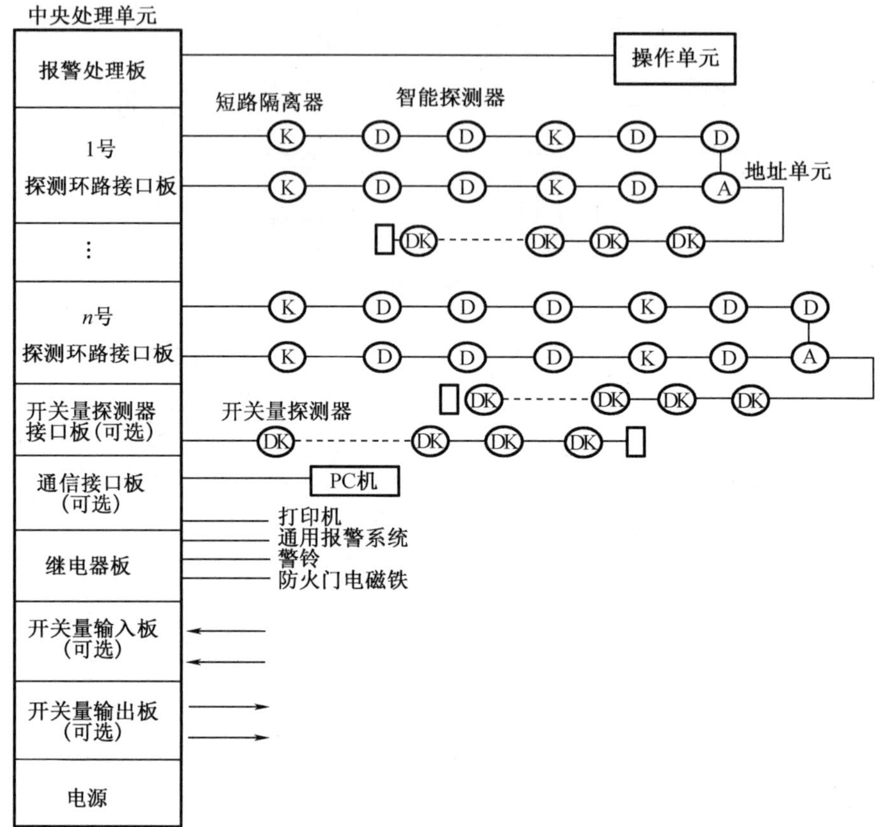

图 3 – 29　典型总线区域火灾监控系统

②探测环路接口板。

此板用于与探测环路中的探测器通信,并将探测器的状况传至报警处理板。每块板可连接两个探测环路,一个中央单元中最多可插入 95 块探测环路接口板。板上的多位开关用于设定地址。

③开关量探测器接口板。

此板用于连接以非智能型的开关量探测器所组成的探测分路,每块板可连接 4 个分路。

④通信接口板。

此板内有 2 个 RS232 和 2 个 RS485 串行通信口,它受报警处理板控制,用于与外部计算机、打印机通信。

⑤继电器板。

它受报警处理板控制,用于驱动外部报警、控制设备(如通用报警系统、警铃、防火门磁铁等)。板内有 2 路 DC 24 V/2 A 电源输出,3 路 DC 24 V/2 A 有源信号输出,4 路容量为 2 A 的继电器信号输出,2 路以集电极开路形式输出的信号。

⑥开关量输入板。

此板可接收 24 路经光电隔离的开关量信号,受报警处理板控制。

⑦开关量输出板。

此板可输出 24 路经光电隔离的开关量信号，受报警处理板控制。

⑧电源。

电源包括整流电源和蓄电池，二路电源可自动切换。

(2)探测环路

在该系统中，一个中央处理单元最多可连接 190 个探测环路，每个环路中可安装 99 个模拟量探测器或地址单元。一个环路可覆盖船上几层甲板。因为中央处理单元和探测器之间的通信信号在发送和接收时受过特殊处理，所以对传输电缆要求不高，采用一般的二芯非屏蔽船用电缆即可。

(3)控制单元

控制单元是操作者与系统进行人机对话的装置，由于不同厂家的产品特点各不相同，其面板形式也不尽相同，但基本功能大同小异。图 3－30 所示为 CW4000 型火灾报警系统的控制面板。

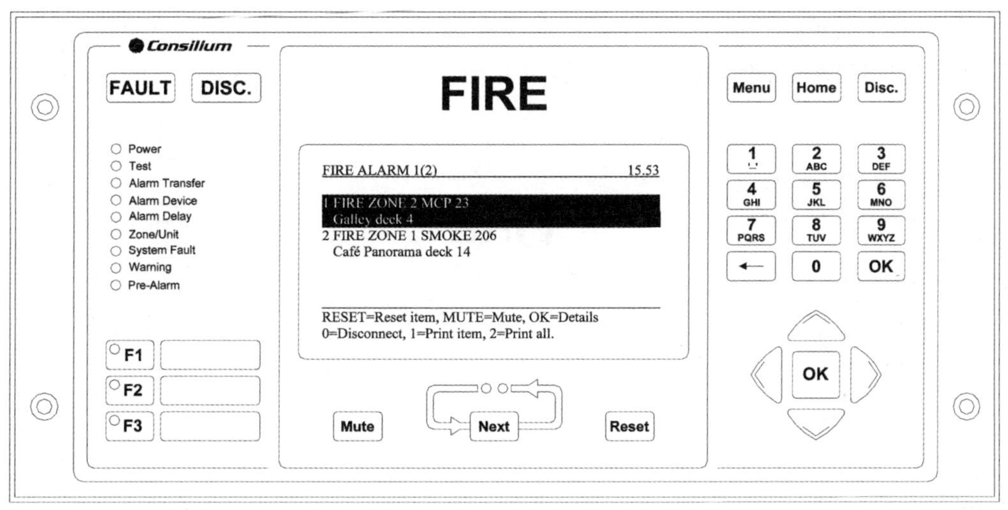

图 3－30　CW4000 型火灾报警系统的控制面板

当系统发生火警时，位于面板中间位置的 FIRE 火警大灯闪亮，其下方的字符显示屏显示正在报警的设备的地址码。当系统发生故障时，位于左上角的 FAULT 故障灯闪亮，其下方相应的发光二极管将指示故障类型。当系统正常时，可通过操作面板右部的按键区，输入操作者的各种控制命令。

三、CS4000 型火灾报警系统

CS4000 型火灾报警系统是一种全适应模拟地址编码式火灾报警系统。在系统发出报警时，它能轻易识别发出报警的单元，因此它可以在火灾发生的早期，准确地判断出火灾产生的位置。它的探测功能高度可靠，对错误报警具有高度保护。CS4000 型火灾报警系统中的每个回路单元均有内置智能，并可自动启动火灾报警。

CS4000 型火灾报警系统是按照各主要船级社、EN－45 规范和最新 MED 欧洲标准要求设计和研制的，具有用户界面友好的系统，配备自动提示控制面板，能够一目了然地显示相关指令，以帮助操作人员执行各项功能。

该产品的主要优势和特点：

①配备内置智能装置的回路单元能够自动启动火灾报警；

②全适应模拟编码式系统；

③具有预警功能，能够在烟气浓度缓慢上升时，第一时间发出报警；

④每个回路可连接多达 254 个单元，回路长度可达 2 000 m。

CS4000 型火灾报警系统是灵活的、地址可编码的火灾报警系统，其设计满足了所有海运业和工业的主要需求。它的界面友好，具有自我指导功能的控制面板可以指导用户进入系统的不同功能。CS4000 型火灾报警系统在交付时可以配备地址可编码单元或者常规的探测单元，也可以将两种单元结合起来配备。

1. CS4000 型火灾报警系统控制面板的说明

控制面板可用来监视和控制 CS4000 型火灾报警系统的所有功能。CS4000 型火灾报警系统是一个基于菜单操作的系统，并且还会在控制面板的字符显示屏上给出指导信息，因此用户使用起来极为简便。其控制面板如图 3－31 所示。

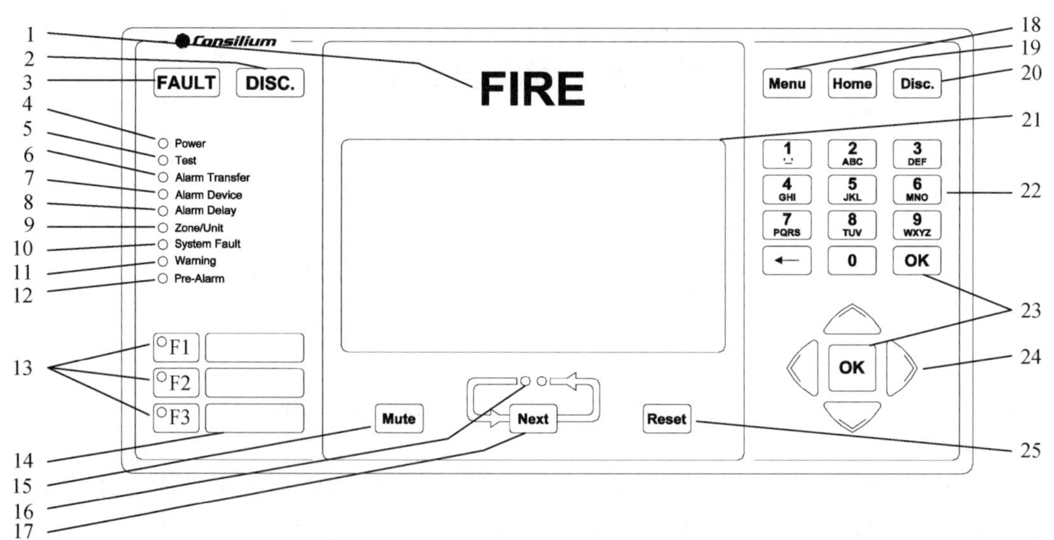

图 3－31　CS4000 型火灾报警系统控制面板

(1) Fire 指示灯

当指示灯为闪烁的红灯时，表明系统中有一个没有消音的火警。当所有的火警被消音以后，这个指示灯将会转变为稳定状态的灯。

(2) Disconnection 指示灯

这是一个通用的指示灯，表明至少切断了系统的一个功能，例如一个区域探测器、外部的控制或报警设备。

(3) Fault 指示灯

当指示灯为闪烁的黄灯时,表明系统中有一个没有消音的故障报警。当所有的故障报警被消音以后,这个指示灯将会转变为稳定状态的灯。

(4) Power 指示灯

当指示灯为稳定的绿灯时,表明控制面板的电源供给正常。

(5) Test 指示灯

当指示灯为稳定的黄灯时,表明至少有一个区域正处于测试模式。如果系统启动时这个指示灯正在闪烁,表明控制面板还没有完成初始化。

(6) Alarm Transfer 指示灯

当指示灯为稳定的黄灯时,表明切断了报警设备(警铃等)的输出。当指示灯闪烁时,表明报警设备在输出时存在故障。

(7) Alarm Device 指示灯

当指示灯为稳定的黄灯时,表明切断了报警设备(警铃等)的输出。当指示灯闪烁时,表明报警设备在输出时存在故障。

(8) Alarm Delay 指示灯

当指示灯为稳定的黄灯时,表明信号输出到报警设备(警铃)或者报警转移(工业应用)存在时间延迟。

(9) Zone/Unit 指示灯

当指示灯为稳定的黄灯时,表明系统有火警探测器或者探测区域被切断联系。而当指示灯为闪烁的黄灯时,表明至少有一个火警探测器或者是区域处在故障状态。

(10) System Fault 指示灯

当指示灯为闪烁的黄灯时,表明控制面板存在内部故障或者存在“nopoll”类型的系统通信故障。

(11) Warning 指示灯

当指示灯为稳定的黄灯时,表明系统存在警告,例如探测器脏污。

(12) Pre - Alarm 指示灯

当指示灯为闪烁的红灯时,表明系统中存在着没有消音的预报警。而当所有的预报警消音以后,指示灯将会转变为稳定状态的灯。

(13)用户键和指示灯

3 个带有黄色指示灯的用户键在编程以后,可以激活用户定义的功能或者显示用户指定的菜单。这些按钮和指示灯的功能是通过定义程序完成编程的。

(14)用户文字说明区域

用户可以将自己定义了说明文字的嵌入物插入到面板相应的文字区域的插槽内,以此来描述每个用户键的功能。

(15) Mute 按钮

这个按钮用于确认和消除报警声音。

(16)更多报警

当指示灯为闪烁的红灯时,表明系统中存在不止一个火警。

(17) Next 按钮

按下这个键可以查看不同的报警。如果在 20 s 内没有按动任何键,列表将会自动返回到第一条火警。

(18) Menu 快捷键按钮

按这个键可以直接进入系统的主菜单,而在主菜单内用户可以进入 CS4000 型火灾报警系统的所有功能。

(19) Home 快捷键按钮

按这个键可以直接返回系统最初的显示界面。

(20) Disconnections 快捷键按钮

按这个键可以直接进入切断联系菜单,在此菜单内可以执行切断联系的相关操作。

(21) 字符显示屏

在这个蓝色的字符显示屏上可以显示 14×40 个字符。

(22) 数字键盘

数字键盘用于系统信息的输入。[←]键每次可以删除一个字符。

(23) OK 按钮

OK 按钮用于选择多选菜单或者对功能进行接受。

(24) 方向键

方向键用于菜单的操纵和多选菜单的选择。上箭头可显示列表中上一条内容。如果当前显示的是第一条,按此箭头将会转到最后一条。左箭头用于转到上一个菜单。右箭头用于选择进入多选菜单。下箭头可显示列表中下一条内容。如果当前显示的是最后一条,按此箭头将会转到第一条。

(25) Reset 按钮

这个按钮用于复位系统中的不同报警。

2. CS4000 型火灾报警系统控制系统的功能及操作

(1) 操作等级

为了阻止未经授权的人员操作系统,CS4000 型火灾报警系统设有操作密码等级保护系统的不同功能。在任何重要操作可以执行之前,用户必须登录系统或者解除锁定状态(主要是工业应用)。如果没有一个授权的操作密码或者钥匙,用户只能是查看火警和故障报警,以及本地蜂鸣器的消音。

系统共 5 个不同的操作等级,分别如下。

等级 1:没有密码,柜门关上或门锁锁上,普通人员可操作。这个级别的操作只能查看火警或故障报警,也可以对本地蜂鸣器消音。火警比故障报警拥有更高的优先级。

等级 2:打开柜门或门锁,可进行此级别的操作。如果系统有火警或需要维护时,经过培训或授权的人员可以操作系统,但不可以设定设备切断联系。作为 level 1 + 等级进入系统菜单,用户可以对状态列表、复位和报警消音。

等级 2B:打开柜门并通过 menu/login 输入等级 2B 的接入密码。如果系统有火警或需要维护时,经过培训或授权的人员可以操作系统。作为 level 2 + 等级进入系统菜单,用户可以对设备切断联系设定。

等级 3:打开柜门并通过 menu/login 输入等级 3 的接入密码。经过培训或授权的人员可以更改系统的配置。作为 level 2B + 等级进入系统菜单,用户可以更改系统配置。

等级 4:打开柜门并通过 menu/login 输入等级 4 的接入密码。这一等级只针对经过 Consilium 培训的并拥有授权的服务人员。用户可以操作系统所有功能,包括高级的服务选项。

(2)火灾报警

当系统检测到火情时,控制面板火灾报警界面如图 3 - 32 所示。

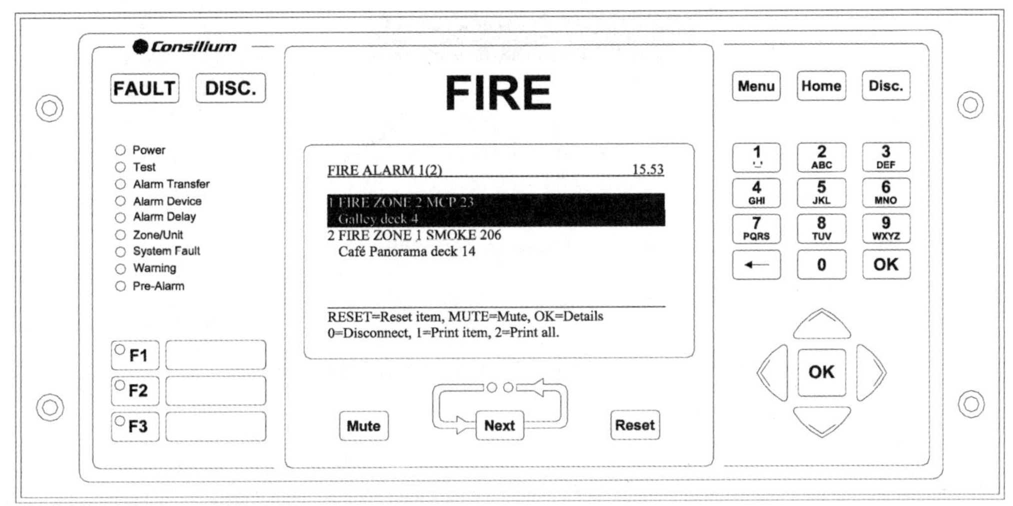

图 3 - 32 CW4000 型控制面板火灾报警界面

在控制面板上将会显示火警的数目、报警的区域、何种设备在报警、正在报警的设备的地址码等信息。按“OK”键可查看更多的信息,如报警时间、报警日期等。

此时需先进行“消音”操作,但要注意的是,用于消音的 Mute 键在不同操作等级中的功能是不一样的。具体如下所示:

Access level 1:按 Mute 键可以为内部蜂鸣器消音。

Access level 2 或者更高等级:按 Mute 键可以为内部蜂鸣器或者所有的外部报警器消音,并且使火警指示灯停止闪烁。

当确认火情扑灭后,按 Reset 键复位火警。当所有的报警复位了以后,火警指示灯就会停止闪烁,并且转换到稳定状态。但如果火情依然存在,这个报警是无法复位的。

如果系统中存在不止一个火警时,NEXT 上方的红色 LED 指示灯将会点亮。第一条和最后一条火警信息将会显示在控制面板上。按 NEXT 键可以选择查看不同的火警,或者是使用 UP/DOWN 箭头查看。按照以上的方法消音和复位报警。

(3)故障报警

当系统检测到故障时,Fault 指示灯闪烁,控制面板火灾报警界面如图 3 - 33 所示。

在控制面板上将会显示故障数目、故障类型、故障单元的识别等信息。按 OK 键可查看更多的信息,如报警时间、报警日期等。

此时需先进行“消音”操作,按 Mute 键可为内部蜂鸣器消音。在故障列表中选择故障,然后按 RESET 键复位故障报警。如果引起故障报警的故障依然存在,那么就无法对故障报警复位。此时需要检查问题并且设法解决,然后试着再一次复位故障。

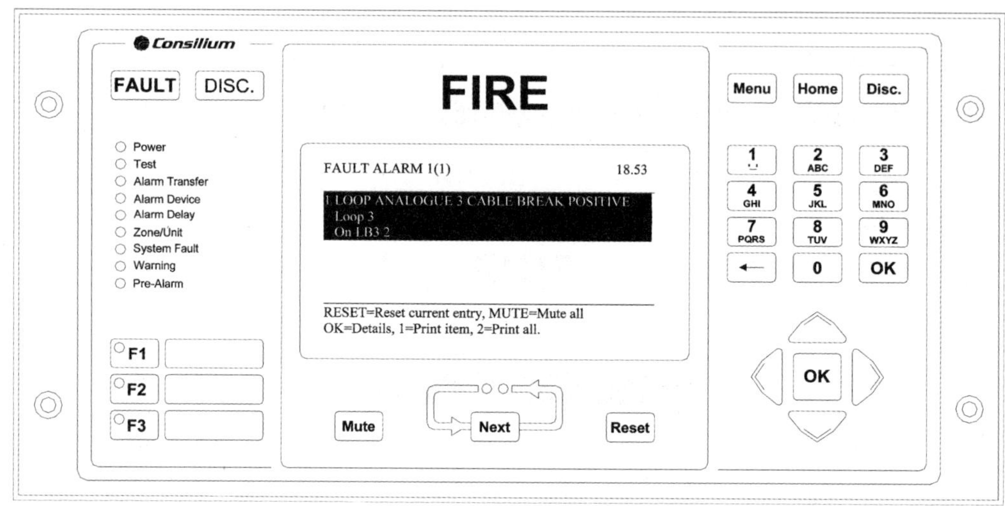

图 3-33　CW4000 型控制面板火灾报警界面

(4)切断联系

用户切断系统中不同部分的联系是很重要的,例如:区域、探测器、手动报警点、分支单元、报警设备、外部控制设备和环路。所有的被切断联系设备都记录在切断联系的设备列表当中。当定义了系统中的第一个切断联系设备后,控制面板上的 Disc. 黄色指示灯就会点亮。并且只有当所有的设备都重新接入到系统之后,黄灯才会熄灭。

用户只有处于等级 2B 或更高等级时,才可以执行切断设备联系的操作。当切断了火灾探测器或区域联系之后,火灾探测系统将不会检测到处在那个区域的所有火警。因此在切断联系设备的数量和持续时间方面应该尽可能地少,这一点是非常重要的。例如,如果安装的是感温/感热双功能探测器,用户可以只切断探测器的感烟探测功能,而保持感温探测器部分继续工作;反之亦然。

3. CS4000 型火灾报警系统的测试

在 CS4000 型火灾报警系统完成安装以后,应该对系统的不同部分进行检测以确定功能正常。CS4000 型火灾报警系统有一个专用的检测模式,在这个模式下可以更加容易地对探测器区域进行测试。当一个区域处在测试模式下,在有火情发生时,系统是无法激活任何外部报警或者控制器的。此时,每一个被测试的探测器和手动报警点上的红色 LED 指示灯会被点亮,表明此单元已经激活。如果温度或者烟雾浓度降到报警值以下,或者手动报警点已经做过复位,这时处在报警状态的单元将会自动复位,取消报警,而在其他的没有处在测试模式下的区域中,火警是不会被禁止的。在测试期间,处在测试模式区域中的探测器和手动报警点上的 LED 指示灯会闪烁。2 h 以后,被测试的区域将会自动返回正常操作模式。

在完成测试以后,一定要将测试区域从测试模式状态转换到正常工作模式状态,这是非常重要的。在退出测试模式之前,一定要确定没有任何探测器或手动报警点仍处在报警状态。

4. CS4000 型火灾报警系统控制系统的故障分析

当系统发生故障时,CW4000 型火灾报警系统控制系统将提示相应的故障代码,故障代码指示故障产生的原因和提示对系统有一定了解的操作者如何解决问题,故障代码是设备出现故障时自动提供的。例如故障代码 129 是 SENSOR FAULT,故障原因是探测器中元件有故障或感烟探测器暴露在风中,解决办法是更换探测器或处理风的问题。在产品手册中有各种代码的详细说明,在此不一一列举。

四、易燃气体探测报警系统

1. 易燃气体的概念

通常油船的货品即原油和普通石油产品,主要成分都是多种烃化合物掺杂在一起的混合物。当一种石油被装入油舱时,其易挥发成分即开始挥发,释放出石油气并扩散到其液面以上的空间,此时挥发出的气体仍有重新融进这种石油产品的倾向,最后会达到平衡,在液面上的空间形成一定数量的均匀分布的石油气。

当空气中的烃气浓度达到一定范围时,烃气和空气的混合物在一定条件下就会产生燃烧或爆炸的危险。这个范围的下限即燃烧下限(LEL),指烃气浓度已低到不足以维持和蔓延燃烧的程度。该范围的上限即易燃上限(UEL),指烃气的浓度已经很高,致使空气严重不足,达到不能维持和蔓延燃烧、引爆的程度。

2. 易燃气体探测报警系统工作原理

易燃气体探测报警系统原理如图 3-34 所示,主要包括测量单元和控制单元。测量单元的信号处理电路如图 3-35 所示。

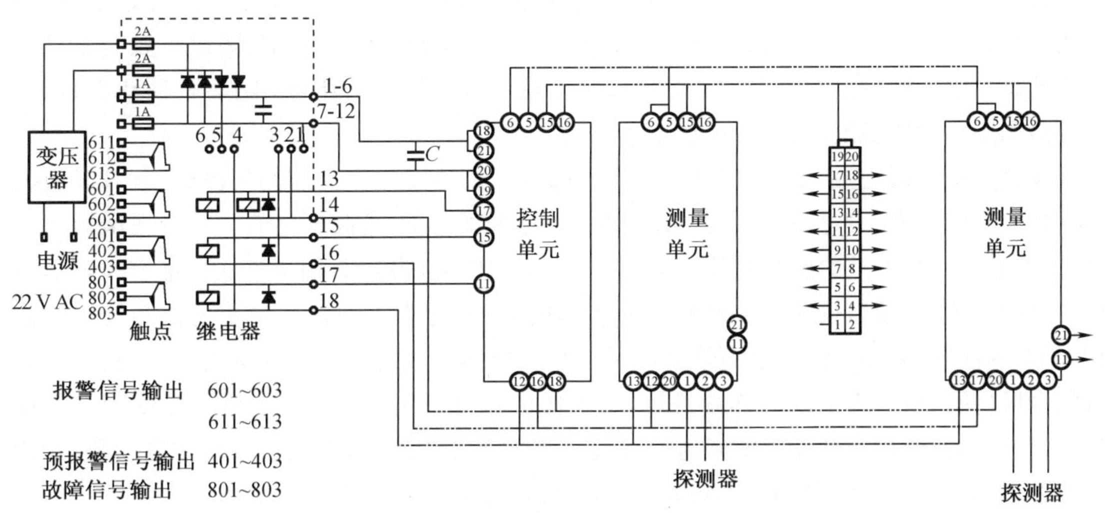

图 3-34 易燃气体探测报警系统原理图

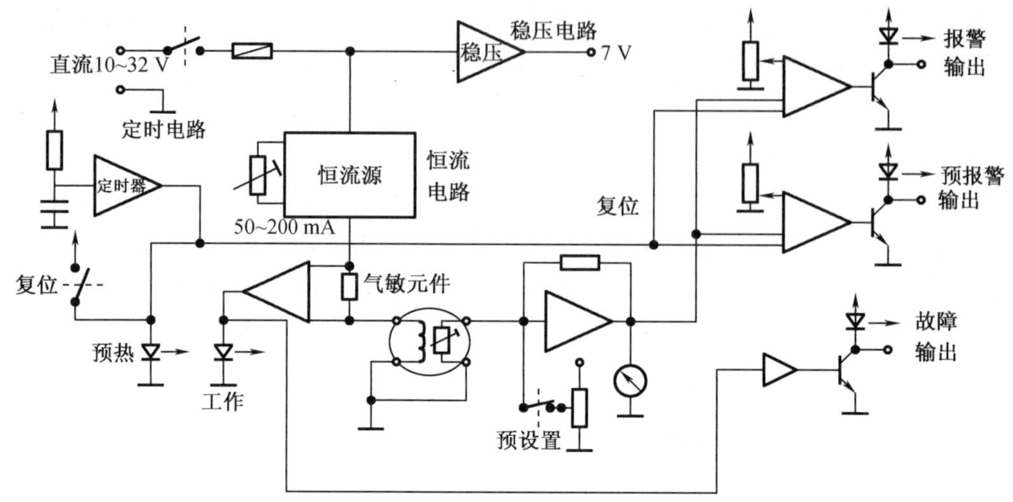

图 3-35　测量单元的信号处理电路图

测量单元的信号处理电路分析如下。

①气敏半导体元件需要在加热电阻丝通电加热下保持对空气中氧可吸附所需的温度，即加热电阻丝上电压不变，保持温度恒定，则气敏半导体氧吸附量保持不变，从而在清洁的空气中，半导体的电阻值不变。若周围空气中有敏感气体存在，由于气体分子把阳离子吸附在半导体表面上，半导体的电阻值就随气体浓度增高而减小。因此，正常情况下，加热电阻丝的工作条件就决定了基准的半导体电阻值。气敏元件中加热线圈工作电压定为 5 V，因而测量单元的电路中通过采用恒流源的方法给加热电阻丝供电，这样不管气敏元件探测点距离测量单元的连接线路有多长，总可以保证在加热电阻丝上设定 5 V 电压。

②由于气敏半导体的反应并非线性变化而是指数变化，因此测量单元电路中运用运算电路进行校正补偿，从而使显示度数与气体浓度呈线性关系。

③定时电路。当测量单元长期关闭后再通电使用时，由于加热电阻丝刚开始工作，还未建立起正常工作环境温度，因此最初几分钟内半导体的阻值不正常，测量单元会先显示报警状态。因而通过定时电路，在预热阶段（一般 2 min 左右）切断输出信号，防止误报警，当加热到正常工作温度时，自动恢复正常功能。

④测量单元设定报警动作值和校正。当选定了某种气体作为监测气体后，就可以根据其燃烧下限的数值，设定需要报警的动作值，通常为 LEL 的低百分比值。一般采用静态配合法，即准备一只清洁的密封容器（如气袋），确定它的准确容积，用排气法保证密闭容器内的空气纯正清洁，然后按照报警动作值和容器的体积，计算出应注入选定的监测气体的体积，用专用注射器抽取已确定体积的该气体，然后全部注入清洁空气的密闭容器内，经过充分混合后，便配成所需浓度的样气，供设定动作值和校正用。将气敏元件置于配制好的样气中，测量单元会接收到相应的阻值变化信号，并显示相应的 LEL 的百分比浓度读数，如读数有偏差可通过校正电路调节得到满足，从而保证完成正确的报警动作。

3. 易燃气体探测报警系统的维护

易燃气体探测报警系统维护需要注意的是各种探头的有效期，探头使用寿命到期时必须及时更换。

①定期对系统进行功能校验，同时检查声光报警是否正常。

②检查电源电压是否在允许范围之内。

③检查系统的指示是否正常，如果有故障要及时排除，尤其是接地故障。

④系统清洁除尘，接线端子接线检查紧固。

⑤传感器的维护内容主要是定期对探头进行校验，发现偏差大或探头使用寿命到期时，要及时调整或更换备件。

五、干货舱自动探火及报警系统

1. 干货舱自动探火及报警系统的组成

干货舱自动探火及报警系统通常采用抽烟式系统，由抽风机、管道、烟雾探测装置和报警指示设备等组成，如图 3－36 所示。若货舱发生火灾，烟气通过管道被抽吸到安装在驾驶室的烟雾探测装置，则报警指示设备发出声光火警信号。此时，驾驶台值班人员便可根据控制箱屏上的相应指示，判断失火货舱，采取相应的消防措施。此外，被抽吸的烟气可以通过旁路控制开关，直接排放到驾驶室，以便值班人员可以嗅闻，证实是否属于火灾的烟气。

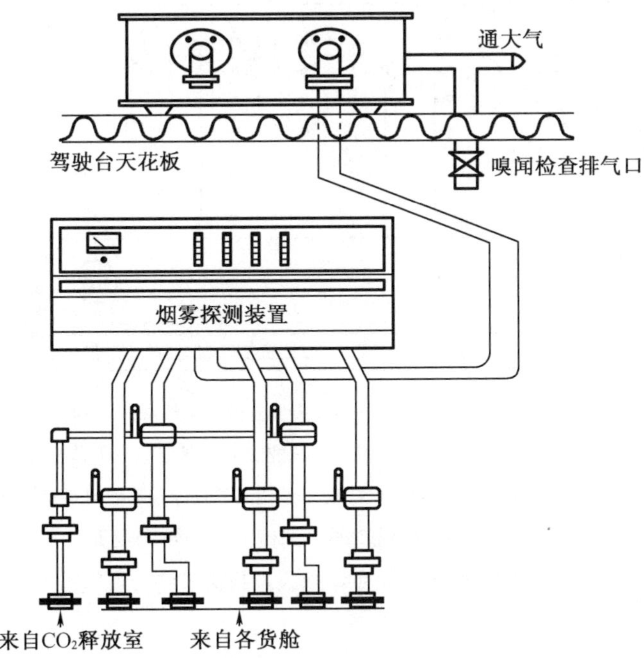

图 3－36　干货舱自动探火及报警系统示意图

干货舱自动探火及报警系统通常在装货完毕并盖舱盖后投入运行。短航程时，系统在航行过程中不关闭；长航程时，系统往往是间断工作的，即装货完毕并盖舱盖后投入运行，一至数天后停止，然后可在需要时再运转。对于有的货物，如矿砂、谷物等，系统可一直停止运行。间断工作的目的是减少光电管的工作时间，延长系统的使用寿命。

在系统使用过程中应注意及时清洁透镜、光电元件表面，以避免影响使用效果。

2. KIDDE 型干货舱自动探火及报警系统

KIDDE 型干货舱自动探火及报警系统的电气控制线路如图 3－37 所示。该系统控制柜分为 4 层：第 1 层主要有舱位选通电机、舱位指示器、各种操作开关、指示灯、火警继电器、电源变压器等；第 2 层是观察窗，内有照明灯，安装有检测各舱是否堵塞的小旋转风叶；第 3 层有控制电路、光电检测装置、模拟试验烟雾吹入口以及风压检测开关等；第 4 层有各选通电磁阀以及各舱气体吸入管。

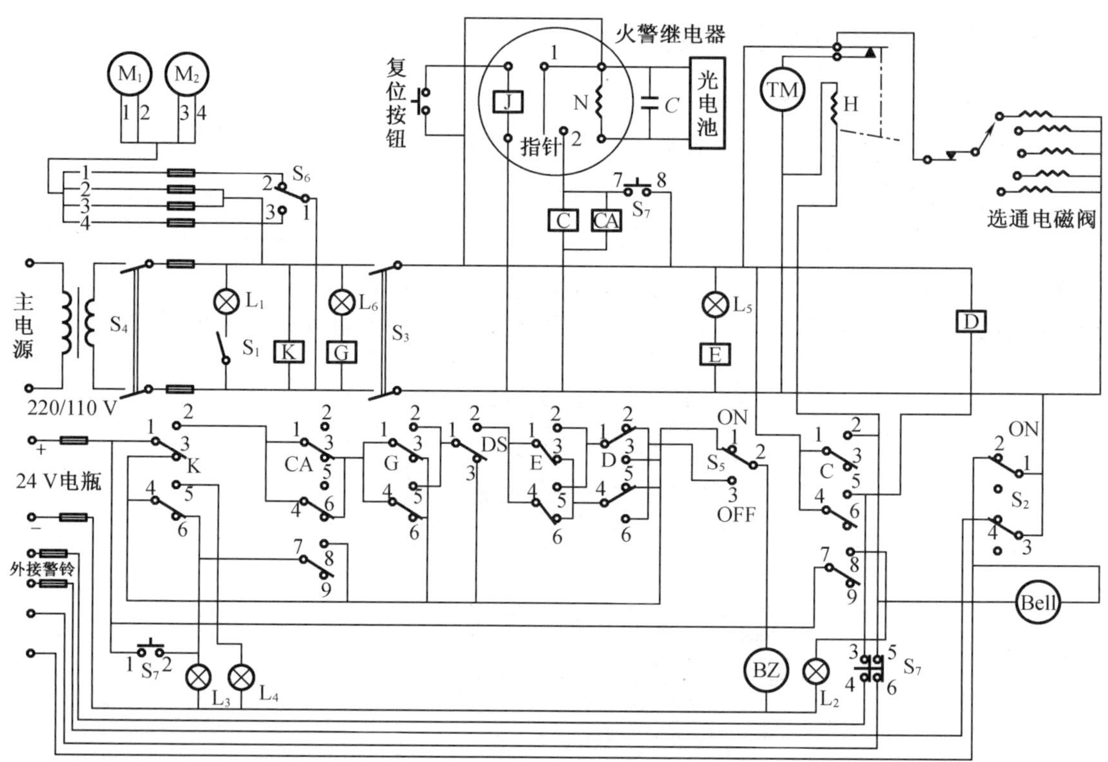

Bell—火警警铃；BZ—故障蜂鸣器；DS—风压开关；J—火警复位电磁线圈；L_1—观察窗灯；L_2—火警指示灯；L_3—电源故障灯；L_4—系统内部故障指示灯；L_5—光源；L_6—控制柜下部灯；N—火警电磁线圈；S_1—观察窗等开关；S_2—警铃开关；S_3—声音报警切断开关；S_4—电源开关；S_5—系统内部故障蜂鸣器切断开关；S_6—排气风机转换开关；S_7—灯警铃、蜂鸣器试验开关；TM—舱位选通电机。

图 3－37　KIDDE 型干货舱自动探火及报警系统的电气控制线路图

（1）启动前准备

系统启动前，必须先将开关 S_1、S_3、S_4 闭合，排气风机转换开关 S_6 选中任一风机，火警警铃开关 S_3 置于“ON”位置（1－2，3－4 闭合），系统内部故障蜂鸣器切断开关 S_5 置于“ON”位置（1－2 闭合），否则系统通电后会出现故障警报。

(2)工作过程

正常监视状态时,由于无烟雾通过光电池,其输出电压很小。当货舱火警发生时,有烟雾通过光电池,由于烟雾颗粒散射作用,使光电池电压增大,此电压使 N 线圈磁路产生足够大的电磁吸力,吸引指针使触点 1 -2 闭合,继电器 C 与 CA 获电动作。继电器 C 动作后,其触点 1 -2 闭合,一方面指针使火警警铃 Bell 动作,另一方面使电磁线圈 H 有电,其触点使舱位选通电机 TM 失电,舱位选通指示停在火警发生的货舱;其触点 4 -5 闭合使外部警铃接通;其触点 7 -8 闭合使火警指示灯 L_2 亮。继电器 CA 是火警辅助继电器,火警发生时断开故障报警信号电路,保证火警的优先级。火警消除后,按复位按钮使线圈 J 有电,产生电磁吸力使火警继电器的指针复位。

(3)自检功能

由于该系统具有较强的自检功能,一旦发生故障报警,管理人员只需根据线路原理查找相应故障点排查即可。自检功能分析如下。

①主电源失电时,继电器 K 失电,其触点 1 -3,4 -6 闭合,电源故障指示灯 L3 亮,故障蜂鸣器 BZ 发出声响。

②当下列故障出现时,都会使系统内部故障指示灯 L4 亮,系统内部故障蜂鸣器 BZ 发出声响:当控制柜下部灯熄灭时,继电器 G 失电复位,其自身触点 1 -3,4 -6 闭合;当风压未建立或压力开关出现故障,风压开关 DS 的 1 -3 触点闭合;当光电池的光源出现故障时,继电器 E 失电复位,其自身触点 1 -3,4 -6 闭合;当外部警铃断路或出现故障时,继电器 D 失电,其自身触点 1 -3,4 -6 闭合。

项目四 船舶主机遥控系统

任务一 主机遥控系统基本概念

目前,大型船舶的推进装置主要有柴油机推进和电力推进两类。采用柴油机推进时,直接驱动螺旋桨的柴油机称为主柴油机。主柴油机一般可以在机旁、集控室和驾驶台 3 个操作部位进行操作和控制。当离开机旁,在集控室或驾驶台操作时,无法通过机旁操纵机构直接操纵主机,这就需要在操纵部位与主机之间设置一套能够对其进行远距离操纵的控制系统,称为主机遥控系统。随着柴油机制造技术的发展,近年来,在船上已经开始采用无凸轮轴的电控柴油主机(也称为智能柴油主机),其控制系统与常规的凸轮轴式柴油机有较大区别。本节主要针对传统的凸轮轴式柴油机介绍主机遥控系统的基本概念,电控主机的控制系统参见其他章节。

对于大型低速柴油主机,主机遥控可分为自动遥控和手动遥控两种方式。在驾驶台操作时通常采用自动遥控方式,此时,遥控系统能根据驾驶员发出的车令信号按照主机要求的操作步骤和要求自动地进行启动、停车、换向和加减速控制,直至主机运行状态达到车令要求为止。而在集中控制室操作时,考虑到操纵主机的是轮机员,通常采用手动遥控方式。此时,轮机员根据驾驶台车令,按照操作步骤和要求通过集控台上的操纵手柄对主机进行手动操作。有些遥控系统也可以提供集控室自动遥控功能,但为了降低造船成本,船东一般不予选装。

通过主机遥控系统,能对主机进行启动、停车、换向等逻辑控制和对主机的转速进行闭环控制,同时还应能对主机的转速和负荷进行必要的限制,并具有必要的安全保护功能。主机遥控系统不仅能改善轮机人员的工作条件和船舶的操纵性能,还能提高船舶航行的安全性,以及主机工作的可靠性和经济性,是轮机自动化的重要组成部分,也是现代化船舶实现无人机舱必不可少的条件之一。

一、主机遥控系统的组成

主机遥控系统的组成如图 4-1 所示。该系统主要包括遥控操纵台、车钟系统、逻辑控制单元、转速与负荷控制单元、安全保护装置以及包括遥控执行机构在内的主机气动操纵系统 6 大部分。

1. 遥控操纵台

遥控操纵台设置在驾驶台和集控室内,分别与驾驶台控制装置和集控室控制装置形成一个整体。驾驶台操纵台主要安装有车令手柄、辅助车钟、车钟记录装置、指示灯和控制面板以及显示仪表等;集控室操纵台上主要包括车钟回令兼换向手柄、主机启动与调速手柄、操作部位切换装置、指示灯、控制面板以及显示仪表等。

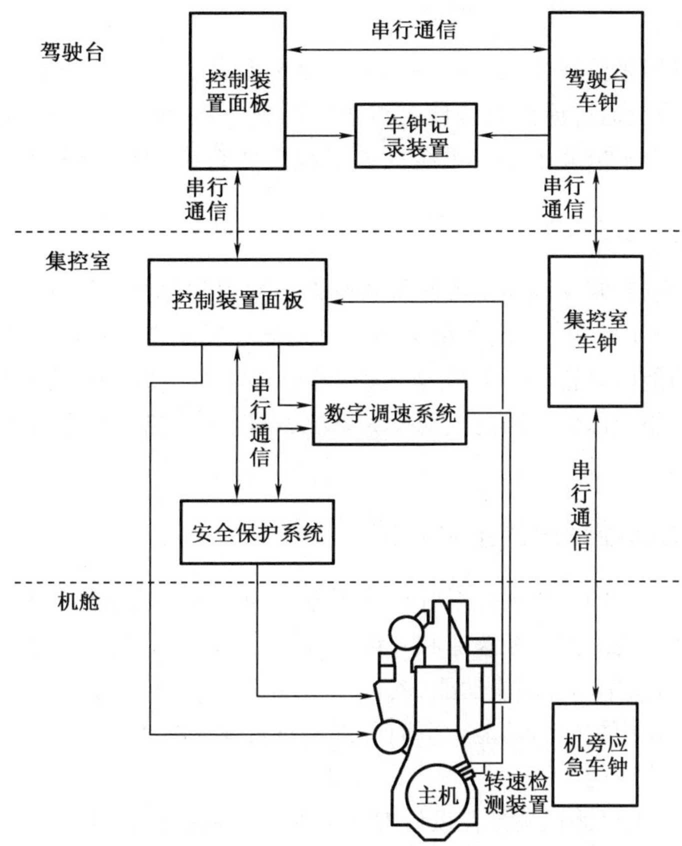

图 4-1 主机遥控系统组成

此外，在主机机旁还设有应急操纵台，包括应急车钟和机旁应急操纵装置。

2. 车钟系统

车钟系统是实现驾驶台与集控室、驾驶台与机旁之间进行车令传送与应答的重要设备，由驾驶台车钟、集控室车钟和机旁应急车钟组成。车钟系统一般有两种工作模式，一种是操控模式，另一种是传令模式。操控模式对应于在驾驶台遥控主机的情况，此时驾驶台车钟直接通过逻辑控制单元和转速控制单元对主机进行自动遥控。传令模式对应于在集控室或机旁操作的情况，此时驾驶台车令首先传递到集控室或机旁，轮机员进行车令应答(回复)后，再对主机进行相应的操作。

3. 逻辑控制单元

逻辑控制单元是自动遥控系统的核心，它根据遥控操纵台给出的指令、转速的大小和方向、凸轮轴位置以及主机的其他状态信息，完成对主机的启动、换向、制动、停油等逻辑控制功能。

4. 转速与负荷控制单元

转速与负荷控制单元一方面通过闭环控制使主机最终运行在车令手柄设定的转速，另一方面在加减速过程中要对加减速速率及主机所承受的机械负荷和热负荷进行必要的限制，以确保主机运转的安全。

5. 安全保护装置

安全保护装置用来监视主机运行中的一些重要参数。一旦某个重要参数发生严重越限,安全保护装置应能通过遥控系统使主机进行减速,或迫使主机停车,以保障主机安全。安全保护装置是一个不依赖于遥控系统而相对独立的系统,即使遥控系统出现故障,也应能正常工作。

6. 主机气动操纵系统

主机的启动、换向、制动和停车等操作的逻辑控制通常都是以压缩空气作为动力源的,对于采用液压调速器的主机,其转速给定环节也是通过气路来实现的。主机气动操纵系统就是为实现上述功能而设置的一套气动逻辑回路,通常由主机厂家随主机一起提供,是主机遥控系统的重要组成部分。通过气动操纵系统,可以在集控室对主机进行手动遥控和在机旁进行应急操作。

二、主机自动遥控系统的主要功能

尽管不同厂家生产的主机遥控系统在实现方案和实现手段上不尽相同,但各厂家都必须遵守相关船级社所规定的船舶建造和入级规范。总体上讲,主机自动遥控系统的主要功能包括5个方面,即操作部位切换功能、逻辑程序控制功能、转速与负荷控制功能、安全保护与应急操纵功能以及模拟试验功能。下面分别进行具体介绍。

1. 操作部位切换功能

出于安全考虑,主机遥控系统在设计上必须保证在驾驶台自动遥控失效时能切换到集控室进行操纵,而集控室失效时能切换到机旁进行应急操纵。因此,遥控系统必须在机旁和集控室提供操作部位切换装置。机旁一般设有“机旁(Local)”和“遥控(Remote)”转换开关,而在集控台上则设有“集控室(ECR)”和“驾驶台(BR)”转换开关。只有在机旁转换开关转至“遥控(Remote)” 位置时才能在集控室或者驾驶台操作,由集控室转换开关选择是在集控室还是在驾驶台进行操作。在3个操作部位中,机旁的操作优先权最高,自动化程度最低;集控室的操作优先权和自动化程度均其次;驾驶台的操作优先权最低,但自动化程度最高。在进行操作部位切换时,在高优先级的操作部位可以无条件地获得操作权,反之则不然。

2. 逻辑程序控制功能

(1)换向逻辑控制

当有动车车令即车钟手柄从停车位置移至正车或倒车的某一位置时,遥控系统首先进行换向逻辑判别,即判断车令位置与实际凸轮轴的位置是否一致。当车令位置与实际凸轮轴位置不符时,便自动控制主机换向,将主机的凸轮轴换到车令所要求的位置上。换向完成后,遥控系统转入启动逻辑控制(如车令位置与实际凸轮轴位置相符,则省去上述换向过程,直接进入启动逻辑控制)。如在规定的时间内,主机凸轮轴未能换到车令所要求的位置,遥控系统将发出换向失败报警信号,同时禁止启动主机。

(2)启动逻辑控制

换向逻辑控制完成后,遥控系统紧接着进入启动逻辑判断,也就是对启动条件进行鉴别。

当满足启动主机所需的各项条件时，控制空气分配器投入工作，打开主启动阀，启动空气将进入主机进行启动，在主机转速达到发火切换转速时，自动完成油气转换（对油气并进的主机可提前供油），停止启动。这时若启动成功，自动转入主机加速程序。

(3)重复启动程序控制

若主机在启动过程中发生点火失败，遥控系统将自动进行第二次启动。若第二次启动又发生点火失败，则自动进行第三次启动。无论第二次或第三次中哪次启动成功后都将自动转入主机加速程序。当第三次启动失败时，遥控系统将自动停止启动，同时发出启动失败报警。当故障排除后，需把车钟手柄拉到停车位置，对三次启动失败信号复位，方可对主机进行再启动。

(4)重启动逻辑控制

在应急启动、倒车启动或有重复启动的情况下，为了提高主机启动的成功率，遥控系统将自动增大启动供油量，或者自动地提高启动空气切断转速对主机进行重启动。

(5)慢转启动逻辑程序

当主机停车时间超过规定时间（一般是30～60 min，可调）以后，或在停车期间停过电，再启动主机时，遥控系统将自动控制主机先进入慢转启动，即让主机缓慢转动1～2转，随后再转入正常启动。若慢转启动失败，将发出报警信号并且封锁正常启动。

之所以要设置慢转启动，一方面是使主机各主要摩擦面建立起润滑油膜后再转入正常启动，以减少磨损；另一方面，当慢转启动失败后，可以检查出主机的故障，避免启动事故发生。

(6)主机运行中的换向与制动逻辑程序控制

当船舶全速航行遇到紧急情况时，若把车钟手柄拉到停车位置，遥控系统会发出停油动作，由于船舶的惯性很大，船舶的滑行距离很长，主机转速也会因为螺旋桨的水涡轮作用而保持相当长的时间，这对紧急避碰来说是极为不利的，为了解决这个问题，现在的主机遥控系统一般都设有主机运行中的换向与制动功能。

当主机在正车（或倒车）运行中车钟手柄突然从正车拉到倒车位置（或相反）时，遥控系统将自动执行“停油—换向—制动—倒车启动—倒车加速”过程。有的主机换向需要转速限制，即转速降到一定数值才允许换向，而且换向转速分为正常换向转速和应急换向转速（应急换向转速比正常换向转速大）。制动的前提是换向完毕。制动分为能耗制动和强制制动。有的遥控系统只设置强制制动（主要用于大型低速柴油机）。有的遥控系统先进行能耗制动，然后再进行强制制动（主要用于中速柴油机）。所谓能耗制动，是在应急换向完成后，只让空气分配器工作，主启动阀关闭，这时主机是正车转向，而凸轮轴是倒车位置。因此，当某缸活塞上行（压缩冲程）时，空气分配器使此缸气缸启动阀开启，气缸内的气体经气缸启动阀到主启动阀后被截止，使主机起着压缩机的作用，消耗其能量，降低其转速，实行能耗制动。能耗制动是主机转速较高且制动力矩较小时的制动方式。而强制制动是让空气分配器工作，且主启动阀开启。此时，高压启动空气在各缸的气缸启动阀前等待，当某缸活塞上行时，空气分配器控制此缸气缸启动阀开启。于是，高压启动空气进入气缸，强行阻止活塞运动，使主机转速迅速下降为零，实行强制制动。当主机转速下降为零后，则按倒车的启动逻辑控制来启动主机，使主机倒转，并按倒车加速程序将主机转速调节到车令设定转速。

3. 转速与负荷控制功能

(1)转速程序控制

当对主机进行加速操纵时,应对加速过程的快慢有所限制,转速(或负荷)范围不同对加速过程的限制程度就不同,因此加速过程控制有下列两种形式:①发送速率限制;②程序负荷(也称负荷程序)。其中发送速率指的是主机在中速区以下的加速控制,加速速率较大。而程序负荷指的是高速区的加速控制,特别强调慢加速。因为在高负荷时加速太快,会使主机超热负荷,严重影响缸套、活塞和缸盖等燃烧室部件的寿命。因此,有了发送速率和程序负荷这种控制功能,驾驶员可按实际情况把车钟手柄扳到任一速度挡,而不必考虑是否会损害主机。当车钟手柄从停车扳到正车(倒车)全速时,主机先进行启动操作,启动阶段完成以后,主机的加速过程就会按预先设定好的加速速率进行加速,当主机定速后,主机转速控制系统就会按设计好的程序负荷继续给主机加速,最后一直到车钟手柄所设定的正车海速转速。由此可见,转速给定值是变化的,而且变化规律是确定的。因此,在主机启动完成到转速稳定这段时间内,主机转速控制系统实际上是在完成一个转速程序控制过程。

实际上不仅有加速程序负荷,还有减速程序负荷,只不过减速程序负荷比加速程序负荷快得多,往往被忽略,除遇到应急情况外,主机在从海速降速时进行一段减速程序负荷控制,对延长主机使用寿命和降低故障率都是十分重要的,因此部分主机转速控制系统还设有减速程序负荷。

(2)转速 - 负荷控制

主机的转速与负荷控制回路是一个综合控制回路。在正常航行工况下,控制回路主要是通过调速器对主机转速进行定值控制的。控制回路的作用就是克服各种扰动,把主机转速控制在车钟手柄所设定的转速上。但是,当船舶在恶劣海况下航行时,螺旋桨可能会频繁露出水面,转速升高,若此时仍采用转速定值控制,调速器为了维持主机运行在设定转速上,不得不频繁地大幅度调节主机供油量,这就有可能导致主机超热负荷。一旦调速器减油不及时,主机就会发生飞车而使主机超机械负荷。这时,主机转速控制系统常采用负荷控制方式或死区控制方式来保障主机的安全运行。

(3)转速限制

为了保证主机安全、可靠及有效地运行,车令设定的转速值必须符合主机自身特性的要求,因此遥控系统将对进入主机调速器的设定转速进行临界转速自动避让、最小转速限制、最大转速限制,以及轮机长手动设定最大转速的限制。

①临界转速自动避让。

当车钟设定转速处于临界转速区时,为了保证主机不在临界转速上运转,遥控系统将自动地把设定转速限制在临界转速区之外,并在设定转速经过临界转速区时,自动地控制其快速通过临界转速区,以确保主机安全运转。

②最小转速限制。

当车令设定转速值小于主机最低稳定转速时,为了防止主机不稳定运转或熄火停车,遥控系统将自动地把设定转速限制在主机最低稳定转速上。

③最大转速限制。

当车令设定转速值大于主机所允许的最大转速时，为防止主机超速，遥控系统将自动地把设定转速限制在主机所允许的最大转速范围内。由于主机倒车运行工况较正车差，故有些遥控系统还设置了数值上较正车小的最大倒车转速限制。

④轮机长手动设定最大转速的限制。

在非应急运转工况下，当车令设定转速值大于轮机长手动设定最大转速的值时，遥控系统将对其车令设定转速值进行限制，以确保主机转速不超过轮机长所设定的最大允许转速。

(4)负荷限制

主机转速控制系统在对主机转速进行自动控制时，主机的供油量是由调速器根据偏差转速大小来控制的。调速器为了把主机的转速快速调节到设定转速，有可能使主机因供油量太大而超负荷。为此，遥控系统应对主机的供油量进行限制。负荷限制主要包括如下几个方面。

①启动油量的限制。

若要使主机顺利且平稳地启动起来，就必须在主机启动时供给适量的燃油，为了使启动油量不受车令设定转速的影响，实现定油量启动，遥控系统在主机启动期间自动阻断车令设定转速，给出一个最佳启动转速及最大允许启动油量，以确保主机安全、平稳、可靠地启动。

②转矩的限制。

为了保证主机的安全运行，延长主机运行使用寿命，遥控系统一般都设置转矩限制功能，原因是主机在某一转速下运行时，如供油量过大就有可能使主推进轴的扭矩超机械负荷。此时，遥控系统将自动地限制主机的供油量，即根据车令设定的转速或主机的实际转速给出一个相应的允许供油范围，从而将主机的转矩限制在安全的范围内。

③增压空气压力的限制。

主机从低速开始加速时，油量会突然增加很多，而此刻增压器输出的增压空气压力较低，这样就会出现油多气少的现象，导致燃烧不充分而冒黑烟。为防止主机在加速过程中出现冒黑烟现象，遥控系统将自动地根据增压空气压力的高低来限制主机的供油量，以保证喷入气缸的燃油充分燃烧，同时也可防止主机受热部件的过热现象。

④螺旋桨特性的限制。

主机与螺旋桨的配合是按螺旋桨推进特性工作的，即功率与转速成三次方关系，转矩与转速成平方关系，而前述的各种限制方式都是在某一负荷范围内的直线限制特性。有的遥控系统设置了按螺旋桨的特性来限制主机的供油量，用来修正原有负荷的限制特性，使之接近螺旋桨推进特性曲线形状，以满足螺旋桨吸收功率的需要。

⑤最大油量的限制。

在主机供油量超出轮机长所设定的最大供油量时，遥控系统将自动地将主机供油量限制在轮机长设定的最大供油量上，以实现主机的最大负荷限制。

4. 安全保护与应急操纵功能

(1)安全保护

如前所述，安全保护装置是主机遥控系统的重要组成部分，当主机重要参数越限时，它能使主机自动减速或自动停车，发出报警信号并显示安全系统动作的原因，以保护主机的安全。有些重要参数的安全保护值有两个：一个是自动减速值，另一个是自动停车值。当出现安全保护装置动作且故障排除后，这时需要对故障复位才能进行启动和加速。

(2)应急操纵

在应急情况下，为了保证船舶的安全，需要对主机进行一些特殊的操纵，主要包括以下3个方面。

①机旁应急运行。

在主机遥控系统失灵的情况下，为了保证主机仍然继续运行，只要将主机操纵部位从驾驶台或集控室直接切换到机旁，即可实现机旁手动应急操纵。

②应急运行。

在运行中的全速换向操作一般在紧急避碰中使用，属于应急运行。它包括应急换向、应急启动及应急加速。应急换向指的是主机在应急换向转速下的换向。应急启动除了采用重启动外还将自动取消慢转启动与时间启动。应急加速指的是取消负荷程序进行快加速，同时还自动取消某些限制(如增压空气压力限制、转矩限制等)。船在锚地走锚后所进行的应急启动、应急加速也是一种应急运行。还有当安全保护系统动作后，使主机减速和停车，但从整个船舶的安全看，又不允许停车和减速，这时应采取“舍机保船”措施，取消自动减速和自动停车信号，迫使主机带病运转。但对一些严重的故障停车信号(如主机滑油低压和超速)一般是不能强迫运转的。有的船上只能在有自动减速信号时才可采取应急运行的强迫运转方式，而对所有故障停车信号都不能采取强迫运转方式。

③手动应急停车。

当车钟手柄扳回停车位置时，由于遥控系统出现了故障，不能使主机停油，这时应按下“应急停车”按钮，通过应急停车装置使主机立即断油停车，同时发出报警。若要重新启动主机，必须对应急停车信号进行复位，才可进行启动操作。

5. 模拟试验功能

各种主机遥控系统几乎都设置了相应的模拟试验装置。它主要用于显示遥控系统的运行工况，如电磁阀的状态、主机凸轮轴的位置以及启动过程等；测试和调整遥控系统的各种参数；检查遥控系统的各种功能是否正常，若有故障，可利用模拟试验来查找和判定故障部位。

掌握正确的模拟试验方法对轮机管理人员来说是十分重要的。尽管有各种各样的模拟试验装置和多种试验方式，但其中最基本的试验方式是在主机停车时利用车钟(实际车钟或模拟车钟)和模拟转速旋钮配合操作，使遥控系统完成一系列动作。因为遥控系统对主机的实际转速和模拟转速是没有辨别能力的，所以把模拟转速和实际转速同等对待。正是利用这一点，使之达到检查遥控系统各种功能和判断故障的目的，按设计要求完成各种动作。在用实际车钟和模拟转速的试验中，除了主机因主启动阀关闭而不能转动以外，遥控系统的各种阀和部件都可以动作。因此，在进行模拟试验前要做好相关的准备工作。

三、主机遥控系统的类型

根据所采用的遥控设备及实现手段的不同，主机遥控系统可以分为以下几种类型。

1. 气动式主机遥控系统

气动式主机遥控系统主要由气动遥控装置和气动驱动机构组成,并配有少量的电动元件,如电磁阀和测速电路等。它的主要特点是驱动功率大,工作可靠,结构简单、直观,便于掌握管理。但是存在压力传递滞后的现象,因此控制距离受到限制,而且对气源要求高,气动元件容易出现漏气、脏堵及磨损现象。

2. 电动式主机遥控系统

电动式主机遥控系统的遥控装置与驱动机构均由电动元件构成。它的主要特点是结构紧凑,遥控距离不受限制,控制性能好,可较灵活地实现各种功能。但执行机构的驱动功率小,对管理人员技术要求较高,电动遥控系统又可分为有触点继电器式和无触点集成电路式两种。

3. 电 - 气式主机遥控系统

电 - 气式主机遥控系统的遥控装置主要由电动元件构成,而驱动机构则由气动元件构成。这种结构充分发挥了电动式和气动式两种遥控系统的优点,是较完善的遥控系统。

4. 电 - 液式主机遥控系统

电 - 液式主机遥控系统主要由电动遥控装置与液压执行机构组成,它具有驱动功率大、可控性好、便于远距离控制等优点,但其结构复杂,需设置液压油回收系统,并且容易出现漏油、渗气现象。

5. 微机控制型主机遥控系统

微机控制型主机遥控系统主要由可编程逻辑控制器(PLC)或微型计算机及其接口电路组成,只有驱动机构采用气动或电动元件。遥控系统的功能主要由软件实现,具有应用灵活、功能强大、适用性强和可靠性高的特点。近几年下水的船舶几乎全部采用微型计算机控制,并朝着分布式和网络化的方向发展。

6. 现场总线型主机遥控系统

现场总线型主机遥控系统是计算机网络化技术在船舶上广泛应用的产物。在现场总线型主机遥控系统中,控制系统的各个组成部件采用分布式的计算机节点控制,各个控制节点采用现场总线互联,大大地减少了连接电缆,降低了布线成本,安装维护极为方便,同时也提高了系统的可靠性。严格意义上说,现场总线型主机遥控系统同时也属于微型计算机控制的范畴。

任务二 主机遥控系统基本气动阀件的认知

在遥控系统中,气动元件是常见的基本组成要素,对于气动操纵系统则更是如此。常用的气动阀件可分为逻辑元件、时序元件和比例元件等。它们工作的气压信号是由气源提供的,气压信号一般为 0.7 MPa。

一、逻辑元件

逻辑元件实际上就是开关元件。根据某些逻辑条件,其输出端或者通气源压力信号(简称输出为 1),或者输出端通大气(简称输出为 0)。逻辑元件包括二位三通阀、二位四通阀、二位五通阀、三位四通阀、双座止回阀和联动阀。

1. 二位三通阀

(1)机械动作的二位三通阀

机械动作二位三通阀的结构原理如图 4－2(a)所示,图 4－2(b)是其逻辑符号图,它有两个位置三个通路。该阀的用途是在受机械动作时工作口 2 通入压缩空气(此时接口 4 为压力口)或使 2 口排气(此时接口 1 为压力口)。其工作原理是当控制端有机械动作时,通过滚轮杠杆 6 作用于顶杆 7,顶杆 7 首先与阀芯 5 接触,从而切断接口 2 和 1 之间的通路,然后顶杆 7 将阀芯 5 从阀座 3 上向下顶开,使接口 2 和 4 接通,在逻辑符号图上相当于上位通。若控制端有机械动作取消,顶杆 7 在弹簧作用下回到其初始位置,而复位弹簧 8 就会将阀芯 5 重新压回至阀座 3 上,这样接口 1 和 2 接通,而接口 4 截止,在逻辑符号图上相当于下位通。

若将气源接到接口 1 上,该阀就为常通式二位三通阀。若将气源接到接口 4 上,该阀就为常断式二位三通阀。

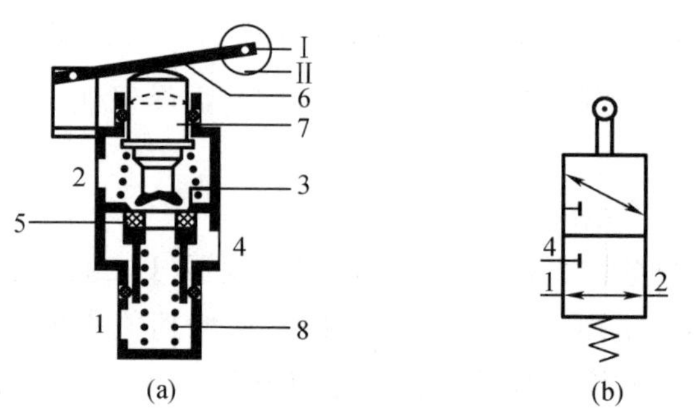

1,2,4—接口;3—阀座;5—阀芯;6—滚轮杠杆;7—顶杆;8—复位弹簧。

图 4－2　机械动作二位三通阀的结构原理及逻辑符号图

(2)气动二位三通阀

气动二位三通阀的结构原理如图 4－3(a)所示,图 4－3(b)为其逻辑符号图。该阀的用途是当控制口 Z 有压力信号时,可使工作口 A 通入压缩空气(P_1 为压力口),或使工作口 A 排气(P_2 为压力口)。其工作原理是当控制口 Z 有控制压力信号,则活塞 1 克服弹簧 2 的弹簧力而向下运动,在顶杆 3 随之一起向下运动的过程中首先使 A 口与 P_1 口的通路截断,然后使阀芯 4 从其阀座上向下离开,从而使 P_1 口与 A 口相通,在逻辑符号图上相当于上位通。如果控制口排气,活塞 1、顶杆 3 和阀芯 4 均在弹簧 2 的作用下复位。则有接口 A 和 P_2 接通,而接口 P_1 截止,在逻辑符号图上相当于下位通。

若将气源接到接口 P_2 上,该阀就为常通式二位三通阀。若将气源接到接口 P_1 上,该阀就为常断式二位三通阀。

根据动作阀芯力的性质不同,也就是控制信号 A 的种类不同,二位三通阀可分为机械动作、手动操作、单气路控制、双气路控制和电动控制等类型,图 4－4(a)(b)(c)(d)(e)分别画出了它们的逻辑符号图。

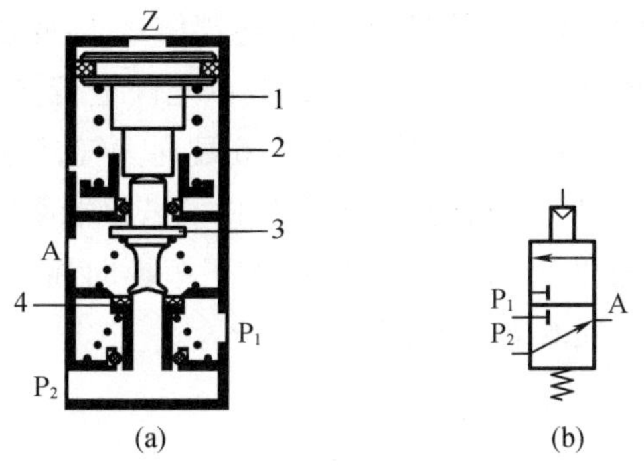

1—活塞;2—弹簧;3—顶杆;4—阀芯。

图4-3 气动二位三通阀的结构原理及逻辑符号图

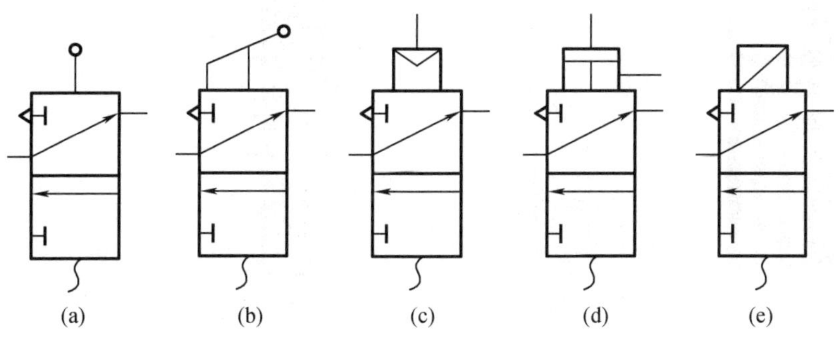

图4-4 各种二位三通阀逻辑符号图

2. 二位四通阀

二位四通阀的结构原理如图4-5(a)所示,图4-5(b)是其逻辑符号图。该阀的用途是当控制口被加压后,同时使一个工作口通入压缩空气,而使另一个工作口排气。其工作原理是当控制口2被加压后,阀芯5被向上移动,阀芯5是克服弹簧6的弹簧力而向上移动的,阀芯5下方的台肩使工作口1和排气口 E_1 之间的通路截断,而且使工作口1和压力口4相通,阀芯5上部的台肩使工作口3和排气口 E_2 相通。控制口2失压后,利用弹簧的弹簧力使该阀复位。该二位四通阀可以安装在任意位置。

3. 二位五通阀

二位五通阀的结构原理及逻辑符号如图4-6所示。该阀的用途是使两个工作口之一与压力口相通的同时,另一工作口和排气口相通。其工作原理是若扳动手柄1可使顶杆2克服弹簧3的弹簧力向下运动,从而使压力口P与工作口A相通,工作口B与排气口S相通,排气口R截止,如果手柄回到其初始位置,则弹簧同样使顶杆回到其初始位置,这时压力口P与工作口B相通,工作口A与排气口R相通,排气口S截止。

二位五通阀可以被安装在任意位置上,松开螺钉4可根据需要调节手柄的初始位置。使用时应防止排气口被水和污物阻塞。

4. 三位四通阀

在遥控系统中,三位四通阀常作为双凸轮主机的换向阀。图4-7(a)和(b)分别示出了该阀的结构原理和逻辑符号。它由阀体、左右滑阀及弹簧组成,A口和B口分别为正车换向和倒车换向输出口,7 端接连锁信号,只要有连锁信号,该阀就被锁在中位通的位置,此时气源口 P 截止,A 口和 B 口均通大气,该位置是不允许进行换向操作的。连锁信号撤销(连锁信号接口 7 通大气)后,若 5 端通控制信号,6 端通大气,该阀右位通,B 口输出 1,A 口输出 0,气源经 B 口进入倒车换向油缸进行倒车换向。若 6 端通控制信号,5 端通大气,该阀左位通,A 口输出 1,B 口输出 0,气源经 A 口进入正车换向油缸进行正车换向。换向完成后,7 端通连锁信号,三位五通阀立即被锁在中间位置。

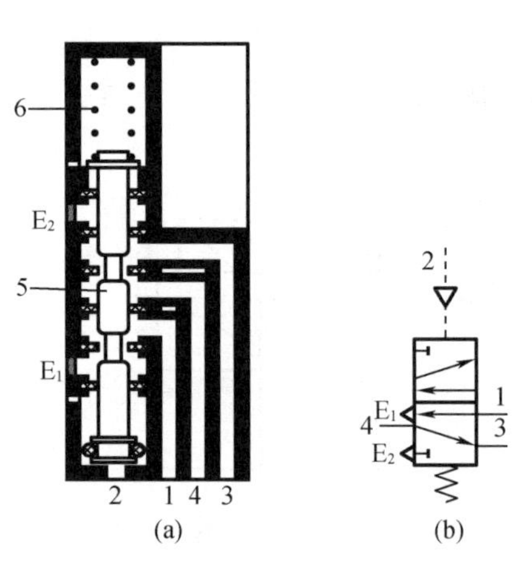

1,3—工作口;2—控制口;4—压力口;5—阀芯;6—弹簧。

图 4-5 二位四通阀的结构原理及逻辑符号图

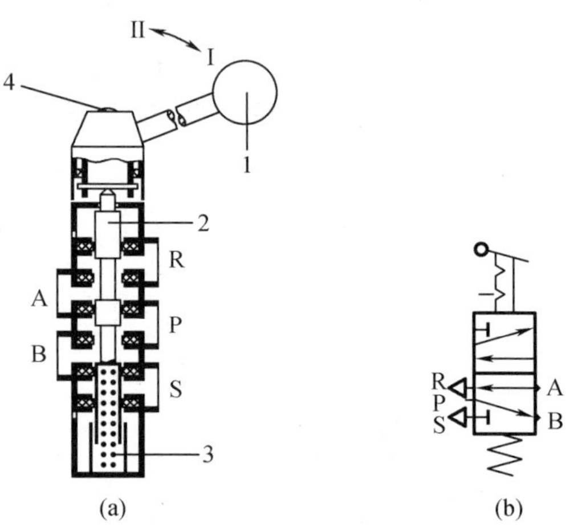

1—手柄;2—顶杆;3—弹簧;4—螺钉。

图 4-6 二位五通阀的结构原理及逻辑符号图

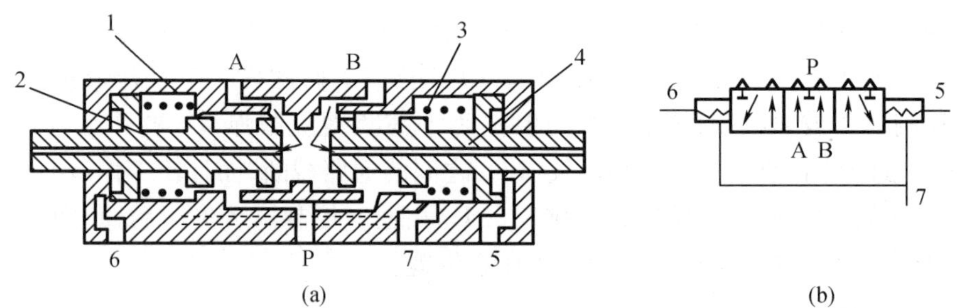

1—阀体;2—左滑阀;3—弹簧;4—右滑阀;5—倒车换向控制信号接口;6—正车换向控制信号接口;7—连锁信号接口。

图 4-7 三位四通阀的结构原理及逻辑符号图

5. 双座止回阀

双座止回阀是一个或门阀,俗称梭阀,其结构原理和逻辑符号如图 4-8 所示。它有两个输入端 P_1 和 P_2,一个输出端 A,其逻辑功能是 $A = P_1 \vee P_2$。该阀用于控制有共同工作口的两个压力口的转换。其工作原理是当两个压力口之一(P_1 口或 P_2 口)进气时,那么小球将第二个压力口关闭并使压缩空气到达工作口 A。当两个压力口同时进气时,那么具有较高压力的压力口与工作口相通。该阀要求水平安装。

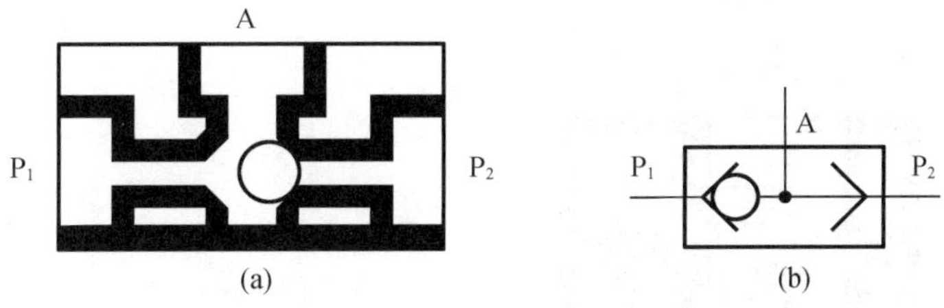

图 4-8 双座止回阀的结构原理及逻辑符号图

6. 联动阀

联动阀是与门阀，俗称双压阀，其结构原理及逻辑符号如图 4-9 所示。它有两个输入端 A 和 B，一个输出端 C，其逻辑功能是 $C = A \wedge B$。

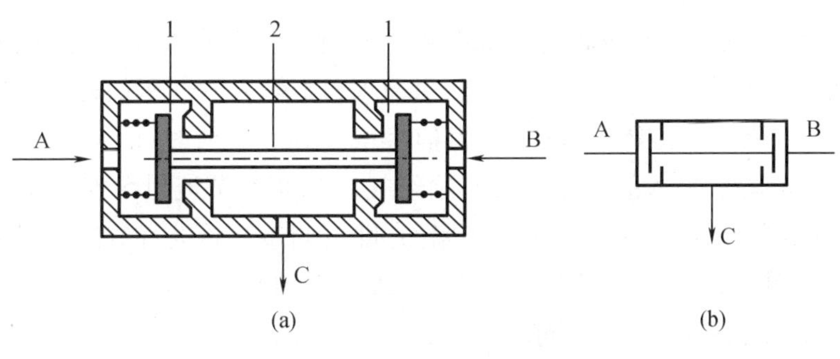

1—阀盘；2—阀杆。

图 4-9 联动阀的结构原理及逻辑符号图

二、时序元件

时序元件在气路中，一般对气压信号的变化起延时作用，它包括单向节流阀、分级延时阀及速放阀。

1. 单向节流阀

单向节流阀的结构原理与逻辑符号如图 4-10 所示。该阀的用途是可以在一个方向上对气流进行节流调节，而当气流以相反的方向流过时不节流。其工作原理是当从接口 2 进气时，碗形密封圈 5（预应力大约 0.4 bar①）被从阀座上打开，气流不被节流地流到接口 1。当从接口 2 排气时，碗形密封圈被关闭，并且接口 1 的排气只能通过节流口 4，节流口可以通过调节螺栓 5 来改变。向右拧动，减少过流面积，延长排气时间，向左拧动，增大流通面积，节流作用减弱。安全环 6 用于防止将节流口完全关闭。另外，还用两个孔隙为 20 μm 的过滤器 7 来防止污物进入节流口。

节流阀可以被安装在任何位置上，但在安装时必须注意流动方向。

① 1 bar = 0.1 MPa。

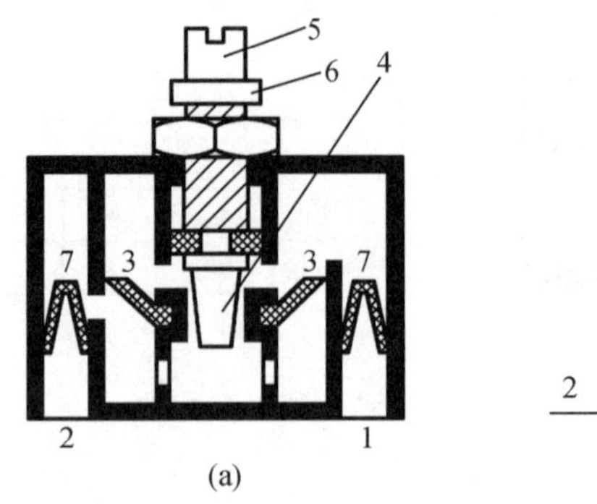

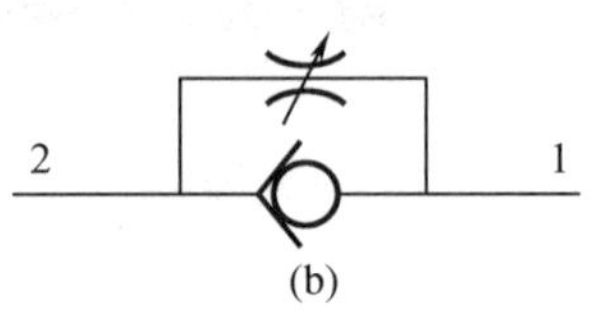

1,2—接口;3—密封圈;4—节流口;5—调节螺栓;6—安全环;7—过滤器。

图 4-10　单向节流阀的结构原理及逻辑符号图

2. 分级延时阀

分级延时阀的结构原理及逻辑符号如图 4-11 所示。当输入口的压力信号较低时,在弹簧作用下,活塞 3 下移。阀盘 2 离开阀座,由输入口 1 输入的气压信号经气口 4 直接到达输出口 6,不进行节流延时,当输入口 1 压力信号增大到一定值时,活塞 3 克服弹簧张力上移使阀盘 2 压在阀座上,输入的气压信号必须经气口 7,再经节流口 5 到达输出口 6,进行节流延时。转动调整螺栓 A,可改变弹簧的预紧力,即可调整开始进行节流延时的输入信号的压力值;转动调整螺钉 B,可改变节流口的开度,即可调整延时时间。当输入的气压信号降低或撤销时,在弹簧作用下,活塞连同阀盘一起下移,输出口 6 直接与输入口 1 相通,不进行节流延时。

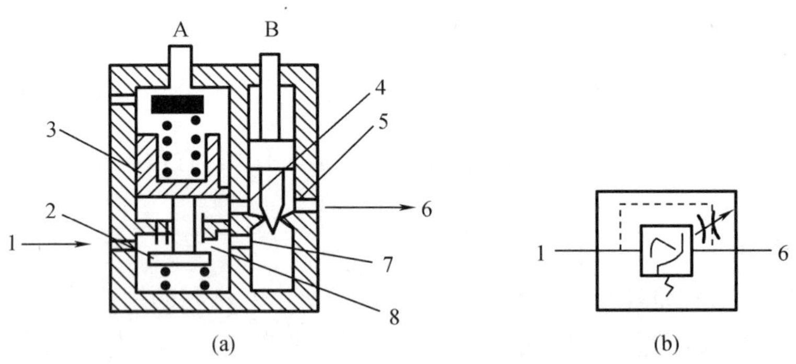

1—输入口;2—阀盘;3—活塞;4,7—气口;5—节流口;6—输出口;8—阀座。

图 4-11　分级延时阀的结构原理及逻辑符号图

3. 速放阀

速放阀的结构原理及逻辑符号如图 4-12 所示。A 端为输入端,B 端为输出端。当输入端 A 有气压信号时,橡胶膜片 2 被顶起封住通大气口 4,使输出端 B 的气压信号立即等于 A 端;当输入端 A 的气压信号撤销时,橡胶膜片 2 下落封住输入端,同时打开通大气口 4,使输出端 B 的气压信号就地泄放,而不必经输入端 A,再经较长的管路泄放,这就避免了信号

泄放的延时。

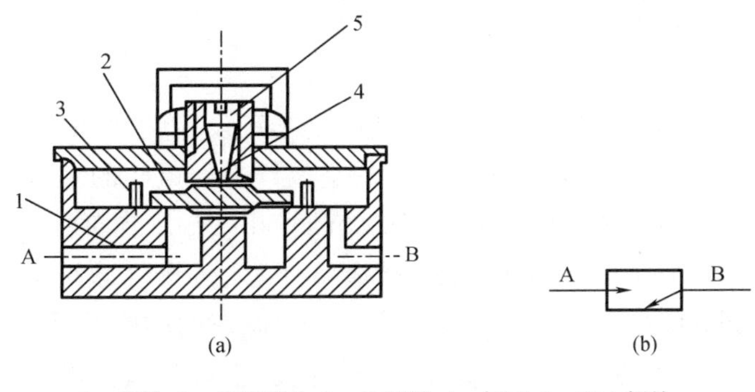

1—阀体;2—橡胶膜片;3—导程销;4—气口;5—空心螺栓。

图 4－12　速放阀的结构原理及逻辑符号图

三、气动比例元件

1. 减压阀

减压阀的结构原理及逻辑符号如图 4－13 所示。减压阀的作用是将较高的输入压力(通常称为一次压力)降低至一个较低的输出压力(通常称为二次压力)。其工作原理是经过预压的调压弹簧 3 通过顶杆 7 使阀芯 6 打开,压缩空气从 V 口经过这个打开的阀口流向压力较低的 Z 口,与此同时压缩空气也到达膜片 4 的下方,随着 Z 口压力的升高,会使带顶杆的膜片和阀芯一起克服调压弹簧的弹簧力向上运动,直到 Z 口压缩空气作用在膜片上的力(Z 口压力 × 膜片的有效面积)与通过调节螺栓 1 调节的弹簧力相平衡为止,这时阀芯 6 与阀座 5 接触,从而使 V 口与 Z 口之间的通路截止(截止状态,即输入与排气均被截止)。

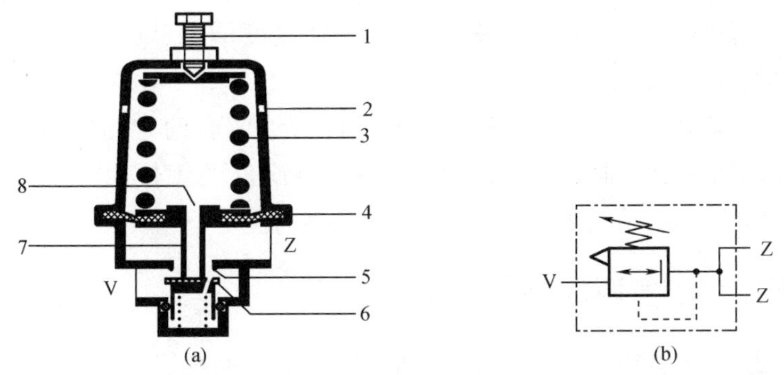

1—调节螺栓;2—气孔;3—调压弹簧;4—膜片;5—阀座;6—阀芯;7—顶杆;8—孔。

图 4－13　减压阀的结构原理及逻辑符号图

如果二次压力下降到低于与调压弹簧的弹簧力相对应的值时,则膜片向下运动,并通过顶杆 7 使阀芯 6 打开阀口,直到重新达到与调压弹簧的弹簧力相对应的压力值为止。如果二次压力超过与调节弹簧的弹簧力相对应的压力值,则膜片带着顶杆 7 脱离阀芯 6,使 Z

口的一部分压缩空气通过孔 8 排出，当 Z 口的压力达到期望值时，膜片向下运动，使排气口关闭，这样重新达到该阀的截止状态。减压阀可以被安装在任何位置上，但应为安装固定和该阀的操纵预留足够的空间。

2. 转速设定精密调压阀

在气动遥控系统中，转速设定精密调压阀用于车钟设定转速的发讯，其输入信号是车钟手柄的位移，输出信号是与设定转速所对应的空气压力。该阀的结构原理及输出特性如图 4－14 所示。滚轮 1 与车钟手柄下面所带动的凸轮相接触。当车钟手柄向加速方向扳动时，经滚轮使顶锥 2 下移，克服弹簧张力使上滑阀 3 下移，进排气球阀 4 中的下球阀仍压在下滑阀 5 的阀座上，封闭通大气口，上球阀会离开上滑阀 3 的阀座而打开某一开度。气源 P 经上球阀通至输出端 B，使输出压力升高。该升高的压力信号一方面作为转速设定信号输出，另一方面经反馈小孔进入膜片 6 的上部空间，压缩弹簧 7 使下滑阀连同下球阀一起下移。当下滑阀的下移量与顶锥 2 的下移量相等时，上球阀又被压在上滑阀 3 的阀座上，封闭气源 P，使输出端 B 的压力不再升高，稳定在某一数值上。在稳定输出时，上、下球阀均关闭。可见，输出压力与顶锥 2 的下移量成比例。当车钟手柄向减速方向扳动时，在弹簧 8 的作用下，顶锥和上滑阀连同进排气球阀一起上移，使上球阀关闭，下球阀会离开阀座而打开，使输出端 B 与大气口 C 相通，输出压力降低，经反馈小孔使膜片上部空间压力降低，靠压缩弹簧 7 的张力使下滑阀上移，直到下滑阀的上移量与上滑阀的上移量相等时，下球阀又封闭通大气口，使输出压力稳定在比原来低的数值上。图 4－14(b)示出了该阀的输出特性线。因为车钟手柄下面所带动的凸轮，其正、倒车边是对称的，所以正、倒车转速设定的特性线是相同的。其输出压力的变化范围一般为 0.05～0.5 MPa，其中 0.05 MPa 对应于最小设定转速值，0.5 MPa 对应于最大设定转速值。最小设定转速值的调整是通过转动螺钉 10 改变压缩弹簧 7 的预紧力来实现的，即可上下平移输出特性线。若旋紧螺钉 10 使压缩弹簧 7 预紧力增大，则最小设定转速值增大，即向上平移输出特性线，反之亦然。最大设定转速值的调整是通过转动弹簧座，改变压缩弹簧 7 的有效工作圈数(即刚度)来实现的，从而可改变输出特性线的斜率。若有效工作圈数减少，会使刚度增大，则最大设定转速值增大，输出特性线的斜率增大，反之亦然。

在主机遥控系统中，利用上面介绍的遥控阀件可组成启动、换向、制动、转速限制和负荷程序等各种逻辑回路及控制回路。因此，掌握这些阀件的工作原理，特别是掌握其逻辑符号图，对分析和理解一个复杂的遥控系统是很重要的。

四、主机遥控系统气源的标准及其要求

在气动主机遥控中，常用 3.0 MPa 的压缩空气作为换向和启动的动力气源，用 0.7 MPa 的压缩空气作为其遥控气源。0.7 MPa 的遥控气源可由 3.0 MPa 的空气瓶的压缩空气减压而获得，也可由单独的气源设备供给。但无论采用哪一种方式，为了保证气动主机遥控系统正常工作，遥控气源必须是稳定而洁净的。它首先需经过净化处理，以滤去空气中的灰尘杂质，去除水分及油污，然后再经过稳压(减压)处理才可使用。鉴于遥控气源的重要性，遥控气源中的过滤器和减压阀常成双配备，并由气源选择阀来选用，如图 4－15 所示。

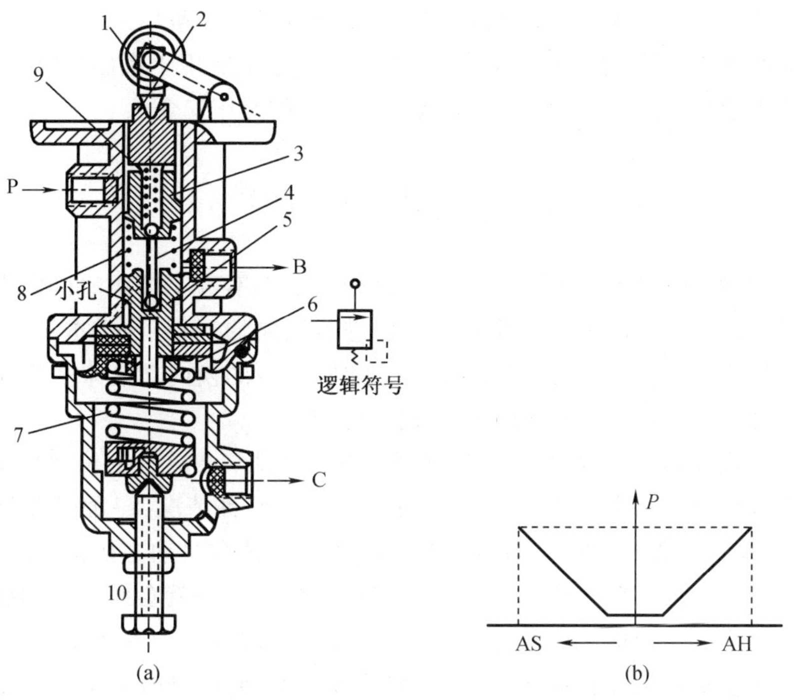

1—滚轮;2—顶锥;3—上滑阀;4—进排气球阀;5—下滑阀;6—膜片;7—压缩弹簧;8,9—弹簧;10—螺钉。

图 4-14 转速设定精密调压阀的结构原理及输出特性图

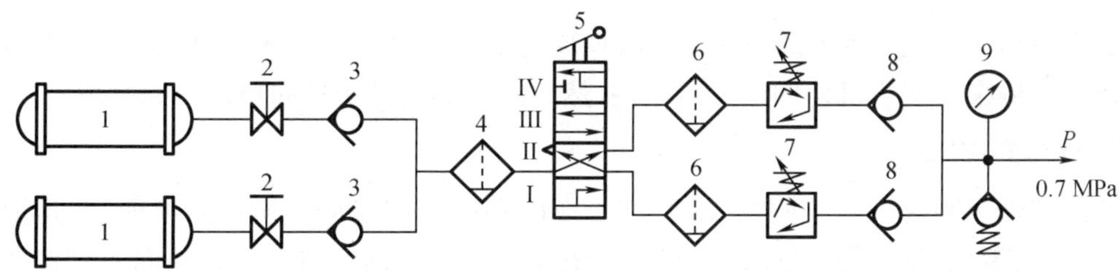

1—空气瓶;2—截止阀;3,8—单向止回阀;4,6—过滤器;5—气源选择阀;7—减压阀;9—压力表。

图 4-15 主机遥控系统气源装置

图 4-15 中,两个空气瓶 1 内的 3.0 MPa 压缩空气经各自的截止阀 2 和单向止回阀 3 引入过滤器 4,由过滤器 4 初步净化后送到气源选择阀 5。气源选择阀 5 的两个输出气口上接有两条具有同样过滤器 6 和减压阀 7 的气路,过滤器 6 将 3.0 MPa 的压缩空气进一步净化后由减压阀 7 减至 0.7 MPa,最后再经各自的单向止回阀 8 送到遥控系统中,作用遥控气源。气源装置的 4 种工况由气源选择阀来选定。

气源选择阀切换到Ⅳ位,由过滤器 4 来的 3.0 MPa 压缩空气截止,上、下过滤减压支路均通大气(不工作),无气源输出,遥控系统不工作,因此该工况用于停泊状态。

气源选择阀切换到Ⅲ位,上支路通大气,下支路投入工作,输出 0.7 MPa 遥控气源。

气源选择阀切换到Ⅱ位,下支路通大气,上支路投入工作,输出 0.7 MPa 遥控气源。

可见,Ⅱ位和Ⅲ位都是单路工作(一路工作,另一路备用),因此适用于海上航行状态,在海上航行中若工作支路故障或需清洗滤器,可切换到备用支路。

气源选择阀处于Ⅰ位,上、下支路同时投入工作。它主要用于进出港时供气,以满足进出港时主机操纵频繁、耗气量大的要求,确保进出港时的操作安全。

任务三 逻辑控制单元

船舶用主柴油机包括不可逆转和可逆转两种。采用不可逆转柴油机作为主推进装置的船舶前进或后退通常是通过变距桨或离合器进行换向的,而柴油机本身不需要换向;采用可逆转柴油机作为主推进装置的船舶是靠柴油机本身的换向功能来实现船舶前进或后退的。下面仅介绍可逆转柴油机换向逻辑及控制过程。

主柴油机的换向是指通过改变空气分配器,燃油及排气凸轮轴的位置将主机的转向从正车换到倒车或从倒车换到正车。主机的换向操作有两种情况:一种是在停车状态下换向;另一种是在运行过程中换向。前者是指主机遥控系统在启动主机前,首先鉴别主机的凸轮轴位置是否与车钟指令一致,如不一致,其换向控制回路就会通过换向执行机构将主机的凸轮轴位置换到车钟指令所给定的转向上,并在换向过程中禁止主机启动,直至换向成功。后者是指主机在某一转向运行时,如突然改变车钟指令转向,遥控系统将自动按停油、凸轮轴换向、制动及反向启动程序控制主机改变运行转向。

一、换向逻辑控制

由于主机的凸轮轴换向装置不同,故换向控制的逻辑条件也有所不同,下面以双凸轮换向控制为例来说明主机换向的逻辑条件,然后以一实例说明换向逻辑控制原理。

(一)换向逻辑

换向逻辑主要解决两个问题,即要不要换向和能不能换向。所谓要换向,就是要有换向操作指令,主机遥控中的换向操作指令是由换向逻辑控制回路在满足换向鉴别逻辑条件时自动生成的。有了换向操作指令后主机能不能换向还要取决于是否满足停油和换向转速条件,只有在满足上述条件的情况下换向逻辑控制回路才进行换向,从而使主机遥控系统能按主机的操作规律准确无误地完成换向操作,以确保主机的操作安全。

1. 换向逻辑鉴别

换向逻辑回路应具有逻辑判断和识别能力,当有开车指令时,根据车令与凸轮轴的实际位置,首先要判断是否需要换向操作,如果需要,就会自动输出一个换向信号,对主机进行换向操作。换向完成后,自动取消换向信号,并为后续的逻辑动作提供换向完成信号。

当有开车指令时,换向逻辑回路首先要鉴别车令与凸轮轴位置是否一致。只有车令与凸轮轴位置不一致,才能满足换向的逻辑鉴别,允许输出换向信号。如果用 I_H 和 I_S 分别表示正车车令和倒车车令;用 C_H 和 C_S 分别表示凸轮轴在正车位置和倒车位置;用 Y_{RL}表示换向逻辑鉴别,并注意 $C_H=\overline{C}_S$,$C_S=\overline{C}_H$,则换向逻辑鉴别表达式为

$$Y_{RL}=I_H C_S+I_S C_H=I_H\overline{C}_H+I_S\overline{C}_S$$

若 $Y_{RL}=1$,说明车令与凸轮轴位置不一致,满足换向逻辑鉴别,允许换向;若 $Y_{RL}=0$,说

明车令与凸轮轴位置一致，不能进行换向操作。

2. 停油逻辑条件

主机在换向过程中必须停油；主机在运行中完成换向后，其车令与主机转向不一致，也必须停油。尽管这两种停油情况分别属于两个逻辑回路，即为换向停油和制动停油，但在实际遥控系统中，它们往往是通过同一逻辑部件输出停油信号到停油伺服器，把油门推向零位。因此，这两种停油情况是密不可分的，如果用 Y_{RT} 表示停油信号，用 R_H 和 R_S 分别表示主机在正车方向运行和在倒车方向运行，则停油条件的逻辑表达式为

$$Y_{RT}=(I_H\overline{C}_H+I_S\overline{C}_S)+(I_H\overline{R}_H+I_S\overline{R}_S)=I_H(\overline{C}_H+\overline{R}_H)+I_S(\overline{C}_S+\overline{R}_S)$$

$Y_{RT}=1$，说明已满足停油条件，油门已被推向零位。$Y_{RT}=0$，说明已解除油门零位联锁，允许对主机供油。另外，把车钟手柄扳到停车位或安全保护系统送来停车信号时，也必须停油，在上式中没有反映这些停油条件，出现这些停油指令的停油过程将在后面叙述。

3. 转速条件

主机在运行中需要换向时，要待主机转速下降到允许换向转速 N_R 或下降到应急换向转速 N_{ER} 时，方可进行换向操作。比如主机在全速正车运行时，突然把车钟手柄从正车方向扳到倒车某速度挡。这时，遥控系统首先对主机进行停油操作，主机转速下降，待转速下降到 N_R 就可进行换向操作。在改变车钟手柄方向的同时，又按了应急操纵按钮，见主机转速下降到比 N_R 较高的转速 N_{ER} 即可进行换向操作。

4. 顶升机构抬起条件

对于双凸轮换向的主机，特别是四冲程中速机，为便于移动凸轮轴，需要把进排气阀的顶杆抬起，使顶杆下面的滚轮离开凸轮轴，换向完成后，顶杆下落，使其滚轮落在另一组凸轮片上，因此双凸轮换向的主机还需要满足顶升机构抬起这个条件。

若用 D_{UP} 表示顶升机构抬起条件，则 $D_{UP}=1$，表示顶升机构被抬起，可移动凸轮轴换向；$D_{UP}=0$，表示顶升机构未被抬起，不可以移动凸轮轴进行换向。

以上列出的换向逻辑条件应该是与的关系，其逻辑表达式为

$$Y_R=Y_{RL}\cdot Y_{RT}\cdot(n_R+n_{ER})\cdot D_{UP}=(I_H\overline{C}_H+I_S\overline{C}_S)\cdot Y_{RT}\cdot(n_R+n_{ER})\cdot D_{UP}$$

$Y_R=1$，表示满足换向逻辑条件，对主机进行换向操作；$Y_R=0$，表示不满足换向逻辑条件，不能对主机进行换向。应注意的是，不同机型换向逻辑条件不尽相同，比如采用单凸轮液压差动换向的大型低速柴油机，在运行中换向时对其转速要求并不严格，D_{UP} 也不是必备条件。但是，换向的鉴别逻辑和停油条件是所有机型换向的必备条件。

（二）换向控制回路

图 4－16 所示为一种采用单凸轮液压差动换向装置的换向控制回路。主机的换向操作不受换向转速的约束，只要车令与主机凸轮轴位置不一致，即可控制凸轮轴换向，使凸轮轴相对曲轴转动一差动角。若在主机运行中换向，则在车令改变的同时，还能控制主机停油。由于这一遥控系统的换向控制较简单，柴油机的操纵系统中已具备了换向及停油控制逻辑功能。因此，用于这种换向装置的电动遥控装置中无换向逻辑判断回路，仅设置了用于车令信息与操作系统中的正、倒车电磁阀驱动电路，如图 4－16(a) 所示。为了分析该系统的换向控制，图 4－16(b) 给出了操作系统中的换向、停油控制回路。在图中 25D 为正车电磁

阀;25C 为倒车电磁阀;I_H 和 I_S 分别为驾驶台正车和倒车车令,I_{ST}为停车车令。

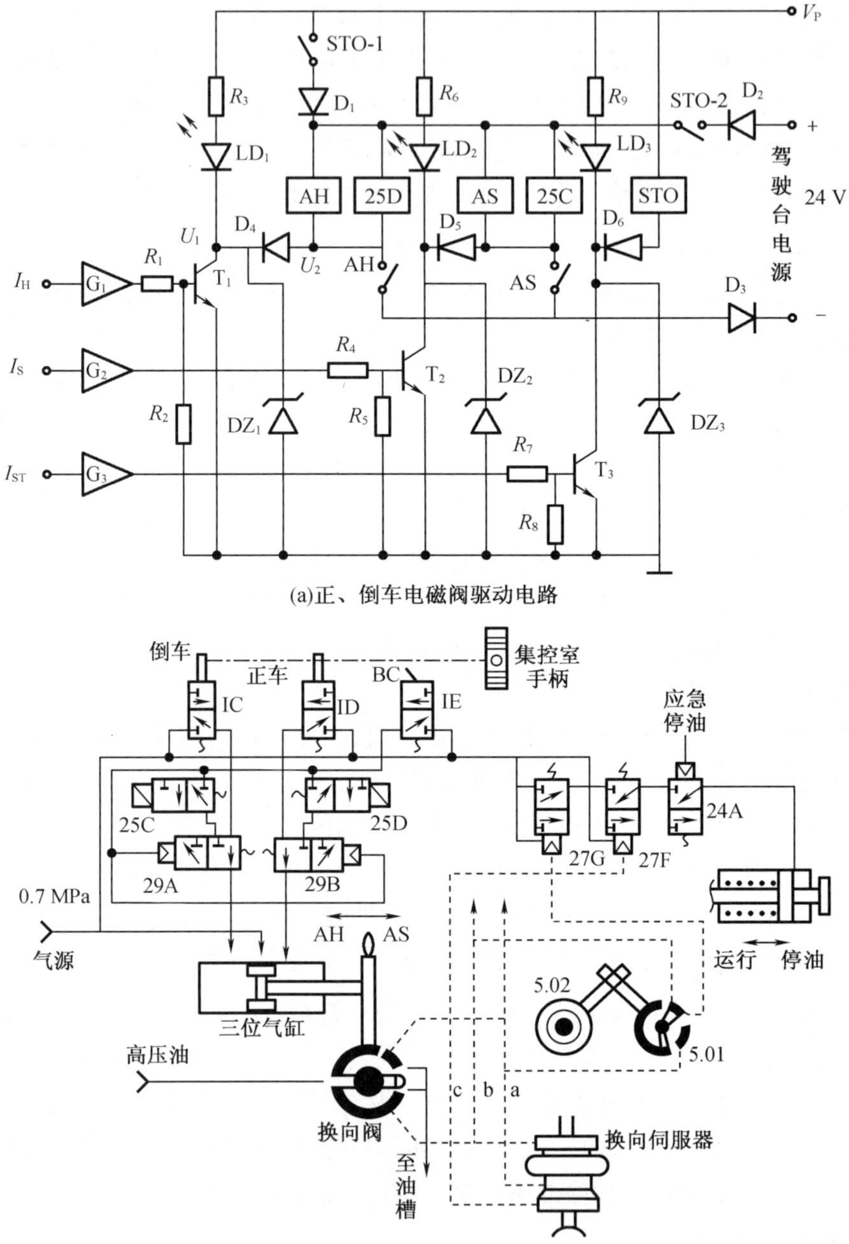

(a)正、倒车电磁阀驱动电路

(b)换向、停油控制回路

图 4－16　换向控制回路

1. 主机启动前的换向

当车钟手柄置于停车位置时,$I_{ST}=1$,经驱动器 G_3 使晶体管 T_3 导通,停车发光二极管 LD_3 亮。同时停车继电器 STO 通电,其常闭触头 STO－1 和 STO－2 均断开,切断电路的电源,则正、倒车电磁阀 25D 和 25C 均断电。在驾驶台遥控主机时,其操纵部位转换阀 IE 已转到“驾控”位,阀 IE 上位通,0.7 MPa 的控制空气经阀 IE 的上位一方面成为阀 25D 和 25C

的气源,另一方面作用于阀29B和29A的控制端,使其分别为右位通和左位通,则集控室车钟手柄控制的正、倒车控制阀ID和IC的输出分别被截止在阀29B的右位和29A的左位,此时集控室车钟手柄是不能进行正、倒车换向操作的。此时因驾驶台车钟手柄是在停车位置,电磁阀25D和25C断电,则阀29B和29A的输出均经阀25D和25C放大气。三位气缸中活塞处于中间位置,换向阀被拉到停车位置。正、倒车换向的油压信号a和b均泄放于低压油槽,换向伺服器无油压信号,故c管也无油压信号。阀27F控制端为0信号上位通,无应急停车信号使应急停车阀24A下位通,则停油伺服器(停油气缸)活塞右边的空气经应急停车阀24A下位、阀27F上位放大气,在弹簧作用下,停油活塞右移把油门推向零位,使主机停油。

停车前,如果凸轮轴在倒车位置,现把驾驶台车钟手柄扳到正车某速度挡,则$I_H=1$,I_S和I_{ST}均为0。由于I_{ST}为0,晶体管T_3截止,LD_3熄灭,停车继电器STO断电,触头STO-1和STO-2均闭合,接通电路的电源。I_H为1,晶体管T_1导通,正车发光二极管LD_1亮,同时电磁阀25D和正车继电器AH由V_p经STO-1、D_1、D_4和T_1均通电。正车继电器AH通电,其常开触头Ah闭合,接通24 V驾驶台电源的负极,由于$U_1 \geqslant U_2$,二极管D_4截止,使AH和25D由驾驶台电源直接供电而保持通电状态,不必经过导通的晶体管T_1,可防止长时间流过T_1较大的电流而把T_1烧坏,此时流过T_1的仅是使LD_1发光的很小的电流。电磁阀25D通电右位通,气源经25D右位和29B右位送至三位气缸中活塞的右面空间,左面空间仍通大气,活塞左移把换向阀的换向杆拉至正车位置AH,阀芯逆时针转过一个角度,使正车油路a通高压油,倒车油路b仍通低压油槽。正车油路a的高压油进入换向伺服器,使凸轮轴相对曲轴转动一个差动角而至正车位置。换向完成后,换向伺服器输出的油路c通高压油,于是,阀27F控制端为1信号下位通,气源经阀27G下位(车令与转向一致,其控制端有高压油信号)、阀27F下位、阀24A下位送至停油伺服器活塞的右面空间,停油活塞左移,解除油门零位连锁,允许向主机供油。倒车换向过程与上述相同。

2. 主机在运行中的凸轮轴换向

主机在正常运行期间,若驾驶员把车钟手柄从正车运行位扳到倒车位,或者从倒车运行位扳到正车位时,主机要在运行中进行换向。例如,在把车钟手柄从正车运行位扳到倒车位的过程中,必定经过停车位置,停车指令I_{ST}由0跳变为1,再由1跳变为0。当$I_{ST}=1$时,继电器STO通电,常闭触头STO-1和STO-2均断开,切断电路的电源,正、倒车继电器AH和AS及正、倒车电磁阀25D和25C均断电。使三位气缸中活塞回到中间位置,换向阀被拉到停车位置,通过停油伺服器使主机停油。再当$I_{ST}=0$时,继电器STO断电,常闭触头STO-1和STO-2均闭合,接通电路的电源。当车钟手柄扳到倒车位时,I_S为1,而I_H和I_{ST}均为0,晶体管T_2导通,倒车发光二极管LD_2亮,同时倒车电磁阀25C和倒车继电器AS都通电,对主机进行倒车换向。但是,凸轮轴换向完成后,主机转向与车令是不一致的,因此必须保持对主机的停油。此时主机仍在正车方向运行,倒车油路b的高压油被转向连锁装置中的阀5.01封住,阀27G控制端的高压油经阀5.01和正车油路a通入低压油槽,使27G上位通,停油伺服器保持停油。当主机转速降到制动转速时进行强制制动,待转速下降到零时进行倒车启动,这时车令与主机转向一致,阀5.01的阀芯将逆时针转过一个角度,封住正车油路a的通路,接通倒车油路b的高压油送至阀27G的控制端使其下位通,气源才能经阀27G、27F、24A的下位送至停油伺服器活塞的右面空间,解除油门零位连锁,可以对主机供油。

综上所述,换向逻辑回路的停油条件是,车钟在停车位置;凸轮轴位置与车令不一致;主机转向与车令不一致;有应急停车指令。只要满足停油条件中的任一条件,停油伺服器就会将主机油门杆顶在零位,使主机停油。

二、主机启动控制逻辑

启动逻辑控制回路是主机遥控系统逻辑和控制回路之一。它的基本功能是,当有开车指令时,能自动检查是否满足启动的逻辑条件;当所有的启动条件均得到满足时,能自动输出一个启动信号去开启主启动阀,对主机进行启动。当主机达到发火转速时,能自动撤销启动信号,关闭主启动阀结束启动,使主机在供油状态下运行。启动逻辑控制回路包括主启动逻辑控制回路、重复启动逻辑控制回路、重启动逻辑控制回路及慢转启动逻辑控制回路。

(一)主启动逻辑控制

主启动逻辑控制回路是主机遥控系统完成遥控启动功能的最基本的控制回路,它能检查启动条件是否得到满足,这些条件包括启动准备逻辑条件及启动鉴别逻辑。

1. 启动准备逻辑条件

启动准备逻辑条件多数是在"备车"时完成的,为方便起见,可用字母和符号来表示各种准备逻辑条件,大致如下:

TG——盘车机脱开信号,脱开为1,未脱开为0;

MV——主启动阀位置信号,在自动位为1,否则为0;

P_A——启动空气压力信号,压力正常为1,太低为0;

P_C——控制空气压力信号,压力正常为1,太低为0:

P_L——滑油压力信号,压力正常为1,太低为0;

ES——遥控系统电源信号,电源正常为1,否则为0;

PS——操纵部位转换信号,转换完成为1,否则为0;

TS——模拟试验开关位置信号,在工作位置为1,在试验位置为0;

$\overline{ST}$——故障停车复位信号,已复位为1,否则为0;

$\overline{F}_3$——三次启动失败信号,无三次启动失败为1,三次启动均失败为0;

$\overline{T}_M$——启动限时信号,未到限时时间为1,达到启动限时时间为0;

n_I——发火转速逻辑鉴别信号,主机转速低于发火转速为1,高于发火转速为0。

不同机型启动准备逻辑条件不完全相同,有的多一些,有的少一些。但是,启动准备逻辑条件必须全部满足,故它们之间应是与的关系,其逻辑表达式为(下面逻辑算符"∧"用"·"代替,"∨"用"+"代替)。

$$Y_{SC}=TG\cdot MV\cdot P_A\cdot P_C\cdot P_L\cdot ES\cdot PS\cdot TS\cdot \overline{ST}\cdot \overline{F}_3\cdot \overline{T}_M\cdot n_I$$

Y_{SC}为1,表示满足启动准备逻辑条件;Y_{SC}为0,表示不满足启动准备逻辑条件,不能对主机进行启动。

2. 启动鉴别逻辑

启动鉴别逻辑能自动判定车令与凸轮轴位置是否一致。有开车指令时,只有车令与凸轮轴位置一致才允许启动,否则是不准发启动信号的。用 I_H 和 I_S 分别表示正车车令和倒车车令,用 C_H 和 C_S 分别表示凸轮轴在正车位置和在倒车位置。用 Y_{SL} 表示启动的鉴别逻辑,其逻辑表达式为

$$Y_{SL}=I_H\cdot C_H+I_S\cdot C_S$$

$Y_{SL}=1$,表示车令与凸轮轴位置一致,满足启动鉴别逻辑;$Y_{SL}=0$,说明车令与凸轮轴位置不一致,不满足启动鉴别逻辑,不准发启动信号。

3. 主启动逻辑回路

主启动逻辑回路发出启动信号,必须满足启动准备逻辑条件,还要满足启动鉴别逻辑,这两者是与的关系,其逻辑表达式为

$$\begin{aligned}Y_{SO}&=Y_{SC}\cdot Y_{SL}\\&=TG\cdot MV\cdot P_A\cdot P_C\cdot P_L\cdot ES\cdot PS\cdot TS\cdot\overline{ST}\cdot\overline{F}_3\cdot\overline{T}_M\cdot n_I(I_H\cdot C_H+I_S\cdot C_S)\end{aligned}$$

$Y_{SO}=1$,表示满足所有的启动逻辑条件,主启动阀正在开启对主机进行启动。当主机转速达到发火转速 n_I 时,n_I 为 0,$Y_{SC}=0$,Y_{SO}立即变为 0,关闭主启动阀停止启动。如果从发出启动信号($Y_{SO}=1$)开始,在规定的时间内,主机仍达不到发火转速,$\overline{T}_M=0$,要终止启动,发出启动失败的声光报警信号。启动失败信号一种情况是,在启动时,主机能达到发火转速,n_I 为 0,但撤销启动信号($Y_{SO}=0$)后,主机转速立即下降,直至下降到零,使 n_I 由 0 又变为 1。第一次启动失败后,间隔一段时间自动进行再启动。但是,当第三次启动仍然失败时,$\overline{F}_3$ 为 0,将终止启动,发出启动失败的声光报警信号。$\overline{ST}$ 是故障停车复位信号,如果主机由于某些故障而自动停车,或三次启动均失败,$\overline{ST}$ 为 0,不允许启动主机,待故障排除后,必须把车钟手柄扳回停车位置,使 $\overline{ST}$ 由 0 变为 1,这个过程叫作故障停车复位。只有复位后才允许启动,这就避免了在排除故障期间主机突然动车而造成的危险。*TS* 是模拟试验开关位置信号。主机遥控系统一般都有一块模拟试验板,可检验主机遥控系统的各种逻辑功能。一般模拟试验是在停车状态下进行的,并须把模拟试验开关转至“试验”位置。在这个位置是不准许动车的。做完试验后,须把该开关转至“工作”位置方可启动主机。*ES* 是遥控系统电源信号,在备车时必须先接通遥控系统电源,这样,一些状态指示灯才能亮。同时,即便是气动遥控系统也需要少量的电磁阀,电源不正常,电磁阀也不能按要求通、断电,主机遥控系统有关的逻辑回路是不能正常工作的,更不用说是电动遥控系统了。*PS* 是操纵部位转换信号,它指出,只有在操纵部位转换装置指定的部位方可启动主机,在其他部位是不能动车的。比如把机旁操纵部位转换阀转至“自动”位,把集中控制室操纵台上的操纵部位转换阀转至“驾控”位。这时,只有在驾驶台遥控主机 *PS* 为 1,而在其他部位操车 *PS* 为 0。其余的启动逻辑条件是明显的,这里就不再详加说明。

4. 电动主启动逻辑控制回路

图 4-17 所示为一种设有主启动控制回路、时间启动控制回路、重复启动逻辑回路及启动故障检测与连锁回路的电动主启动逻辑回路。其中,设置时间启动控制回路是该遥控系统与其他主机遥控系统的重要区别之一,时间启动是相对正常启动而言,在正常启动中,何时停止启动是以主机转速为依据的。时间启动是以设定的启动时间为依据的。在时间启动过程中,从主启动阀开启的瞬间就进行计时,若设定时间达到,则不论主机是否达到发火转速都要关闭主启动阀停止启动。一般设定的启动时间较短,主机还未达到发火转速就停止启动。试验表明,热车时间启动的成功率可达 85% ~90%,这在机动操作中可节省大量启动空气。图中与非门 G_4 是启动逻辑回路用于判别启动条件的,它有 8 个输入端,只有这

些输入信号均为1,即满足所有的主机启动逻辑条件,与非门 G_4 才输出0,允许对主机进行启动。这8个输入信号如下。

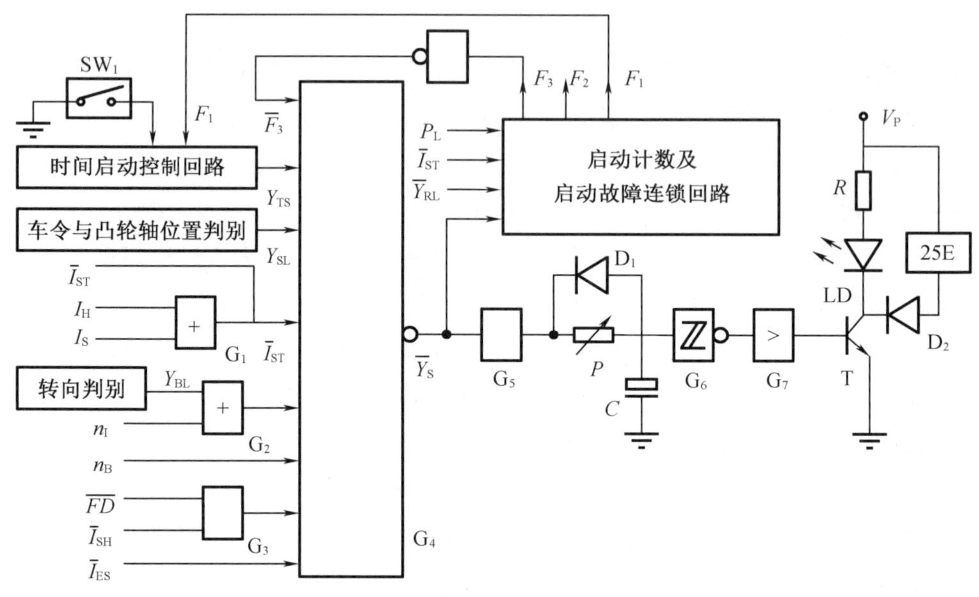

图4-17 主启动逻辑回路

①$\overline{F}_3$:没有启动故障连锁信号 $\overline{F}_3$ 为1。在启动过程中,如果重复启动回路检测到三次启动均告失败,或一次启动时间太长,即主启动阀打开较长时间主机仍达不到发火转速或启动空气压力太低等,都作为启动故障连锁信号使 $\overline{F}_3$ 为0,封锁启动回路终止启动。

②Y_{TS}:没有时间启动信号,或有时间启动信号但在时间启动计时时间之内,Y_{TS} 为1;有时间启动信号且超过时间启动计时时间,Y_{TS} 为0。在时间启动失败后,将撤销时间启动信号使 Y_{TS} 为1,允许进行正常启动。

③Y_{SL}:启动鉴别逻辑。车令与凸轮轴位置一致,Y_{SL} 为1;不一致,Y_{SL} 为0。该信号表明,只有换向完成才能发启动信号,否则不允许启动主机。

④$\overline{I}_{ST}$:车钟手柄不在停车位置,$\overline{I}_{ST}$ 为1。该信号表明,要启动主机必须有开车指令,或者有倒车指令 I_S 为1,或者有正车指令 I_H 为1。车钟手柄在停车位置 $\overline{I}_{ST}$ 为0,不能启动主机。

⑤Y_{BL} 和 n_I:制动鉴别逻辑和发火转速。当车令与转向不一致,Y_{BL} 为1;车令与转向一致,Y_{BL} 为0。主机转速小于发火转速时,n_I 为1;高于发火转速时,n_I 为0。

⑥n_B:主机转速下降到低于制动转速时,n_B 为1;高于制动转速时,n_B 为0。

实际上是将制动鉴别逻辑 Y_{BL} 与发火转速 n_I 和制动转速 n_B 配合起来完成对主机进行强制制动、启动和停止启动的逻辑判别。主机在运行中完成换向后,Y_{SL} 为1,Y_{BL} 为1,或门 G_2 输出1。此时由于车令与转向不一致,主机停油降速,当主机转速下降到低于制动转速时,n_B 为1,满足启动条件,实际上是对主机进行强制制动。当主机转速下降到零后进行正常启动时，虽然 Y_{BL} 为 0，但只要主机转速低于发火转速，n_I 为 1（一般 $n_B > n_I$），仍满足启动条件。当主机达到发火转速时，G_2 输出 0，封锁启动回路停止启动。

⑦$\overline{F}_D$：测速装置的故障信号。它是用来检测主机的转向和实际转速的，该装置无故障 $\overline{F}_D$ 为 1，有故障 $\overline{F}_D$ 为 0。$\overline{I}_{SH}$ 是故障停车信号，该信号来自安全保护系统。无故障停车信号 $\overline{I}_{SH}$ 为 1，有故障停车信号 $\overline{I}_{SH}$ 为 0，只有这两个信号均为 1，G_3 输出 1，才允许启动。

⑧$\overline{I}_{ES}$：应急停车信号。无应急停车信号，$\overline{I}_{ES}$ 为 1，当驾驶台按应急停车按钮后，$\overline{I}_{ES}$ 为 0。尽管车钟手柄不在停车位置，也不能启动主机。

在启动逻辑条件全部得到满足后，G_4 输出 $\overline{Y}_S$ 为 0，G_6 为 1，经放大器 G_7 输出 1 使晶体管 T 导通。发光二极管 LD 亮表明主机在启动过程中，同时电磁阀 25E 通电上位通（图 4－18），0.7 MPa 的控制空气经阀 25E 上位、阀 29D 上位（驾控时控制信号为 1）、阀 27C 上位（换向完成时其控制信号为 1）、阀 30B 上位（有开车指令，油管 a 和 b 必定有一个为 1 信号），使启动控制阀 8.18 上位通，3.0 MPa 的启动空气进入启动系统，对主机进行强制制动和启动。当主机达到发火转速时 n_I 为 0，G_4 的输出 $\overline{Y}_S$ 为 1，G_5 为 1，并经电阻 R（图 4－17 中可变电阻器 P）向电容充电。当充电电压超过 G_6 动作的门槛电压时，G_6 输出 0，晶体管 T 截止，启动控制阀 8.18 复位，启动空气被截止，启动系统空气放大气，结束启动。在启动系统的管路上装有一个压力开关 SW_1，在启动过程中该开关闭合，向启动逻辑回路送去一个“时间启动”信号。R 和 C 组成的延时电路的作用是撤销启动信号后，延时关闭主启动阀，提高主机启动成功率。这对在启动过程中采用油－气分进的主机来说，同时可获得较短的油－气并进时间。该延时时间可根据主机的启动工况来进行设定。

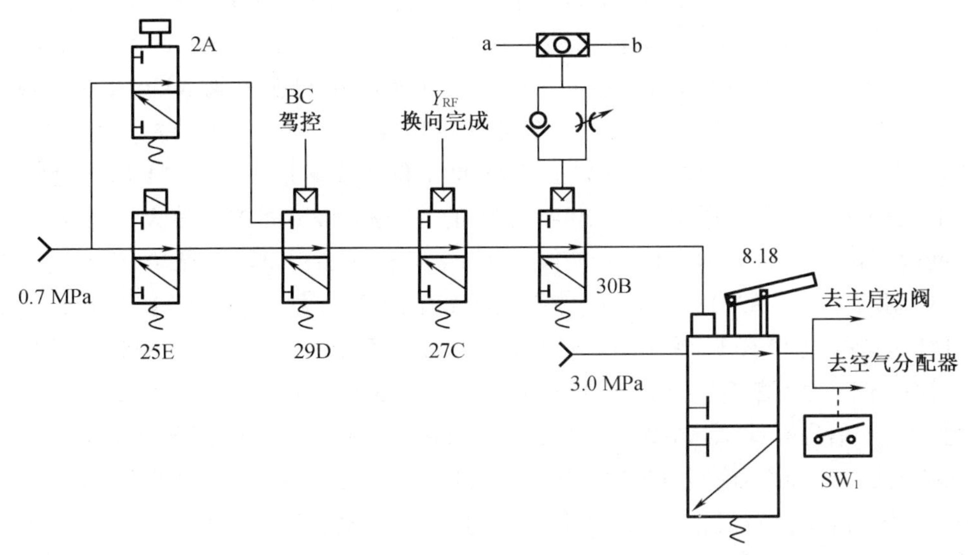

图 4－18 强制制动和启动控制回路

（二）重复启动逻辑控制

重复启动是指主机启动失败后，对主机所进行的再次启动。在重复启动中，总的启动次数一般选定为3次。启动失败有两种情况：一是在启动过程中，主机一直达不到发火转速，即 n_S 保持为1；二是主机能达到发火转速，但停止启动后，主机转速又降为零。重复启动的逻辑功能是，当满足启动逻辑条件时，发起启动信号，若启动成功则撤销启动信号终止启动，主机由启动状态转为在供油下的正常运行状态。若启动不成功，需记录启动失败次数，同时中断几秒钟后进行再启动，依次自动进行三次启动。如果三次启动均未成功，要终止启动，发出启动失败的声光报警信号，说明启动回路有故障。故障修复后，要把车钟手柄扳回停车位置，即故障停车复位后，方可再次启动主机。

根据启动失败的两种情况，重复启动逻辑回路大致有两种安排方式，即按时序逻辑控制方式和按时序－转速逻辑控制方式安排。

1. 按时序逻辑控制方式安排的气动重复启动回路

按时序逻辑控制方式安排的重复启动回路，大多数用于气动遥控系统，其中延时环节可用节流元件与气容组成的惯性环节来实现，调整节流阀的开度，可调整延时时间。

图4－19表示出了气动重复启动逻辑回路。当有开车指令且车令与凸轮轴位置一致时，管8接通气源为1信号，管12通主启动逻辑回路，即12为1信号，打开主启动阀启动主机，管12为0信号，关闭主启动阀停止启动，在满足启动鉴别逻辑之前（如车钟手柄在停车位置），管8为0信号，管12必定通大气，气瓶A445/1、A445/2、A445/3均通大气，阀A301/2、A301/3控制端为0信号复位均右位通。阀A301/1控制端经阀A301/2和A301/3的右位放大气，阀A301/1复位左位通。当满足启动条件时，管8为1信号，经单向节流阀A406/2向气容A445/1和A445/2充气。这个气阻和气容所组成的惯性环节对阀A301/3控制端压力信号的建立起延时作用。通过调整A406/2的节流程度使阀A301/3控制端压力达到该阀的动作压力正好为三次启动总时间。管8的1信号经阀A301/1的左位输出，使管12为1信号，它一方面去打开主启动阀启动主机，另一方面经分级延时阀A436/2（不经A406/1节流）节流向气容A445/3充气。启动3 s左右（时间可通过调整阀A436/2进行改变）主机仍达不到发火转速时，气容A445/3压力足以使阀A301/2动作，该阀左位通。气源经该阀左位达到阀A301/1控制端使其右位通，管8的1信号被截止，管12的1信号泄放。一方面中断对主机的启动，另一方面气容A445/3中的气压经A406/1节流放大气，经3～5 s（两次启动间隔时间）气容压力可降低到使阀A301/2复位压力。这时阀A301/2又右位通，阀A301/1控制端再经阀A301/2右位放大气。阀A301/1复位左位通，则管路8的1信号再经阀A301/1左路输出使管12为1进行第二次启动，并再经阀A436/2向A445/3充气，使阀A301/2控制端压力不断升高。这样，就会使启动、中断启动重复进行。当三次启动均未成功时，管8的1信号经阀A406/2向A445/1和A445/2充气压力已达到阀A301/3动作压力，使其左位通。这时不论阀A301/2是左位通还是右位通，阀A301/1控制端均通气源使其右位通，管8的1信号截止，管12保持0信号，终止启动，发出启动失败的声光报警信号。

排除故障后，要想再次启动主机，必须把车钟手柄扳到停车位置，使管8放大气为0信号，气容A445/1和A445/2放大气，阀A301/3复位右位通，才能重新启动主机。

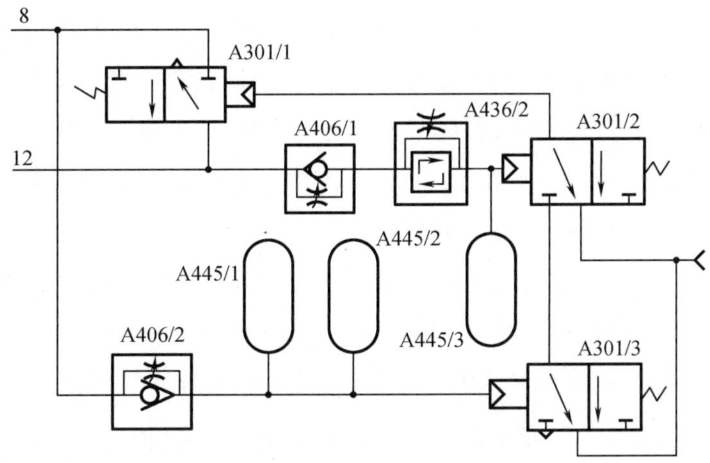

图 4－19 气动重复启动逻辑回路

2. 按时序－转速逻辑控制方式安排的电动重复启动回路

时序－转速控制方式是指在重复启动回路中，主机的每次启动由转速或时序原则来控制启动的结束过程。在主机能达到发火转速的正常情况下，按转速原则来结束启动过程；若因主机启动系统气路漏气、启动空气压力低、气缸启动阀卡死、活塞咬死或拉缸、主轴瓦烧蚀等机械方面的故障，或螺旋桨缠绕异物等，使主机启动时一直达不到发火转速，则按时间原则结束启动过程。两次启动间隔时间按时间原则来控制。启动失败次数采用计数方式。

按时序－转速逻辑控制方式安排的电动重复启动回路，多用于"电－气结合"的主机遥控系统。在下列电动重复启动逻辑回路中，允许对主机进行三次启动。如果满足时间启动逻辑条件，则第一次启动为时间启动，第二次为正常启动，第三次为重启动。若不满足时间启动逻辑条件，则第一次和第二次启动均为正常启动，第三次为重启动。除时间启动外，正常启动和重启动都是以主机转速为依据的。在主机达到发火转速停止启动后，其转速又下降到低于发火转速时，说明启动没有成功，间隔一段时间后再进行下一次启动。如此进行三次仍未启动成功，就认为启动失败，终止启动并发出启动失败的声光报警。如果一次启动时间过长，即在设定的时间内，主机仍达不到发火转速，也认为是启动失败，发出启动失败的声光报警并封锁主启动回路，终止启动。时序－转速控制重复启动和启动故障连锁回路如图 4－20 所示。

图 4－20 中 G_4 就是图 4－17 中检测启动逻辑条件的主启动逻辑回路的与非门 G_4。当同时满足所有启动逻辑条件时，$\overline{Y}_S$ 为 0，该信号一方面送至电磁阀 25E 的驱动电路使其通电，打开主启动阀对主机进行启动；另一方面送至一次启动计时电路的与非门 G_8，使 G_8 输出 1（低于制动转速，n_B 为 1），经电位器 P_2 向电容 C 充电计时；第三路送至移位寄存器 1F 的时钟脉冲端。启动前或车钟手柄在停车位置 $\overline{I}_{ST}$ 为 0，或车令与凸轮轴位置不一致 $\overline{Y}_{RL}$ 为 0，则 G_{14} 输出 0，1F 的复位端 R 为 0，其输出 Q_1、Q_2、Q_3 均保持 0 状态。在启动中，若主机转

速达到发火转速，n_1 为 0，$\overline{Y}_S$ 为 1，电磁阀 25E 断电停止启动；G_8 为 0，电容 C 经二极管 D 快速放电，复位一次性启动时间的计时，以备下次启动再计时；移位寄存器 1F 的 CP 端由 0 跳变为 1，D 端的 1 信号送至输出端 Q_1，此时 $Q_3Q_2Q_1=001$（如果第一次是时间启动，虽然主机可能未达到发火转速，但因 Y_{TS} 为 0，$\overline{Y}_S$ 也会由 0 跳变为 1，与上述情况相同）。由于 $Q_1=F_1=1$，撤销时间启动。在第二次启动且主机达到发火转速时，1F 的输出状态 $Q_3Q_2Q_1=011$。$F_2=1$ 为第二次启动失败后进行第三次的重启动做准备。当第三次启动主机且达到发火转速时，1F 的输出状态 $Q_3Q_2Q_1=111$。$Q_3=1$ 使 D 触发器 2F 的 CP 端由 0 跳变为 1，其输出端 $Q=1$。如果第三次启动又失败，即主机转速又低于发火转速，n_{I} 为 1，与门 G_{11} 输出 1，使 $F_3=1$ 发出启动失败的声光报警，同时 G_{13} 输出 $\overline{F}_3=0$，封锁主启动回路终止启动。启动故障修复后，再次启动主机前，必须对 1F 和 2F 复位，即把车钟手柄扳到停车位或让车令与凸轮轴位置不一致，使 1F 和 2F 的 R 端为 0，1F 的输出状态 $Q_3Q_2Q_1$ 又恢复到 000；2F 的输出端 $Q=0$，使 F_3 为 0 撤销启动失败报警信号，$\overline{F}_3$ 为 1，解除对主启动回路的封锁。

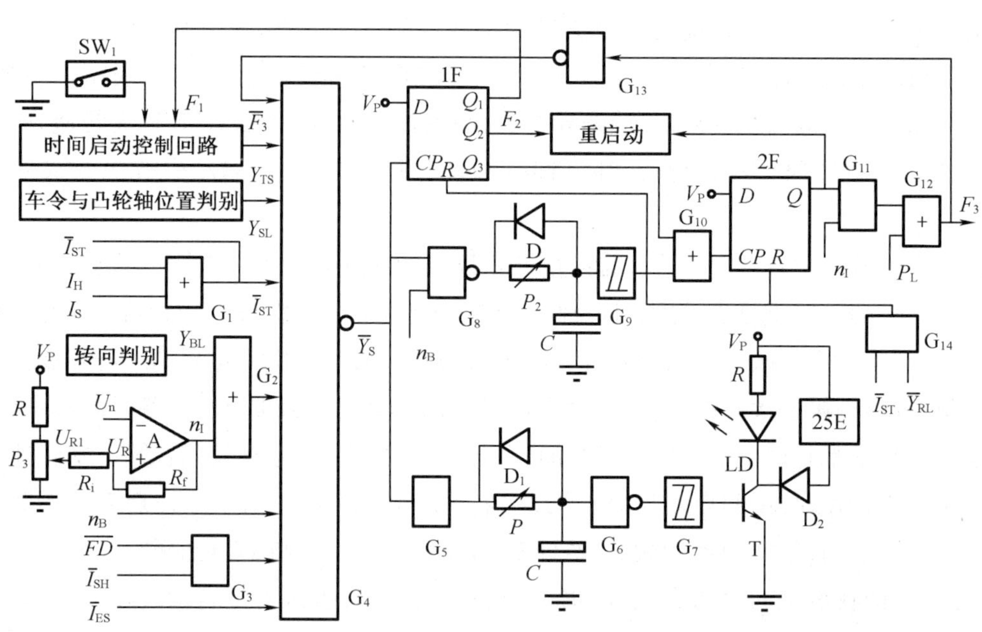

图 4-20 重复启动和启动故障连锁回路

在一次启动过程中，如果主机一直达不到发火转速，G_8 的输出保持高电平，并经 P_2 持续向电容 C 充电计时。当计时时间达到设定时间（一般调整为 8 ~ 10 s）时，电容上的电压已升高到 G_9 动作的门槛电压，其输出为 1。2F 的 CP 端由 0 跳变为 1，$Q=1$，F_3 为 1，$\overline{F}_3$ 为 0，同样发出启动失败报警，并封锁主启动回路。启动空气压力正常 P_L 为 0，启动空气压力太低 P_L 为 1，也会发出启动失败报警，封锁主启动回路。

在重复启动过程中，前一次启动失败后，必须间隔一段时间才能进行下一次启动，该功能是由运算放大器A组成的斯密特电路实现的,电路的输出就是主启动回路输入的转速条件n_I。A的反相端接主机实际转速所对应的电压值U_n,同相端接经电位器调定的对应于发火转速的电压值U_{R1},A的输出$U_0(n_1)$经R_f和R_i的分压接在同相端,这是正反馈。停车时,$U_n \approx 0$,$U_n < U_R$,A输出正极性电压值U_0^+,此时U_R为

$$U_{RH} = \frac{R_i}{R_f + R_i}U_0^+ + \frac{R_f}{R_f + R_i}U_{R1}$$

U_0^+相当于n_I为1,可对主机进行启动。在启动过程中,随着转速的升高,U_n增大,当$U_n > U_R$时,A的输出由U_0^+翻转为U_0^-,相当于n_I为0,停止启动。这时U_R值为

$$U_{RL} = \frac{R_i}{R_f + R_i}U_0^- + \frac{R_f}{R_f + R_i}U_{R1}$$

显然$U_{RH} > U_{RL}$。如果启动没有成功,U_n只有下降到U_{RL}而不是U_{RH}才能进行下一次启动。这样主机实际转速所对应的电压值从U_{RH}下降到U_{RL}所需时间,就是两次启动的间隔时间。通常把U_{RH}与U_{RL}之间的差值叫作回差Δ。

$$\Delta = U_{RH} - U_{RL} = \frac{R_i}{R_f + R_i}U_0^+ + \frac{R_f}{R_f + R_i}U_0^-$$

式中,U_0^+和U_0^-为A的正、负极性的工作电压。若其工作电压极性相反,绝对值相等,则回差$\Delta = \frac{2R_i}{R_f + R_i}U_0^+$。可见若调整电阻$R_i$和$R_f$的值可调整回差$\Delta$,即可调整两次启动的间隔时间。

(三)重启动逻辑控制

所谓重启动,是指在一些特殊条件下的启动过程,目的在于保证启动的成功。重启动逻辑回路必须能区分正常启动和重启动逻辑条件。在正常启动条件下,启动逻辑回路应送出正常启动油量和正常启动转速信号。在重启动条件下,启动回路送出或者增大启动供油量的信号,或者送出提高发火转速的信号。

1. 重启动鉴别逻辑条件Y_{SH}

①必须满足启动的逻辑条件,$Y_{SO}=1$。因为重启动也是启动,其启动的准备逻辑条件和启动鉴别逻辑必须都得到满足,而Y_{SC}、Y_{SL}必须均为1;

②有应急操作指令I_E(在发开车指令的同时按应急操纵按钮),或者有重复启动信号F(第一次启动为正常启动,第二次和(或)第三次启动为重启动),或者有倒车指令I_S(倒车启动性能不如正车);

③启动转速未达到重启动发火转速,$n_H=1$。

重启动的逻辑表达式为

$$Y_{SH} = Y_{SO} \cdot n_H \cdot (I_E + F + I_S)$$

在上述的重启动逻辑条件中,关于倒车启动是否采用重启动,不同机型不尽相同。有的机型正、倒车启动性能一样,在表达式中可取消I_S这一项。有的机型是在运行中完成倒车换向后的启动,采用重启动。遥控系统发出启动信号后,启动逻辑回路要能判别是否满

足重启动逻辑条件,不满足重启动逻辑条件,启动逻辑回路发出正常启动信号;若满足重启动逻辑条件,则发出重启动 $Y_{SH}=1$ 信号。启动成功后,要撤销重启动信号,以备下次启动时重新判别是否满足重启动逻辑条件。

实现重启动通常采用两种方案:一是发火转速不变,增加启动供油量。在常规的主机遥控系统中,多数采用这种方案。在这种方案中,由于启动供油量较多,有可能在启动过程中主机发生爆燃。二是启动供油量不变,提高启动的发火转速,在用微型计算机组成的主机遥控系统中,采用这种方案较多。在这种方案中,主机启动是平稳的,但要消耗较多的启动空气。

2. 电动重启动控制回路

(1)启动鉴别逻辑

图 4-21 所示为一种电动重启动逻辑回路。图中左半边虚线框内电路为重启动逻辑鉴别回路,由图可知,要满足重启动鉴别逻辑,使 $Y_{SH}=1$,必须具备如下三个条件之一。

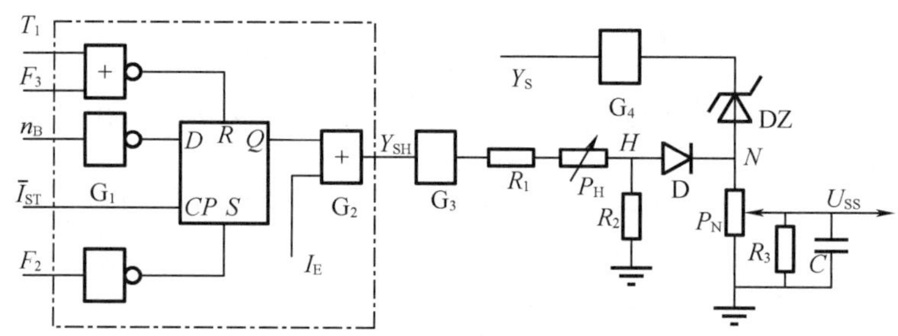

图 4-21 重启动逻辑回路

①有应急操纵指令,I_E 为 1,则 Y_{SH}为 1,采用重启动。

②重复启动中的第三次启动采用重启动。第二次启动达到发火转速 F_2 为 1,$\overline{F}_2$ 为 0,它接在 D 触发器置 1 端 S,触发器输出端 $Q=1$,Y_{SH}为 1。它为第二次启动失败、进行第三次启动前做好供重启动油量的准备。

③主机在运行中完成换向后的启动采用重启动。当主机高于制动转速运行时,n_B 为 0,触发器输入端 $D=1$,如果把车钟手柄从原方向扳到另一个方向,车钟手柄必定会经过停车位置,故 $\bar{I}_{ST}$会从 0 跳变为 1,触发器输出端 $Q=1$,则 Y_{SH}为 1。于是。遥控系统在控制主机完成停油、换向和制动后进入启动工况时,即运行中完成换向后的启动系统将自动采用重启动,并在一次试启动失败后的第二次和第三次重复启动中继续保持重启动。

复位重启动的逻辑条件:①应急操作指令已复位,即 $I_E=0$;②第三次启动失败后,$F_3=1$,或者由于一次启动时间过长而使启动失败 $T_1=1$,或将车钟扳回停车位置后再进行启动操作,这是由于主机转速低于制动转速,$n_B=1$,经 G_1 反相后,D 触发器的输入端 D 为 0,而 $\bar{I}_{ST}$有一个从 0 到 1 的信号变化,D 触发器的 CP 端收到此信号后,就把 $D=0$ 信号锁存入 D 触发器,是 D 触发器复位,输出端 $Q=0$,而撤销重启动信号。

(2)启动转速的设定

图4-21中右半边是启动转速的设定回路,Y_S 和 Y_{SH} 分别为正常启动和重启动信号。在正常启动过程中,Y_{SH} 为0,G_3 为0,二极管D截止。因 Y_S 为1,而 G_4 输出高电平,N 点电位是稳压管DZ的稳压值,经电位器 P_N 的分压输出的电压值 U_{SS} 对应于正常启动设定转速,此时将这个正常启动设定转速所对应的电压值 U_{SS} 送至调速器。当满足重启动逻辑条件时,Y_S 和 Y_{SH} 都为1,G_3 和 G_4 都为高电平。G_3 输出的高电平经 R_1、P_H 与 R_2 分压后,使 H 点的电平高于 N 点电平,二极管D导通,N 点电平被抬高,稳压管DZ截止,抬高了 N 点的电压,再经 P_N 分压后输出重启动设定转速,从而提高了启动设定转速,以致增加了启动油量。改变 P_N 的中心抽头位置可调整正常启动设定转速,改变 P_H 可改变 N 点电压在重启动时所要提高的值,从而调整重启动时的启动设定转速。调整时应先调整正常启动设定转速,然后再调整重启动设定转速。

(四)慢转启动逻辑控制

慢转启动是指主机长时间停车后,再次启动时要求主机慢慢转动1~2转,然后转入正常启动,这样才能保证主机在启动过程中的安全,同时对相对摩擦部件起到“布油”作用,慢转启动逻辑回路应能区别正常启动和重启动。在遥控系统发出启动指令时,首先要检查是否已形成慢转启动指令,若已形成慢转指令,则要进行慢转启动,慢转启动完成后,自动转入正常启动。如果有重启动指令,则取消慢转指令,直接进行重启动。

1. 慢转启动的逻辑条件

①启动前,主机停车时间超过规定的时间(30~60 min),用 S_{Td} 表示;

②没有应急取消慢转指令,用 $\bar{I}_{SC}$ 表示;

③主机没有达到规定的转数(1~2转)或规定的慢转时间,用 $\bar{R}_1$ 表示;

④没有重启动信号,用 $\bar{Y}_{SH}$ 表示;

⑤满足启动逻辑条件,即 $Y_{SO}=1$。

以上逻辑条件是与的关系,其慢转启动的逻辑表达式为

$$Y_{SLD}=S_{Td}\cdot\bar{I}_{SC}\cdot\bar{R}_1\cdot\bar{Y}_{SH}\cdot\bar{Y}_{SO}$$

当满足慢转启动逻辑条件时,$Y_{SLD}=1$,遥控系统自动进入慢转启动控制方式。

2. 慢转启动控制方案

在实际应用中,慢转启动的方案基本上有两种:控制主启动阀开度的方案和采用主、辅启动阀的方案。

(1)控制主启动阀开度的方案

图4-22为控制主启动阀开度的慢转启动。当形成慢转指令时,电磁阀 V_{SL} 通电右位通,当有启动指令 Y_{SO} 为1时,阀 V_A 下位通,主启动阀上面的控制活塞被启动空气压下,限制主启动阀的开度,进入启动系统的启动空气压力较低、流量较少,主机只能慢慢转动。主机转过1~2转后,撤销慢转信号,电磁阀 V_{SL} 断电左位通,控制活塞上面的气压信号经阀 V_A 下位放大气,主启动阀全开进行正常启动。主机达到发火转速时,$Y_{SO}=0$,撤销启动信号,阀 V_A 上位通,关闭主启动阀停止启动。

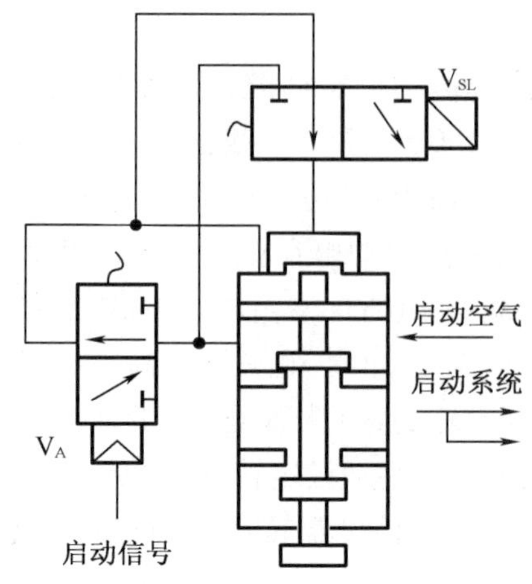

图 4-22　控制主启动阀开度的慢转启动

(2)采用主、辅启动阀的方案

图 4-23 为采用主、辅启动阀控制的慢转启动。当形成慢转指令时，电磁阀 V_{SL}通电下位通。当有启动指令 $Y_{SO}=1$ 时，阀 V_C 右位通，输出气源信号。该信号使阀 V'_A右位通，打开辅启动阀 V_A。气源信号被截止在阀 V_{SL}的下位，阀 V'_B控制端经阀 V_{SL}下位放大气而右位通，关闭主启动阀 V_B。因流过辅启动阀 V_A 的启动空气量较少，主机只能慢慢转动，转过 1～2 转后，撤销慢转启动指令，电磁阀 V_{SL}断电上位通。阀 V'_B左位通，全开主阀 V_B，这时，主、辅启动阀均打开进行正常启动。当主机达到发火转速时，Y_{SO}为 0，阀 V_C 左位通，气源被截止。阀V'_A控制端气压从阀 V_C 的左位直接放大气，阀 V'_A左位通，辅启动阀全关闭。而 V'_B的控制端气压需经过单向节流阀 V_D 的节流孔后放入大气，这样主阀要延时一段时间才能关闭，目的是提高主机启动的成功率，延时时间的长短要根据主机的启动工况来设定。

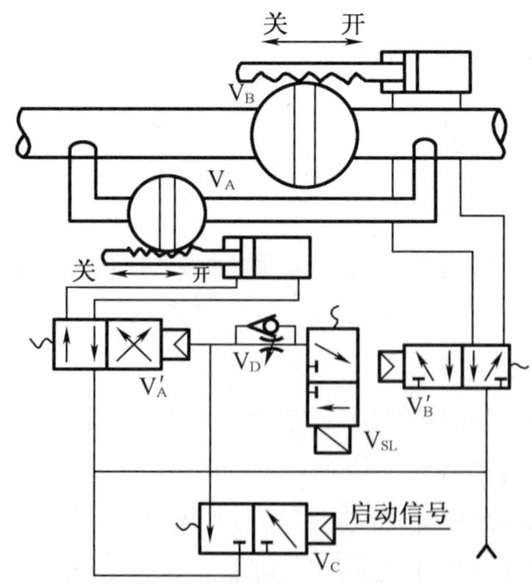

图 4-23　采用主、辅启动阀控制的慢转启动

三、制动逻辑及其控制

制动是指主机在运行中完成换向后，为使主机更快停下来并进行反向启动所采取的操作措施。实践证明，主机停油后，从高转数能较快地下降到较低的转速。但是，由于船舶的惯性造成的螺旋桨水涡轮作用，使转速下降得越来越慢，需很长时间主机才能停下来，显然进行反向启动就要等待较长的时间。这一点，在一艘实船的操作试验中看得更为清楚。主机以 75 r/min 的转速运转，船舶航速为 15 kn 左右，若不采用制动措施，从主机停油到主机停下来需 12.5 min，船舶滑行 17 min，滑行距离为 1.4 n mile；若采用制动操作，仅需 0.7 min 主机就能停下来，船舶滑行时间为 3.1 min，滑行距离仅为 0.4 n mile。从这一组数据可以看出，主机采用制动操作，对提高船舶操纵的机动性和实时性都具有重要意义。因此，在遥控系统中均设有制动逻辑回路，主机制动方式有两种：能耗制动和强制制动。

（一）能耗制动

能耗制动是指主机在运行中完成换向后，在主机高于发火转速情况下所进行的一种制动。因此，能耗制动常常是在应急操纵情况下进行的。能耗制动的功能是保持主启动阀处于关闭状态，让空气分配器投入工作。这时空气分配器控制处在压缩冲程那个缸的气缸启动阀打开，柴油机相当于一台压气机，消耗柴油机运动部件的惯性能，使主机能较快地降速。能耗制动的逻辑条件如下。

①制动的鉴别逻辑。当车令变化时，制动逻辑回路能判断车令与主机转向是否一致，只有车令与转向不一致才满足制动的鉴别逻辑。用 Y_{BL} 表示制动的鉴别逻辑，其逻辑表达式为

$$Y_{BL}=I_H\cdot R_S+I_S\cdot R_H \text{ 或 } Y_{BL}=I_H\cdot \overline{R}_H+I_S\cdot \overline{R}_S$$

②换向已经完成，$Y_{RF}=1$。

③已经停油，$Y_{RT}=1$。

④转速高于发火转速，$\overline{n}_I=1$。

⑤有应急操纵指令，$I_E=1$。

这些条件应该是与的关系，其逻辑表达式为

$$Y_{BRO}=Y_{RF}\cdot Y_{RT}\cdot Y_{BL}\cdot \overline{n}_I\cdot I_E=(I_H\cdot C_H+I_S\cdot C_S)\cdot(I_H\cdot \overline{R}_H+I_S\cdot \overline{R}_S)\cdot Y_{RT}\cdot \overline{n}_I\cdot I_E$$

$Y_{BRO}=1$ 表示满足能耗制动逻辑条件，对主机进行能耗制动。

（二）强制制动

强制制动有三点与能耗制动不同：一是对所有主机，只要在运行中完成换向后，都能进行强制制动，而不必有应急操纵指令；二是只有主机低于发火转速时才能进行强制制动；三是空气分配器与主启动阀均投入工作，气缸在压缩冲程进启动空气，强迫主机停止运行。这样，强制制动的逻辑条件应该是：

①制动鉴别逻辑，即车令与主机转向不一致，$Y_{BL}=1$；

②换向已经完成，$Y_{RF}=1$；

③满足停油条件，$Y_{RT}=1$；

④主机低于发火转速，$n_I=1$。

这些逻辑条件应该是与的关系，其逻辑表达式为

$$Y_{BRF}=Y_{BL}\cdot Y_{RF}\cdot Y_{RT}\cdot n_I$$

$Y_{BRF}=1$ 表示满足强制制动逻辑条件，对主机进行强制制动。

从强制制动的逻辑表达式可以看出，它与启动的逻辑表达式相似。其中，换向完成信号 Y_{RF} 就是启动的鉴别逻辑 Y_{SL}，即 $Y_{RF}=Y_{SL}$。在强制制动的逻辑条件下，我们强调了转速条件 n_I，实际上，它应当满足启动的准备逻辑条件，即 $Y_{SC}=1$。这样强制制动逻辑表达式可改为

$$Y_{BRF}=Y_{BL}\cdot Y_{RT}\cdot Y_{SL}\cdot Y_{SC}$$

可见，强制制动是在车令与转向不一致且在停油下的启动。强制制动在遥控系统中不是独立存在的，而是附加在启动回路上，并且用启动回路的功能来达到强制制动的目的。

应当指出，能耗制动是在较高转速上的一种制动方式，对主机的降速效果是明显的。此时如果采用强制制动，其效果并不明显，且要消耗较多的启动空气。在较低的转速范围内采用强制制动，对克服螺旋桨水涡轮作用，使主机更快地停下来是很有效的。在中速柴油机中，往往是采用能耗制动和强制制动相结合的制动方案；在大型低速柴油机中，主机从停油到换向完成，其转速已经降到比较低的范围，可只设强制制动而不必设置能耗制动逻辑回路。

（三）制动及换向控制过程

1.具有能耗制动和强制制动功能的换向过程

图4－24为具有能耗制动和强制制动功能的换向过程波形图。图中曲线Ⅰ为应急换向曲线，曲线Ⅱ为正常换向曲线。在应急换向过程中，当主机在全速正车运行时，若在 t_1 时刻将车钟手柄拉到倒车位置，同时按下应急运行按钮，出现车令转向与主机转向不符情况。主机首先停油（$Y_{RT}=1$），当主机停油后转速下降到应急换向转速时（$n\geqslant n_{ER}$），即 t_2 时刻，满足应急换向逻辑，控制凸轮轴换向，使主机凸轮轴从正车位置（C_H）换到倒车位置（C_S）。在换向到位后的 t_3 时刻，因已符合能耗制动逻辑，所以控制空气分配器投入工作（$V_D=1$），主启动阀关闭（$V_M=0$）。主机进入能耗制动工况，转速迅速下降。当转速降到等于或低于发火转速（启动空气切断转速）后的 t_4 时刻（$n\leqslant n_I$），因能耗制动逻辑已不再满足，而符合强制制动逻辑，所以遥控系统自动转为强制制动，开启主启动阀（$V_M=1$），继续使空气分配器工作（$V_D=1$），于是主机转速进一步迅速下降。当主机转速降到零后的 t_5 时刻，虽然强制制动逻辑不再满足，但已满足启动控制逻辑，所以主启动阀继续打开，空气分配器继续工作。这时主机转向已与车令转向和凸轮轴位置一致，所以主机处于倒车启动工况，转速逐渐上升。对油气并进的主机，在转速上升到转向鉴别回路检测到倒车转速时（这一转速通常是指可供油转速 n_F），即在 $n\geqslant n_F$ 的 t_6 时刻，不再满足停油逻辑，于是停油回路撤销停油连锁控制，由调速回路设定的启动油量控制主机供油。而对油气分进的主机，只有在主机转速上升到启动空气切断转速时才进行启动供油。由于是应急换向，所以启动过程一直维持到主机转速达到重启动空气切断转速（$n\geqslant n_H$）的 t_7 时刻，遥控系统才关闭主启动阀（$V_M=0$），停止空气分配器工作（$V_D=0$），结束制动与启动过程。若主机启动成功，则按应急加速程序把主机

转速加速至车令所设定的转速。在正常换向过程中,即在改变车令转向时没有按下“应急运行”按钮。那么主机停油后,必须等转速降到正常换向转速时($n \leq n_R$)才进行换向,换向到位后,在主机转速低于启动空气切断转速($n \leq n_I$)时刻,进入强制制动,使主机转速快速下降,而在转速过零后开始倒车启动,直到转速达到倒车启动空气切断转速($n \geq n_I$)时结束制动与启动过程,进入正常加速程序。

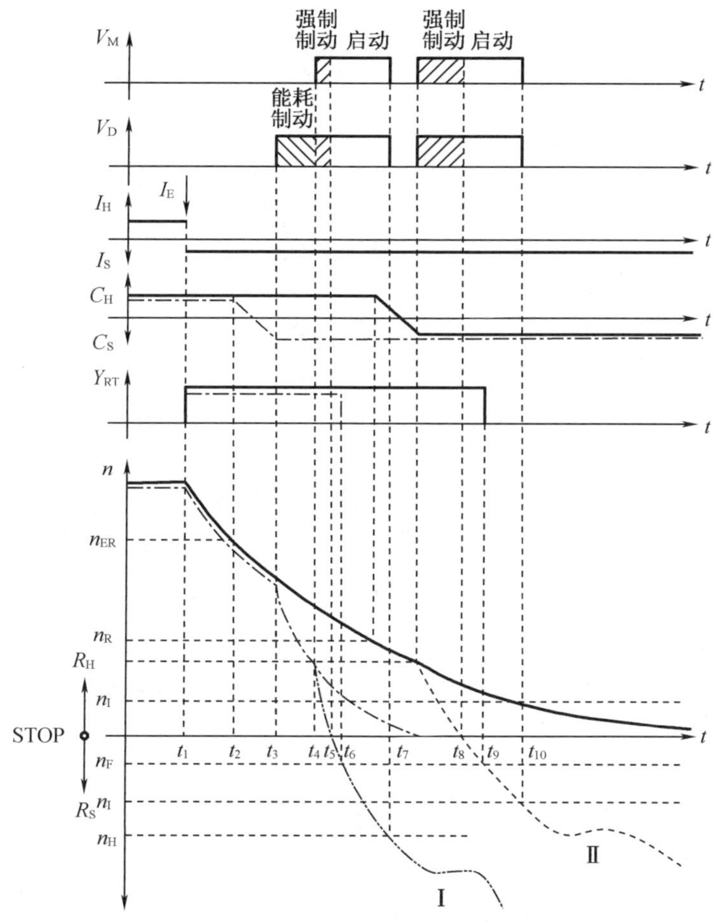

图 4-24 具有能耗制动和强制制动功能的换向过程波形图

2. 只具有强制制动功能的换向过程

图 4-25 为只具有强制制动功能的换向过程波形图。图中 t_1 到 t_2 为主机凸轮轴换向时间,t_1 到 t_4 为主机换向过程中的停油连锁时间,t_3 到 t_4 为强制制动时间,t_4 到 t_5 为主机第一次倒车启动时间,t_5 到 t_6 为主机第一次启动未成功时的两次启动中断时间,t_6 到 t_7 为主机第二次启动时间。如主机第二次启动也未成功,中断片刻后将进行第三次启动,第三次启动失败后将终止启动,发出启动失败报警(图中未画)。

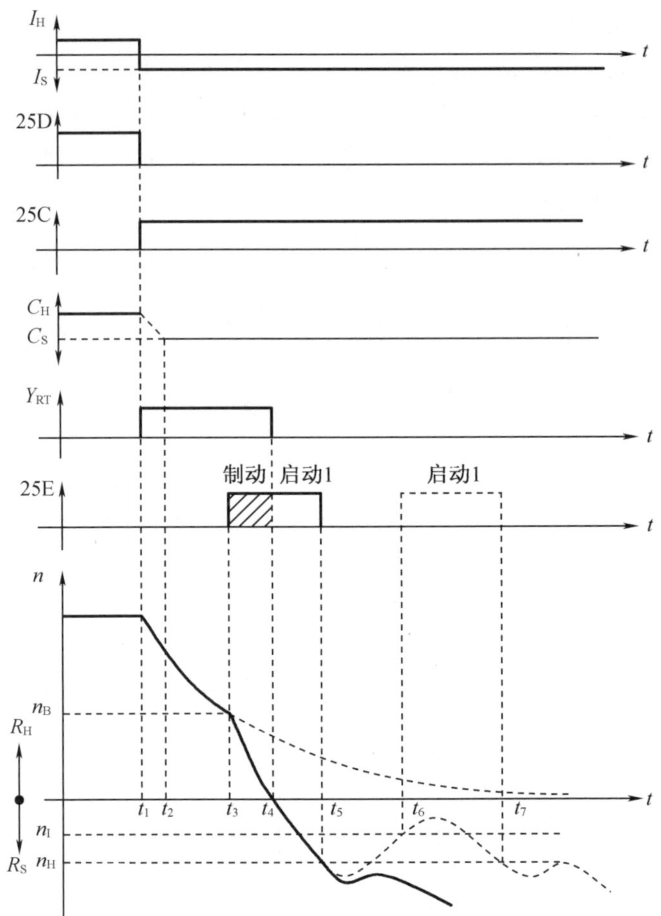

图 4 – 25　只具有强制制动功能的换向过程波形图

任务四　转速与负荷控制单元

一、主机转速控制系统的组成及功能

主机的转速控制除了与其他自动控制系统一样需要考虑其品质指标外，还需兼顾其控制后果。因为在大幅度操作主机或变工况的情况下，若只考虑控制系统的品质指标可能造成主机的热负荷或机械负荷超标。因此，为了保障主机的运行安全，控制中一旦出现危及主机安全的情况，转速控制系统将自动放弃某些控制指标，把主机的转速或供油量限制在其安全范围内。然而，在船舶遇到紧急情况，例如船舶在避碰操纵时，控制系统必须能采取“舍机保船”的紧急措施，应急撤销某些限制或放宽限制，实现紧急操作。由此可见，主机的转速与负荷控制是包括各种限制和应急操作在内的综合性自动控制，其控制系统原理如图 4 – 26 所示。

图 4 – 26 中，由驾驶台遥控车钟发出的车令设定转速 I_n。首先送到程序加减速环节，实现加速速率限制与程序负荷限制，使车令设定转速按主机的操作规律变化，即在低速区允

许设定转速快速变化，在中速区则应变化慢点，而在高速区应按时间原则程序加速，以提高主机在低速范围内的机动性，避免中速区加速过快及高速区热负荷波动过大。经程序加减速后的设定转速再送到转速限制环节，进行临界转速的自动避让，以保证主机不在临界转速区域内运行，然后进行最小和最大转速限制，以确保主机转速不会低于其最低稳定转速或高于其最大允许转速。通过上述处理后的设定转速作为转速调节环节的转速给定值 n_S 被引到其比较环节，使之与测速装置检测到的主机实际转速 n 进行比较。比较所得偏差转速(n_ε)按固有的调节规律(如 PI 规律)运算后输出主机供油控制信号 F_C 至负荷限制环节。有时为了使主机的调速特性与螺旋桨的推进特性相逼近，通常在调节规律运算后增加一个螺旋桨特性限制环节，或在调节规律运算中采用非线性变增益运算。调速环节输出的控制油量 F_C 除了螺旋桨特性限制外，还受到主机的增压空气压力限制、转矩限制及最大油量限制。即把经螺旋桨特性限制的转速控制油量 F_p、增压空气压力限制所允许的最大油量 F_{km}、转矩限制所允许的最大油量 F_{nm} 及轮机长手动设定的最大允许油量 F_m 都送到选小器进行选小。保证主机在运行过程中，其供油量不会超过各限制环节所限定的最大允许油量，以确保主机的运行安全。

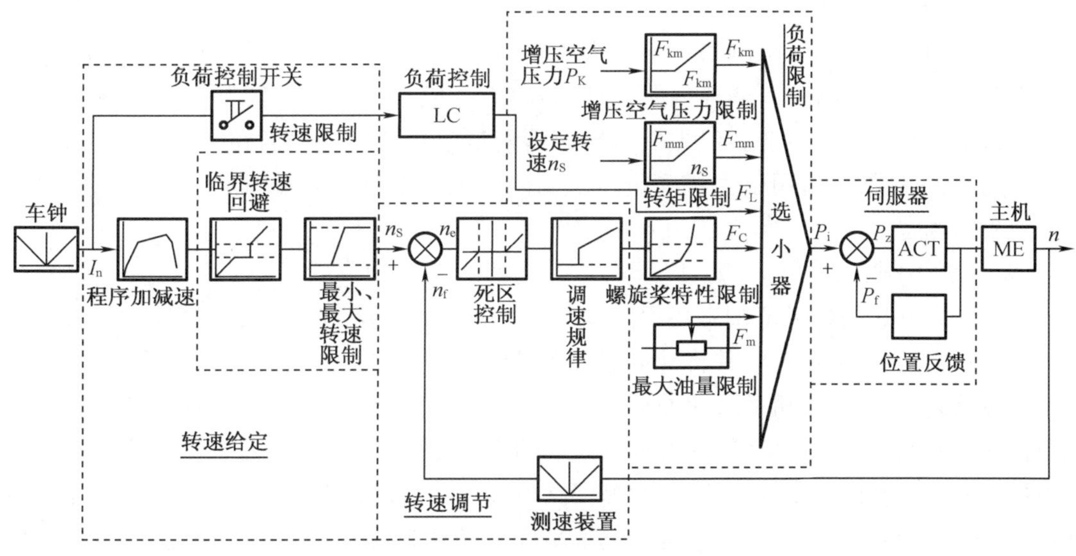

图 4-26 转速与负荷控制系统原理框图

然而，在恶劣海况下，船舶纵向摇摆厉害，螺旋桨吃水变化大，调速系统为了把主机转速维持在设定转速，将频繁调节主机供油量，使主机的负荷变化可能超出主机所能承受的范围，甚至发生飞车现象，从而危及主机运行安全。为此，遥控系统通常采用如下两种方法来避免主机负荷变化过大及飞车现象。

1. 负荷控制方法

当船舶航行中遇到风浪时，可通过操作台上的选择开关接通负荷控制开关，使主机的控制方式从转速控制切换到负荷控制。这时车钟发出的车令设定转速(I_n)经负荷控制器处理后输出与 I_n 成比例的主机油量控制信号 F_L 一起送到选小器，由于在正常情况下 $F_L < F_C$，

所以选小器选择负荷控制输出油量(F_L),使主机的供油量仅与车令设定转速有关,因此在车令设定转速不变时,主机的供油量也保持不变,负荷不变。但此时主机的转速无法恒定,会随着螺旋桨的吃水变化而变化。当螺旋桨下沉时,它产生的阻力矩就会大于柴油机气缸燃气所产生的驱动力矩,使动量平衡破坏,主机转速下降,以满足新的动量平衡关系。反之,主机转速就会升高。可见,负荷控制是一种定负荷、变转速的控制方式,由于它未将系统输出量反馈至输入,而是直接由给定量来控制的,所以负荷控制是一种开环控制。

单纯的定油量控制,当螺旋桨露出水面,主机会出现飞车现象。但在图4-26的控制回路中,遥控系统进入负荷控制状态时,调速回路并未停止工作。在正常情况下,由于调速回路输出F_C大于负荷控制回路输出F_L,故无法输出调速控制信号。然而,当螺旋桨上翘时,主机转速逐渐升高。在主机转速上升到一定值后,偏差转速出现负值,使调速控制信号F_C减小,而小于负荷控制器输出F_L,选小器则选择F_C作为输出。于是控制系统又转化为转速控制方式,将主机油门关小,阻止主机转速进一步上升,从而避免主机超速。

2. 死区控制方法

在主机转速控制中的偏差转速检测后加一个死区控制。它利用控制死区范围来实现三种不同的控制方式。

(1)刻度控制方式

这种控制方式的死区范围最大。当主机转速偏离车令设定转速的偏差未超过最大死区范围时,死区控制无输出,调速回路无调节作用,主机油门刻度位置不变,使主机的热负荷和机械负荷基本保持不变。但主机的转速将随螺旋桨负荷变化而在一个较大的范围内波动。因此,刻度控制适用于主机高负荷范围内需维持主机进油量恒定,以获得稳定的热平衡效果的场合。

(2)正常控制方式

正常控制方式的死区范围适中,比刻度控制方式小得多。因此,正常控制方式能使主机的转速跟随车令设定转速,并将其偏差转速保持在正常控制方式的死区范围内。主机在稳定运行状态下,只要主机的转速波动小于正常控制死区范围,死区控制就无偏差输出,无调节作用。因此,可减小脉动转速对调速系统的影响,提高了系统的静态稳定性。但是,一旦主机转速波动超出正常控制死区,调速回路就会将其自动调节到正常控制的范围内。由此可见,正常控制方式是在保证所需的调节精度下尽可能减小主机油门刻度位置波动的一种控制方式。因此,它适用于主机正常运行工况。

(3)恶劣海况控制方式

这种控制方式主要是为防止主机在大风浪运行中发生超速。在恶劣海况控制方式中,控制回路减小主机的最大供油范围,并将死区调得最小(趋于零),以提高转速控制灵敏度。因此,当螺旋桨上翘露出水面时,调速系统就能以最快响应速度减小主机进油量,从而有效地防止主机超速。

在主机遥控系统中,常把图4-26所示的转速与负荷控制系统分成两部分,前半部分为转速给定部分,用来将车钟发出的设定转速经程序加减速与转速限制处理后送至调速环节,作为主机转速的设定值。后半部分为转速调节与负荷限制部分。它由全制式液压调速器或电子调速器与电/液(电/气)伺服器构成的调速系统来完成主机的转速调节和负荷限制。下面介绍启动供油转速设定及转速调节等有关内容。

在驾驶台遥控主机时，驾驶员可将车钟从停车位置搬到正车（或倒车）的任何位置来启动主机。这时若仍由车令设定转速来给定启动油量，就可能出现主机因启动油量不足而不能正常发火，或因启动供油量过量而发生爆燃现象。为了确保主机在任何情况下都能安全可靠地启动成功，在启动阶段，遥控系统将自动阻断车钟所发出的车令设定转速，先由启动供油回路来控制其启动油量。这个启动油量比微速挡甚至比慢速挡的供油量还要多一些，以实现固定油量启动，这样既可以保证有很高的启动成功率，又可以防止由于启动供油量过大而产生严重爆燃的现象。

对于不同类型的主机，其启动油量的供给方式不同，有的采用油－气并进方式，而有的采用油－气分进方式。油－气并进是指主机在压缩空气启动的同时供给启动油量，直到主机转速达到启动空气切断转速，结束压缩空气启动时，才转为车钟设定值。油－气分进是在压缩空气启动阶段不供油，而是当主机转速达到启动空气切断转速，切断启动空气的同时供油。为了保证启动的成功率，除提供适量的启动油量外，对油－气分进式还需维持数秒启动油量后才转为车钟设定值。因此，常在启动油量与车令转速切换阀的控制端设置一个由单向节流阀和气容组成的延时环节，以设定启动油量的维持时间。

二、车钟系统及操纵部位的转换

1. 车钟系统概述

车钟系统从传统意义上讲只是用来在各操作部位之间发送和接收主机操作指令及传递操作信息的装置，一般由驾驶台车钟、集控室车钟和机旁应急车钟组成。根据所传递指令的不同性质，车钟还可分为主车钟和副车钟两种。目前，多数船舶的驾驶台主车钟还兼有主机控制信号的发信功能。

（1）主车钟

主车钟用于传送停车、换向和转速设定等主机操纵命令，一般设有停车（STOP）、前进微速（AHEAD DEAD SLOW）、前进慢速（AHEAD SLOW）、前进半速（AHEAD HALF）、前进全速（AHEAD FULL）、海上全速（NAVIGATION）、后退微速（ASTERN DEAD SLOW）、后退慢速（ASTERN SLOW）、后退半速（ASTERN HALF）、后退全速（ASTERN FULL）和应急后退（CRASH ASTERN）等挡位。驾驶台车钟和集控室车钟一般采用手柄操作，而机旁应急车钟除了早期船舶采用手柄操作外，目前大多数船舶均采用按键操作。手柄式车钟挡位如图 4－27 所示。

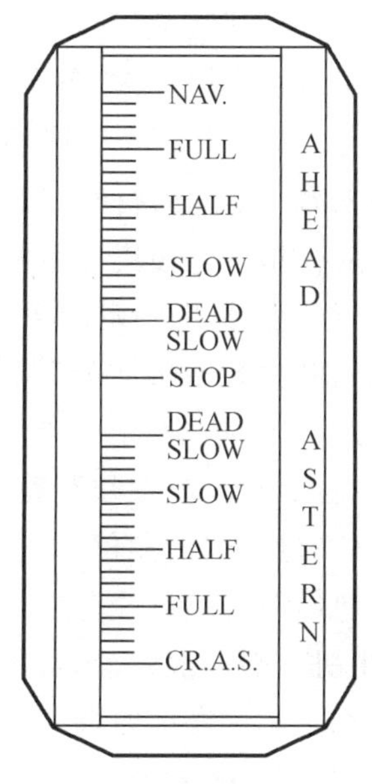

图 4－27 车钟挡位示意图

手柄式车钟一般设有两根指针，一根指示本地手柄的位置，另一根跟踪其他操作部位的手柄位置，也称为复示指针；按键式车钟则用指示灯代替指针。手柄式车钟的指针跟踪一般采用自整角机或由电路控制的伺服马达实现。

当驾驶台发出车令后,集控室和机旁的复示指针或指示灯将跟踪驾驶台车令,轮机员应在主机的当前操作部位进行回令,即将车钟手柄推到相应的位置,或按下按键式车钟相应的挡位按钮。回令之前,三地车钟均有声响提示,回令结束后,声响提示消失。

对于在驾驶台安装有自动遥控系统的船舶,车钟系统往往还兼有主机的控制功能,除了传送车令信息外还需能够向主机遥控系统发送主机的各种操作命令。目前大型自动化船舶所使用的车钟通常都是集传令车钟与遥控手柄于一体的指针跟踪式或指示灯跟踪式车钟,车钟系统已成为主机遥控系统的重要组成部分。

主车钟向遥控系统发送主机操作命令的发信装置通常有气动和电动两种类型。气动发信装置采用手柄的机械动作控制二位三通阀,利用二位三通阀的气压输出实现正车、倒车和停车信号的发信,并用手柄带动的凸轮控制精密调压阀的气压输出,由输出压力大小给出与手柄位置相对应的转速设定值,从而实现转速指令的发信。电动发信装置通常采用微动开关和相应的逻辑处理电路发出正车、倒车和停车信号,采用精密电位器与信号处理电路发出 0 ~ 10 V 的电压、4 ~ 20 mA 的电流或 0 ~ 5 kΩ 的电阻等信号来实现转速设定值的发信。

在不同的操纵部位操纵主机时,主车钟的工作模式也不同。以定距桨船舶的低速主机为例,在驾驶台操纵时,驾驶台车钟直接对主机进行遥控操作,集控室车钟和机旁应急车钟只对驾驶台车令进行复示;在集控室或机旁操纵时,驾驶台车钟只用于传令操作,轮机员回复车令后,在集控室或机旁对主机进行手动操纵。应当指出的是,集控室车钟手柄通常还兼有主机的换向控制功能,而主机的启动、停车和转速控制则由主机操纵手柄进行控制。

(2)副车钟

副车钟用于传送与主机操纵有关的其他联络信息,如备车(stand by)、完车(finished with engine)和海上定速(at sea)等。假设当前操纵部位为集控室,则当需要进入备车状态时,首先由驾驶台按下“备车”按钮,发出主机备车指令,车铃声响,“备车”指示灯闪光。值班轮机员在集控室按“备车”按钮予以应答,车铃声响停止,“备车”指示灯变为平光,进入备车状态。冲车和试车完毕后,可将主机的操作部位转到“驾驶台”位置。当船舶结束机动航行进入海上定速航行时,在驾驶台按“定速”按钮,车钟声响,“定速”指示灯闪光,发出海上定速航行指令。在集控室按“定速”按钮,车铃声响停止,“定速”指示灯切换为平光,进入定速航行状态,同时自动取消备车信号。当船舶停泊后不再需要操纵主机时,驾驶台按下“完车”按钮,集控室按“完车”按钮应答后,进入完车状态,“完车”指示灯平光指示。在副车钟操作过程中,备车、完车、定速这三个状态之间是互锁的。

在机旁、集控室和驾驶台上均设有应急停车按钮,当出现异常情况需要应急停车时,在任一位置按下“应急停车”按钮,都将通过主机安全保护系统可靠切断主机的燃油供给,强迫主机停车。应急停车后,需在故障排除后,将车钟扳回到停车位置,并按复位按钮进行复位,主机才能再次启动运行。

2. 主车钟发信原理

(1)气动遥控车钟

图 4 - 28 所示为一种气动遥控车钟的结构原理及逻辑符号,它主要由外壳、精密调压阀和

二位三通换向阀组成，具有发送转向控制信号和主机转速设定值的功能，用于控制定距桨船舶的可逆转低速柴油主机，也可用于控制通过减速齿轮箱带动定距桨的中速柴油主机。

在图4-28中，车钟外壳的上部由一个带刻度盘的保护罩组成，保护罩下面是调压阀和二位三通阀的机械控制部分。通过一个可调的摩擦锁紧装置，操纵手柄可以锁定在任意位置，在0位、Ⅰ位和Ⅲ位还分别带有定位槽。

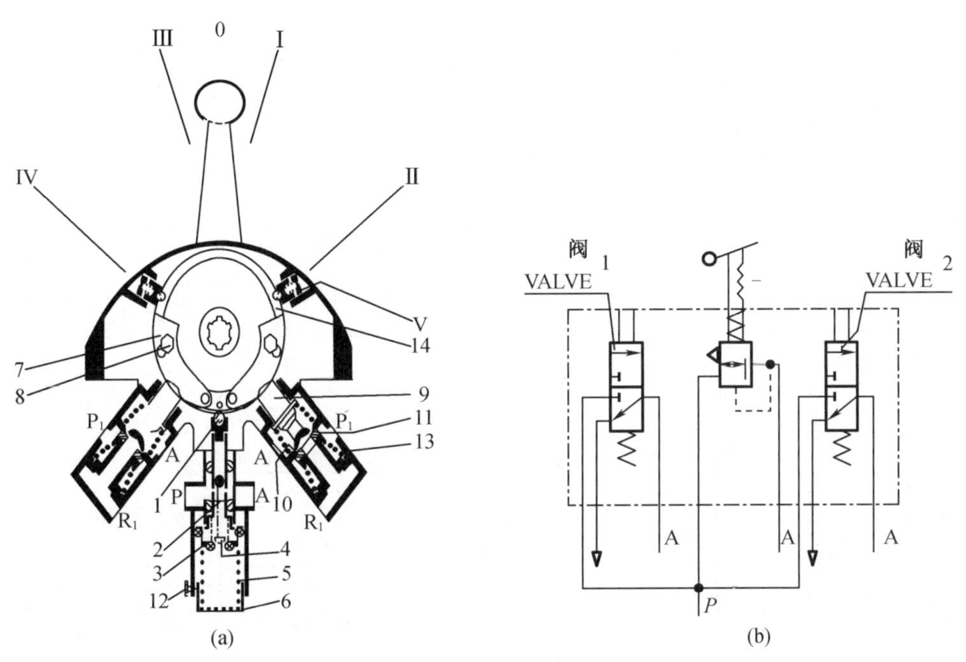

1，9—顶杆；2—进气口；3—调节活塞；4—排气口；5—调节弹簧；6—弹簧底座；7，14—对称凸轮；8—螺钉；10—阀座；11—阀芯；12—锁紧螺钉；13—弹簧。

图4-28 气动遥控车钟的结构原理及逻辑符号图

当手柄位置移动时，手柄将带动对称凸轮7驱动顶杆1。若顶杆1下移，则会使排气口4关闭，进气口2打开，压缩空气从P口流向A口，并在A口处建立起一定的压力，这个压力使得调节活塞3克服调节弹簧5的弹力而向下移动，一旦作用在调节活塞3上的力(气压×活塞面积)和与其相对应的调节弹簧5的弹力相平衡，则进气口和排气口将关闭。如果这个力的平衡状态通过顶杆1的位移变化或A管路的压力下降而打破，则进气口和排气口相应地打开和关闭，直到一个新的平衡状态重新建立起来为止。手柄偏离停车位置的位移越大，顶杆1被压下的位移越大，使得精密调压阀的输出压力(即转速设定值)与手柄位置呈一一对应关系。

手柄移动时，还通过对称凸轮14带动两个二位三通换向阀发送转向(前进/后退)命令。当手柄处于0位时，阀芯11在弹簧13的作用下压紧阀座10，压力口P_1截止，接口A与排气口R_1相通，输出压力为零；当手柄处在位置Ⅰ~Ⅱ或Ⅲ~Ⅳ时，对称凸轮14带动顶杆9移动，切断A与R_1之间的通路，并使阀芯11从阀座10离开，从而使P_1和A接通，输出正车或倒车换向信号。一旦手柄回到0位，弹簧13使阀芯11重新回到阀座10，接口A重新与排气口R_1相通，而压力口P_1截止。

(2)电动遥控车钟

电动遥控车钟种类繁多,按照不同的分类方法可分为模拟量车钟和数字量车钟,或分为有级调速车钟和无级调速车钟。

图4-29所示为一种电位器式无级调速转速指令发送器,其中图4-29(a)为结构原理,图4-29(b)为输出特性曲线。它可用于定距桨船舶的换向逻辑信号、主机转速设定值和变距桨船舶的螺距设定信号等车令的发信。

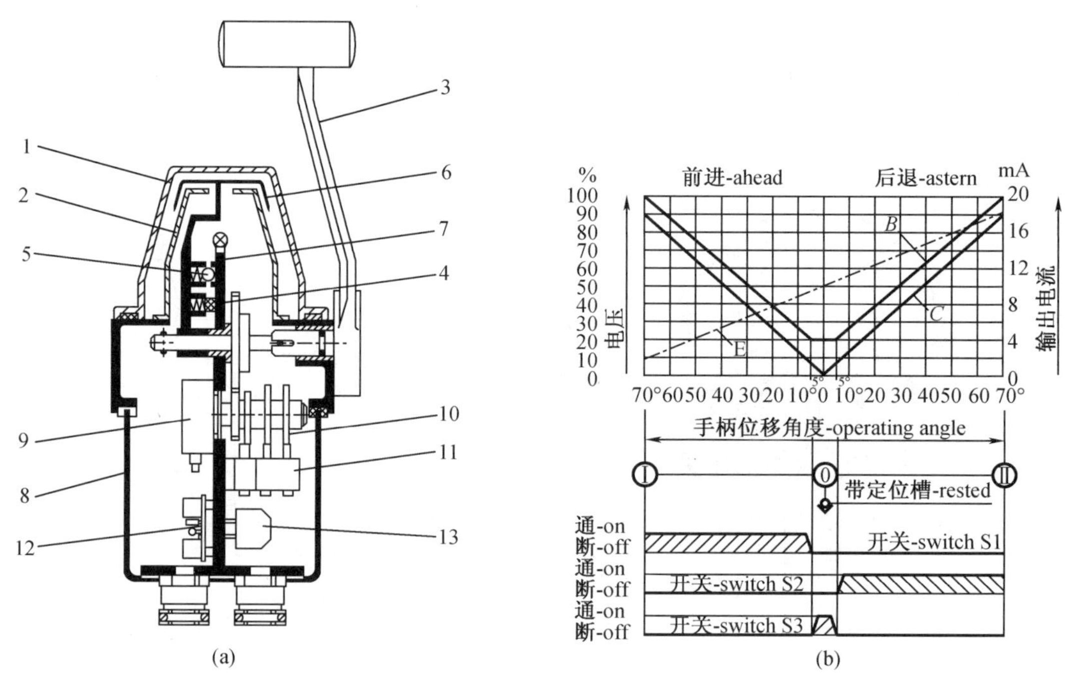

1—外壳;2—内壳;3—操作手柄;4—锁紧装置;5—定位槽;6—指针;7—电路板;
8—金属保护罩;9—电位器;10—凸轮;11—微动开关;12—放大器电路;13—接线端子。

图4-29 指令发送器结构原理和输出特性曲线

指令发送器由透明的外壳1和带照明装置的刻度盘组成,操作手柄3在停车位置由定位槽5定位,并可通过摩擦锁紧装置4在任意位置锁紧,手柄位置由刻度盘指针6指示。电位器9、微动开关11、放大器电路12和接线端子13等电器元件安装在垂直设置的电路板7上。指令发送器的上部采用防水密封设计,金属保护罩8用于保护装入控制台后处在控制台台面以下的部分。

操作手柄3移动时,其角度位移将通过一个无间隙传动的齿轮机构传递到电位器9,而这个位移角度正好与可变螺距螺旋桨的螺距及发动机转速的给定值相对应。电位器的输出可以是0~5 kΩ的电阻值,也可以是经放大器电路12转换后的4~20 mA信号或0~10 V的电压信号,其输出特性分别如图4-29(b)中A、B和C曲线所示。这些模拟量信号可根据遥控系统的需要用作螺距设定值或主机转速设定值。另外,凸轮也和手柄一起移动,它控制微动开关11给出“前进”“后退”和“停止”等逻辑信号,各开关的通断如图4-29(b)下部所示。

3. 车钟系统组成及操纵部位的转换

在主机遥控系统中,可以在驾驶台操纵主机,也可以在集控室操纵主机,而且在遥控失灵的情况下,还可在机旁应急操纵主机。在上述三个操纵部位中,机旁操纵的优先级最高,其次是集控室,驾驶台操纵的优先级最低。为了确保安全,避免因操纵部位转换而产生扰动,在正常情况下,驾驶台和集控室之间的操纵部位转换要满足如下两个条件。

①集控室遥控车钟发出的正车、倒车或停车车令必须与驾驶台遥控车钟发出的正车、倒车或停车车令一致,否则操纵部位切换阀将被连锁机构锁定而无法切换,这一条件是驾驶台和集控室之间的操纵部位转换必须满足的条件。

②集控室遥控车钟发出的转速设定值必须与驾驶台遥控车钟发出的相等,否则切换中因车令设定转速改变而使主机转速变化,产生切换扰动,但这一条件不是必备的条件。

这里以 AutoChief－4 型主机遥控系统的车钟系统为例说明一个实际车钟系统的结构组成及其工作原理,其系统结构如图 4－30 所示。该系统采用微机控制,由驾驶台车钟、集控室车钟和机旁应急车钟组成,相互间通过串行通信进行信息联络。驾驶台和集控室的主车钟采用手柄操作,机旁主车钟为按键操作,三地副车钟均为按键操作。驾驶台车钟还能将车令信息发送给主机遥控系统(remote control system)的驾驶台控制单元,以便在驾驶台操作时,通过遥控系统直接控制主机。此外,车钟系统还连接一台车令打印机,对车令信息进行打印记录。

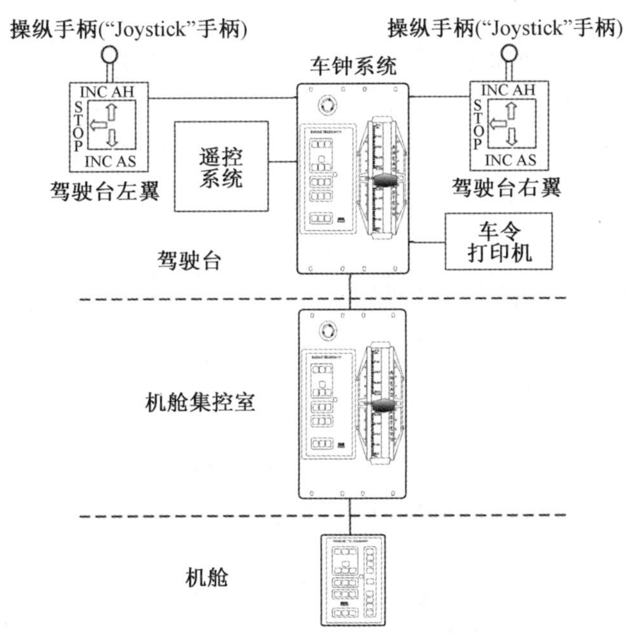

图 4－30 车钟系统结构框图

一般来说,驾驶员都是在驾驶台内直接通过驾驶台车钟对主机进行操作,但对于大型船舶而言,通常还需要在驾驶台的左右舷设置侧翼操作手柄,其目的是便于船舶离靠码头时的机动操作。侧翼操作的实现大体有两种方案,一种是在左右舷各设置一个与驾驶台内完全一样的车钟手柄，它们可以完全独立地发送各种车令信号，具有完全独立操纵主机的功能；另一种就是像图4－30所示的那样，在侧翼操作台设置“Joystick”手柄（香蕉柄）。“Joystick”手柄必须通过驾驶台的车钟系统间接完成车令发送任务，它通过控制三个微动开关的动作给出三个开关量车令信号，向前推给出“正车加速”（increase ahead）车令信号，向后拉给出“倒车加速”（increase astern）车令信号，松手回中给出维持当前转速车令信号，向左扳给出“停车”（stop）车令信号。这三种车令信号通过伺服电机和齿轮机构驱动驾驶台车钟手柄机构向正倒车方向转动，车钟手柄机构再带动其下设的精密转速设定电位器，实现转速调节和压动正倒车微动开关给出正倒车车令信号。而驾驶台转速设定电位器的实际转速设定信号被反馈到左右舷车钟手柄操纵台上的转速设定复示表（setpoint repeator），供操作者参照操作。应该指出的是左右舷车钟手柄主要是用于离靠港时控制主机在“微速”以下的机动运行，采用“Joystick”手柄是可以有效地满足此种用车操纵要求的。

驾驶台车令信号的具体转换、传送过程如图4－31所示。从图中可以看出，转速车令发信器是一个5.0 kΩ的电位器（最大倒车值0.5 kΩ、停车值2.5 kΩ、最大正车值4.5 kΩ），也就是车钟手柄的每一个位置都将对应一个准确的电阻值，这个电阻值信号经驾驶台控制单元的微处理器转换成400～3 900的与主机转速设定值相对应的数字信号，然后通过串行通信接口送到集控室控制单元，集控室控制单元对转速设定值进行转速限制等处理后，通过数/模转换器转换成4～20 mA的电流值，送到集控室DGS8800e数字调速器系统，数字调速器系统输出－10～10 V信号到数字伺服放大器，控制执行电机调节给油量，从而实现了在驾驶台对主机转速的控制。

在驾驶台遥控时，主车钟除了控制主机转速之外，还要能控制主机的转向，即能进行主机的换向、启动或停车操作，这些逻辑命令是通过设置在车钟内部的正车和倒车微动开关来实现的。车令手柄除了带动车令电位器，还带动正车微动开关和倒车微动开关。这两个开关量信号经驾驶台控制单元和串行通信接口送到集控室控制单元，由集控室控制单元对主机进行相应的逻辑控制。例如，在驾驶台操作状态下，当手柄处在停车位置时，正车微动开关和倒车微动开关均断开，集控室控制单元将这一输入状态转换成主机停车命令，并通过输出接口电路实现主机停车。

当把主机的操作部位“驾控－集控”转换装置转到集控室遥控操作后，这时驾驶台主车钟的遥控功能将被取消，但仍然保留有传令车钟的功能。在集控室操作状态下，驾驶台车钟的发信信号经车钟报警控制箱发送到集控室车钟和机旁车钟，集控室车钟和机旁车钟挡位指示灯自动跟踪到驾驶台车钟手柄位置。集控室车钟发信信号经车钟报警控制箱发送到驾驶台车钟，驾驶台车钟的挡位指示灯自动跟踪到集控室车钟手柄位置，并在车钟手柄位置与跟踪指示灯位置不一致的情况下，发出错位报警，直至车钟手柄位置与跟踪指示灯的位置一致为止。在集控室操作时，集控室车钟除了完成对驾驶台车钟的回令外，还兼有换向操作的功能。这一功能是靠装在车钟下面的正车和倒车气动阀件实现的，这样就可在用集控室车钟复令的同时完成主机的换向操作。

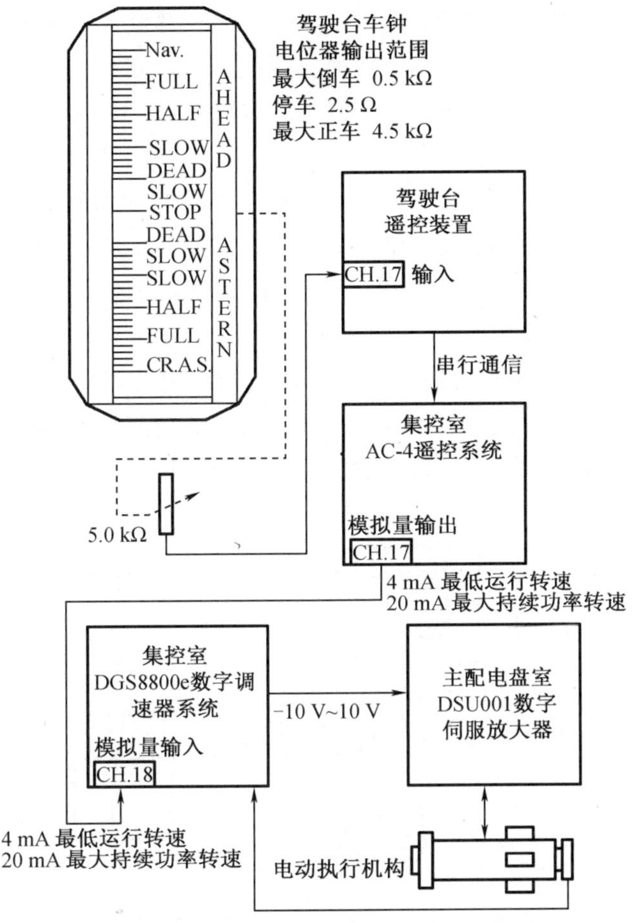

图 4－31 驾驶台车令信号的具体转换、传送过程

在机旁应急操作状态下，驾驶台车钟发信的车令信号经车钟报警控制箱发送到机旁车钟和集控室车钟，机旁车钟和集控室车钟的挡位指示灯自动跟踪到驾驶台车钟手柄位置。机旁车钟发信信号经车钟报警控制箱发送到驾驶台车钟，驾驶台车钟的挡位指示灯自动跟踪到机旁车钟回令按钮位置，并在车钟手柄位置和车钟回令按钮位置与跟踪指示灯位置不一致的情况下，发出错位报警，直到位置一致为止。

在驾驶台遥控操作状态，驾驶台车钟发信信号经车钟报警控制箱发送到集控室车钟和机旁车钟，并返回到驾驶台车钟，使驾驶台车钟、集控室车钟和机旁车钟的随动指示灯自动跟踪到驾驶台车钟手柄位置。在驾驶台改变车钟位置时（驾驶台车钟的随动指示灯尚未跟上驾驶台车钟手柄位置），会发出短暂的错位报警声。

三、主机加减速速率限制和程序负荷

主机加减速程序是指主机在加减速过程中应遵循的加减速规律。为了使车钟所发出的车令转速信号能符合主机的加减速规律，必须对车令转速进行预处理。即在低速区，允许主机快些加速或减速，不限制车令转速的变化速度；而在中速区，对车令转速进行加速速率和减速速率的限制；在高速区，如在 70% 额定转速以上再加速时，则按主机负荷变化规律,对车令转速进行程序加速和减速。为此,遥控系统中都设置了加减速速率限制环节和程序负荷环节,以便把车钟所设定的车令转速分段按预先调定好的速率发送出去。在应急情况下,可手动操作取消程序负荷限制,实现快加速或快减速。

1. 加速速率限制

加速速率限制是指主机在低负荷区加速时,对主机转速增加速率的限制。在气动遥控系统中,加速速率限制一般是由分级延时阀实现的,如图 4 - 32 所示。当车令与转向一致时,$S=1$,阀 A 右位通,实现了启动油量和运行油量的切换,车令设定的转速信号经阀 A 右位、分级延时阀 B 向气容 C 充气,当设定转速低于额定转速的 30% 左右时,该信号不经阀 B 的节流,直接向气容 C 充气,主机转速可迅速升高。当设定转速高于额定转速的 30% 以上时,该信号要经阀 B 的节流再向气容 C 充气。这时,主机转速的增加就会稍慢一些。减速时气容内压力信号不经阀 B 节流而直接通减小了的设定信号,实现快减速。

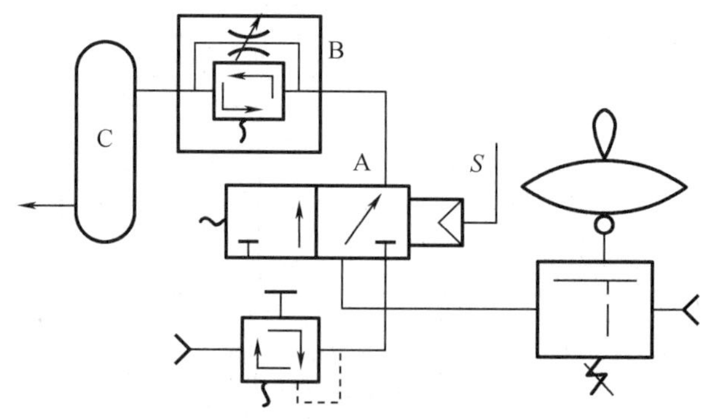

图 4 - 32 气动加速速率限制环节

在电动遥控系统中,加速速率限制环节的形式是多种多样的。图 4 - 33 示出了一种电动无触点遥控系统的加速速率限制方式。图中,运算放大器 A_1 接电压比较器,其同相端和反相端分别接转速设定信号 U_{11} 和该加速速率限制环节的输出信号 U_{01}。A_2 是接负反馈的运算放大器,其反相端电压总是高于同相端电压 U_{01},故运算放大器 A_2 始终输出 0 信号。在加速时,由于 $U_{11}>U_{01}$,A_1 输出 1 信号,电子开关 SW 闭合于(1 - 15),标准电压 V_R 经电阻 R_5 向电容 C 充电,电容上电压 U_{01} 按指数曲线不断增大。由于 A_1 是接正反馈的电压比较器,A_1 在输出 1 和 0 时,A_1 同相端的电压是不同的,故使 A_1 输出状态发生变化的输入值就存在一个回差,其上、下限值分别用 U_{1H} 和 U_{1L} 表示。所以当输入 $U_{01}>U_{1H}$ 时,A_1 输出 0 信号,电子开关 SW 由(1 - 15)断开合于(2 - 15),切断了电容充电回路,接通放电回路,随着放电的进行,U_{01} 不断降低,当 $U_{01}<U_{1L}$ 时,A_1 再翻转输出 1 信号,V_R 经 R_5 向电容 C 充电,由于 U_{1H} 与 U_{1L} 之间回差不大,故 U_{01} 可在 U_{11} 附近达到一个动态的平衡。减速过程与加速过程相同。调整电容 C 充放电的时间常数,可调整加减速的速率,调整电阻 R_5 的电阻值大于 R_6 和 R_7 的电阻值,可实现慢加速、快减速。

图 4 - 33 中,$\bar{I}_{ST}$ 是停车指令。有停车指令时 $\bar{I}_{ST}=0$,与门 G_1 输出 0 信号,U_{01} 不经减速速率限制,直接输出接近 0 V,这是停车限制。有倒车指令时 $I_S=1$,非门 G_2 输出 0 信号,由

电位器 P 调定一个最大的倒车转速。在倒车运行时，U_{01} 是不能超过最大倒车转速的，这就是倒车最大转速限制。U_{SS} 是启动油量信号，当有开车指令时 $\bar{I}_{ST}=1$ 且主机处于启动状态时，因 $U_{11}>U_{01}$，开关 SW 合于(1-15)，U_{SS} 经电压跟随器 A_3 直接向电容 C 充电，使 U_{01} 能迅速达到启动油量所对应的电压信号。启动成功后撤销 U_{SS} 信号，U_{01} 将逐渐达到转速设定值 U_{11}。

2. 程序负荷

(1)气动程序负荷回路

当主机转速达到额定转速的 70% 以上时它已进入了高负荷区，主机已经承受了很高的机械负荷和热负荷。此后的加速过程必须严格加以限制，防止超负荷。在高负荷区内，保持加速速率限制的加速尚嫌过快，故必须设置一个特殊的时间程序，使之慢慢加速，即为程序负荷。

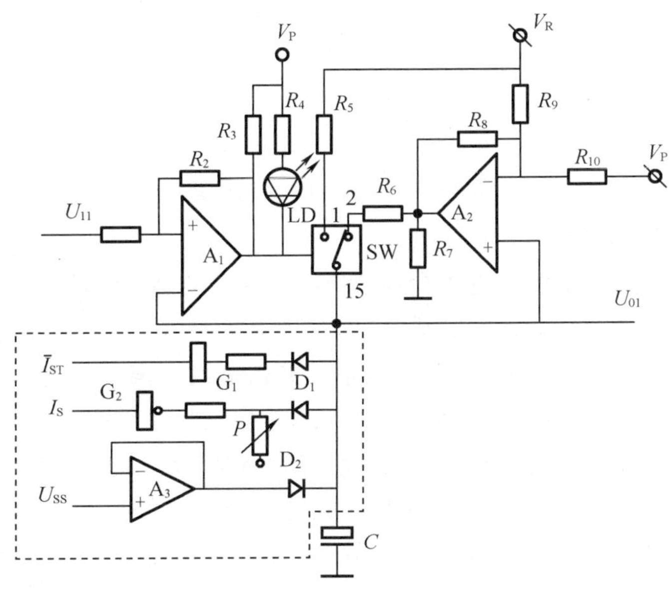

图 4-33 电动加速速率限制环节

在气动遥控系统中，程序负荷一般是通过节流元件与气容组成的惯性环节来实现的，如图 4-34 示。图中阀 2 是程序负荷设定调压阀。它的最大输出是程序负荷开始转速值所对应的气压信号，当输入信号小于这个调整值时，输出与输入相等。P_i 是车令设定转速值所对应的气压信号，当该信号小于程序负荷开始的转速(如额定转速的 70%)时，只经分级延时阀 1 的节流，通过阀 2 向气容 6 充气。气容内的压力升高较快，再经比例阀 7 送至调速器转速设定波纹管，这就是加速速率限制。当车令设定转速大于程序负荷开始转速时，P_i 不仅要经分级延时阀的节流，还要经单向节流阀 3 的节流，再经节流选择阀 4 的上位向气容 6 充气。气容内压力升高较慢，如图 4-34(b)中 c 线所示。从港内全速到海上全速大约需要 25 min，称为快程序。如果把节流选择阀转至下位通，则单向节流阀 3 的输出还要经节流阀 9 的节流，这时气容内压力升高很慢，如图 4-34(b)中 c' 线所示。其程序负荷时间大约需要 55 min，称为慢程序。选择何种程序取决于操作者的要求和主机的承受能力。在应急操纵的情况下，电磁阀 8 通电右位通，分级延时阀输出的信号直接向气容充气，取消程序负荷,按加速速率限制可把主机的转速一直加速到海上全速,其加速过程如图 4 – 34(b)中的 e 线所示。在减速时,气容内的气压信号经速放阀 5 就地泄放,因不经阀 1 和 3 的节流,实现快减速,如图中斜线 d 所示。

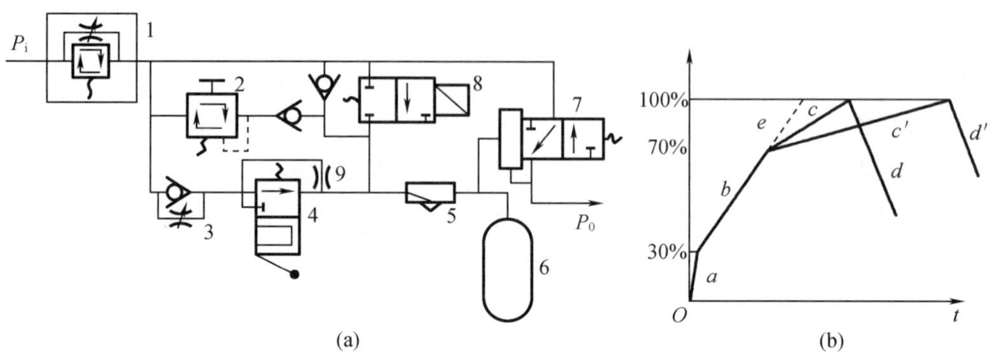

1—分级延时阀;2—程序负荷设定调压阀;3—单向节流阀;4—节流选择阀;5—速放阀;6—气容;7—比例阀;8—电磁阀;9—节流阀。

图 4 – 34　气动程序负荷回路

(2)电动程序负荷回路

程序负荷主要用于离港时从港内全速(70%)到海上全速(100%)的加速控制,以及进港时从海上全速到港内全速的减速控制。图 4 – 35 是一种电动主机遥控系统的程序负荷原理框图。它与其他遥控系统不同,程序加减速控制需借助于离港与进港按钮方可实现,但实现方法与其他电子遥控系统一样,采用计数式程序负荷控制。图 4 – 35 中,频率控制回路根据进港与离港信号来选择时钟脉冲发生器的定时回路,以控制其输出相应频率的脉冲作为程序计数器的计数脉冲。程序计数器在加减速控制回路的控制下,在加速时做减数计数,在减速时做加数计数。而程序计数器输的二进制计数值还需经 D/A 转换器转换成相应的电压 U_{LP},然后再由选小器将 U_{LP} 与车令设定转速 I_n 进行选小,使主机的设定转速在离港或进港时按预先调定的程序负荷速率加速或减速。

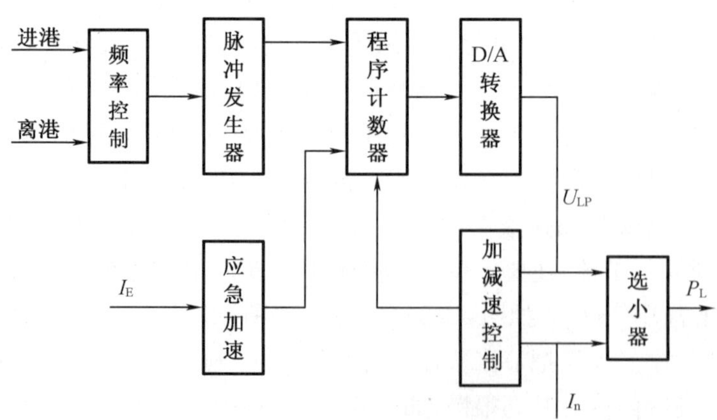

图 4 – 35　程序负荷原理框图

四、转速限制

转速限制是指限制送到调速器的转速设定值,以此来限制主机的运行转速。设置转速限制的目的是使车钟发出的车令设定转速能符合主机的操作要求,保证主机不在临界转速区域内运行,不在低于最低稳定转速以下运行,以及不在高于主机最大允许转速上运行。

1. 最大转速和最低稳定转速等限制

(1)轮机长最大转速限制

轮机长最大转速限制是指正常运行时,自动将主机的最大运行转速限制在轮机长所设定的最大允许转速值,并在应急情况下,可通过应急操纵指令取消限制。

轮机长最大转速限制回路如图 4-36 所示,图中,A_4、A_6 和 R_5 构成一个选小器;P_3 为轮机长最大允许转速设定电位器;U_S 为车令设定转速值;I_E 为应急操纵指令。在正常运行时 $I_E=0$,G_1 输出低电平,A_6 输入由 P_3 与 R_7 分压后得到最大允许转速值 U_m。当车令设定转速值小于最大允许转速值时,即 $U_S<U_m$,则选小器选择车令设定转速作为输出,$U_O=U_S$,无限制作用。当车令设定转速值大于最大允许转速值时,即 $U_S>U_m$ 时,选小器选择轮机长设定的最大允许转速值作为输出,$U_O=U_m$,从而将主机转速限制在轮机长所设定的最大转速值。调大 P_3 的电阻值,主机的最大允许转速值 U_m 会减小。有应急操纵指令时 $I_E=1$,G_1 输出高电平,使 A_6 的输入电压 U_m 提高到近似电源电压,选小器选择车令设定转速 U_S 作为输出,从而取消限制。

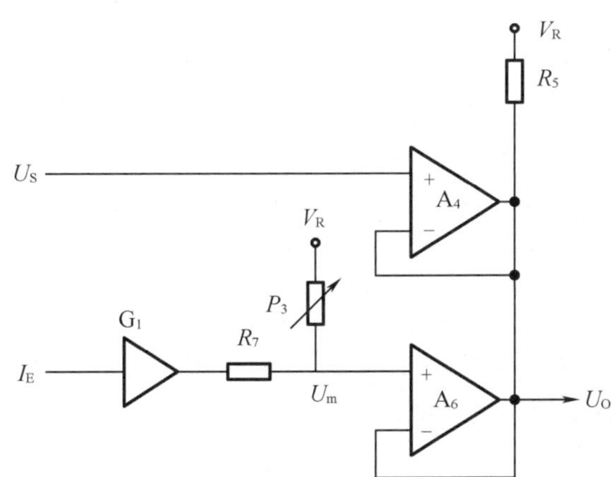

图 4-36 轮机长最大转速限制回路

(2)最低稳定转速限制

最低稳定转速限制是指当车钟手柄设定的转速在最低稳定转速以下时,能保证主机在最低稳定转速上运行,防止主机运行不稳定,甚至停车。

最低稳定转速限制回路如图 4-37 所示。图中,A_9、A_{10}、D、R_{14} 和 R_{15} 构成一个选大器。电位器 P_5 可调整最低稳定转速限制值 U_{min}。该限制回路的输入 U_O 来自上述选小器的输出,就是车令设定转速值。当 $U_O>U_{min}$ 时,A_9 工作在电压跟随器状态,输出 $U_{11}=U_O$。这时,因为 A_{10} 输出电压小于 U_{11},所以二极管 D 截止(使 A_{10} 工作于电压比较器状态,输出为

0)。选大器选择 U_O 作为输出,无限制作用。当车令设定转速小于最低稳定转速限制值时,$U_O < U_{min}$,则 A_{10}输出增大,使二极管 D 导通。于是,A_{10}从电压比较器状态转为电压跟随器,使 $U_{11} = U_{min}$。此时,A_9 的同相端输入电压小于反相端端电压,其输出减小。因为 A_9 与 A_{10}为推挽输出运算放大器,而且 A_9 输出经电阻 R_{14}与 U_{11} 相连,所以,A_9 输出的电压全部降在 R_{14}电阻上,使 A_9 的负反馈作用消失,由电压跟随器转为电压比较器。U_{11}将受到 A_{10}的钳位作用而保持在 U_{min},从而将主机转速限制在最低稳定转速上。

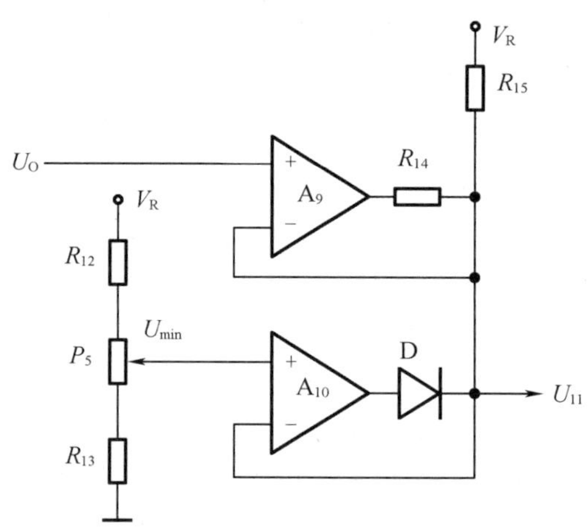

图 4-37　最低稳定转速限制回路

(3)最大倒车转速限制

最大倒车转速限制是防止因倒车车令设定转速值太大而使倒车转速太高的限制,由于螺旋桨倒转时的阻力大于正转阻力,主机倒转时,如仍将其转速调整在正转最大转速,就会导致主机超负荷。为了保证主机的安全,主机遥控系统都设有最大倒车转速限制功能。详见图 4-33 示出的电动无触点遥控系统加速速率限制环节。

(4)故障降速转速限制

故障降速转速限制是指当主机发生某些故障时,主机降速到所允许的低转速值。在有应急操纵指令时,将取消故障降速功能,不允许主机降速。

2. 临界转速的回避

柴油机轴系都有其固有的自振频率,当外界强制干扰频率(主机转速)与其自振频率相同时,将引起共振。在柴油机全部工作转速内可能有两个或两个以上共振区,其中最大的共振区称为临界共振区,所对应的主机转速叫临界转速。主机在临界转速区工作时,产生的扭转振动应力将超过材料的允许应力,造成曲轴的扭伤或折断,或者造成组合式曲柄组合件的相对滑移。因此,柴油机在运行期间必须避开临界转速区。其原则是不在临界转速区内运行及快速通过临界转速区。临界转速自动回避的方式有三种:一是避上限,当车令转速设定在临界转速区时,遥控系统能自动使主机在临界转速的下限值运行;二是避下限,当车令转速设定在临界转速区时,遥控系统能自动使主机在临界转速的上限值运行;三是避上、下限,加速时避下限,减速时避上限,但有些遥控系统正相反,即加速时避上限,减速时避下限。在实际应用中，为使该环节结构简单，多采用避上限方式。

（1）气动临界转速回避回路

在气动遥控系统中，临界转速的回避是用气动阀件组成的逻辑回路实现的，其工作原理如图 4－38 所示。图中阀 1，3 是调压阀，输入信号小于调定值时，输出等于输入。当输入信号大于调定值时，其输出保持调定值不变。阀 1 调定值为临界转速的下限值 P_a；阀 3 调定值是临界转速的上限值 P_b；阀 2 是双气路控制的二位三通阀；P_S 是转速设定值。

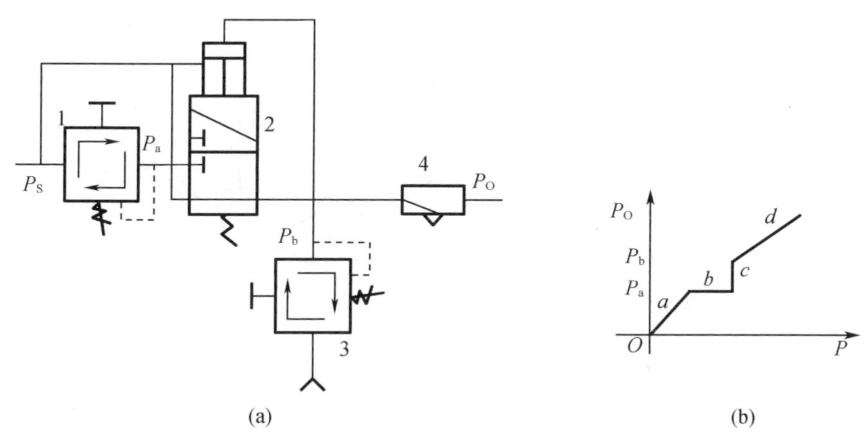

1，3—调压阀；2—二位三通阀；4—速放阀。

图 4－38　气动临界转速回避回路

该回路是按避上限方式工作的。当转速设定值小于临界转速下限值时，阀 1 输出 P_S，阀 2 上位通。P_S 经阀 1、阀 2 上位和速放阀 4 输出，$P_O = P_S$，如图 4－38（b）中临界转速回避特性的 a 线所示。当转速设定在临界转速区时，$P_S > P_a$，阀 1 输出 P_a 不变，阀 2 上位通不变，$P_O = P_a$，主机在临界转速下限值运行，如图 4－38（b）中 b 线所示。当设定转速 P_S 大于临界转速上限值时，阀 2 下位通，输出 P_O 由临界转速下限值立即跳变到大于临界转速上限值的 P_b，可快速通过临界转速区，然后输出随 P_S 而变，如图 4－38（b）中 c 和 d 线所示。同理，在减速时，当 $P_S > P_b$ 时阀 2 下位通，$P_O = P_S$。而当 $P_a < P_S < P_b$ 时，即转速设定在临界转速区时，阀 2 上位通，P_S 截止，$P_O = P_a$。$P_S < P_a$ 时，$P_O = P_S$。所以在减速时也是避上限，且可快速通过临界转速区。

（2）电动临界转速回避回路

图 4－39 所示为一种常用的电动临界转速回避回路，它主要由电压比较器和选小器组成。图中 A_3、A_4 和 R_5 构成一个选小器；A_1 为电压跟随器；A_2、A_5 为电压比较器；电位器 P_1 设定临界转速的上限值 U_{P1}，P_2 设定临界转速的下限值 U_{P2}。U_S 是车令设定转速值，一路送入 A_4 的同相端选小，另一路经 A_1 缓冲后送到 A_2 的同相端，与临界转速上限值 U_{P1} 比较。

当车令设定转速小于临界转速下限值时，$U_S < U_{P1}$，则 A_2 输出 0。使 P_2 与 R_4 分压后得到一个相当临界转速下限值的电压 U_{P2} 送到 A_3 的同相端选小。这时，因为 $U_S < U_{P2}$，所以选小器选择车令设定转速值 U_S 作为输出，如图 4－39（b）中临界转速回避特性的 a 线所示。同时，A_5 输出高电平，临界转速限制发光二极管 LD 不亮。当车令设定转速处于临界转速

区，$U_{P2}<U_S<U_{P1}$，U_S 仍小于 U_{P1}，A_2 保持输出 0。这时由于 $U_S>U_{P2}$，因此选小器选择临界转速下限值 U_{P2} 作为输出，即 $U_O=U_{P2}$，把主机转速自动限制在临界转速的下限值，如图 4－39(b)中 b 线所示。因 $U_S>U_{P2}$，所以 A_5 输出低电平，使临界转速限制发光二极管 LD 点亮。当车令设定转速大于临界转速上限值时，使 $U_S>U_{P1}$，A_2 翻转输出高电平，将 U_{P2} 提高至接近电源值 V_P，使它大于 U_S，于是选小器又选择车令设定转速 U_S 为输出，使选小器输出从临界转速下限 U_{P2} 立即跳变到上限 U_{P1}，快速通过临界转速区，然后输出随 U_S 而变，如图 4－39(b)中 c 和 d 线所示。同时，A_5 又输出高电平，使发光二极管 LD 熄灭。

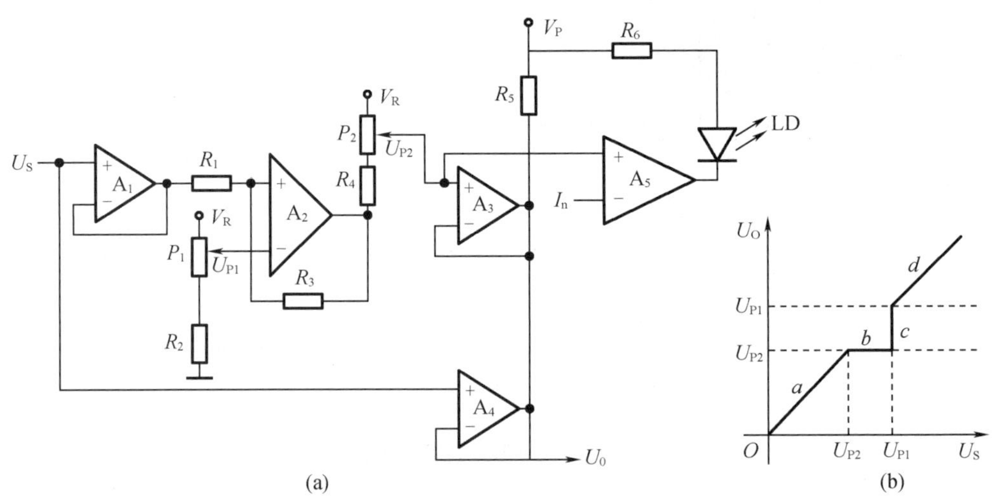

图 4－39　电动临界转速回避回路

五、负荷限制

负荷限制用来限制主机的供油量，防止主机超负荷，故又称燃油限制。由于主机转速控制系统是根据偏差转速来控制主机供油量的，当螺旋桨吸收功率增加使主机转速降低，给定转速增大时，为了快速地把主机转速调节到给定转速，有可能使主机供油量增加过多或过快，造成热负荷与机械负荷超载。为此，必须对主机供油量进行限制，以确保主机安全。负荷限制包括转矩限制、增压空气压力限制和最大油量限制等。

负荷限制实现的方法根据调速器类型的不同而异，对于 PGA 等液压调速器，负荷限制的功能均在调速器内部实现；对于数字调速器，均由软件实现；对于采用集成电路的电子调速器，则采用电路实现。前面两种情况在此不予讨论，下面介绍采用电路实现的各种负荷限制方法。

1. 转矩限制

转矩限制的目的是限制主机的机械负荷和热负荷，防止主机超负荷运行。主机的转矩过大是由主机在某一转速下的喷油量过多造成的。因此，转矩限制普遍采用通过转速来限制油量的方法。在实际中，常采用按设定转速限制油量和按实际转速限制油量两种方法。目前，采用设定转速限制油量的方法用得较多，它按设定转速的大小来限制主机的最大允许供油量。

图 4－40 所示为一种电动转矩限制回路。图中,电压跟随器 A_2 与调速回路的运放器 A_3 构成选小器。由电位器 P_1 调定的电压值 U_a 是转矩限制的开始转速值,一般为额定转速的 50%～60%。运放器 A_1 的工作模式由 U_S 的大小来确定,当车令设定转速值 U_S 小于 U_a 时,A_1 输出 0 信号,二极管 D_1 截止,A_1 负反馈作用消失,工作于电压比较器状态,电压跟随器 A_2 的同相端电压是由电位器 P_1 调定的 U_a,故 A_2 输出为 U_a,如图 4－40(b)中所示转矩限制特性的 $a \sim b$ 线。当 $U_S > U_a$ 时,A_1 输出增大,当增大到使二极管 D_1 导通时,负反馈回路起作用,A_1 从电压比较器状态转为同相输入的比例运算放大器。随着 U_S 的增大,A_1 输出按比例增大,a 点电位升高,A_2 同相端电压增大,A_2 输出也随之增大,如图 4－40(b)中所示的斜线 $b \sim c$。对应每一个设定转速值 U_S,都有一个对应的最大允许供油量限制值 U_{NM}。因此转矩限制的作用是根据设定转速的大小来限制主机的最大允许供油量。调速回路输出的控制信号是 U_C,主机在加速过程中,只要调速回路输出 $U_C > U_{NM}$,选小器就选择 U_{NM} 作为输出。调整电位器 P_2 可调整比例运算放大器 A_1 的放大系数,若调整 P_2 使其电阻值增大,则放大系数增大,对应某一设定转速,允许的最大供油量会增大。

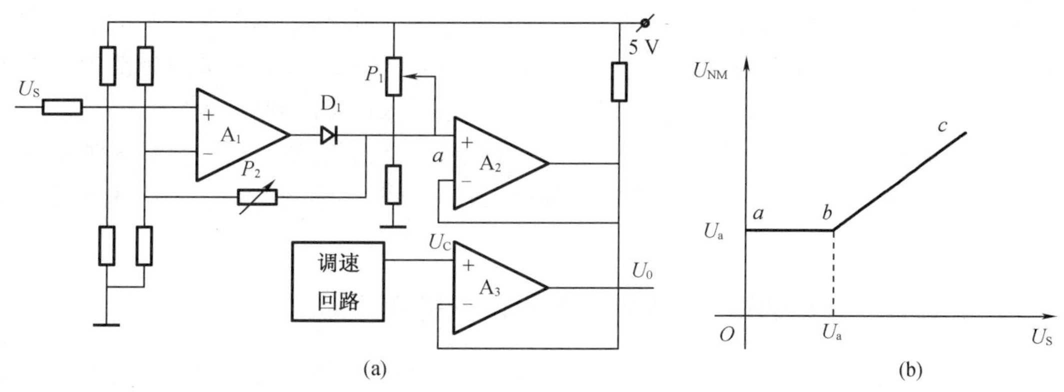

图 4－40 电动转矩限制回路

2. 增压空气压力限制

在加速时,由于增压器的滞后效应,增压空气压力增加往往不够及时。若主机喷油量增加过快,就会造成油多气少,燃烧不完善,导致主机的排气温度过高,热负荷超过允许值。因此,为避免主机加速过程中出现的冒黑烟现象,防止超热负荷,必须按增压空气压力的大小来限制主机的最大允许供油量。

在电动增压空气压力限制环节中,采用和转矩限制环节类似的方法,由运放器输出一个如图 4－41 所示的增压空气压力限制环节输入输出特性电压,送至选小环节参与选小。只要调速器输出电压高于限制曲线,选小环节最大只能输出当前增压空气压力所对应的最大允许供油量。图 4－41 中,U_K 是与增压空气压力成比例的电压值,U_{KM} 为增压空气限制环节的输出,U_M 为最大启动油量限制所对应的电压值。在启动期间,增压空气压力 U_K 较低,限制不起作用,只是最大启动油量限制起作用。启动成功后,U_K 会增大,但只要 $U_K < U_N$,U_M 保持不变。当增压空气压力 $U_K > U_N$ 时,U_{KM} 也按比例增大,主机的允许供油也随之增加。

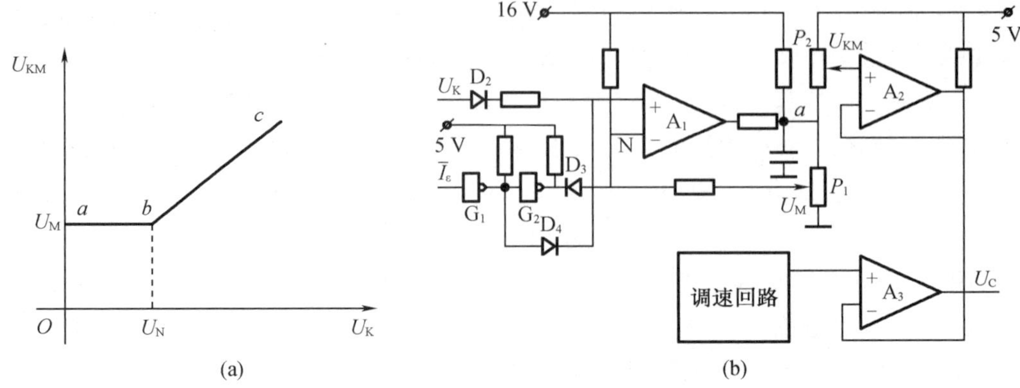

图 4-41　增压空气压力限制环节

在应急情况下，为了使主机快速加速，电路中通常还应设置相应的取消限制功能，当按下应急操纵按钮时，将 U_{KM} 提高到最大值，从而取消了增压空气压力的限制。

3. 最大油量限制

最大油量限制是指轮机长根据海面状况和主机的运行情况，手动限制主机的最大供油量，防止在驾驶台遥控时，可能发生的主机超速和超负荷现象。最大油量限制范围一般为额定油量的 50% ~100% 。在应急操纵情况下，可取消最大油量限制。

最大油量限制的实现电路和轮机长最大转速限制环节相似，所不同的是最大油量限制所限制的是调速器输出的油量信号，而轮机长最大转速限制所限制的是送入调速器转速设定值信号。

六、主机遥控系统的电/气转换装置和执行机构

在电动遥控和用微型计算机进行遥控的系统中，驾驶台发送的转速设定信号是电压信号，这个电压信号经各种转速限制回路的处理后，作为转速给定值送至调速器。对于采用 PGA 型调速器的遥控系统，必须把转速给定值的电压信号转换成气压信号，才能送至调速器的转速设定波纹管以控制主机转速，这就需要一个电/气（E/P）转换装置将电信号转换为相应的气压信号。对于采用电子调速器的遥控系统，调速器输出的油量信号是一个弱电压信号，该信号是不能直接控制对主机的供油量的，必须通过电/液（E/H）伺服器才能拉动主机的油门拉杆。而目前广泛采用的数字调速系统所配的电动执行机构是一套交流伺服系统。下面仅就电/气转换器和电/液伺服器分别阐述其结构组成和工作原理。

1. 电/气（E/P）转换器

电/气转换器类型很多，其中较为常用的一种类型的组成和工作原理如图 4-42 所示。图中，U_S 是转速给定值，接在差动输入运算放大器 A_1 的反相端；P_0 是该电/气转换器输出的气压信号，接至调速器的转速设定波纹管，同时还经压力传感器成比例地转换成电压信号，U_R 接在 A_1 的同相端；U_1 是运放器 A_1 的输出，若 $\frac{P_2}{R_1}=\frac{R_3}{R_2}$，则 $U_1=-\frac{P_2}{R_1}(U_S-U_R)$；G 是脉冲信号发生器，它输出一系列幅值不大的正、负脉冲信号 U_1'；U_2 是放大器 A_2 的输出，假定

$R_4 = R_5$，则 $U_2 = -\frac{R_{f2}}{R_4}(U_1 - U_1')$，$U_2$ 接在触发器 T_1 和 T_2 的时钟脉冲端（CP 端）及复位端（R 端）；T_1 和 T_2 是 D 触发器，它们的输入端 D 均接高电平，它们的输出经功率放大器 A_3 和 A_4 分别驱动电磁阀 M_1 和 M_2。

当输出的气压信号 P_0 相当于转速给定值时，$U_S = U_R$，$U_1 = 0$，$U_2 = U_1'$，其幅值很小，达不到触发器动作电压，触发器 T_1 和 T_2 均处于复位状态，输出低电平，电磁阀 M_1 和 M_2 均断电右位通，气源和放大气口均被截止，气容 C 内的气压信号不变。H 是调压阀，其功能是输出端 3 始终与输入端 2 相等，故 P_0 保持不变。在快加速过程中，U_S 比 U_R 大，U_1 是幅值较大的负极性电压值，不论 U_1' 是正脉冲还是负脉冲信号，U_2 均为幅值较大的正极性电压值，触发器 T_2 保持复位状态。触发器 T_1 的 CP 端由 0 跳变为 1，T_1 输出高电平，电磁阀 M_1 通电，左位通，气源向气容充气，P_0 值不断增大，U_R 也不断增大。当 U_S 与 U_R 差值不大时，U_1 负极性电压值较小，它与 U_1' 负极性脉冲信号叠加后，触发器 T_1 的 CP 端保持 1 信号，T_1 输出保持高电平，电磁阀 M_1 保持通电，而与 U_1' 正脉冲信号叠加后，T_1 的 CP 端由 1 跳变为 0，并对 T_1 复位使其输出为低电平，电磁阀 M_1 断电。可见，在 U_S 比 U_R 大得较多的情况下，电磁阀 M_1 一直通电，气源连续向气容充气。当 U_S 与 U_R 差值较小时，随着 U_1' 正、负脉冲的变化而断续通电，气源断续向气容充气，直到 $U_S = U_R$ 为止。减速时，$U_R > U_S$，当其差值较大时，脉冲信号发生器 G 不起作用，U_2 是幅值较大的负极性电压值。触发器 T_1 复位输出低电平，电磁阀 M_1 断电右位通，气源被截止，不会向气容充气。负极性电压值 U_2 经反相后为 1 信号，使触发器 T_2 的 CP 端由 0 跳变为 1，T_2 输出高电平，电磁阀 M_2 通电左位通，气容经大气口放气，P_0 不断降低。当 P_0 减小到 U_R 与 U_S 差值不大时，U_1 与 U_1' 叠加起作用，使电磁阀 M_2 断续通电，气容 C 断续放气，一直到 $U_R = U_S$ 为止。

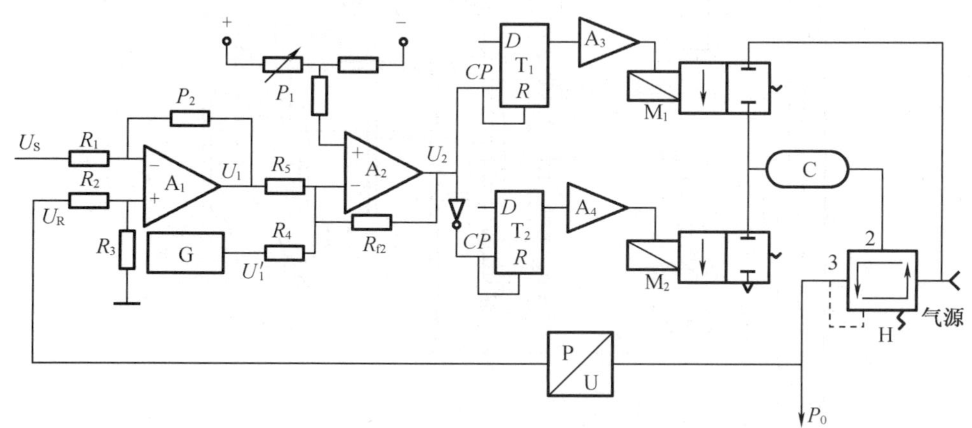

图 4－42 电/气转换器的组成和工作原理

2. 电/液伺服器

在采用电子调速器的遥控系统中，调速器输出的电压控制信号必须进行信号变换才能送至控制油门杆动作的执行机构。少数遥控系统采用气动执行机构去控制油门，在这种控制方式中，需要把调速器输出的电信号转变成气压信号，再送至气动伺服器，此种工作方式这里不再介绍。绝大多数遥控系统采用液压执行机构,它需要把调速器输出的电信号转换成液压信号,经放大后去执行油量调节任务,这就是电/液伺服器。较为常用的是 Hagenuk 电/液伺服器,其组成和工作原理如图 4-43 所示。

在铸铁的箱盖上面装有一台电机 13,它带动主阀 8 高速旋转,同时带动先导泵 14、主泵 15 和平衡泵 16 三个泵工作,先导泵 14 排出的油压经滤器 23 进入由先导阀 4 控制的主阀的上、下路油口 24 和 22。当先导阀 4 处于中间平衡位置时,先导阀上、下控制边缘刚好把油口 24 和 22 打开少许,使其压力油流回低压油柜。这时,主阀 8 处于中间位置,主阀上的凸面封住 A 口和 B 口,主泵打出的高压油被封住在主阀两凸面之间。先导阀与主阀之间的动作关系是主阀始终跟踪先导阀移动,电/液伺服器的工作过程就是依据这一动作特点进行的。

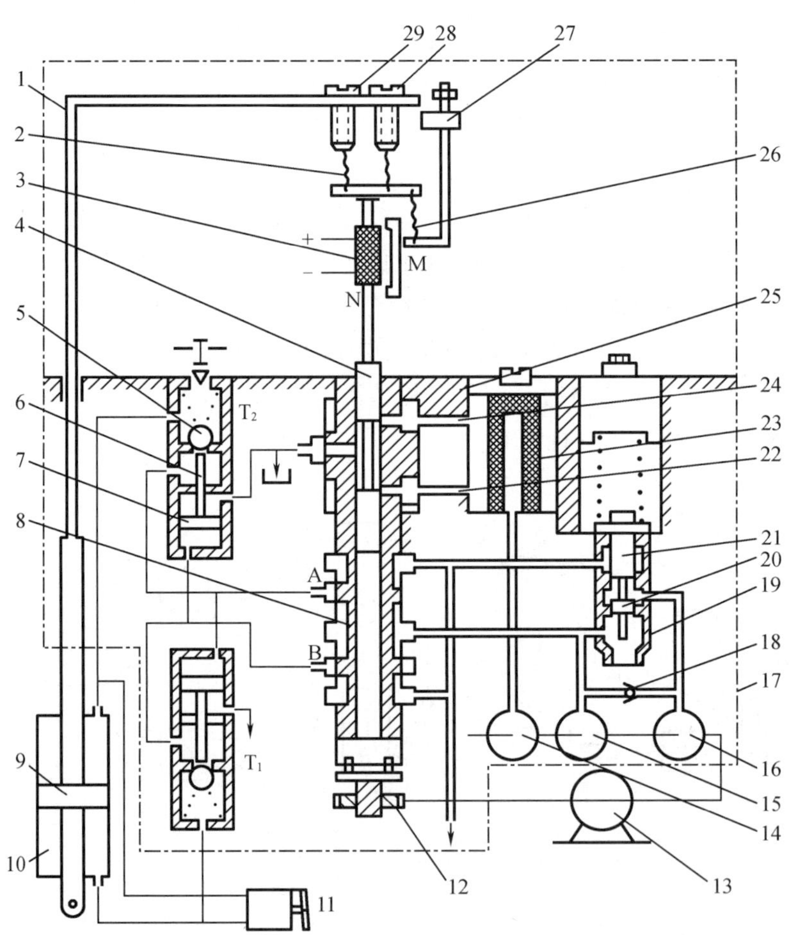

1—反馈杆;2—反馈弹簧;3—线圈;4—先导阀;5—单向阀;6—顶杆;7—活塞;8—主阀;9—伺服活塞;10—伺服油缸;11—旁通阀;12—传动齿轮;13—电机;14—先导泵;15—主泵;16—平衡泵;17—伺服器壳体;18—单向阀;19—油压控制阀;20—活塞;21—滑阀;22—主阀下路油口;23—滤器;24—主阀上路油口;25—阀体;26—调零弹簧;27—调零螺钉;28,29—反馈弹簧调节螺钉。

图 4-43 电/液伺服器的组成和工作原理

电子调速器输出的电压信号,要经过电压/电流(U/I)转换器,把电压信号转换成 0 ~

10 mA 或 4 ~ 20 mA 的电流信号,送至与先导阀连在一起的力线圈 N 中,在永久磁场 M 中载流线圈会产生一个向下的电磁力。这个力与流过力线圈 N 的电流大小成比例。加速时,电流增大,力线圈和先导阀克服反馈弹簧 2 的拉力下移。关闭油口 24,开大油口 22,主阀腔室(24)油压大于腔室(22)的油压,主阀在这一油压差作用下跟踪先导阀下移,直到油口 24 和 22 的开度相等为止。由于主阀 8 下移,A 口与低压油箱相通,B 口通主泵打出的高压油。该压力油顶开连锁阀 T_1 的单向阀进入动力油缸伺服活塞 9 的下部空间。同时,B 口输出的高压油顶开连锁阀 T_2 中的单向阀,使活塞 9 上部空间的油压经 A 口流回低压油箱,动力活塞和活塞杆一起上移,即向加油方向移动,随着活塞的上移,将增大反馈弹簧的拉力使力线圈和先导阀逐渐上移,封住油口 22,开大油口 24,于是主阀又跟先导阀上移。当力线圈受到向下的电磁力与反馈弹簧向上的拉力相等时,力线圈和先导阀又回到中间的平衡位置,这时,主阀也必定跟踪到中央平衡位置,主阀上的两个凸面又把 A 口和 B 口封住,动力活塞不再移动,油门就稳定在新的开度上。减速时,流过力线圈的电流减小,其向下的电磁力减小。在反馈弹簧的拉力下,力线圈与先导阀一起上移,封住油口 22。开大油口 24,使主阀跟踪先导阀上移,直到油口 24 和 22 开度一样为止。主阀上移,B 口与低压油箱相通,A 口通主泵打出的高压油,则动力油缸中活塞 9 连同活塞杆一起下移,减小主机油门降速。活塞杆下移时,减小了反馈弹簧的拉力。当电磁力与反馈力相等时,先导阀又回到中央的平衡位置,主阀也必定跟踪到中央平衡位置,主阀上的两个凸面又封住 A 口和 B 口,动力活塞不再下移,油门开度就稳定在比原来小的位置上。

平衡泵的作用是补充主泵供给的压力油,起稳定压力作用。当力线圈接收一个较大电流变化信号时,A 口和 B 口会有较大的开度,压力油会大量进入动力活塞 9 的上部或下部空间,油压会降低。这时平衡泵打出的压力油顶开单向阀予以补充。在 A 口和 B 口开度很小或全被封住的情况下,主泵打出的油压升高。这时高压油会顶开活塞阀,使一部分油流回低压油箱。

Hagenuk 电/液伺服器在出厂时已经调好,使用时不要轻易扭动有关螺钉。经较长时间使用,确实发现零点和量程不准,方可进行调整。电/液伺服器的零点是指当输入电流为 0 mA(或 4 mA)时,动力活塞所在位置应保证供最低稳定转速油量,若零点不准,可通过调零 27 调整调零弹簧 26,改变力线圈的初始位置来调整。电/液伺服器的量程是指当输入电流为 10 mA(或 20 mA)时,动力活塞所在位置应保证供主机在额定转速下的油量,若量程不准,可通过反馈弹簧调节螺钉 28 和 29 加以调整,增大反馈弹簧的预紧力,负反馈强则量程增大,反之,量程减小。

Hagenuk 电/液伺服器工作是可靠的,但要经常检查油质的变化情况,如果油中含有过量的水、杂质、氧化物等,或油温太高,都会引起运动部件的磨损,造成控制失常或转速波动等现象。最好每年对电/液伺服器清洗一次,并更换新油。换油时要注意油的品种是否正确,且把陈油除净,绝对不允许混用两种不同的油。

任务五　主机遥控数字调速系统

DGS8800e 数字调速系统是由计算机控制的全数字式调速系统，它具备全制式液压调速器的所有功能，能满足低速长冲程柴油机的所有调速任务，既适于定螺距系统（fixed pitch propeller，FPP）又适于可变螺距系统（controllable pitch propeller，CPP）。

一、DGS8800e 数字调速系统结构组成

1. 调速系统的结构组成

DGS8800e 数字调速系统主要由 DGU8800e 数字调速单元、DSU001 数字伺服单元、TRAFO 001 变压器、ELACT001 执行马达、转速检测装置和扫气压力传感器等部分组成。图 4－44 给出了它们之间的相互关系。

（1）DGU8800e 数字调速单元

DGU8800e 数字调速单元一般镶嵌于集控台的立面上，它包含两个独立完整的微机子系统，分别用于主机转速调节和执行机构的输出定位。两个子系统共用一个控制面板，如图 4－45 所示。

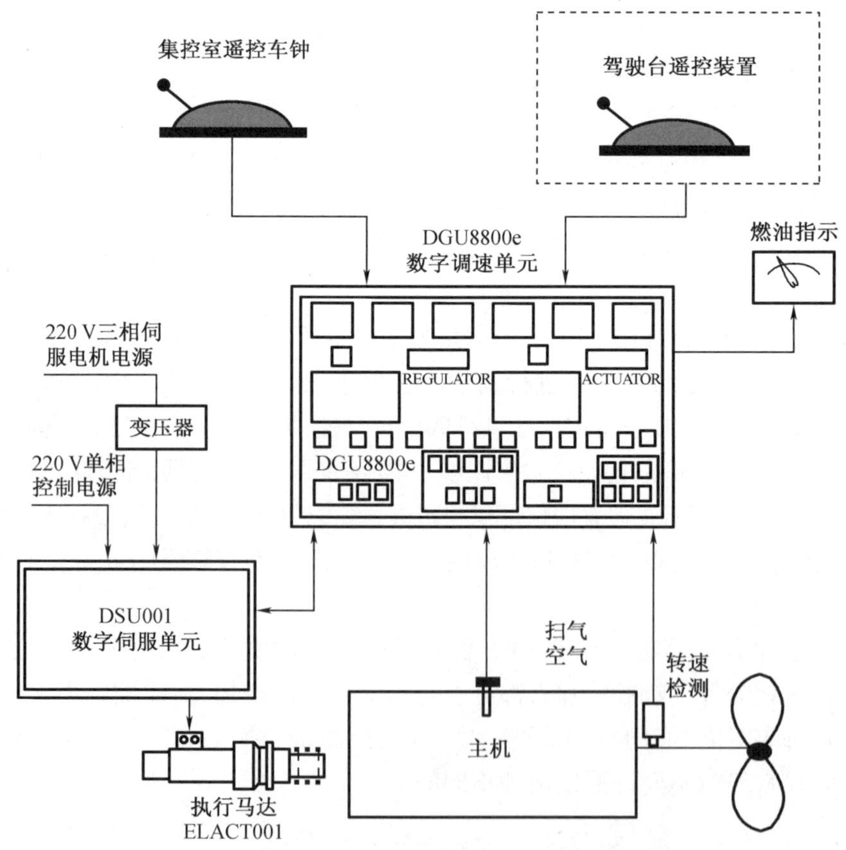

图 4－44　DGS8800e 数字调速系统的结构组成

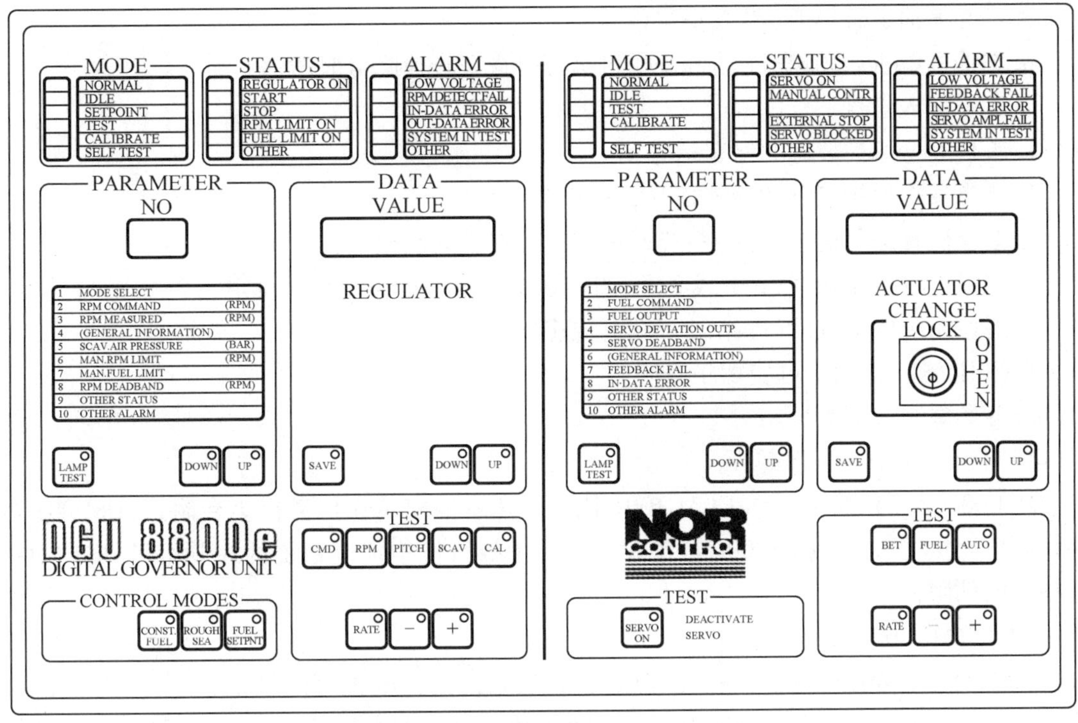

图 4－45　DGU8800e 数字调速单元面板

面板的左半部分(REGULATOR)显示调速器的相关状态和参数,通过按钮操作可对调速器进行参数修改和其他操作;右半部分(ACTUATOR)则为执行机构提供显示和操作接口。

调速系统根据设定转速和实际测量转速由控制算法程序计算出主机供油量(即燃油齿条位置),并把这一目标供油量通过数字通信方式送给执行机构定位系统,改变主机供油,实现转速控制。

执行机构定位系统将来自调速系统的目标供油量(齿条位置)作为设定值,并根据齿条位置的当前测量值,计算控制量,由 DSU001 数字伺服单元和 ELACT001 执行马达操纵油门拉杆,直到齿条实际位置与调速系统给出的目标位置为止。

调速系统和执行机构定位系统均分别由一个 Intel 8088 微处理器控制,信号的输入和输出通过计算机接口电路实现,其外界输入/输出信号主要包括:

①输入/输出数据通道。

a. 来自两个测速探头的飞轮转速信号;

b. 来自遥控系统或集控室手动设定手柄的两个车令速度输入信号,信号类型可以是 4～20 mA 电流、0～10 V DC 电压或 5 kΩ 电位器信号;

c. 一个扫气空气压力输入信号,4～20 mA 对应 0～0.4 MPa;

d. 螺距反馈信号,5 kΩ 电位器或 －10～10 V 电压信号(仅限 CPP 系统);

e. 两个燃油刻度指示(负荷指示)输出信号,4～20 mA 电流或 0～10 V DC 电压;

f. 变负荷润滑(LCD)开关信号;

g. 可变喷油定时(VIT)及其报警信号;

h. 柴油发电机启动信号(轴带发电机运行且命令转速降低时激活)。

②逻辑输入信号。

a. 来自安全保护装置的停车信号;

b. 来自安全保护装置的减速信号;

c. 车令位置选择信号(遥控系统设定或集控室手动设定);

d. 操纵命令数量选择(1 个或 2 个,遥控系统设定和集控室手动设定);

e. 遥控系统电源故障(冻结最新设定转速);

f. 备用转速(适用于可变螺距系统);

g. 各类限制取消信号。

(2)DSU001 数字伺服单元

DSU001 数字伺服单元和 ELACT001 执行马达一般安装在机旁操纵台附近,DSU001 数字伺服单元接受来自 DGU8800e 数字调速单元中执行机构定位系统的控制信号,实现对执行马达的伺服控制。

(3)TRAFO 001 变压器

TRAFO 001 变压器是一个三相变压器,它的原边输入电压可以是 220 V AC、230 V AC 或 440 V AC,输出为 135 V AC,为执行马达的功率放大器提供动力电源,控制伺服马达转速。变压器的持续输出功率可达 3.6 kVA。若原边输入为 110 V 等其他电压,则须定制。

(4)ELACT001 执行马达

ELACT001 执行马达受 DSU001 数字伺服单元中的伺服放大器控制,经减速后带动执行器输出轴转动,输出轴通过夹紧锥面连接带动油门拉杆动作。输出轴的不同转角即代表不同的喷油量。

(5)转速检测装置

转速检测装置采用感应式接近开关原理,有 A、B 两套转速检测装置。每套有两个感应式接近开关,可以将接近开关水平或垂直地安装在飞轮的轮齿附近,间隙要求为 2.5 mm ± 0.5 mm。可检测主机的转速和转向,A、B 两套检测装置测得的信号供调速器择优选用,也可互为备用。

(6)扫气压力传感器

扫气压力传感器(GT7 或 GT100)的作用是将主机扫气空气总管内的压力成比例地转换成 4 ~20 mA 电流,该电流信号经 A/D 转换后供调速器软件用于增压空气压力限制。

2. 调速系统原理

图 4 –46 为 DGS8800e 数字调速系统原理,它描绘了调速系统各个组成环节之间内在的本质联系,完整地刻画出整个系统的工作原理。

从图 4 –46 可以看出,DGS8800e 数字调速系统具有三个闭环控制系统:一个是由 DGU8800e 数字调速单元中的调速系统构成的主机转速控制回路,它根据设定转速与测量转速的偏差按 PI 或 PID 调节规律计算控制量输出,经各种负荷限制(燃油限制)、非线性补偿和标度变换(将计算得出的控制量数值转换为具有物理单位的执行器位置刻度值)后作为执行器位置设定值送给下一个闭环;下一个闭环是由 DGU8800e 数字调速单元中执行机构定位系统构成的执行器位置闭环控制回路,它根据执行器位置的设定值和实际值偏差,按照 PI 调节规律,计算出执行马达的设定转速,送给 DSU001 数字伺服单元;最后一个闭环是由 DSU001 数字伺服单元、执行马达及马达转速测量环节构成的马达转速闭环控制回路。为便于描述,将上述三个闭环分别称为外环、中环和内环。

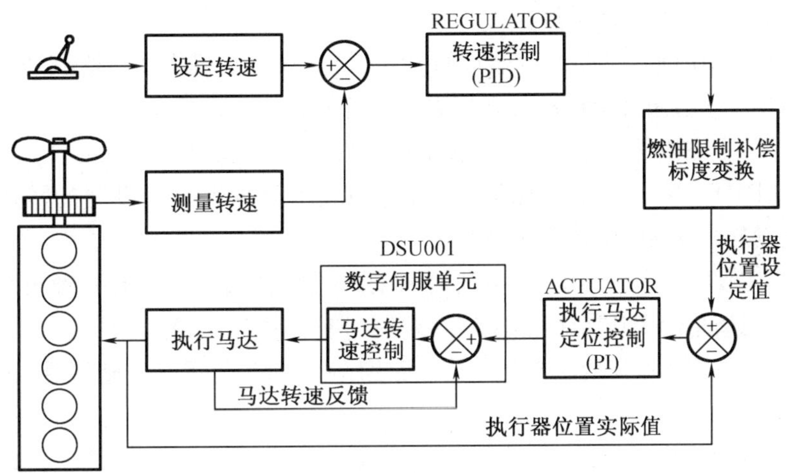

图 4-46 DGS8800e 数字调速系统的原理框图

二、调速器(REGULATOR)

图 4-45 已经给出了 DGU8800e 数字调速单元整个控制面板的结构,其左半部分为调速器(REGLATOR)区域,右半部分为执行机构(ACTUATOR)区域。执行机构(ACTUATOR)区域设有一个钥匙开关("修改锁 CHANGE LOCK"),供两部分公用。如图 4-47 所示,下面阐述调速器(REGLATOR)控制面板的功能及其相关操作。

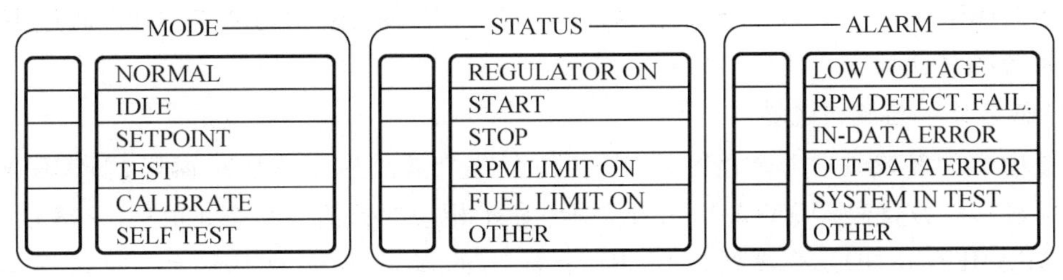

图 4-47 调速器(REGLATOR)控制面板工作指示灯

1. 调速器(REGLATOR)控制面板

调速器控制面板由上、中、下 3 部分组成,顶部为 3 组工作指示灯,中间部分为参数显示与调整区,底部为操作按钮区。

(1)工作指示灯

控制面板的顶端是调速器的工作指示灯,按类型分为 3 组,分别为运行模式(MODE)、运行状态(STATUS)和报警(ALARM),如图4-47所示。

①运行模式(MODE)指示灯。

运行模式指示灯共有6个,用于指示调速器的当前运行模式,分别为“NORMAL”“IDLE”“SETPOINT”“TEST”“CALIBRATE”和“SELF TEST”。其含义将结合调速器的运行模式进行阐述。

②运行状态(STATUS)指示灯。

a.“REGULATOR ON”——调速器运行指示,灯亮表示主机供油量受调速器控制。

b.“START”——主机启动指示,灯亮表示调速器输出启动供油量。

c.“STOP”——主机停车指示,灯亮表示车令转速设定值为零。

d.“RPM LIMIT ON”——转速限制指示,灯亮表示至少有一种设定的转速限制值在起作用。例如手动转速限制、临界转速限制等。

e.“FUEL LIMIT ON”——油量(负荷)限制指示,灯亮表示至少有一种负荷限制值在起作用。例如手动给油量限制、负荷加速程序限制、扫气空气限制等。

f.“OTHER”——系统其他状态指示,灯亮表示在“参数显示与调整区域”通过9号参数查询系统的其他状态。

③报警(ALARM)指示灯。

a.“LOW VOLTAGE”——低电压指示,灯亮表示5 V、15 V、-15 V、24 V电源中的某种电源电压太低,相应适配器电路板上的LED指示灯再分别指示。

b.“RPM DETECT FAIL”——转速检测装置故障指示,详细信息见有关适配器电路板上的发光二极管(LED)指示灯。

c.“IN-DATA ERROR”——数据输入错误指示,灯亮表示转速设定值或扫气空气压力模拟量输入信号故障。

d.“OUT-DATA ERROR”——数据输出错误指示,灯亮表示调速器电路板与执行机构电路板之间的数据通信有错误。

e.“SYSTEM IN TEST”——系统测试指示,灯亮表示系统工作在试验或校验模式。

f.“OTHER”——系统其他报警指示,灯亮表示在“参数显示与调整区域”通过10号参数查询系统的其他报警。

(2)参数显示与调整区域

面板中部为参数显示与调整区域,左右各有一个液晶显示器显示窗口,“PARAMETER NO”窗口显示参数代码,“DATA VALUE”窗口显示相应的数值或状态,如图4-48所示。

“PARAMETER NO”区域列出了10个常用的参数名称及其代码,通过区域内的“DOWN”和“UP”按键可选择和显示参数代码,“DATA VALUE”区域显示与该代码相对应的数值或状态。根据参数性质的不同,有些参数是“只读”的,如3号参数(RPM MEASURED,测量转速)和5号参数(CHARGE AIR PRESSURE,增压空气压力),它们只能显示,不能修改;有些参数是可以修改的,如6号参数(MAN. RPM LIMIT,手动最大转速限制)、7号参数(MAN. FUEL LIMIT,手动最大油量限制)和8号参数(RPM DEADBAND,转速死区)等。对于可修改的参数,可通过该区域的“DOWN”和“UP”按键进行修改。

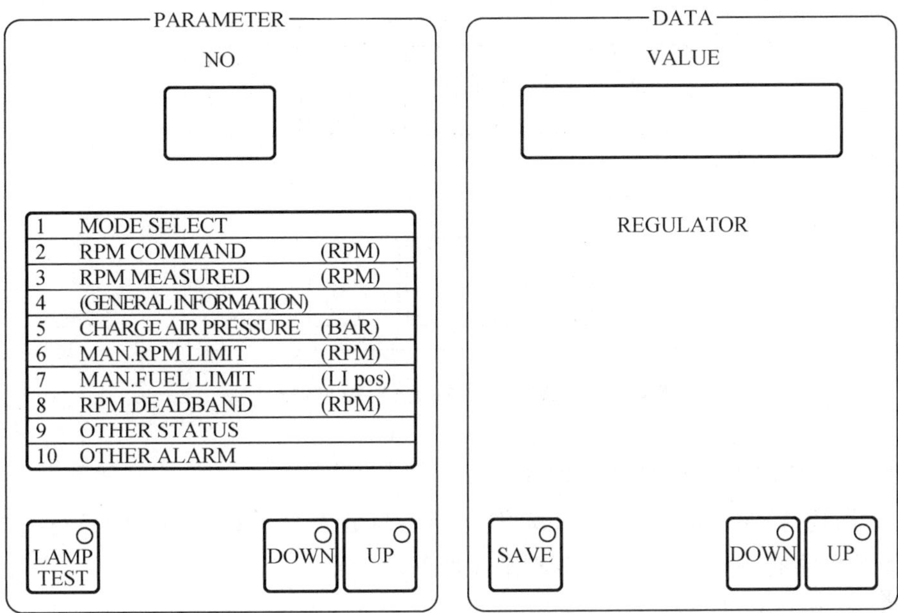

图4-48 调速器(REGLATOR)参数显示与调整

修改参数要配合使用修改锁“CHANGE LOCK”和服务密码“SERVICE CODE”。修改参数或使用某些按钮功能时,必须将授权的钥匙插入“CHANGE LOCK”并将钥匙转向“OPEN”位置,对某些重要参数的修改还必须输入服务密码。参数修改后,若按下“DATA VALUE”区左下方的“SAVE”按钮,则修改过的参数将在EEPROM中保存起来。任何参数的修改都将立即生效,但如果未经保存,则系统断电后重启时,参数将恢复修改前的状态。

“PARAMETER NO”区域左下角的“LAMP TEST”按钮用于面板试灯和计算机系统的内存自检。

(3)操作按钮

面板的底端是调速器的控制模式选择按钮和测试按钮,分别如图4-49和图4-50所示。控制模式选择按钮包括恒定油量“CONST. FUEL”按钮、恶劣海况“ROUGH SEA”按钮和燃油直接控制“FUEL SETPNT”按钮,用于选择调速器的控制模式;测试按钮包括命令转速“CMD”按钮、实际转速“RPM”按钮、螺距“PITCH”按钮、增压空气“CHARGE AIR”按钮和校验“CAL”按钮,以及增加“+”按钮、减少“-”按钮和增减速率“RATE”按钮,用于在模拟试验时产生模拟信号。

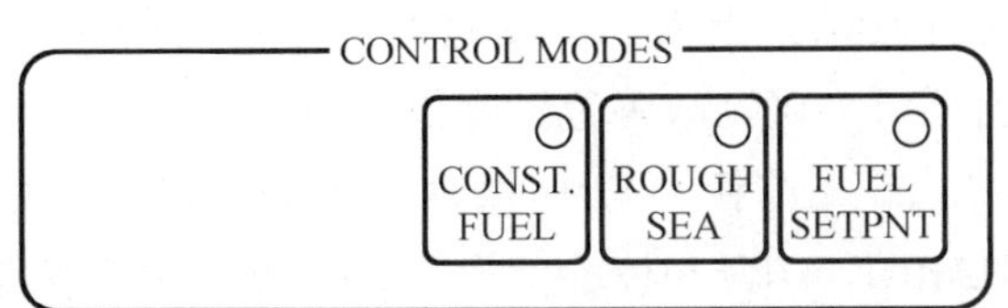

图4-49 调速器(REGLATOR)控制模式选择按钮

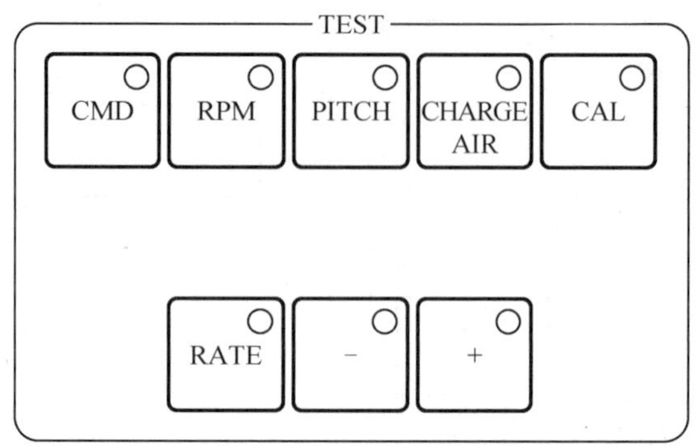

图 4－50　调速器(REGLATOR)测试按钮

2. 调速器(REGLATOR)的运行模式

如上面所述,控制面板上的模式(MODE)指示灯分别指示 6 种不同的运行模式。在同一时刻,系统只能有一种运行模式,分别阐述如下。

(1)正常(NORMAL)模式

"NORMAL"指示灯亮,表示系统在正常模式下工作。在主机处于备车完成后的停车状态下,只要操纵手柄离开"停车"位置,系统便自动进入正常模式,"NORMAL"指示灯亮。

(2)空闲(IDLE)模式

车钟手柄放在停车位置时,系统自动进入空闲模式,"IDLE"指示灯亮。在空闲模式下,可对系统进行模拟试验、内存自检和系统校验等操作。

(3)设定值(SETPOINT)模式

设定值模式又称燃油直接控制模式,车钟手柄发出的转速设定信号既不通过加/减速速率限制等转速限制环节的限制,也不通过调速器的运算和调节,而直接发送到电动执行机构前的选小环节,从而实现直接控制主机油门开度。这种操作模式比以往的机旁应急操作更加方便、快捷和舒适,通常在主机遥控系统发生故障或对执行机构进行校准时才使用。

将修改锁"CHANGE LOCK"打开,并且按下"FUEL SETPNT"按钮,系统自动进入设定值模式,"SETPOINT"指示灯亮。这时调速器的转速设定限制功能和 PID 转速调节功能都将失效,只是通过车钟手柄直接调节给油量,实现的是转速的开环控制。手柄的"微速"挡和"海上全速"挡分别对应燃油齿条的零刻度和满刻度位置。

(4)试验(TEST)模式

试验模式的功能是通过产生相应的模拟信号临时代替原有 I/O 接口电路采集进来的真实信号,以便对系统进行测试。当人为改变这些模拟信号的大小时,根据系统的反应可以了解系统的工作情况,还可为确定故障范围提供参考。

调速器(REGLATOR)测试按钮可以提供命令转速"CMD"、实际转速"RPM"、螺距"PITCH"、增压空气"CHARGE AIR"和校验信号"CAL"等 5 个模拟信号。只要按下其中某个测试按钮,即可让调速器进入试验模式。例如,短时间按下"CHARGE AIR"按钮,使按钮内的指示灯闪光,表示该按钮的模拟输入功能被激活,并可通过"＋""－"按钮增、减模拟信号的大小。通过选择相应的参数编号(PARAMETER NO),在数值显示器(DATA VALUE)

上可读取该数值的变化情况。数值增/减的速度有快慢两挡，当按下试验区域的速率“RATE”按钮时，数据变化的速率将加快。长时间按下被激活的模拟按钮，指示灯熄灭，信号源将恢复为传感器信号。

需要注意的是，在正常模式(NORMAL)运行时，不能对实际转速“RPM”进行模拟，否则会影响系统的正常运行。另外，在5个模拟信号中，校验信号“CAL”比较特别，参见校验(CALIBRATE)模式。

(5)校验(CALIBRATE)模式

按下校验“CAL”按钮将使系统进入校验模式，“CALIBRATE”指示灯亮。在校验模式下，系统自动调用一个预设的方波信号与转速测量值叠加，并且不经过转速限制环节，直接参与调速器的偏差运算。这时相当于对系统施加了一个扰动信号，通过测量和计算调速器对输入扰动信号的响应情况，可以校验调速器的灵敏度和调节精度。

该模式既可以在正常模式下进入，也可以在空闲模式下进入。这里介绍的是从正常模式下进入的情况，关于空闲模式下进入的情况涉及的操作较多，可参阅调试说明书。

(6)自检(SELF TEST)模式

自检模式是一个专门用于检测计算机存储器的模式，该模式必须在空闲模式才能进入。方法是先将1号参数“MODE SELECT”的数值设为5，然后按下“LAMP TEST”按钮，“SELF TEST”指示灯亮，CPU运行存储器检验程序。如果检验结果正常，将显示“REG - UP”，如果发现存储器有故障，将显示“ERROR”。系统在运行这种检验程序的时候不再运行其他应用程序，不对其他设备进行控制。

在进行存储器检验的同时，必然检验了微处理器CPU的功能，因为检验程序必须通过CPU才能运行，同时存储器检验的结果还通过I/O接口电路影响控制面板上指示灯的亮灭，因此也可以间接检验指示灯的好坏。

3. 调速器(REGULATOR)的3种特别控制模式

在一些特殊的工况下，调速器为用户提供了3种特别有效的控制模式，以获得主机更好的运行性能。这3种特别的控制模式是恒定供油量(CONST. FUEL)控制模式、恶劣海况(ROUGH SEA)控制模式和燃油设定值(FUEL SETPNT)直接控制模式。

(1)恒定供油量(CONST. FUEL)控制模式

该模式是一种当主机转速维持在预设的转速死区限制范围内时，燃油供油量维持恒定不变的控制模式。引入这种控制方式的目的主要是减少调速器的频繁动作。在正常海况定速海上航行时，可按下“CONST. FUEL”按钮，其发光二极管灯亮，进入恒定供油量控制模式。此时，若主机转速在预定的死区范围内时，调速器保持恒值输出，高压油泵齿条的位置将不发生变化，调速器和齿条机构工作更加稳定。恒定供油量控制模式下的死区偏差默认值为±2 r/min。应该说死区值越大，调速器工作越稳定，但对主机转速和船速的要求放低了。死区值越小，调速器灵敏度越高，工作越不稳定。

(2)恶劣海况(ROUGH SEA)控制模式

在正常海况定速海上航行时，调速器采用PI调节规律调节，并按正常的PI参数运行。在恶劣海况(大风浪天气)航行时，按下“ROUGH SEA”按钮，调速器将进入恶劣海况转速控制模式。该模式主要采取以下3大举措：①减小PI调速器的比例带，即加强调速器对偏差的反应力度，以抑制因大风浪使螺旋桨部分露出水面而引起的主机转速过大波动。②在 PI 调节规律中引入微分作用（D 作用），以便在主机螺旋桨开始露出或潜入水面时，调速器的微分作用给出一个超前调节，使主机转速相对稳定，不会因螺旋桨的露出或潜入引起主机转速波动过大或飞车。③DGS 数字调速系统还兼有极限调速器的功能，即当主机转速接近“超速”转速时，自动切断燃油供给，主机转速将下降；当主机转速下降到复位转速时，恢复燃油供给，主机的转速慢慢地恢复到先前的转速，这是一种双位式幅差控制。

（3）燃油设定值（FUEL SETPNT）直接控制模式

在调速器或转速检测装置等发生故障时，可以将执行机构面板中右方的修改锁用钥匙把开关扳向开（OPEN）的位置，然后按下“FUEL SETPNT”按钮，调速器的基本功能和转速反馈信号都将被切除，车钟手柄给出的车令信号直接控制电动执行机构及燃油齿条位置。燃油设定值直接控制模式是一种撇开调速器和转速反馈环节的开环转速控制系统。在这种控制模式下，各种燃油限制仍然起作用，所以主机不会超负荷，但是容易超速，所以在这种模式下的加/减速操车速度不能太快。

4. 调速器（REGULATOR）参数的查询与修改

（1）调速器参数及参数类型

数字调速器软件中使用了大量的系统参数，而显示器的位数有限，因此将参数分为 3 大类，分别用 3 种不同的参数类型代码（Op. Code）来区分，即 Op. Code 0、Op. Code 1 和 Op. Code 2。

①Op. Code 0 参数。

Op. Code 0 参数用于正常操作中常用参数的设置和查询，是系统上电时默认参数显示类型。Op. Code 0 参数又分为用户 1 参数和用户 2 参数。

用户 1 参数（USER1 Parameters）的编号为 01 ~ 10，参数名称及其代码已在“PARAMETER NO”区域列出，这些参数是最常用的，且对用户完全开放，用户可以随时根据柴油机的运行工况，对这些参数做相应的调整。

a. MODE SELECT（参数类型选择，参数编号窗口选择“1”，数值窗口选择“0”为 Op. Code 0 类型，选择“1”为 Op. Code 1 类型，选择“2”为 Op. Code 2 类型）；

b. RPM COMMAND（车令设定转速数值，只读）；

c. RPM MEASURED（实际测量转速数值，只读）；

d. GENERAL INFORMATION（公共报警信息常数，由参数编号 14 选择，范围 0 ~ 8，只读）；

e. SCAV. AIR PRESSURE（扫气空气压力数值，只读）；

f. MANUAL RPM LIMIT（手动转速限制数值）；

g. MANUAL FUEL LIMIT（手动给油量限制数值）；

h. RPM DEADBAND（转速死区限制数值）；

i. OTHER STATUS（其他状态）；

j. OTHER ALARM（其他报警）。

用户 2 参数（USER2 Parameters）编码为 11 ~ 21，参数名称可查阅说明书。这些参数为受保护参数，对其查询或修改时需要先把修改锁打开。

②Op. Code 1 参数。

Op. Code 1 参数用于描述主机的特性和定义系统的功能性参数，如柴油机型号、气缸数量、额定转速、额定负荷、飞轮齿数、执行机构动作行程等机械特性和启动转速、加速速率限制、负荷限制、临界转速、VIT 参数、调节规律作用强度（比例带、积分时间和微分时间）等决定系统工作的功能性参数，具体情况参阅说明书。Op. Code 1 参数的修改受到服务密码的保护。

③Op. Code 2 参数。

Op. Code 2 参数均为基本 I/O 参数，用于定义各个模拟量和开关量输入通道的特性，如工程量的高、低限参数和标度变换参数等，具体情况参见说明书。

(2)参数修改实例

现以把手动转速限制（该参数属于 Op. Code 0 类型，参数编号为 NO. 6）从当前值 82 RPM 修改为 80 RPM 为例，说明参数修改方法和服务密码的使用。

①选择“密码”。

将修改锁用钥匙转到开（OPEN）的位置，此时参数编号显示器上显示的必定是 Op. Code 0 参数，通过“DOWN”和“UP”按钮选择参数编码“99”，则数值显示器上会显示为“授权密码表”中的一个随机数，该数可能是厂家提供给用户的若干密码中的一个。滚动“授权密码表”，选择系统交付使用时厂家为本船设定的密码，如某轮数字调速单元设定的密码是“86”。

②转换 Op. Code 类型和参数调整。

将修改锁从开（OPEN）转到锁（LOCK）的位置，在参数编号显示器上调出“1”，在数值显示器上调出“0”（此时可有 0，1，2 共 3 种 Op. Code 的代码可选择）。选定 Op. Code 代码后，再将修改锁转回到开（OPEN）的位置。然后，在参数编号显示器上调出“6”，并将数值显示器的数值调整为“80”。

③复位“密码”和保存调整结果。

参数调整完毕后，还需对密码进行复位，复位方法是再进入 Op. Code 0 显示状态，“99”号参数的数值修改成密码（如“86”）以外的任何其他数值，并按“SAVE”按钮，保存修改后的参数值，最后再将修改锁转到锁（LOCK）的位置。

应该指出的是，如果在参数调节完成之后，不复位“密码”，则下次只要打开修改锁开关，无需密码就可以进行参数修改，这样有可能导致某些参数的非授权修改，从而引发重大故障。

三、执行机构（ACTUATOR）

执行机构子系统由执行马达定位控制环节、DSU001 数字伺服单元、马达转速及转角传感器等组成，接受转速控制环节送来的执行马达位置命令，并根据命令位置与马达实际转角位置的偏差进行 PI 调节，实现执行马达的定位控制，对应于图 2－46 的中环和内环。

1. 执行机构（ACTUATOR）控制面板

执行机构控制面板与调速器部分的布局相似，也由上、中、下 3 部分组成，即顶部的 3 组工作指示灯、中间部分的参数显示与调整区和底部的伺服机构操作按钮区。

(1)工作指示灯

工作指示灯如图 4－51 所示。

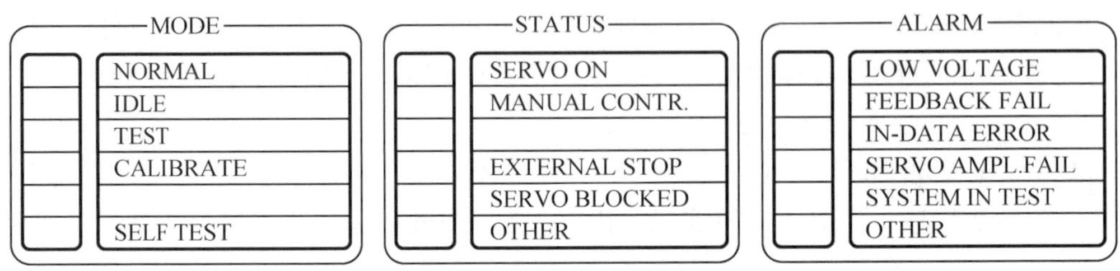

图 4－51　执行机构(ACTUATOR)控制面板工作指示灯

①运行模式(MODE)指示灯。

运行模式指示灯共有 5 个,用于指示调速器的当前运行模式,分别为“NORMAL”“IDLE”“TEST”“CALIBRATE”和“SELF TEST”。

a.“NORMAL”——灯亮表示执行机构正处在正常的实时输入/输出数据处理及给油调节过程中。

b.“IDLE”——灯亮表示执行机构正处在“运行就绪”状态,对所有的输入数据或信息进行监视,一旦发现某种能引起模式转换的信号输入,比如某处车钟手柄给出了动车车令信号,则调速器和执行机构都将自动进入“NORMAL”模式等。

c.“TEST”——灯亮表示执行机构处在测试或模拟试验模式,可从控制面板输入模拟数据以代替实际传感器的信号输入。

d.“CALIBRATE”——未使用。

e.“SELF TEST”——灯亮表示执行机构正处在“自检”模式,微机系统自检程序被激活。按下 ACTUTOR 面板 PARAMETER 区域右下方的“LAMP TEST”按钮,系统进入该模式。

②运行状态(STATUS)指示灯。

a.“SERVO ON”——伺服电机正常工作时亮。

b.“MANUAL CONTR.”——故障时,开锁,用“＋”和“－”按钮手动操作时亮。

c.“EXTERNAL STOP”——由于应急运行、故障停机和超速而引起的强制停机时亮。

d.“SERVO BLOCKED”——因严重的系统故障而引起执行机构阻塞时亮。

e.“OTHER”——其他系统状态标志,通过选择有关参数可显示附加信息。

③报警(ALARM)指示灯。

a.“LOW VOLTAGE”——低电压指示,灯亮表示 5 V、15 V、－15 V、24 V 电源中的某种电源电压太低,相应适配器电路板上的 LED 指示灯再分别指示。

b.“FEEDBACK FAIL”——反馈信号故障指示,即执行机构位置测量装置故障。

c.“IN－DATA ERROR”——数据输入错误指示,由输入数据自检程序检查到的一组故障,可通过选择适当的参数编码来显示进一步的附加信息。

d.“SERVO AMPL. FAIL”——伺服放大器系统故障指示。

e. "SYSTEM IN TEST"——系统测试指示,灯亮表示系统工作在试验模式。

f. "OTHER"——系统其他报警指示,可通过选择适当的参数编码来显示进一步的附加信息。

(2)参数显示与调整区

图4-52所示为执行机构(ACTUATOR)控制面板参数显示和调整区。执行机构的参数查询和修改方法与调节器完全相同。在参数区标注有10个参数编码及参数名称。其中,可读(readable)参数主要有:油量命令值(FUEL COMMAND)、油量输出值(FUEL OUTPUT)、伺服机构偏差输出(SERVO DEVIATION OUTP.)等;可修改(adjustable)参数主要有:伺服死区(SERVO DEADBAND)、反馈故障(FEEDBACK FAIL.)等。

(3)伺服机构操作按钮区

如图4-53所示,在ACTUATOR面板的左下方"TEST"区有一伺服机构操作按钮(SERVO ON),按钮内含工作状态指示灯。灯亮表示伺服机构在工作状态,灯灭则表示相反状态。SERVO ON指示灯的状态可以自动转换,当车令手柄离开停车位置时,系统将自动进入"NORMAL"模式,且SERVO ON灯亮。而当手柄处在停车位置时,系统将进入"IDEL"模式,且SERVO ON灯灭。

此外,伺服器的工作状态还可以通过按钮手动切换。

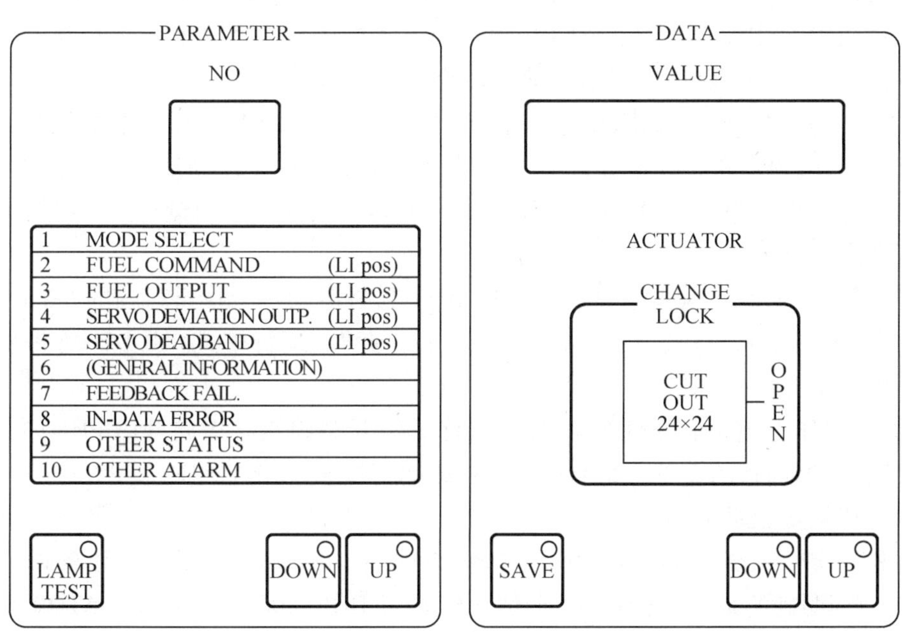

图4-52 执行机构(ACTUATOR)控制面板参数显示和调整区

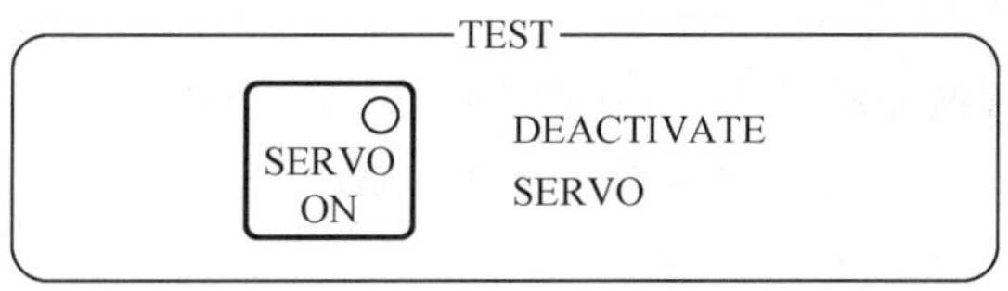

图4-53 执行器操作按钮

(4)试验按钮

如图 4 - 54 所示,在执行机构面板的右下方试验(TEST)区设有“SET”“FUEL”和“AUTO” 3 个试验功能按钮,这些按钮可以在多种有关系统试验的模式(如 TEST 和 CALIBRATION 等)下操作,各自的功能如下。

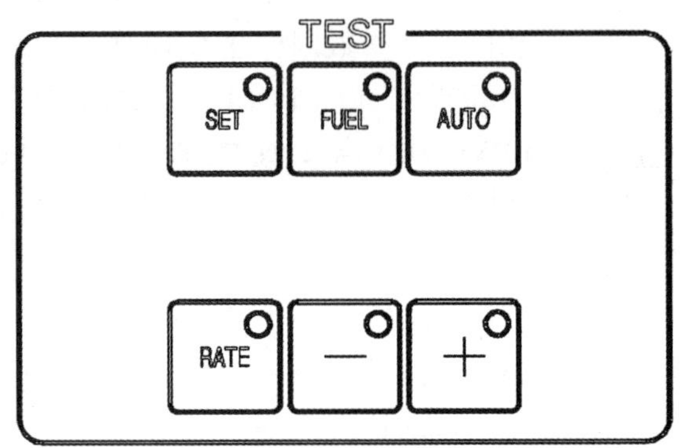

图 4 - 54　测试按钮

“SET”——油量手动设定按钮,用它可以改变油门位置,也就是改变油门 PI 反馈定位系统的给定值,可以检查该闭环系统中的 PI 调节器、油门位置反馈装置及电机是否正常,可以进行手动校验,所以,按下按钮“SET”,运行模式方框中试验和校验指示灯都要亮。油量给定值的大小由增“ + ”和减“ - ”按钮来手动调定。

“FUEL”——油门调节按钮,用它直接控制电机来调节油门,可以检查电机及其驱动电路是否正常工作,可以在集控室进行手动控制,所以,按下按钮“FUEL”,运行模式方框中试验和运行状态手动控制(MANUAL CONTROL)指示灯都要亮。油门量的大小也是由增“ + ”和减“ - ”按钮来手动调定。

“AUTO”——自动校验按钮,按下按钮“AUTO”,将启动一个执行机构的“自动校准”程序(包括零点和量程),对执行机构进行自动校验。此时,运行模式(MODE)方框中试验和校验指示灯都要亮。

注意:在操作上述 3 个按钮之前,都要将修改锁开关用钥匙扳向开(OPEN)的位置,同时,要按下执行器面板的左下方试验区伺服机构运行按钮“SERVO ON”。

2. 执行机构定位系统

执行机构定位系统已在图 4 - 46 中体现,为进一步明确起见,对其单独重画,如图 4 - 55 所示。应当明确的是,执行机构的定位功能是由 DGU8800e 中的 ACTUATOR 部分完成的,它送给数字伺服单元的信号实质上是一个马达转速的设定值,伺服单元中的伺服放大器(SBS)根据实际转速和设定转速的偏差控制马达转速,进而控制其输出轴的转速,直至输出轴转速为零。这种控制方案有利于马达的平稳运转,当执行器位置偏差较大时,马达能以较快的转速运转,随着偏差的减小,转速也在降低,直至偏差为零。系统的工作原理前面已经阐述,这里不再重复。下面简要介绍一下 DSU001 数字伺服单元、ELACT001 执行马达和传感器。

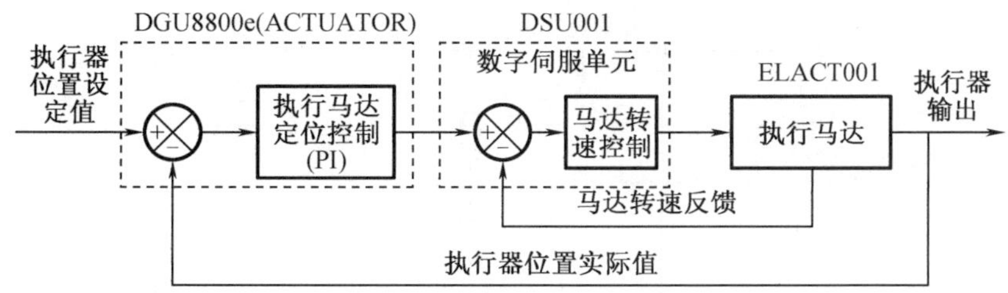

图 4-55 执行机构定位控制原理框图

(1)DSU001 数字伺服单元

DSU001 数字伺服单元控制箱由两路电源供电,一路是由三相220 V AC 输入、135 V AC 输出的变压器(TRAFO001)供给的三相伺服电机动力电源,变压器输出功率是 3.6 kVA;另一路是由 220 V 单相电源提供的控制电源。控制箱内包含一个 ABS 电源、伺服放大器和一个为 DGU8800e 供电的 24 V DC 电源。关于伺服驱动器的原理,这里不予展开。

(2)ELACT001 执行马达

ELACT001 执行马达由无刷伺服马达、减速装置和角度传感器组成,其外形如图 4-56 所示。执行马达受 DSU001 数字伺服单元中的伺服放大器控制,经减速后带动执行器输出轴转动,输出轴通过夹紧锥面连接带动油门拉杆动作。对齿条位置(即喷油量)的测量是通过安装在输出轴另一端的角度传感器实现的,输出轴不同的转角即代表不同的喷油量。

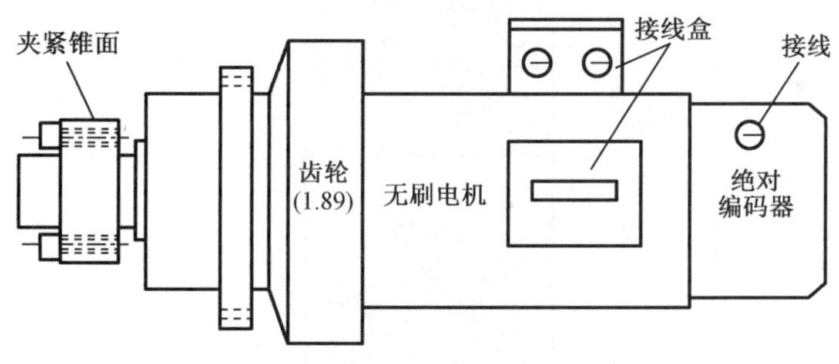

图 4-56 执行马达外形图

ELACT001 执行马达是 ELACT 产品系列中的一个,另外两个型号分别是 ELACT002 和 ELACT003,它们的区别主要在于输出功率,型号越大,功率越大。

ELACT 执行马达具有体积小、功率大和可靠性高的优点。装置不含电刷且没有电子器件,使用球形长寿润滑轴承,转速范围宽,转矩波动小。

伺服马达具有内建的自动防故障装置,一旦出现系统故障或系统失电,马达能够停留在原来的位置,确保主机保持原有转速不变,刹车电路如图 4-57 所示。正常情况下,刹车控制触点断开,24 V 直流电源始终对 220 μF 的大型刹车电容充电。出现系统故障或系统失电时,刹车控制触点闭合,电容向电磁刹车线圈供电,强力刹车,使执行机构将保持燃油齿条在当前位置上。

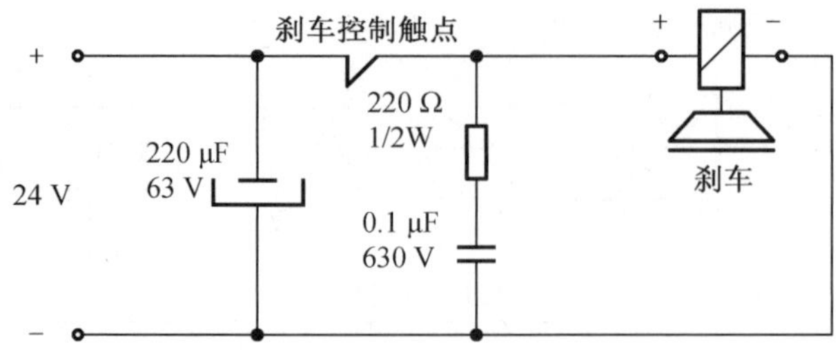

图 4－57　电动执行机构刹车电路

(3)旋转变压器

伺服电机的转角位置和速度反馈机构(resolver)是一个只有电磁绕组,不含任何电子元件的旋转变压器。在电机转子位置的检测中,旋转变压器因其具有坚固耐用、能提供高精度的位置信息和可靠性高等突出优点而获得广泛应用。图 4－58 是其绕组结构图,它由三组旋转变压器绕组组成,即:励磁旋转变压器的定子原边励磁绕组和转子副边绕组;正弦旋转变压器的转子原边正弦绕组和定子副边正弦绕组;余弦旋转变压器的转子原边余弦绕组和定子副边余弦绕组。图 4－59 是 Resolver 的工作原理图。

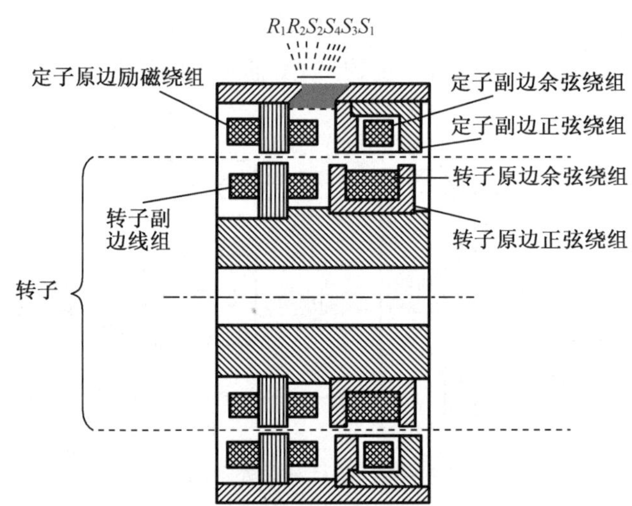

图 4－58　Resolver 绕组结构图

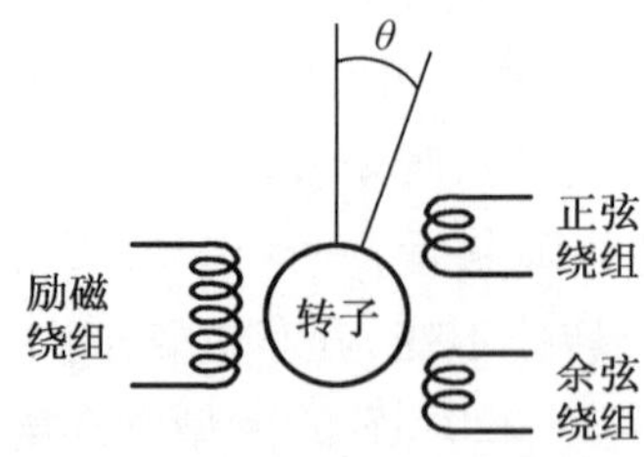

图 4－59　Resolver 工作原理图

外部单相交流励磁电源由励磁旋转变压器接线端子 R_1 和 R_2 接到励磁旋转变压器的定

子原边励磁绕组,定子原边励磁绕组产生的励磁作用在旋转着的转子副边绕组上,定子和转子之间的磁通分布符合正弦规律,因此当励磁电压加到定子绕组上时,通过电磁耦合,转子绕组产生与转子转角成正比的感应电动势,该感应电动势产生的磁势在转子磁体内耦合到正弦旋转变压器的转子原边正弦绕组和余弦旋转变压器的转子原边余弦绕组,而后又通过它们感应到正弦旋转变压器的定子副边正弦绕组和余弦旋转变压器的定子副边余弦绕组,由 S_2 和 S_4 输出余弦转角位置反馈信号,由 S_1 和 S_3 输出正弦转角位置反馈信号。这两个位置反馈信号的电压幅值严格地按转子偏转的角度呈正弦和余弦规律变化,其频率和励磁电压相同。

这些反馈信号被馈送到伺服驱动器电路,在伺服驱动器内将这些信号转换为相位、速度和位置信号,因此只要测得反馈信号电压就可知道转子转角和速度大小。

(4)旋转编码器

燃油齿条位置(伺服电机的输出位置)是通过一个直接安装在伺服电机非负载端的旋转编码器实现的。旋转编码器有绝对型和增量型两种,这里指的是绝对编码器。

绝对编码器是直接输出数字量的传感器,所谓绝对就是编码器的输出信号在一周或多周运转的过程中,其每一位置和角度所对应的输出编码值都是唯一对应的。绝对式编码器是依据计算机原理中的位码来设计的,如 8 位码(0000 0011)、16 位码、32 位码等。把这些位码信息反映在编码器的码盘上,圆形码盘上沿径向有若干同心码道,每条道上由透光和不透光的扇形区相间组成,相邻码道的扇区数目是双倍关系,依次以 2,4,8,16,…编排。如此编排的结果,便是把一周 360°分为 2 的 4 次方,2 的 8 次方,2 的 16 次方,…,2 的 n 次方。码盘上的码道数就是它的二进制数码的位数,位数越高,则精度越高,量程亦越大。在码盘的一侧是光源;另一侧对应每一码道有一光敏元件。当码盘处于不同位置时,各光敏元件根据受光照与否转换出相应的电压信号,形成二进制数。这样,在编码器的每一个位置,通过读取每个码道的明、暗数,获得一组从 2 的零次方到 2 的 $n-1$ 次方的唯一的 2 进制编码,称为 n 位绝对编码器。

这种编码器不用计数器一直计数,在转轴的任意位置都可读出一个固定的与位置相对应的数字码,即绝对编码器由机械位置决定的每个位置是唯一的。无需参考点,什么时候需要知道位置,什么时候就去读取它的位置。这样,编码器不受停电等干扰的影响,可靠性高。

任务六 船舶柴油主机气动操纵系统

主机气动操纵系统是主机遥控系统的重要组成部分,主机的启动、换向和停车,甚至转速设定信号的传递,最终都是依赖气动操纵系统来完成的。主机气动操纵系统一般由主机生产厂家随主机配套提供,因此对于不同的船舶主机,其气动操纵系统不尽相同。本章以当前比较普及的 MAN - B&W - MC/MCE 型主机的气动操纵系统为例介绍主机气动操纵系统的结构组成和操作原理。

MAN - B&W - MC/MCE 型主机气动操纵系统如图 4 - 60 所示,其主要控制元部件分布在集控室操纵台、机旁和专门的气动控制箱内。系统提供了对主机进行机旁手动操纵和集控室手动遥控的功能,若配上自动遥控装置,则可以实现驾驶室自动遥控。该系统要求提供 3.0 MPa(30 bar)的动力气源。此外,还要求提供两个相互独立的 0.7 MPa(7 bar)气源,分别用作控制气源和安全保护气源。

图4－60所描述的当前工况为：主机处于停车状态；凸轮机构的滚轮处于正车位置；已具备电源和气源条件；调速器连接油门拉杆的供油离合器处于“遥控”位置；机旁操纵台的“遥控/机旁”转换阀100处于“遥控”位置，已具备集控室操纵工作条件；盘车机已脱开；至空气分配器的气路已打开。

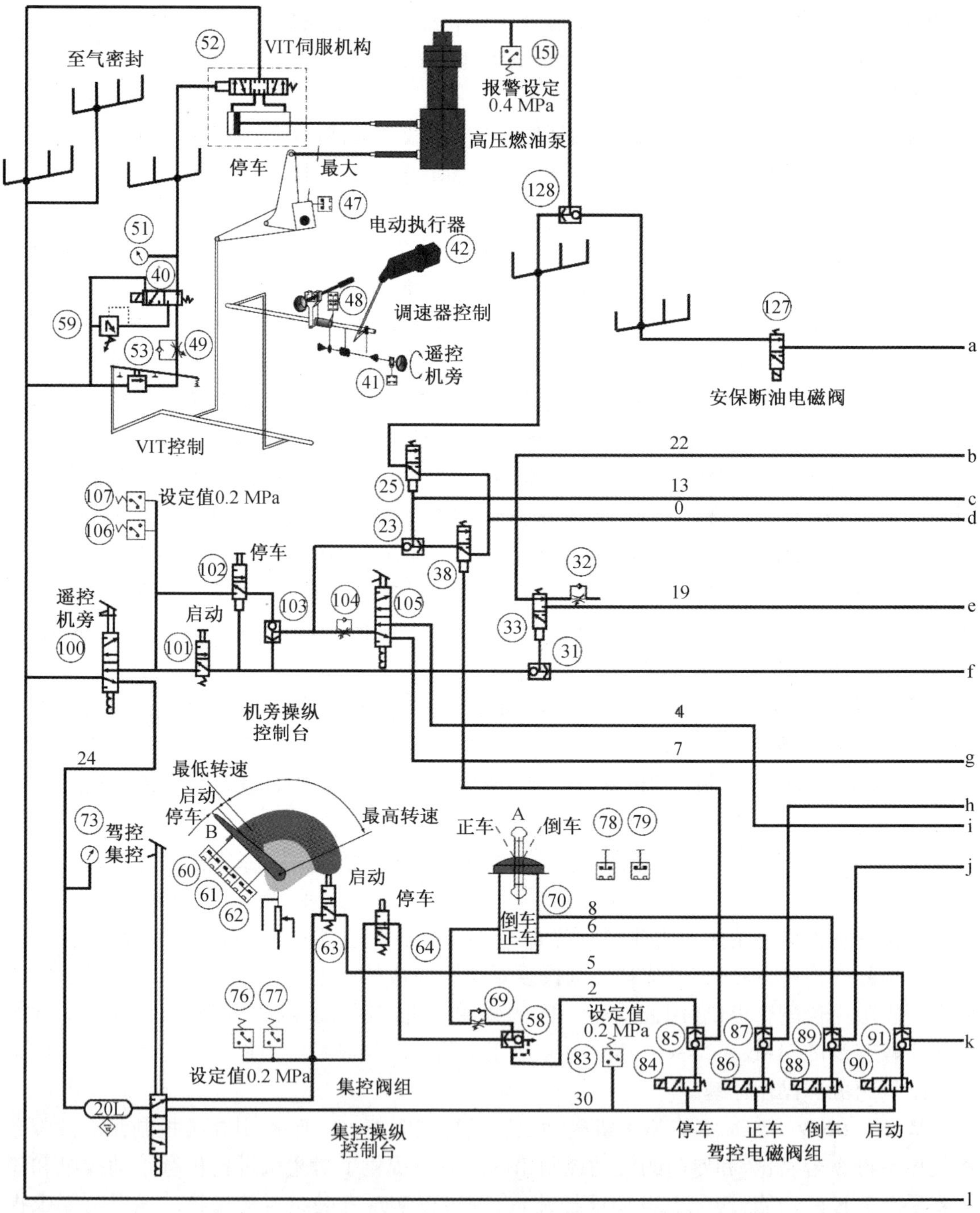

(a)

图4－60　MAN－B&W－MC/MCE型主机的气动操纵系统

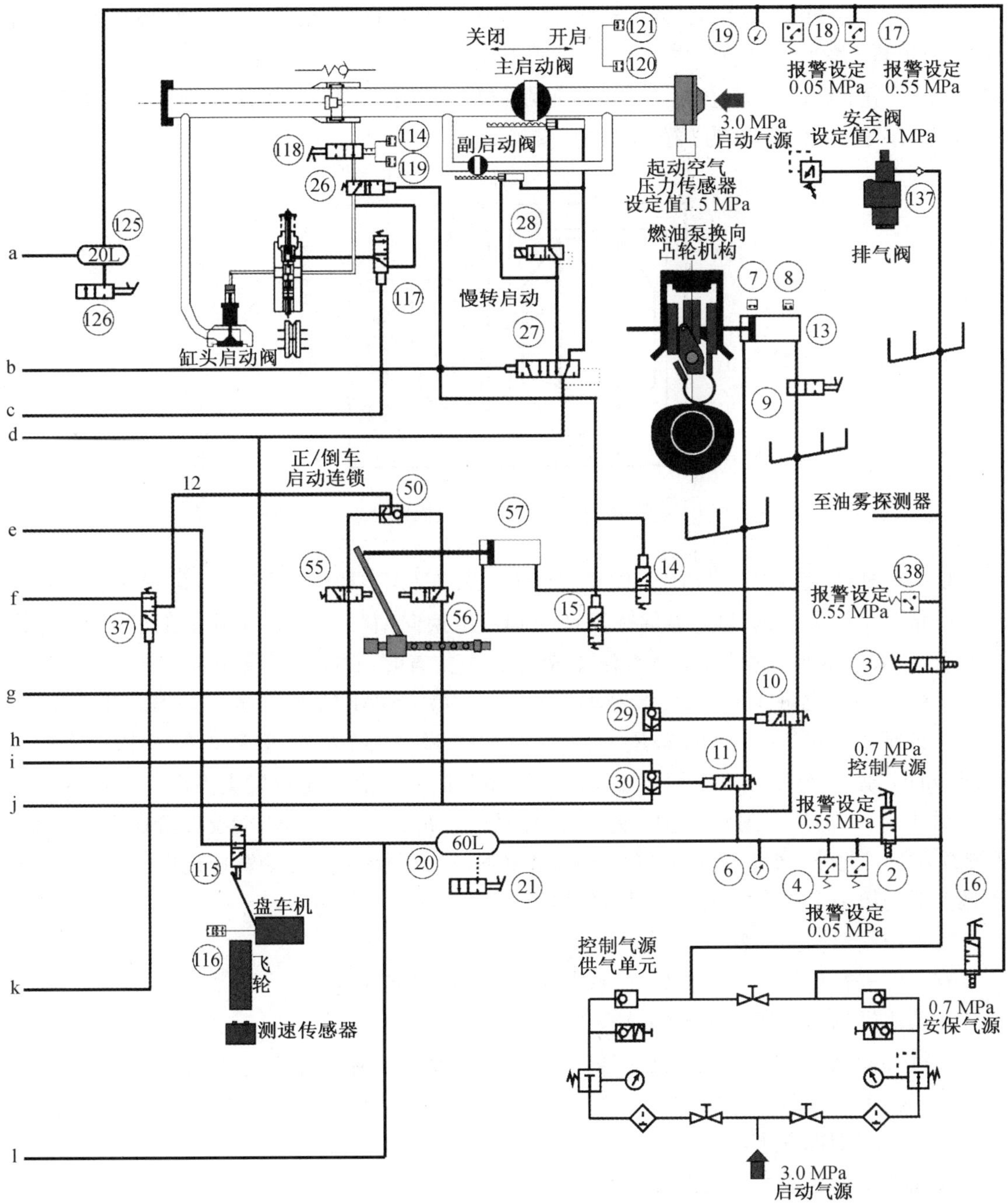

关闭 开启
主启动阀
121
120
19
18
17
报警设定
0.05 MPa
报警设定
0.55 MPa
3.0 MPa
启动气源
安全阀
设定值2.1 MPa
118
114
119
副启动阀
26
起动空气
压力传感器
设定值1.5 MPa
137
125
28
燃油泵换向
凸轮机构
排气阀
a
20L
117
慢转启动
7
8
126
27
13
缸头启动阀
b
9
c
d
正/倒车
启动连锁
12
50
至油雾探测器
57
e
55
14
138
f
15
报警设定
0.55 MPa
37
56
3
10
g
29
h
11
0.7 MPa
控制气源
i
30
j
报警设定
0.55 MPa
60L
115
20
6
4
2
21
盘车机
16
报警设定
0.05 MPa
控制气源
供气单元
116
飞
轮
k
0.7 MPa
安保气源
测速传感器
l
3.0 MPa
启动气源

(b)

图 4-60(续)

一、集控室操纵

1. 集控室主机操纵台

集控室的主机操纵台如图 4 – 61 所示，其中：A 为换向手柄兼回令车钟手柄；B 为主机操纵手柄，即“停车 – 启动 – 供油调速”手柄；73 为控制空气压力表；1 为“电子调速器供油限制取消”指示灯；79 为“电子调速器供油限制取消”开关；2 为“慢转启动”指示灯；78 为“慢转启动”控制开关；80 为“驾控/集控”转换阀。

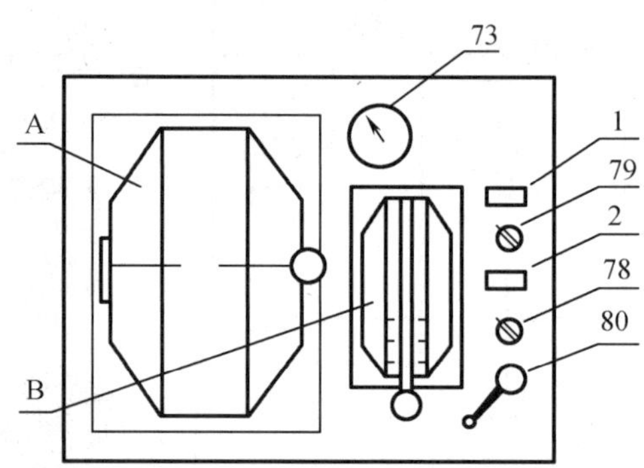

图 4 – 61　集控室主机操纵台

换向手柄 A 有 3 个工作位置，即正车（AH）、停车（AS）和倒车（STOP）位置。它一方面通过电路给出回令信息，另一方面控制换向阀给出换向信号。手柄 A 处于正车位置时，管路 6 有气；处于倒车位置时，管路 8 有气；处于停车位置时，管路 6 和管路 8 均放气。

操纵手柄 B 也有 3 个位置，即停车（STOP）、启动（START）和供油区（FUEL RANGE）。手柄 B 处于停车位置时，阀 64 被压下，工作在上位，送出停车指令，管路 2 有气；同时限位开关 60 和 61 动作，分别向电子调速器发送断油停车信号和启动逻辑发出停车复位指令。手柄 B 处于启动位置时，阀 63 动作，送出启动信号，管路 5 有气；阀 64 继续保持在上位，管路 2 继续有气。此外，当进入供油区（FUEL RANGE）时，手柄 B 还带动转速设定电位器，给电子调速器送出一个与手柄位置相对应的转速设定值。

2. 集控室遥控的准备工作

在要求进行集控室遥控操纵时，事先应完成以下准备工作：

①调速供油离合器应处于“遥控”部位；

②机旁操纵台上的“遥控/机旁”转换阀 100 应置于“遥控”位置，下位通；

③集控室操纵台上的“驾控/集控”转换阀 80 置于“集控室”位置，上位通。

此时，0.7 MPa 的控制空气已送至以下各处：

①曲柄箱油雾浓度监视报警装置；

②盘车机连锁机构；

③喷油定时自动调节机构；

④经机旁操纵台的“遥控/机旁”转换阀 100 和 24 送至集控室操纵台，压力表 73 指示控制压力。由于阀 80 已经置于“集控”位置，工作于上位，因而控制空气到达阀 63 和 64，为集控室操纵做好准备。同时，压力开关 76，77 闭合，给控制电路提供开关量信号。

3. 集控室操纵

下面以停车、换向、启动和运行中换向启动4 种情况为例说明对主机进行集控室手动遥控的操作方法和气动操纵系统的动作原理。

(1)停车

驾驶室车钟给出“STOP”指令,集控室的操作手柄 A 和 B 都处于“STOP”位置,阀 64 被压下,工作于上位,控制空气通过,然后分成两路。

一路经速放阀 58 和单向节流阀 69 送到正、倒车换向指令阀 70,作为后续操作的准备条件;另一路经管路 2、或门阀 85 到达二位三通阀 38 控制端,来自管路 0 的控制空气通过阀 38 和 23 后再分成两路。

一路使阀 25 下位通,控制空气通过阀 25 和 128 使高压油泵处于不可供油状态;另一路使阀 117 下位通,为启动操作提供准备条件。与此同时,限位开关 60 也向电子调速器发送断油停车信号,确保可靠停油。

(2)换向

在停车状态下,当驾驶台发出指令时,轮机员首先通过手柄 A 进行回令。当集控台指示灯指示的凸轮轴位置与车令一致时,再将手柄 B 从“STOP”位置推向“START”位置。

假设驾驶台发出的是正车(AHEAD)车令,则集控室应将手柄 A 推到“AHEAD”位置。此时存在两种情况:一是车令与凸轮轴位置相一致,即“AHEAD”指示灯亮,说明满足启动逻辑鉴别条件,可直接将手柄 B 推到“START”位置,进行启动操作;二是车令与凸轮轴位置不一致,即“AHEAD”指示灯不亮,操纵系统将首先进行正车换向,必须等换向结束之后才能进行启动操作。

现假设车令与凸轮轴位置不一致,即车令为正车,而凸轮轴位置为倒车。此时,因手柄 B 停留在“STOP”位置,而手柄 A 在正车位置,故管路 6 有气,通过或门阀 87 后一路送至阀 55 等待(因空气分配器处在倒车位,阀 55 工作于左位而截止),另一路再经或门阀 29 后到达阀 10 的控制端,使之工作于左位而打开。气源经过阀 10 左位后一路经阀 9(手动阀,工作时应置于左位)到达各个高压油泵的换向气缸,进行正车换向(换向到位后,相应的磁力开关 7 动作,送出开关量反馈信号);另一路经阀 14(此时控制端无气,下位通)到达空气分配器换向气缸,推动活塞向左运动进行正车换向。换向到位后,通过机械动作使阀 55 工作于右位,阀前等待的控制空气经 55 和或门阀 50,使管路 12 有气。

管路 12 有气标志着空气分配器换向结束,到达阀 37 的阀前等待,为主机启动准备条件。高压油泵换向结束后,各个换向气缸上的磁力开关 7 动作,通过电路处理给出凸轮轴位置信号。这一信号用作集控台“AHEAD”指示灯的控制信号,此外还用于自动遥控系统进行逻辑判断。

以上为操纵系统进行正车换向的过程,倒车换向过程类似。

(3)启动

当车令与凸轮轴位置一致时,将集控室手柄 B 推到“START”位置,阀 63 被压下,工作于上位,管路 5 有气;由于是油 - 气分进型主机,此时阀 64 仍然处于上位,管路 2 继续有气,系统仍处于停止供油状态。

管路 5 的控制空气,经或门阀 91 到达阀 37 的控制端,使其下位通,阀前等待的气源经过阀37、或门阀31使阀33下位通。只要盘车机是脱开的，阀115上位通，管路19有气，控制空气就将通过阀33下位使管路22有气。管路22的控制空气将产生以下逻辑动作：

①使阀14,15均工作在上位，空气分配器的位置被锁定；

②使阀26工作在右位，为空气分配器投入工作准备条件；

③使阀27工作在左位，阀前等待的气源经过阀27左位到达阀28和辅启动阀，使辅启动阀打开。阀28为慢转电磁阀，没有慢转指令时工作于右位，控制空气得以通过，使主启动阀也打开。3.0 MPa动力空气立即进入启动空气总管，一方面到达各缸气缸启动阀，另一方面经过手动阀118和阀26的右位，然后分成两路：一路进入空气分配器，另一路经阀117下位（停油时工作于下位）使空气分配器投入工作，指挥各个气缸启动阀按照正车的顺序开启，使主机进行正车启动。

若有慢转指令，则慢转电磁阀28得电，工作于左位，启动时只有辅启动阀打开，使主机慢转。当主机慢转1～2转后，取消慢转指令，电磁阀28失电，打开主启动阀，转入正常启动。当主机转速已经达到启动转速时，将操纵手柄B从“START”推向“FUEL RANGE”区域，这时阀63,64都复位到下位通，电位器62输出转速设定电压信号。

阀64的复位使管路2的停车指令立即消失，阀38复位到上位通，于是就有：

①阀25复位到上位通，各缸高压喷油泵停车气缸内的压缩空气通过阀25泄放，进入工作状态；

②阀117复位到上位通，空气分配器停止工作。

管路6要经单向节流阀69进行延时泄放，有利于各缸高压油泵换向成功。

阀63的复位使管路5立即失压，阀37和33先后都复位到上位通，管路22上的控制空气将通过阀33上位和单向节流阀32延时泄放。阀32的节流作用是使进气过程延时结束以获得约1 s的油－气重叠的时间，保障主机启动的成功率。

启动供油阶段结束以后，主机操纵手柄B下面的电位器62输出转速设定信号送至电子调速器，调速器通过执行马达控制主机高压油泵齿条调节油量，进入正常运行阶段。

（4）运行中换向启动

驾驶台车钟给出运行中换向指令后，值班轮机员首先通过手柄A回令。此时，由于手柄B仍处于“FUEL RANGE”区域，阀63,64均工作于下位，回令车钟70不具备气源条件，尽管它已处于正车或倒车的换向状态，但是管路6或管路8上没有换向指令气压输出，因此回令操作只是使车钟产生声、光应答信号，并不执行换向操纵，主机仍然处于原来的运行状态。

接下来应对主机进行减速，将手柄B拉至低于换向转速的区域，观察转速表，当主机转速下降到换向转速时，再把手柄B拉至“STOP”位置，操纵系统执行停油动作，主机进一步降速。与此同时，回令车钟70在获得气源并通过管路6或管路8送出换向信号，进行相应的换向操作。换向结束后，再把手柄B从“STOP”扳到“START”位置，只要空气分配器换向完成，即“正/倒车启动连锁”解除，就可以使主机进入强制制动工况，而后开始反向启动。其操作过程和气路工作过程与停车启动完全一致。

二、驾驶室遥控

主机气动操纵系统均设置有与驾驶台自动遥控系统进行接口的气路。只需在集控室操纵状态下，将操纵台上的“驾控/集控”转换阀 80 置于“驾控”位置，则阀 80 工作于下位，接通停车电磁阀 84、正车电磁阀 86、倒车电磁阀 88 和启动电磁阀 90 的工作气源；同时，切断集控室主机操纵台气源，手柄 A 和手柄 B 均失去对气路的控制功能。

或门阀 85，87，89 和 91 的两个输入端分别接收来自集控操纵台和各个电磁阀的输出信号。在驾控时，自动遥控系统根据车令和主机状态进行逻辑判断，通过电信号指挥各个电磁阀动作。电磁阀的输出代替来自集控室的命令，实现对主机的各种操纵，其工作过程与集控室操纵相同。

根据需要，主机可以选配不同的自动遥控系统。自动遥控功能或因厂家而异，但一般都具有正常启动、重复启动、慢转启动、重启动、一次性限时启动、正常换向、应急换向和制动等逻辑功能，同时还可以对换向、启动失败等情况进行监视，发生故障时将给出声、光报警信号。此外，在转速和负荷控制方面，一般还有最低稳定转速限制、最高转速限制、临界转速自动回避、加速速率限制、程序负荷、增压空气压力限制以及转矩限制等功能。

三、机旁应急操纵

任何主机的气动操纵系统都必须具备机旁应急操纵功能，以便在遥控气路、调速器等发生故障或在其他某些必要情况下能够在机旁对主机进行操纵。

进行机旁操纵时，首先要进行操作部位的切换。MAN－B&W－MC/MCE 型主机的机旁应急操纵台如图 4－62 所示。

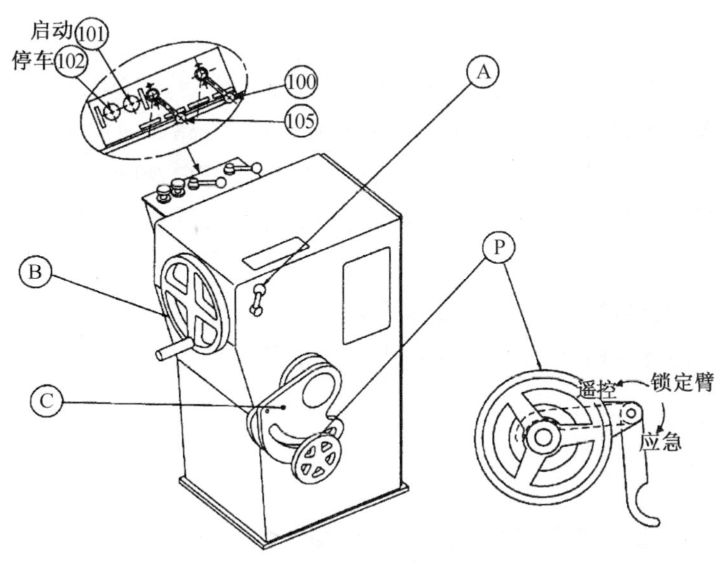

图 4－62 机旁应急操纵台

切换至“应急操纵”的操作步骤如下：

①检查换向阀 105 的位置,阀 105 是在机旁操纵时的手动换向阀,切换之前应确保处于希望的位置,从图 4 -62 可看出,只有停车阀 102 被压下时,换向阀 105 才起作用;

②逆时针转动锁紧手柄 A,使油门调节手轮 B 处于自由状态;

③将锁定臂(blocking arm)置于“应急(emergency)”位置;

④将手轮 B 转至合适的位置(参见主机说明书),逆时针转动压紧手轮(impact handwheel)P,使油门拉杆从调速器输出断开,连接到手动调节手轮 B;

⑤将操作部位转换阀 100 由“正常(normal)”转至“应急(emergency)”位置。

切换至“应急(emergency)”位置后,机旁操纵台气源接通(压力开关 106 和 107 动作,送出相应的开关量信号),可通过机旁手动阀对主机进行应急操纵;管路 24 的气源被切断,集控室和驾驶台操作失效。

机旁操纵指令由停车阀 102、正/倒车换向阀 105 和启动阀 101 给出,并分别通过或门阀 23,29,30 和 31 同来自集控室或驾驶台的遥控指令相“或”。由于遥控气路不工作,以上或门阀的输出只能来自机旁。

1. 停车

按下停车阀 102,使其上位通,来自转换阀 100 的气源经或门阀 103 和 23 送至二位三通阀 25 的控制端,其后的停油动作与遥控操作相同。应注意的是,停车阀 102 不带复位弹簧,而是采用气动复位,在按下启动阀 101 之前,停车阀 102 将保持在上位(即停车位置)。

2. 换向

只有按下停车阀,换向阀 105 的阀前才有工作气源,因此只有在停车状态下才能进行换向操作。正车换向时,将阀 105 置于正车位置,阀前压力经过阀 105 的下位送至或门阀 29,阀 29 的输出有气,进行正车换向;倒车时,或门阀 30 的输出有气,进行倒车换向。在机旁手操时,换向连锁应由操作轮机员自行判定。

3. 启动

操作按下启动阀 101,使其上位通,输出有气并分成 3 路。其中,一路使阀 102 复位;一路经或门阀 31 送至阀 33 的控制端,进行启动操作;还有一路经或门阀 103 和 23,送至阀 25 的控制端,使得在启动过程中保持停油。启动成功后,松开启动阀,靠弹簧复位,停止启动。

在机旁控制气路中,单向节流阀 104 的作用和单向节流阀 69 的作用相同。

4. 供油调速

机旁手动操纵的供油调速是通过操纵手轮 B 经传动杠杆、离合器和调油轴等直接控制高压油泵实现的,因此在机旁给出的不是转速设定信号,而是油量信号。此时调速器不起作用。

四、安保断油

在气动控制箱内设置了由安全保护系统控制的断油停车电磁阀 127,它由独立的气路提供工作气源。一旦按下应急停车按钮,或主机出现紧急情况使得安全保护系统输出应急停车指令时,电磁阀 127 得电,下位通,安保控制空气将通过阀 127 和或门阀 128 送至高压油泵停油阀,实现断油停车,对主机进行安全保护。

五、气动操纵系统管理维护要点

1. 管理要点

在气动遥控系统中，信号的传递都是以压缩空气作为工作介质的。遥控气源的压力必须正常，一般为 0.7 MPa；操作空气要求无尘、无水、无脏物；为了使某些运动部件得到润滑，操作空气最好经过滑油雾化处理。

为了使气动遥控元件发挥其应有的效能，轮机人员必须重视气动遥控元件的定期检查与保养工作。建议按以下周期进行维护、检查和调校工作。

① 1 ~7 天对滤器、气瓶排放污水，并注意查看有关的液位情况。

②半年至 1 年更新空气过滤器中的过滤元件，对遥控气路认真进行漏气检查。

③每 2 年对强度在 3 MPa 以下的气动元件，如气缸等执行机构，进行维护检查。

④每 4 年对强度在 1 MPa 以下的气动元件，即大多数气动阀件，进行维护检查。

⑤ 4 ~8 年对密封垫片之类的橡胶制品，即使没有表面破损等情况也必须予以更新。

⑥原则上经过 8 年长期使用之后的 1 MPa 以下的气动元件都要求更新，以确保工作的安全和可靠。

在进行维护检查的时候，对金属零件应用清洗油清洗，对橡胶制品则应用肥皂水清洗。发现破损、老化等情况必须予以更换。在安装时，要用低压压缩空气吹净并给予必要的润滑。

2. 故障排除

如果遥控系统工作不正常，只要对遥控气路有充分的理解，一般不难查出故障并予以排除。若仍然感到有困难，则可根据具体故障现象按遥控系统的功能进行专项检查，同时可借助说明书提供的故障表来判断定位故障原因，从而进行排除。在进行专项检查之前，首先应着手以下项目的检查：

①核对遥控系统高、低压气源的压力是否正常；

②检查管路上是否有泄漏情况；

③检查应急停车等应急操纵是否已被撤销。

任务七　主机安全保护系统

安全保护系统是主机遥控系统的重要组成部分，是为保护主机安全运行而特设的一个功能系统。它的主要作用是在主机运行过程中出现不正常情况时，自动控制主机减速或自动停车。

当主机发生超速、主轴承滑油压力低、凸轮轴滑油压力低、推力轴承高温、气缸冷却水高温等故障时，安保系统会通过触发安保停车电磁阀使高压油泵泄压停油，从而使主机自动停车。自动停车根据故障对主机的危害程度的不同，可分为不可取消的自动停车和可取消的自动停车。不同船舶或机型，可取消与不可取消的停车项目设置不尽相同。一般来讲，超速、主轴承滑油压力低等故障触发的自动停车是不可取消的，其他故障触发的自动停车可设置为可取消的。一旦不可取消的自动停车故障发生，触发自动停车报警的同时，主机当即断油停车。而当可取消的自动停车触发时，往往先触发自动停车报警，在自动停车报警触发的设定时间内（默认 6 s），按下了取消自动停车按钮则自动停车取消；若在设定时间内未进行取消自动停车操作，则触发自动停车。此外，为确保万无一失，在驾驶台、集控室和机旁均设有手动应急停车按钮。手动应急停车的操作不受操作部位的限制，值班人员若发现紧急情况，可就地按下手动应急停车按钮触发安保电磁阀使主机停车。手动应急停车功能是自动停车功能的有效补充。

当主机发生缸套冷却水压力低、活塞压力冷却油流失、曲轴箱油雾浓度高、活塞冷却油出口温度高等故障时，安保系统会通过主机调速系统触发自动降速功能（默认降至慢速）。和自动停车一样，自动降速也可根据故障对主机的危害程度的不同，可分为不可取消的自动降速和可取消的自动降速，可取消与不可取消的降速项目设置也同样因机型或船舶而定。

在此，以 AC－C20 型主机遥控系统中的安保系统为例，讲述具体安保原理。

一、应急停车

1. 自动停车

AC－C20 型主机遥控系统采用一个专门 DPU 模块来实现主机的自动停车功能。该 DPU 模块称为主机安全单元（ESU）。ESU 只有开关量输入和开关量输出通道，开关量输入通道接收主机操作部位开关、手动应急停车和自动应急停车等开关量信号；开关量输出包括向指示灯和 ALPHA 注油器送出主机状态指示的继电器触点输出和控制停车电磁阀动作的电压输出。ESU 的典型应用实例如图 4－63 所示。

图 4－63 中，通道 1～4 为继电器触点输出，输出主机状态信号；通道 5 为电压输出，控制停车电磁阀；通道 14～28 为接触点式开关量输入信号，如来自转速测量单元的超速停车信号以及来自各个操作部位的应急停车信号等。为确保应急情况下能够可靠地进行应急停车，ESU 的许多输入通道与输出通道在内部电路上直接连通，即使 ESU 故障也不会影响其自动停车功能。

自动停车是当测速单元（RPME）发出主机超速信号或其他专门的应急停车传感器发生作用时，ESU 将指挥停车电磁阀动作，转速控制系统也同时将调速器的输出减少至零位，使主机停车。AC－C20 型主机遥控系统一般可设置 6 个自动停车项目，即“Shut down 1”～“Shut down 6”。其中“Shut down 1”固定用作超速停车，其余 5 个可根据实际需要分配给其他应急停车传感器。在某些特殊的场合，若所需的应急停车项目较多，则还可以增加 5 个额外的定制项目。

超速信号来自测速单元，当主机转速超过额定转速的 109%（可调）时，RPME 将发出一个继电器触点信号，并通过硬线连接（所谓硬线连接是指非数据连接）送至 ESU 的第 19 输入通道（图 4－60），触发自动停车。

其他应急停车传感器可以是开关量或是模拟量传感器，若是开关量传感器，则可通过硬线连接直接接到 ESU 的备用停车通道，若是模拟量传感器，则必须通过 CAN 网络将应急停车指令送达 ESU。

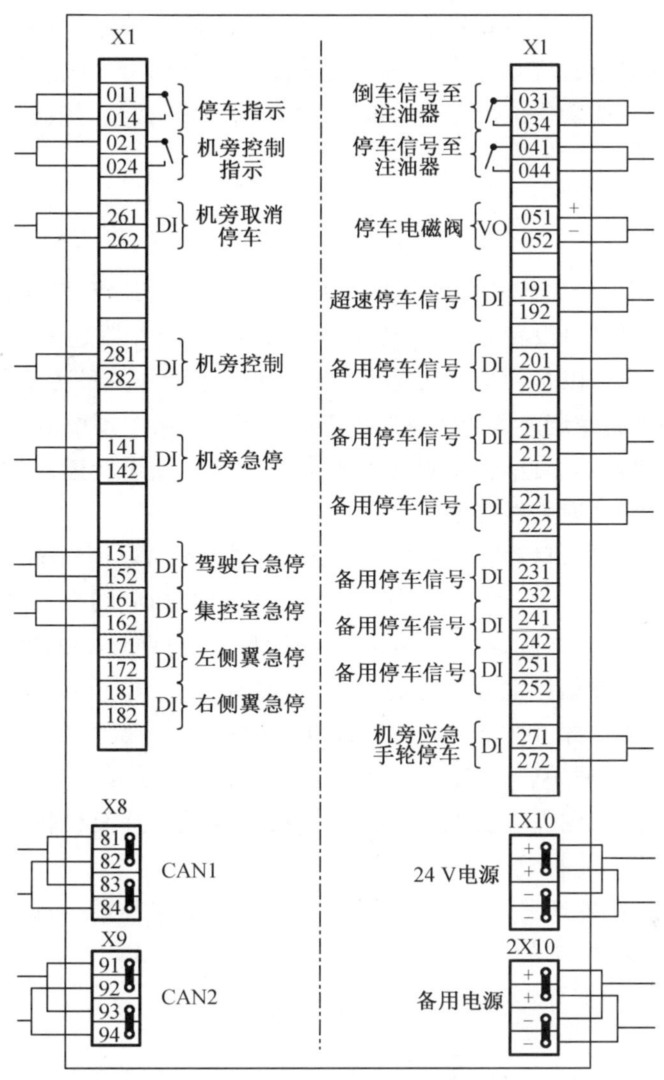

图 4-63　主机安全单元

(1)自动停车的取消

对所有的自动停车项目均可通过 ACP 屏幕操作将其设置为“不可取消(non cancellable)”或“可取消(cancellable)”两种类型,一般情况下超速停车应设为“不可取消”。对于不可取消的自动停车项目,只要传感器起作用就将立即触发主机自动停车;而对于可取消的项目,在设置的延时范围内可以取消。取消方法有两种,一是在集控室 ACP 屏幕上操作对当前出现的自动停车项目进行选择性取消(这种方法与当前操作部位无关),二是在当前操作部位按下“CANCEL SHD”按钮进行一次性全部取消。

(2)自动停车的复位

一旦发生自动停车,必须在自动停车故障消失后,在当前操作部位将操作手柄回零进行复位操作,然后才能再次启动主机。

2. 手动应急停车

当值班人员发现紧急情况时,还可通过按下应急停车按钮来实现手动应急停车。驾驶台车钟、集控室车钟和机旁应急车钟面板上均设有应急停车按钮，对于有侧翼操纵台的船舶，则在侧翼操纵台也设有应急停车按钮。按下任意一个部位的应急停车按钮，均可发出应急停车命令，且与当前操作部位无关。再按一次应急停车按钮，按钮弹起，则可撤销应急停车信号。

二、自动降速

AC－C20 型主机遥控系统的自动降速是由自动降速传感器和转速控制系统在网络通信的配合下完成的，最多可设置 20 个自动降速项目，对应 20 个降速传感器。降速传感器可以是开关量传感器，也可以是模拟量传感器；只要其中某个开关量传感器动作或模拟量传感器的测量值越限都将使调速器的转速设定值自动降低到某个预设值（默认为“慢速”挡设定值），迫使主机自动降速。此时，主机转速不会超过这一预设转速，但在最低稳定转速和该预设转速之间，手柄调速仍然有效。

和自动停车项目类似，自动降速项目也可被设置为“不可取消（non cancellable）”或“可取消（cancellable）”两种类型。对于不可取消的项目，只要相应的自动降速条件具备，遥控系统将指挥调速器进行立即降速；对于可取消的项目，则可在设定的延时范围内取消。取消方法也有两种，一是在集控室 ACP 上通过屏幕操作对当前出现的自动降速项目进行选择性取消，二是在当前操作部位按下“CANCEL SLD”按钮进行一次性全部取消。

自动降速故障现象消失后，自动降速功能是自动复位还是需要手动复位因服务商设置而定。如果是手动复位，则需在安保单元面板上按下自动降速复位按钮后，才能保证操纵部位手柄的转速设定功能有效。

不论是发生自动降速还是应急停车，AC－C20 型主机遥控系统都将发出报警信号，并在 ACP 显示屏上显示相应的文本信息。此时，可通过 ACP 上的“Sound off”和“Alarm ackn.”按钮进行消音和报警确认。

任务八　AC－C20 型主机遥控系统的认知与维护

一、AC－C20 型主机遥控系统概述

AC－C20 型主机遥控系统使用可靠耐用的分布式处理单元（DPU），这些 DPU 可以安装在最方便的场所达到降低电缆成本的目的。分布式处理单元和双重冗余 CAN 总线的使用可确保操作可靠，控制转换平稳。系统数据能够即时传送。在不同的操作状态会自动显示相关的必要信息，操作很方便，由于活动部件减少很多，维护保养的工作量大大减少。

AC－C20 型主机遥控系统包括以下 4 个部分：主机遥控系统、安全保护系统、车钟系统、数字式调速系统。

1. 主机遥控系统

①指令发送采用串行通信技术。

②启动程序中设有启动闭锁控制、慢转启动、通常的压气启动、重复启动、重启动，以及发送启动失败报警信号等组成内容。

③供油调速中设有速率控制及转速限制,如:临界转速的自动避让和快速通过、轮机长给定的转速限制、最低转速限制、速率发送控制、加减车负荷程序控制。

2. 安全保护系统

安全保护设备可以对重要参数进行监视,并将安保指令引向遥控系统,如:故障减速运行、故障停车、超速保护并提供专用的复位环节、应急停车。

3. 车钟系统

①既可以把车钟指令发送到集控室或是机侧,又可以把遥控指令以串行通信方式发送到遥控系统和车钟打印机。

②通过辅车钟可以实现备车、运行、完车 3 种状态在驾、集之间的信号联系。

③可以对错向、电源等故障进行监视。

4. 数字式调速系统(DGS 8800)

①可接收驾、集车钟指令,并对转速进行数字式调节控制。

②该系统可以对以下项目实现转速限制,如:最高转速限制、减速运行限制、临界转速的自动避让和快速通过。

③对以下项目实现供油限制,如:最大供油限制、扫气压力限制、扭矩限制。

④调速器放大倍数的控制,如:通常情况下的放大控制、恶劣海况时的放大控制、最佳放大控制。

二、AC-C20 型主机遥控系统的主要组成部分

AC-C20 型主机遥控系统的主要组成单元包括:控制面板、遥控系统、主机车钟单元、主机安全系统、电子调速系统、车钟记录单元、分布式处理单元等。

AC-C20 型主机遥控系统元器件实行模块化,模块之间通过通信联系。其系统图如图 4-64 所示。

1. 控制面板

控制面板的设计要求操作简便。操作简便的多功能控制器能处理系统中的所有功能,及时提供操作所必需的信息。彩色显示器提供图形信息。模拟图适用于所有主要变量且实时监测,例如:转速、油耗、螺距、启动空气压力、扫气空气压力、主机状态等。这套系统可以完全和 DataChief® C20 型机舱自动化系统相集成,如图 4-65 所示。

控制面板可以显示:

模拟量 RPM 和设定值、模拟量启动空气压力、螺距、主机目前的状态、主机的模拟图显示、启动闭锁、停车/减速保护、控制转换、通用报警显示、错向指示、辅助鼓风机运行状态。

控制面板可以进行如下操作:

控制位置转换、停车/减速越控、报警确认/消声、参数更改/调整。

2. 遥控系统

AC-C20 型主机遥控系统可以发送指令,在启动程序中设有启动闭锁控制、慢转启动、通常的压气启动、重复启动、重启动以及发送启动失败报警信号等功能,在供油调速中设有速率控制及转速限制等。

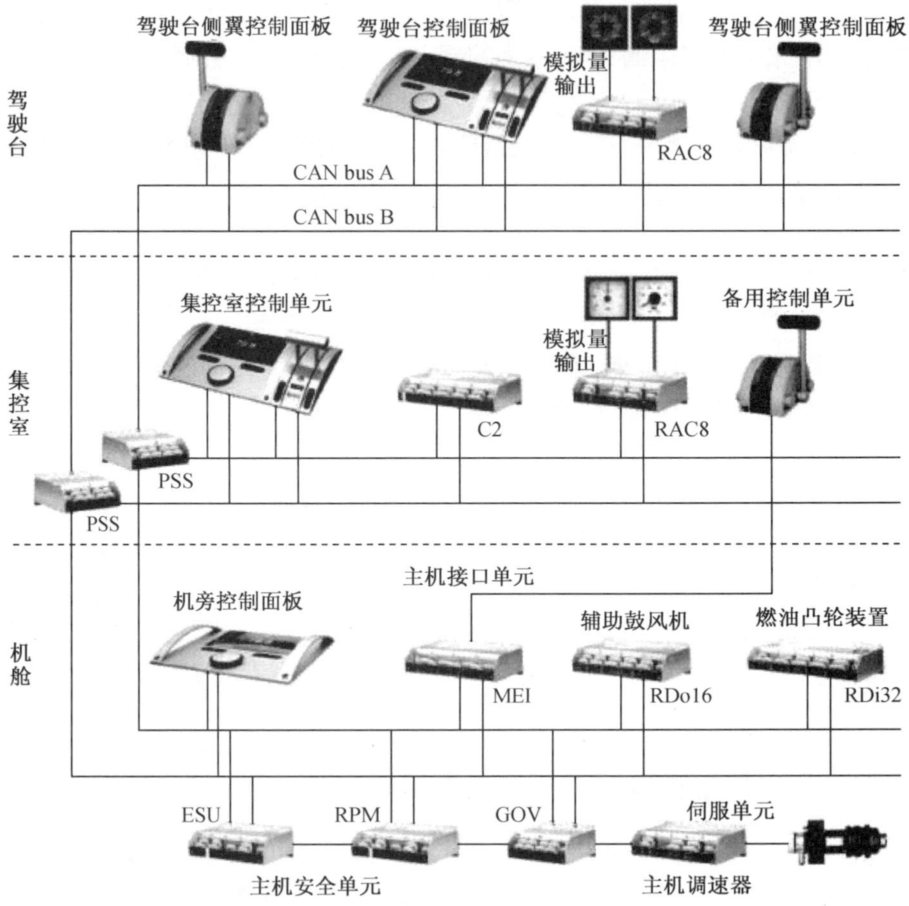

图 4 – 64　AC – C20 型主机遥控系统图

图 4 – 65　AC – C20 型主机遥控系统控制面板

3. 主机车钟单元

在驾驶台及封闭式驾驶台两翼和集控室使用手柄式车钟。机舱和开放式驾驶室两翼可以使用按键式车钟。

辅车钟模式有完车、备车、航行几种。

4. 主机安全系统

主机安全系统既是独立的又是和 AC－C20 型主机遥控系统完全集成的系统，主要有以下性能：

①单独的超速检测系统。

②无论是可越控还是不可越控，主机自动停车都是通过控制电磁阀来实现的。传感器可以是模拟量或是开关量。

③主机遇到故障无论是可越控还是不可越控，都会自动降速，使主机转速降到安全的速度运行。

④主机转速检测系统有两套独立的检测系统，并具备自动切换功能。

⑤所有的传感器和电磁阀都具备回路监测。

⑥在任何控制面板上都可以更改设置或检查参数。

⑦实行双路供电。

5. 电子调速系统

电子调速系统既是独立的又是和 AC－C20 型主机遥控系统完全集成的系统，主要有以下性能：

①接收来自所有控制位置的命令输入。

②燃油限制功能（扫气空气、扭矩限制等）。

③控制面板可调整的手动燃油限制和转速限制（轮机长限制）。

④使用转速传感器的冗余测速系统。

⑤可从各控制位置取消限制。

⑥具有自检功能。

电子调速系统是一套完整的针对带有固定螺距桨或可变螺距桨的低速柴油机的速度调节器，主要由电动执行机构和数字伺服单元两部分组成，如图 4－66 所示。

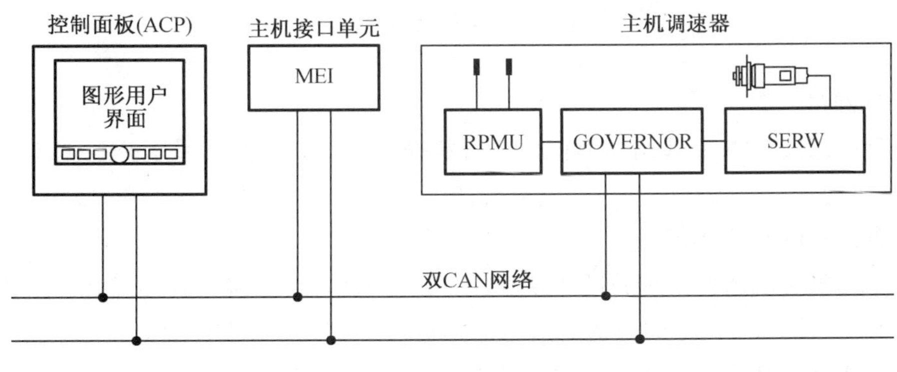

图 4－66　电子调速系统

数字伺服单元(DSU)是调速器的主要控制单元。系统有命令转速输入功能,一般通过集控室操纵手柄和可选择的就地速度设定拨盘与主机接口单元(MEI)相连接。通过比较命令转速和由转速传感器得到的实测转速来调整柴油机转速。DGS配备由微型处理器控制的先进调节运算功能。燃油刻度调节是根据所需执行器位置计算出“执行器速度和方向命令”,并通过DSU传送到执行器,实际的燃油刻度由执行器编码器进行测量。

ACP设计为嵌入式,安装在集控台上。

DSU和电动执行器设计为可直接安装在机旁的形式。

6. 车钟记录单元

设计操纵记录仪是为了记录推进装置的状态,例如车钟命令,主机正、倒车命令转速和实际转速,主机控制位置(驾驶台、机舱、机旁、驾驶台两翼),应急停车、故障停车、故障减速,程序负荷及限制取消,安全系统和遥控失败等信息。

7. 转速检测装置

两套独立的转速探头确保准确提供主机转速、超速检测、临界速度检测、转向错误报警,提供驾驶台、集控室、机旁的转速显示信号,如图4-67所示。

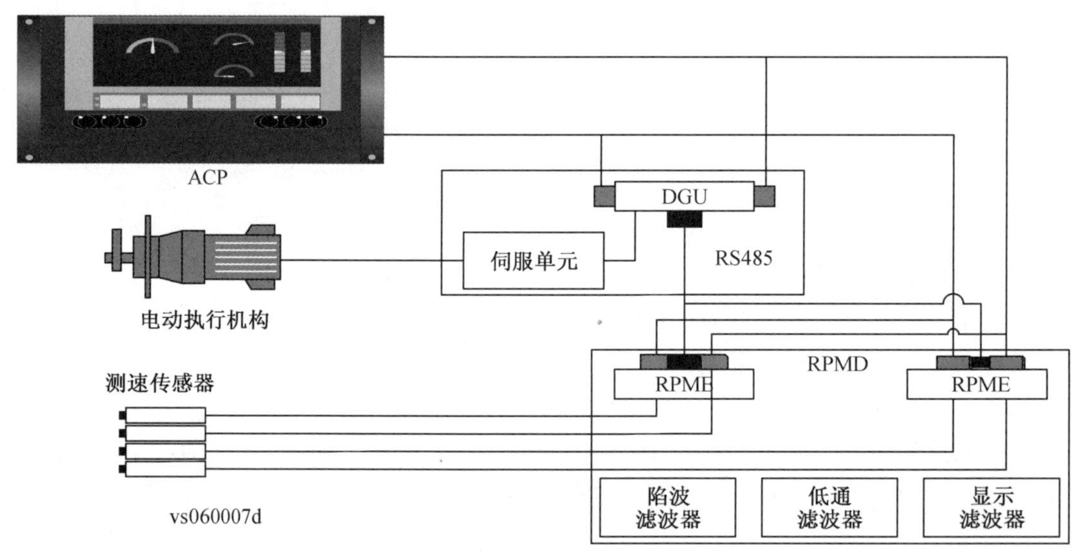

图4-67 转速检测装置

8. CAN网络

采用双重冗余CAN总线与所有模块进行数据交换。CAN网络采用DC-C20型的成熟网络。

9. 分布式处理单元(DPU)

AC-C20型主机遥控系统的设计基于分布式处理单元,并将其直接安装在主机的接线箱内。所有在系统和主机之间传送的信息都是通过双重冗余CAN总线来完成的。所有非必要的传感器可以和DataChief® C20型监测报警系统共享,并要求只有一个接口和主机连接。

三、主机遥控系统的模块功能

AC－C20 型主机遥控系统主要在驾驶台、集控室、机旁等几个地方有模块。

1. 驾驶台模块

RAO08 模块，模拟量输出给各转速表或其他设备；

ACP 模块，主机及遥控系统状态显示及参数设定；

LTU 模块，车钟模块；

2. 集控台模块

dPSC 模块，通信模块，K－chief－500 报警系统和 AC－C20 型主机遥控系统之间的通信；

PSS1A、PSS1B 模块，驾驶台所有主机遥控模块与集控台主机遥控模块之间的通信及信号放大；

ACP 模块，主机及遥控系统状态显示及参数设定；

LTU 模块，车钟模块；

MPP 多功能显示板，就是 IPU C20；

C2 模块，外围信号的输入及输出信号到主机辅助风机、液压支撑等外围设备，同时用于遥控系统报警；

RAO08 模块，信号输出到相关仪表，如转速、启动空气压力、机旁转速等；

MEIXL 模块，主要用于控制主机启动、换向阀等阀件，该模块损坏主机遥控不能使用；

RAI16 模块，主要用于当主机注油器故障、轴向振动大时报警，有些船舶将降速信号接入此模块；

ESU 模块，安全系统模块，所有停车信号都接入此模块。

3. 机旁模块

DGU 模块，电子调速模块；

伺服单元放大器，用于调速马达的控制；

PBT，机旁按键式车钟；

RPME，测速单元。

以上所有模块除 C2 输出通道可接 220 V（C2 的输入通道不行）电压，其他所有模块工作电压都是 24 V 直流，输入通道都是无源信号。

以上模块都是分布式处理单元（DPU）的一部分。

4. 分布式处理单元（图 4－68）的主要特点

①具有参数储存功能，能够独立完成参数的监视、报警和控制。

②DPU 具备完备的通信功能。

③所有的 DPU 单元均用 24 V DC 电源供电。

④DPU 单元带有 LED 显示，并具有强大的自检功能（检查模块内部温度、存储器性能以及 CAN 总线状态等）。

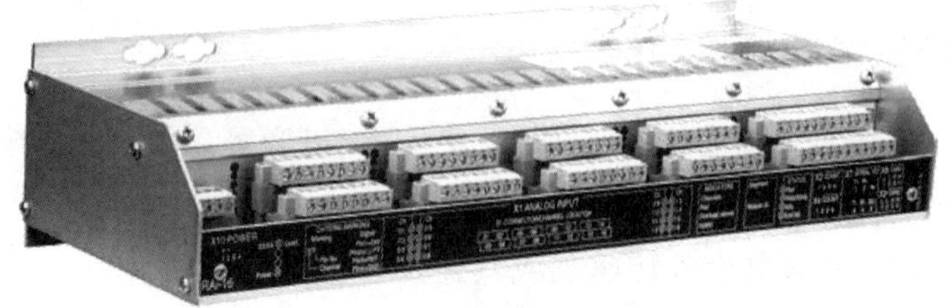

图 4－68　分布式处理单元 DPU

⑤双分段处理器(dPSC)。dPSC 是一个双重二通道的 CAN 网关,拥有两个单独供电的处理器,每个处理器有两个 CAN 接口,两个处理器通过双口存储器共享信息。

四、AC－C20 型主机遥控系统的维护保养

AC－C20 型主机遥控系统是由 KONGSBERG 公司生产的产品。该系统都是由不同类型的模块构成的,必须了解不同类型模块的功能以及端子排的布局(如电源/通信端口等)。从说明书的介绍情况看,该系统属于免维护产品,但在设备安装初期,要求严格执行厂家提供的安装工艺要求。船舶所处环境比较差,在实际管理过程中,船舶电气管理人员还需要做适当的维护,才能确保主机遥控系统的安全运行。具体内容简要介绍如下:

①系统所有模块清洁、除尘。

②检查模块供电电压是否正常,电压指示灯指示是否正常(正常的工作电压是直流的 24 V 与 26 V 之间),接线端子固定螺丝是否被震松。

③在常规检查中,逐一检查每个模块上的通信线的屏蔽安装/接线端子固定螺丝是否被震松,通信指示灯闪烁是否正常。

④对于安装在集控台内部和台面上的设备,常规检查是接插件是否可靠,屏蔽线是否有松动,电脑接地线是否牢固。

⑤时常查看在报警系统中 OVERVIEW 的 Configuration 图是否有异常显示。

⑥对于安装在机旁和机舱中的模块要注意周围的环境干燥和通风,如调速系统模块。

⑦设备的固定安装检查,此处是船舶航行中最容易产生松动的,调速马达的接插件处要时常要注意防水、防油以及松动。

⑧由于遥控信号直接作用到机带电气执行元件(如电磁阀),所以在平时的维护中电磁阀是重点检查对象之一,主要检查电磁阀的阻值是否正常,阀芯动作是否有卡阻现象,外部接线是否紧固等。

⑨机带遥控阀件中除电磁阀外,还有很多气动元件,控制空气中是否含有水分及杂质也是平时对遥控系统维护检查的重点内容之一。

维护保养需要注意的问题:

①ACP 安装在驾驶室和机控室,温度、湿度、室内清洁等条件较好,控制总线和动力总线都是冗余配置,可靠性非常高,出现问题的概率很小。如果出现驾驶台控制失灵,机控台控制往往也不会起作用,应该直接转移到机旁控制,避免出现意外。

②转速测量传感器安装在主机飞轮处，震动大，灰尘大，平时应多检查紧固情况，及时清洁传感器上灰尘。

③调速马达伺服驱动器(servo driver)安装在主机转速控制箱内，伺服驱动器运行时发热量比较大，应多注意控制箱散热风机和伺服驱动器风机运转情况，如果风机运转出现问题，伺服驱动器过热容易烧掉，主机遥控系统就会瘫痪。

④不要用U盘等从K－Chief 500操作站安装或下载文件，避免系统中毒，使系统瘫痪。

任务九　主机遥控系统的故障诊断与排除

一、主机遥控系统的常见故障

1. 启动故障

①三次启动失败。

②启动时间过长，例如连续启动时间超过8～10 s。

③慢转启动时间过长，例如超过20 s。

2. 启动闭锁

①压气启动回路上有故障，或是还没有准备好，例如：转车机处于啮合位置、主启动阀处于关闭状态、空气分配器的压气通道还没有处于导通状态。

②动力压气出现低压。

③转速检测设备有故障。

④应急停车没有复位。

⑤故障停车没有复位。

⑥辅助设备还没有准备好。

⑦系统内部给出启动闭锁指令。

3. 准备工作还没有做好

①调速器处于脱开位置。

②包括启动闭锁①内的3种状况。

二、AC－C20型主机遥控系统的故障分析与处理

主机遥控系统有良好的自检功能，通过观察指示灯可以判断分布式处理单元或通信系统故障。这些故障具有相应的故障代码显示，根据故障代码进行故障处理。

1. DPU故障处理

①确定故障DPU及原因：所有DPU都有自检功能，DPU出现故障后，报警信号送到ACP和K－Chief 500操作站，很简单地就能确定故障DPU及原因。

②进一步确定故障部位：故障DPU确定后，根据DPU电源指示灯、保险丝指示灯、状态指示灯可以进一步确认是电源问题、传感器问题、线路问题、还是DPU自身问题，然后参考

AC－C20 说明书提供的故障处理表格,进行故障处理。

2. ACP 故障处理

ACP 故障一般是电源故障引起的,如果是 ACP 自身故障,则只须更换 ACP。

3. 伺服系统故障处理

如果出现"DGU SERVO DRIVE UNIT FAIL"报警,主机燃油杆由调速器锁定,一定要将主机控制转为机旁控制后,才能复位报警,否则可能会出现意外。

4. 单元更换

单元更换前,一般要关闭电源。

(1)人机接口单元更换

人机接口单元包括 ACP、杆式车钟和按钮车钟,人机接口单元更换与普通电气设备是一样的,没有特别要求。

(2)DPU 更换

首先断开 DPU 电源,拆下电气连接,然后拆下 DPU,安装过程与之相反。新 DPU 安装完毕后,一定要把新 DPU 系列号输入到机舱 ACP 屏"Misc－－－Misc2－－－Nodes"菜单或 K－Chief 500 操作站"SERVICE－－－SYSTEM INFO DISPLAY－－－Replace modules"菜单,从 K－Chief 500 操作站下载软件后,DPU 才能进行工作,软件下载自动完成。

(3)伺服系统单元更换

伺服驱动器电池应每 4 年更换一次,更换电池时,主机应是停车状态,伺服驱动器 24 V DC 电源不要断开,如果断开 24 V DC 电源,伺服驱动器部分参数需要重新设置。电池更换完毕,消除警报后,伺服驱动器就可以工作。如果船上没有伺服驱动器专用电池,可以临时用两节 AA 新电池代替。

如果更换伺服驱动器或调速马达,执行器需要校正零位,编码器需要重新设定,由于船上一般没有备件,所以这样的工作一般由服务商完成。

任务十　船舶智能柴油机控制系统

一、船舶智能柴油机基本概念

传统柴油机的燃油喷射系统,绝大多数采用的是柱塞泵式、泵喷油器式或蓄压式喷射系统,这些传统的燃油喷射系统借助高压油泵将燃油喷射到各燃烧室。高压油泵由柴油机的凸轮轴驱动。由于采用了这种供油方式,燃油的喷油正时和喷射质量都将随着柴油机运转工况的变化而改变,做不到各种运转条件下的最佳喷射,而且喷射系统容易出现异常喷射和低速、低负荷运转时柴油机工作性能恶化等诸多缺点。

为了更好地实现对柴油机的运转控制,人们将电子计算机控制技术应用于柴油机,形成了一种新型的电子控制式柴油机,也称之为智能柴油机。它取消了传统柴油机以凸轮轴及相关的机械控制零部件来控制柴油机启动、换向、燃油喷射和气阀的启闭,将燃油喷射、气阀启闭以及柴油机的启动、换向、停车和气缸润滑等功能全部由计算机控制技术实现。它可以根据柴油机不同的工况，对相关的参数进行及时设定和调整，使柴油机始终保持在最佳状况下工作。此外，还可对柴油机的运行工况及零部件的状况进行实时监测，并与船舶推进控制系统、报警系统等连接，对柴油机进行全方位的监控。

当前，船舶智能柴油机以取代传统柴油机的态势，开始广泛装船使用。在远洋船舶低速机市场，主要以 Win GD(瓦锡兰前身)和 MAN 两大厂商为主。

二、Win GD RT－flex 船舶智能柴油机控制系统

1. RT－flex 船舶智能柴油机电控系统

Win GD 率先将共轨技术应用于大功率船舶低速柴油机。苏尔寿公司在并入瓦锡兰之前，早在 20 世纪 70 年代就已经开始从事电子控制式柴油机的研制。继 1981 年的 RTX－1 型和 1990 年的 RTX－2 型之后，1998 年燃油共轨喷射技术应用于 RTX－3 型技术示范机并取得成功。在此基础上，开发出全电子控制方式，燃油采用共轨喷射技术的 RT－flex 系列船舶低速柴油机，现在已经发展到 Win GD X 系列，并在实船得到了广泛应用。

RT－flex 系列柴油机是在经典机型 RTA 系列的基础上研发的，它取消了传统的机械式凸轮轴系统及其传动机构，增设了供油单元、共轨平台和控制系统 WECS－9520(前一代为 WECS－9500)，如图 4－69 所示。

共轨，即代表各缸压力一致。共轨平台主要由燃油高压共轨和伺服油共轨组成。燃油高压共轨压力额定值为 100 MPa。燃油高压共轨管中的燃油由供油单元中的高效机带燃油泵供给。供油单元可确保柴油机在冲车时共轨压力达到期望值 70 MPa，压缩空气启动过程中即可达到额定值，且共轨压力不受柴油机自身工况影响。在柴油机运转工作过程中，燃油共轨压力在 60～80 MPa 随柴油机工况的变化而变化，具体压力值由控制系统 WECS－9520 根据柴油机工况设定。

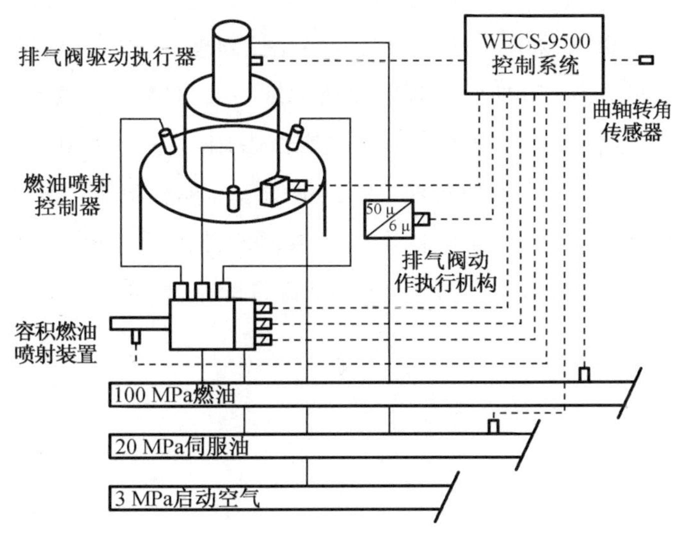

图 4－69　RT－flex 共轨系统示意图

伺服油共轨压力额定值为20 MPa。伺服油共轨管中的伺服油由供油单元中的机带伺服油泵或电动伺服油泵供给(电动泵用于启动时建压)。在柴油机运转工作过程中,伺服油共轨压力亦随柴油机工况的变化而变化,具体压力值亦由控制系统 WECS-9520 根据工况设定。伺服油用于为燃油喷射阀、排气阀启闭提供执行动力。

燃油高压共轨中的燃油通过各缸的燃油喷射控制单元(ICU)分别送至各缸喷油器。控制系统 WECS-9520 指挥燃油喷射控制单元精确控制喷油正时、喷油量。同时,控制系统 WECS-9520 根据主机工况对燃油高压共轨压力进行控制,从而精确控制燃油喷油压力。

伺服油除了给燃油喷射阀开启提供执行动力外,还负责执行排气阀开启。排气阀正时及开启过程均由控制系统 WECS-9520 精确控制。需要排气时,控制系统 WECS-9520 指挥排气阀驱动执行器(VCU)开启排气阀;排气阀关闭时,控制系统 WECS-9520 控制该路伺服油泄放,由排气阀空气弹簧使排气阀关闭。此外,控制系统 WECS-9520 通过控制伺服油压力的实时变化以适应不同负荷下的排气阀开启速度。

启动时,控制系统 WECS-9520 根据启动时序,控制各缸的气缸启动阀启闭,使3 MPa 的启动空气进入各缸推动活塞运行,从而进行压缩空气启动。

控制系统 WECS-9520 对燃油喷射、排气、启动等过程的控制,离不开对各缸活塞运行位置的监测。各缸活塞运行的实时位置与曲轴实时转角一一对应。通过对曲轴转角的监测即可作为对柴油机运行控制的依据。Win GD RT-flex 采用两套在线备用的绝对编码器监测曲轴转角,将曲轴转角转换成一一对应的二进制数码。在单位之间内计得的同一二进制数码次数即为柴油机转速。也就是说,绝对编码器既可以监测曲轴转角,也可检测柴油机转速。

WECS-9520 是整个 Win GD RT-flex 柴油机控制的核心,主要有3类控制功能。其一,是控制燃油喷射、排气及启动;其二,是对燃油高压共轨和伺服油共轨压力的精确控制;其三,是对共轨阀件、传感器及柴油机各重要参数值进行监测与诊断,保证系统安全可靠。

控制系统 WECS-9520 采用完全分布式网络化控制理念,由多个控制模块 FCM-20 组成,其标准控制系统如图4-70所示。控制模块 FCM-20 的配置方式是每一个气缸采用一个 FCM-20 控制,另再增设一个 FCM-20 模块在线备用。各缸燃油喷射、排气及气缸启闭的控制分别由对应的 FCM-20 模块实现。而其他的系统控制功能,如燃油及伺服油共轨压力的控制,共轨阀件、传感器及柴油机各重要参数值的监测与诊断等,则也分摊给不同的 FCM-20 模块实现。这也体现了完全分布式控制的特点,即单个模块损坏不会影响系统功能。

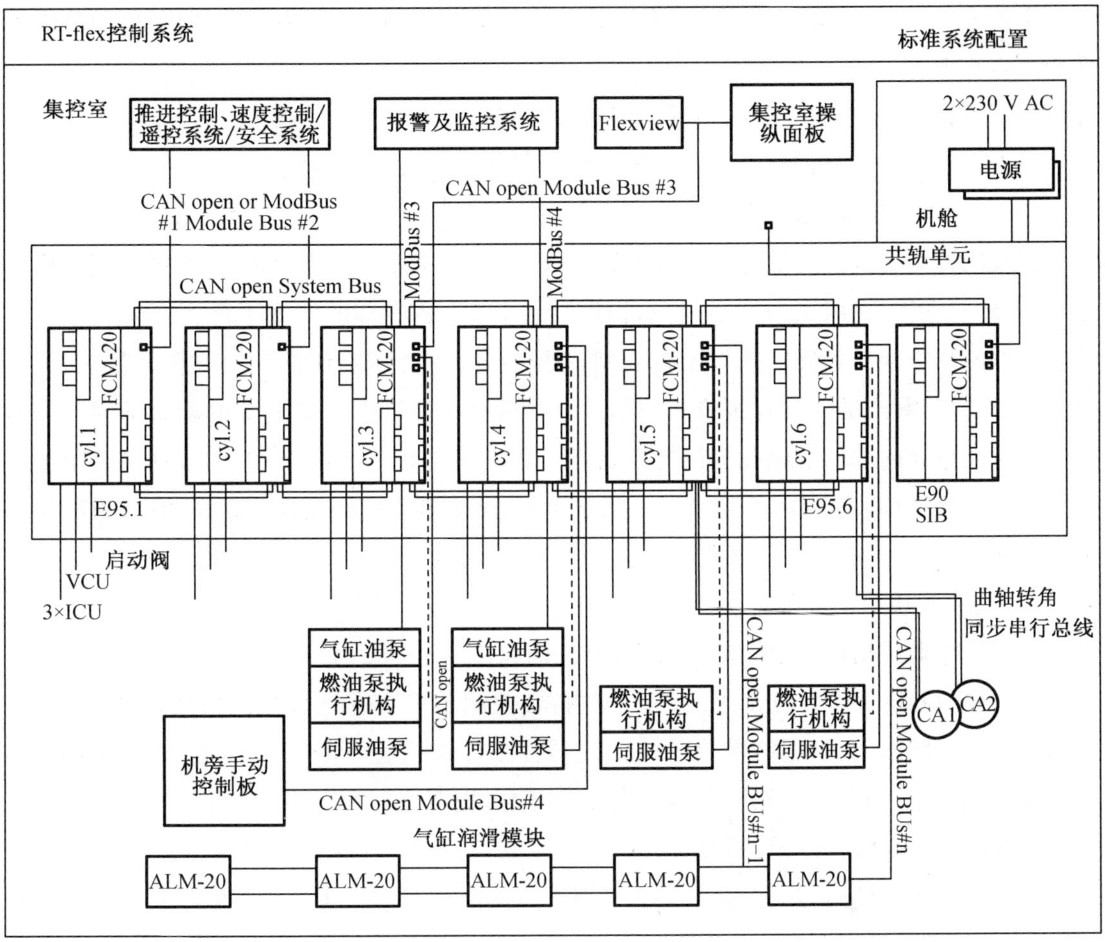

图 4－70　WECS－9520 标准控制系统示意图

2. WARTSILA RT－flex 主机控制系统日常维护保养

WARTSILA RT－flex 主机控制系统必须妥善维护，规范操作，加强运行巡回检查，及时发现故障先兆并及时处理。

(1)确保伺服油清洁

WARTSILA RT－flex 柴油机的喷油定时和气阀定时都是通过电磁阀控制执行机构的，在共轨油压系统的控制单元中，电磁阀是一个很重要也是很容易损坏的元件。电磁阀阀芯动作行程非常短(大约 0.3 mm)，动作时间一般为 1 ms，为保证喷油定时和气阀定时的精确控制，必须保证伺服油的清洁度，否则会造成电磁阀的动作延迟或卡死，或电磁阀磨损加剧，从而产生喷油定时和气阀定时不准确、电磁阀烧毁等一系列问题。

因此，日常管理中，要特别注意对滑油系统中的滤器、滑油分油机和电磁阀的维护管理。

(2)高压油路的密封

伺服滑油共轨系统和燃油共轨系统，油压都很高，密封良好特别重要。

维护方面，容易老化的密封件，不论其是否明显损坏，均须定期更换，切不可为节省备件费而因小失大。

巡回检查，要特别关注密封情况，一旦发现漏泄，立即采取措施修复。

另外，应保持柴油机燃油系统外围的清洁，以便及时发现漏泄先兆。

(3)排气阀控制单元的日常维护

排气阀控制单元的内部分为先导油缸和大油缸两部分，当控制系统发出排气阀开启信号时，电磁阀动作，伺服压力油通过内部通道导入大油缸内部的活塞下部，推动活塞上行，活塞上部的动力油压到排气阀杆上部将排气阀顶开，一直到接到排气阀关闭信号时，油分级泄掉，靠排气阀内的空气弹簧将其关闭。有些机型大油缸内活塞上部的动力油通过伺服油经过控制单元内部的节流孔进行补偿，将近 200 bar($1\ \text{bar} = 10^5\ \text{Pa}$)的伺服油经这个节流孔节流后变为 5 bar，通过内部通道导入活塞上部，这个节流孔的孔径非常小，它如果脏堵会造成活塞上部动力油不足，排气阀不能打开，因此要经常对其清洁并检查更换。

(4)控制模块箱的日常管理要点

①模块箱通风格栅要定期清洁，保持良好通风。

控制模块箱的每个气缸都配有一个控制箱，控制箱里装有气缸控制模块(E95)，机舱内经常是高温状态，而且这些模块的电子元器件工作时也会不断产生热量，如果模块工作温度超过允许值，部分电子元件可能会失效，导致主机不能正常运转。

②在线备件模块控制箱的管理。

在主机自由端处安装一个在线备件模块控制箱(E90)，控制箱内装有一个在线备件模块，它内部记载的数据和其他各缸模块的是一样的，如果某个缸的模块出现故障后，直接将这个模块安装上主机就能正常工作了。此外，E90 控制箱还有一个重要功能，厂家供船的备件模块内没有任何程序和数据，当某缸模块故障需要更换时必须先在 E90 控制箱内进行下载，将备件模块安装到控制箱内接好相应插口就会开始自动下载程序，模块上的所有 LED 灯由跳闪最后转为常亮时就说明程序已经下载完毕可以安装使用了，千万不能直接将备件模块安装到气缸控制箱，如果那样主机将无法正常工作。

(5)电子控制元件的日常管理

①巡回检查。

电子控制元件(含电磁阀和传感器)的任何异常，都可能导致柴油机主要参数异常。

巡回检查应特别注意分析柴油机的排烟温度、压缩压力、爆炸压力、增压压力等参数，发现异常及时分析控制单元、电磁阀和传感器等的影响并及时排除。

②维护方面。

定期拆卸、清洁、检查。不少故障都因喷油量测量传感器内部脏污和插头松动引起，拆出清洁后固定即可。

三、MAN ME 船舶智能柴油机控制系统

作为当今世界最大品牌的大型低速柴油机开发商,MAN 于 20 世纪 90 年代初开始研发智能柴油机。2003 年,MAN 在其经典传统机型 MC 系列的基础上推出了 ME 系列智能柴油机。ME 系列柴油机相对于 MC 系列,它取消了凸轮轴及其相关的机械控制装置,主要增设了 4 大组成部分:液压动力供给单元(HPS)、液压油缸单元(HCU)、电控单元(ECS)及曲轴角度编码器。液压动力供给单元(HPS)和液压油缸单元(HCU)可归结为 ME 柴油机液压伺服系统范畴。电控单元(ECS)和曲轴角度编码器可归结为 ME 柴油机的机电控制系统范畴。

1. ME 智能柴油机液压伺服系统

与 Win GD RT – flex 不同,MAN ME 系列智能柴油机没有采用燃油高压共轨,而是采用液压伺服系统,通过伺服油共轨,间接实现燃油共轨。MAN ME 柴油机液压伺服系统由液压动力供给单元(HPS)及与各缸对应的液压油缸单元(HCU)组成(HCU 每缸配置一个),如图 4 – 71 所示。

液压动力供给单元(HPS)由自清洗细滤器、电动液压泵和机带液压泵组成,主要为柴油机运行提供足够动力的伺服油。柴油机启动前,由电动液压泵供油;启动后,则机带液压泵供油,供油压力值由电控单元根据柴油机工况实时控制。

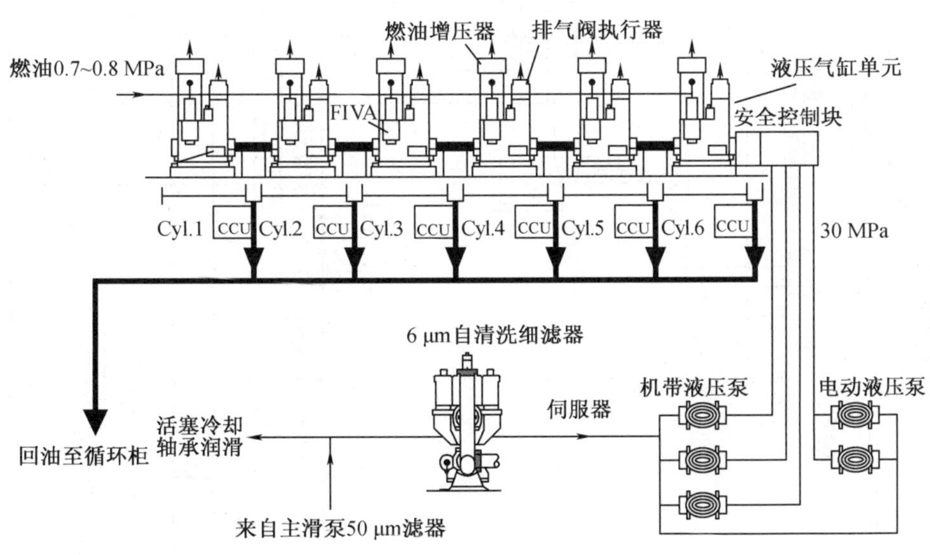

图 4 – 71 MAN ME 柴油机液压伺服系统示意图

柴油机的喷油、排气过程主要通过液压油缸单元(HCU)实现,喷射、排气过程如图 4 – 72 所示。液压油缸单元(HCU)主要由燃油增压泵、排气阀驱动器、FAVI 阀、气缸注油器等组成。其中,燃油增压泵用于执行燃油喷射,排气阀驱动器用于开启排气阀。

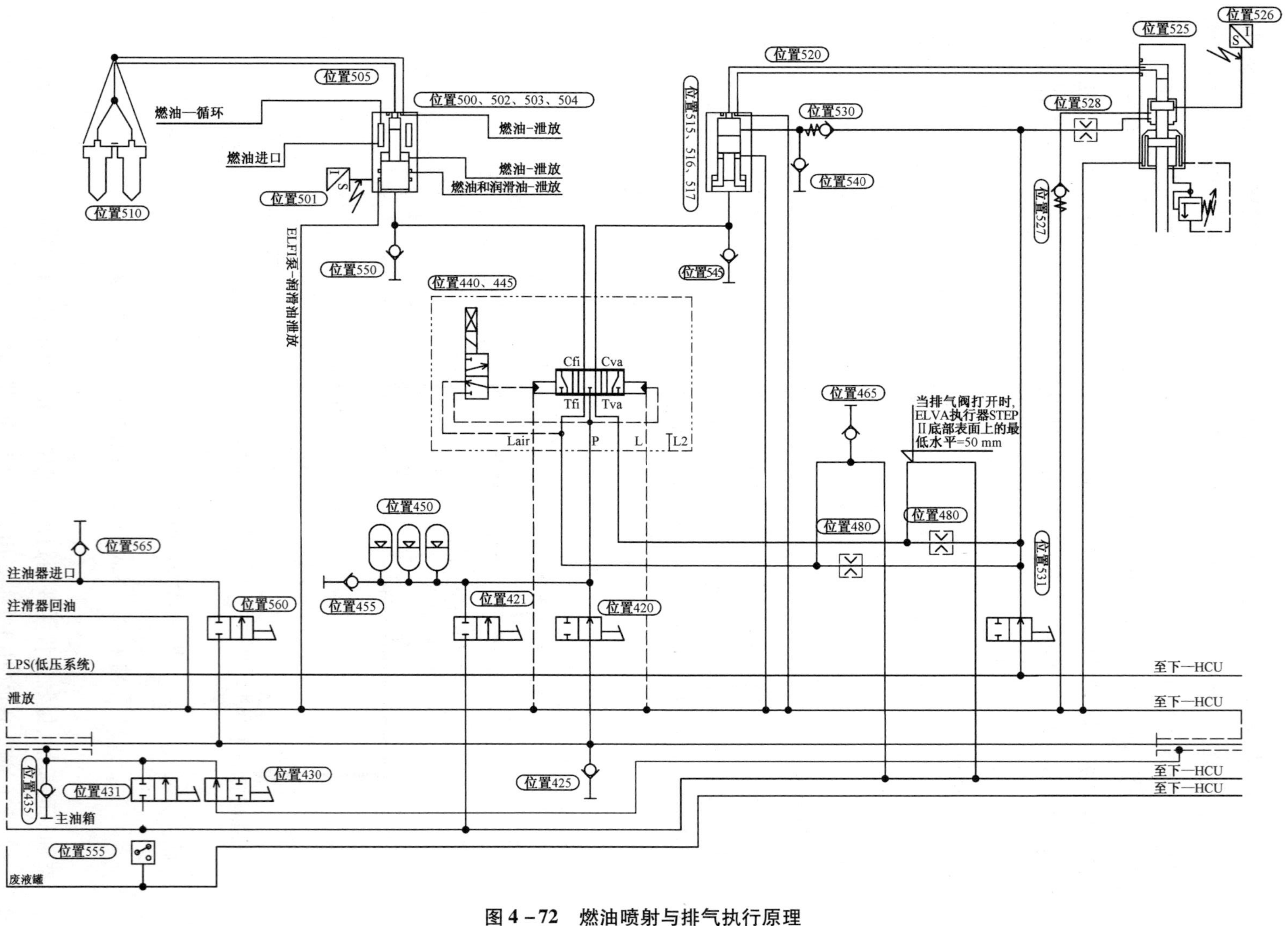

图4－72 燃油喷射与排气执行原理

FAVI 阀本质是一个三位五通阀,它是一个非常重要、非常精密的阀件;它接收电控单元送来的 4 ~ 20 mA 电流信号,并根据电流信号大小来控制气缸的喷油、排气过程。当 FAVI 阀收到 12 mA 电流信号时,其工作在中位,液压动力供给单元(HPS)供给的伺服油截止在中位,燃油增压器和排气阀驱动器由于没有伺服油供给而停止工作,此时柴油机既不喷油也不排气;当 FAVI 阀收到 5 ~ 11 mA 电流信号时,其工作在右位,液压动力供给单元(HPS)送来的伺服油经阀右位,向排气阀驱动器供油而开启排气阀,使柴油机排气;当 FAVI 阀收到 13 ~ 20 mA 电流信号时,其工作在左位,液压动力供给单元(HPS)送来的伺服油经阀左位,向燃油增压器供油而实现气缸燃油喷射。

FAVI 阀工作在右位对排气阀实现的是开关量控制,控制排气阀开启;柴油机排气结束,FAVI 阀回到中位,排气阀驱动器停止工作,排气阀在排气阀空气弹簧的作用下自动关闭。FAVI 阀工作在左位则对喷油量实现的是比例控制,FAVI 阀收到的电流值(13 ~ 20 mA)决定了 FAVI 阀的开度,进而决定了燃油增压泵液压柱塞的行程,也就是决定了当前的供油量。为实现燃油供油量的精确控制,FAVI 阀左位的开度值还会经与阀芯联动的油量反馈装置反馈至电控单元。

2. ME 智能柴油机电控系统

ME 智能柴油机电控系统采用的是集散控制方式,主要由主机接口单元(EICU)、主机控制单元(ECU)、气缸控制单元(CCU)、辅助控制单元(ACU)、主操作面板(MOP A & MOP B)、机旁操作面板(LOP)等组成,其原理如图 4 – 73 所示。

主机接口单元(EICU)、主机控制单元(ECU)、气缸控制单元(CCU)、辅助控制单元(ACU)硬件上均是完全相同的多功能控制板(MPC);只不过用于不同的功能时安装相应的应用程序并进行相应的 I/O 接线,这样能确保硬件的通用性,便于船上维护保养。主机接口单元(EICU)、主机控制单元(ECU)、气缸控制单元(CCU)、辅助控制单元(ACU)通过双冗余的 ARC 总线网络实现数据共享。

①EICU(engine interface control unit)的标准配置数量有两块 MPC 板,即 EICU – A 和 EICU – B,两者采用冗余设计,主要为与外部系统(主机遥控系统、安保系统、报警系统等)提供通信接口并起到转换与过滤器的作用(设定某些限制条件,如转速限制)。

②ECU(engine control unit)的标准配置数量有两块 MPC 板,即 ECU – A 和 ECU – B,两者采用冗余设计。ECU 是主机控制的核心,还具备调速器功能:包括启动前的准备与检查、重复启动(3 次)、启动阻塞控制、慢转和冲车;启动油门限制、扫气压力限制、转矩限制、轮机长最大油门限制及液压油油压限制、控制燃油喷射定时及循环喷油量等;控制气缸油的注入定时及注油率和柴油机运转模式(低排放和经济)控制等。

③CCU(cylinder control unit)的标准配置数量取决于柴油机的气缸数,即每个气缸配置一个 MPC 板(CCU1 ~ CCUn)。其主要作用有:根据燃油喷射定时和循环喷油量的命令控制本缸燃油喷射、排气阀启闭、气缸油注射、缸头启动阀的动作等。

④ACU(auxiliary control unit)的标准配置数量是 3 个 MPC 板,分别为 ACU1、ACU2、ACU3,主要作用是控制液压动力单元(HPS)的压力和根据扫气压力大小控制辅助鼓风机的启停等。

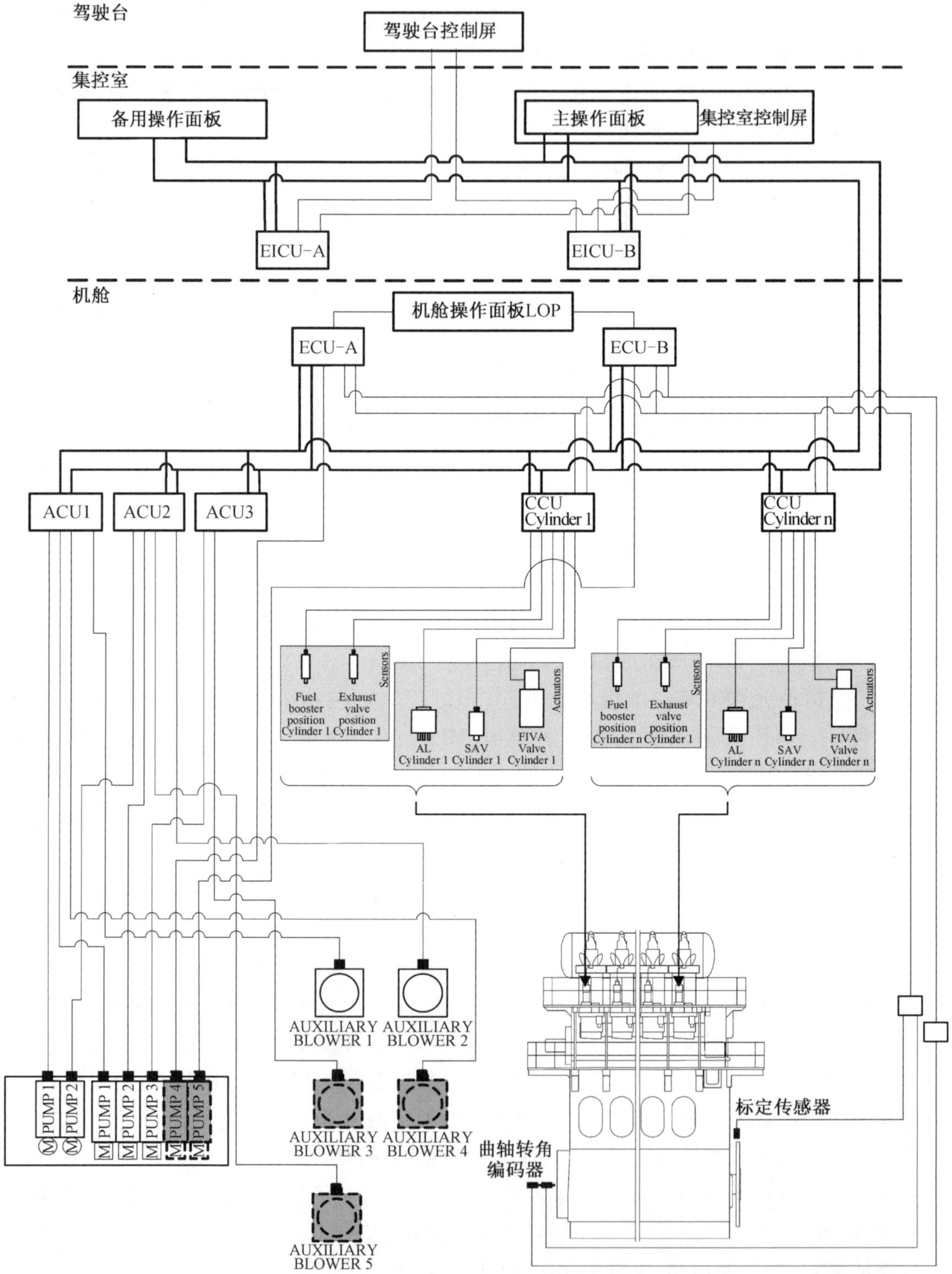

图 4－73　ME 智能柴油机电控系统原理图

注：Fuel booster position Cylinder 1 为 1 号气缸燃油升压器柱塞位置传感器；Exhaust valve position Cylinder 1 为 1 号气缸排气阀位置传感器；AL 为阿尔法注油器；SAV 为启动空气阀；FIVA Valve Cylinder 1 为 1 号气缸燃油喷射及排气阀执行机构；AUXILIARY BLOWER 为辅助鼓风机；PUMP 为泵。

⑤MOP(main operating panel)其实就是安放在集控室内的两台计算机的触摸显示屏,它是管理人员与柴油机之间的操作界面,即 HMI(human machine interface)。通过 MOP 操作界面,管理人员可以对柴油机及相关设备进行操作或对柴油机控制系统相关参数进行设定与修改。通常,MOP A 被安置在集控台操车位置,MOP B 被安置在 MOP A 的旁边,两者之间采用冗余配置。

ME 柴油机取消了传统柴油机依靠机械传动机构的相对安装位置来控制所需要的定时(ME－B 柴油机的排气阀和启动定时除外),取而代之的是在柴油机的自由端装设了两套采用冗余设计的柴油机曲轴转角编码器,即 TSA－A 和 TSA－B,分别由 ECU－A 和 ECU－B 提供电源,同时将测得的转速、运转方向和曲轴的位置信号实时地发送给 ECU 和各缸的 CCU,为精准地控制柴油机的各种工作定时并使柴油机始终处于最佳工况提供了保障,检测原理如图 4－74 所示。

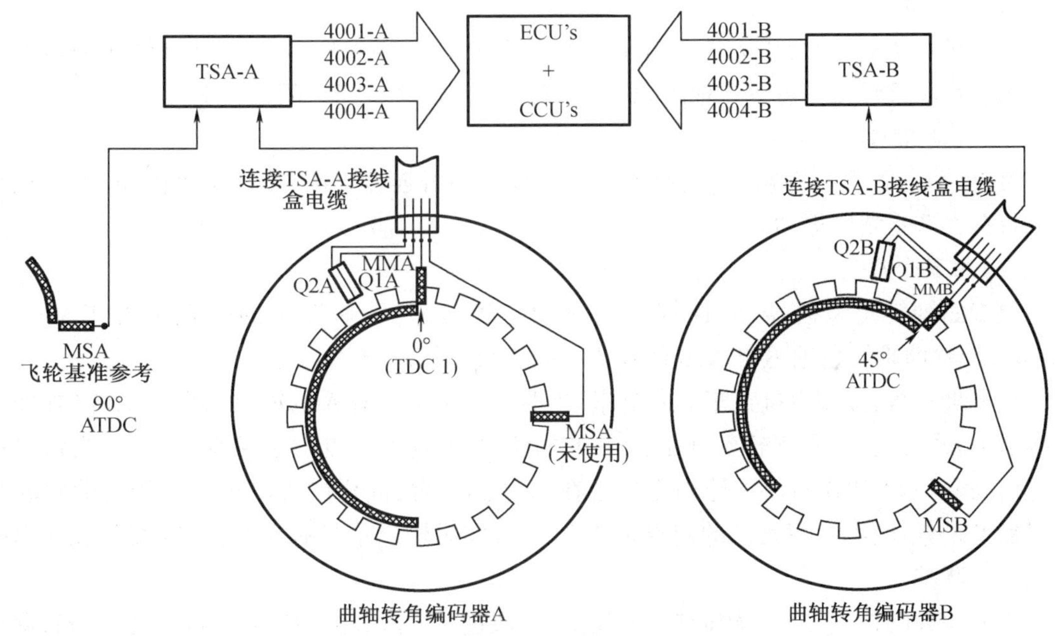

图 4－74　曲轴转角检测原理示意图

注:TDC 为上止点,ATDC 为上止点后。

每套编码系统均采用 4 组传感器:Tacho－A 包括 MMA(marker master A)、MSA(marker slave A)、Q1A(quadratur 1A)及 Q2A(quadratur 2A);Tacho－B 包括:MMB(marker master B)、MSB(marker slave B)、Q1B(quadratur 1B)及 Q2B(quadratur 2B)。

在 Tacho－A 系统中,Q1A 与 Q2A 互为冗余,用于感受齿轮的齿顶与齿谷的交替变化,将齿顶与齿谷的交替变化转换成脉冲频率变化,脉冲变化则代表曲轴转角的变化,这和传统柴油机上磁脉冲式转速传感器的测速原理是一致的。如果仅设置 Q1A 与 Q2A,那么只能检测曲轴转角相对变化值和转速,而无法检测曲轴的绝对位置。为配合 Q1A 和 Q2A 检测曲轴绝对角度,系统还设置了 MMA 和 MSA。MMA 和 MSA 感受的是齿轮上的磁性半圆弧位置的变化。安装调试的时候，要确保磁性半圆弧转到 MMA 标定位置时刚好是第一缸上止点位置（曲轴 0°角），MMA 刚被磁性半圆磁化即是曲轴 0°位置。MSA 比 MMA 滞后 90°曲轴转角，MSA 既是 MMA 冗余设计，还可用于校正 Q1A 与 Q2A 检测曲轴转角相对变化值的准确性。需要强调的是，考虑柴油机工作时曲轴的扭转变形对各缸上止点的影响，将 MSA 安装在飞轮端的同角度位置（飞轮上也设有磁性半圆弧）。

TSA－B 与 TSA－A 的功能相同，两者的不同之处在于：TSA－B 安装位置比 TSA－A 滞后了 45°曲轴转角；TSA－B 中的所有传感器均安装在柴油机的自由端。

3. MAN ME 主机控制系统维护保养

MAN ME 主机控制系统主要由各种不同功能的控制箱，加上曲轴转角编码器、转速探头、压力探头、电磁阀、主操作屏（MOP），以及机旁操纵控制箱，组成计算机控制系统。另外，24 V 直流电源箱直接为该系统提供稳定、可靠的电源。

MAN ME 主机控制系统需要按照预防保养计划进行定期维护保养。

（1）每星期

通过试灯按钮，检查系统各个指示灯是否正常。日常检查 ALPHA 气缸油注油器的控制电磁阀指示红灯是否有规律地闪亮（一般是主机运转 2～3 转，闪亮一次）。

（2）每 1 个月

检查、清洁各个控制箱，重点检查每一个插头是否连接牢固，接线是否松动，整个控制箱是否存在非正常的振动。

（3）每 3 个月

检查曲轴转角编码器、转速探头的紧固是否可靠，转速探头的间隙是否正常（3～5 mm），校验曲轴转角编码器 A、B 的输出是否正确，具体方法如下：

合上盘车机，按照主机正车方向盘车，当曲轴转角编码器 A 的输出信号指示灯（在输出接线盒上）点亮时，查看飞轮刻度是否在 0°的位置（1 缸上止点），然后继续盘车，当信号指示灯由亮变暗时，再次查看飞轮刻度是否在 180°的位置，同样的方法可以来校验曲轴转角编码器 B 的输出信号，只是它的起点在 45°位置，如果输出信号有误差，可以按照说明书的要求进行调整。

转速探头的检查方法比较简单，在盘车时，通过 4 个探头上的发光二极管的亮、暗，即可判断是否能够正常工作。

在飞轮的前部，有一个呈 180°圆弧的铁圈和一个探头，它是曲轴转角编码器 A 的辅助装置，需要定期检查铁圈是否紧固，探头的固定和间隙是否正常（1 mm）。

（4）每 6 个月

打开曲轴转角编码器的罩壳，检查两个支承波纹管上的向心滚珠轴承是否有足够的润滑脂，编码器的固定是否牢固，插头是否紧固。

在主操作屏（MOP）上，分别通过辅助控制单元（ACU1、ACU3）对液压动力油泵的安全旁通阀进行打开、关闭试验。

关闭各缸 ALPHA 气缸油注油器的进油阀，在主操作屏（MOP）上，通过气缸油注油器试验程序（LUBRICATOR TEST SEQUENCE），检查各缸的气缸油断流警报，以及主机减速警报是否出现。

主机转到机旁控制，按照驾驶台的车钟指令操纵主机。

试验主机应急停车功能是否正常。

(5)每年

检查电动液压动力油泵的控制箱，试验该泵的自动启动、停止功能，以及输出压力是否正常。对各个警报点进行测试，并做好记录。

项目五　船舶辅助机械自动控制系统

任务一　船舶辅助锅炉控制系统的认知与维护

一、船舶锅炉的用途

燃油锅炉是通过燃烧把燃料的化学能转化为热能，并将热能传给工质水，从而产生具有一定温度和压力的饱和蒸汽或过热蒸汽的特殊设备。废气锅炉是通过主机和发电机的排气加热水产生蒸汽的设备。

主锅炉：在汽轮机船上用来产生驱动主汽轮机的高温高压过热蒸汽的锅炉。

辅助锅炉（简称辅锅炉）：在柴油机船上产生不用来驱动主机的饱和蒸汽的锅炉，一般是低压锅炉（工作压力≤2.5 MPa）。

辅锅炉主要用途是加热燃油、滑油或满足日常生活的需要（炊用、加热水及冬季空调加热加湿等）；在油船上蒸汽还用于加热货油或清洗货油舱，有的还驱动汽轮货油泵或汽轮发电机等辅机，如图 5－1 所示。

图 5－1　某船辅锅炉实物图

二、船舶锅炉的分类

按照锅炉的结构，船舶锅炉可分为烟管锅炉（火管锅炉）和水管锅炉两大类。烟管锅炉是指高温烟气在受热面管内流动,管外是水的锅炉。水管锅炉是指水或汽水混合物在受热面管内流动,管外是烟气的锅炉。

烟管锅炉按管子的布置形式也可以分为立式烟管锅炉和卧式烟管锅炉。

按热源不同,船舶锅炉可以分为以下4种:

①燃油锅炉:是指以燃油(一般为轻油和重油)为燃料的船用锅炉。

②废气锅炉:主机排烟温度一般都在300~400 ℃,为了利用这些余热,在柴油机烟囱中装设废气锅炉,装设多大的废弃锅炉要根据柴油机的背压(排气管里的压力)情况而确定。用柴油机排烟余热把水加热成饱和蒸汽,这样既满足了船舶对蒸汽的需要,又提高了动力装置的效率。

③燃油废气组合锅炉。将燃油部分和废气锅炉组合在同一炉体结构内,就构成了燃油废气组合锅炉。船舶在海上航行时,利用柴油机排烟的余热通过废气锅炉部分产生的蒸汽就能满足船舶需要,燃油部分可不使用。如果船舶靠岸,主机停止运行时,则使用组合锅炉燃油部分满足船舶需要。

④电热式锅炉。电热式锅炉是以电加热管组为热源,将水加热成一定压力下饱和蒸汽或饱和水的船用锅炉。

现代船舶上应用最广泛、使用最多的是燃油废气组合锅炉。

三、船舶锅炉主要参数

1. 额定蒸发量 D(额定热功率 Q)

额定蒸发量 D(一般指蒸汽锅炉)或额定热功率 Q(一般指热水锅炉)是指锅炉在额定工况下,1 h 连续工作所产生的蒸汽量(或热功率)。蒸发量 D 的单位为 t/h,热功率 Q 的单位为 kW,二者关系为1 t/h 相当于0.7 MW。通常,额定蒸发量 D 在10 t/h 以下的为小型锅炉,50 t/h 左右的为中型锅炉,100 t/h 左右的为大型锅炉。

2. 设计压力 P 与工作压力 P_{gz}

设计压力是锅炉及压力容器最大的工作压力,它是锅炉及压力容器强度计算的依据。设计压力应不小于任一安全阀的最高设定压力;工作压力为锅炉及压力容器正常运行时的压力。一般设计压力为工作压力的1.1倍。

四、船舶辅锅炉各组成部分

1. 给水装置:向锅炉供给足够的干净炉水

主要装置有清水柜、电动给水泵、给水安全阀、止回阀、截止阀、水位表等。

①清水柜:用来存储经过过滤的清洁炉水。

②电动给水泵:通常每台锅炉设有两路给水管系,两台电动给水泵,一台为备用。通过自动控制及时向炉内给水或停水。

③给水安全阀:保护给水管系及防止水泵机组过载之用。

④止回阀:防止水泵不工作而导致炉水发生倒流现象。

⑤截止阀:用来连同或截止给水管路。截止阀有两种状态,全开和全闭,不应处于中间状态,否则阀盘会因受水流冲蚀而破坏其水密性。启动水泵前应先打开截止阀。

⑥水位表(水位计):水位表是指示锅炉水位高低的仪表。辅锅炉有最高工作水位、最低工作水位和最低危险水位。锅炉运行时,容许锅炉在最高工作水位和最低工作水位之间波动(双位控制)。锅炉水位低于最低工作水位称为失水,高于最高工作水位称为满水。满水,则容器空间小,蒸汽湿度大,易发生汽水共腾,导致大量炉水跑进蒸汽管系和蒸汽动力设备,造成机件因液击而发生损坏。失水,则使受热面过热而导致烧塌破裂。因此每一台锅炉一般安装两个准确可靠的水位表,并在水位表旁边安装2~3个试水阀。当水位表损害而锅炉又不可能立即停止使用时,可开启试水阀,根据从其中放出来的是蒸汽或是水来判断炉内水位的高低,以确保锅炉安全运行。辅锅炉的平板玻璃水位计示意图如图5-2所示。

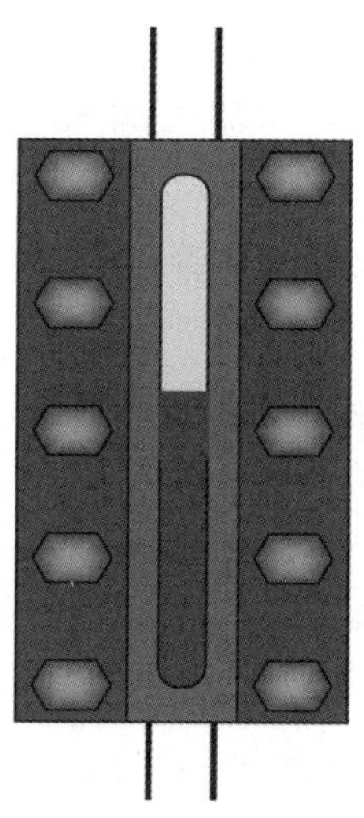

图5-2 辅锅炉的平板玻璃水位计示意图

2. 燃烧装置:辅锅炉靠炉膛中燃油燃烧来产生热量

目前燃油锅炉燃烧常用方法是通过喷油嘴使油呈雾状喷入炉膛,通过调风器提供高速旋转的空气,使油气在风口处良好混合,以达到完全燃烧的目的。燃烧装置主要有锅炉燃烧器及风机、调风器、点火器。

(1)锅炉燃烧器及风机

锅炉转杯式燃烧器包括全部燃烧系统和部分控制线路,它是一套小型的燃烧装置。在燃烧器得到启动信号后,风机开始工作(有的燃烧器同时带动风机和点火油泵同时工作),进行预扫气,此时由于喷油电磁阀没有打开,虽然油泵已经工作,但没有燃油流入燃烧室,一般在喷油嘴之前与油管路之间循环。同时自行调节风门打开一定开度,燃烧室预扫气时间在20~40 s,即将结束时点火变压器工作,点火电极发出火花,扫气结束,电磁阀打开,喷油嘴处燃油被雾化并由电火花点燃。辅锅炉燃烧器如图5-3所示。

图 5－3　辅锅炉燃烧器

(2)调风器

控制一次和二次风量,使助燃空气与油雾充分混合,使油雾迅速气化受热分解,以利于稳定和充分燃烧。二次送风要有足够的风速,使燃烧后期有良好的混合作用。调风器根据二次送风是否旋转分为旋流式和平流式。

(3)点火器

点火器是一个火花发生器,它是由两根耐热铬镁金属丝电极组成的,两电极端部距离为 3.5 ~4 mm,由点火变压器供给 5 000 ~10 000 V 的高压电,通电后将产生电火花点燃燃油。电点火器顶端发火部分应伸至喷油器前方稍偏一点(2 ~4 mm),并注意防止油雾喷到点火电极上,也应防止电火花跳到喷油器和挡风罩上。

3. 热井

为保障锅炉节能/节水以及锅炉给水、给水温度和多余蒸汽的排放等,通常都配有热井单元,简称热井。热井模块由热井(含凝水观察柜)和大气冷凝器组成。

热井的功能是将蒸汽冷凝水冷却到≤60 ℃,以供燃油锅炉给水以及必要时加药或配合自动水处理调整 pH 值。

锅炉凝水系统主要用于回收各处的蒸汽凝水,并防止混入水中的油污进入锅炉。各处用于加热油、水和空气的蒸汽,在加热管中放出热量后凝结为水,并经各加热设备回水管上的阻汽器流回热水井。加热油的蒸汽产生的凝水,有时有可能由于加热管的泄漏,从而将油分带进锅炉中。锅炉中的水含油分对锅炉的工作是很不利的。因为导热性比较差的油会黏附在锅炉受热面上或包含在水垢中,阻碍锅炉水对受热面的有效冷却,导致锅炉受热面的工作温度升高。如果受热面管子的壁长期在 500 ℃以上,管子就会爆裂。随着轮机自动化程度的提高,为了尽量减少油分含量高的水进入锅炉中,越来越多的船舶辅锅炉开始使用锅炉凝水油分浓度检测报警装置。油分浓度检测报警装置的作用是检测锅炉凝水中的油分含量,不超出锅炉水样要求的含量,一般不大于 15 PPM(PPM 是英文 parts per million

的缩写，译意是每百万分中的一部分，即表示百万分之几，或称百万分率），超出这个范围就会自动发出报警信号甚至自动停炉。此时则需将热井中的水排入舱底，待查明原因后予以消除。油分浓度检测报警装置对于锅炉安全保护是非常重要的组成部分，一般分为报警油分传感器、油分浓度分析检测装置、声光报警 3 部分。

4. 加药装置

船舶辅锅炉系统中加药装置主要包括锅炉加药泵、加药泵管系、药桶，有的还具有水质分析功能。船舶辅锅炉系统中的加药装置的功能是将炉水中的钙、镁盐类形成泥渣，再通过排污的方法把它们排除，防止结垢；另一方面，使炉水保持足够的碱性，防止发生锈蚀。需要时启动加药泵就可完成。

5. 排污阀

每台锅炉上、下各有一个排污阀，安装在锅炉融水空间的最高位和最低位。开启下排污阀，排除锅炉水中的沉淀和泥渣；开启上排污阀，排除锅炉水中的悬浮污物。为使炉水清洁，每天排污一次。排污条件：炉水加足，炉火熄灭，炉内有气压，排污时要密切关注炉内水位变化。

6. 安全阀

锅炉是压力容器，气压超过一定限度时安全阀开启，使大量蒸汽排入大气，保护锅炉。对安全阀的要求：每台锅炉本体上应装设两个安全阀，通常装在一个阀体内，蒸发量小于 1 t/h 的锅炉可仅装一个，过热器（如有）上至少装一个安全阀；安全阀开启压力可大于实际允许工作压力的 5%，但不应超过设计压力，过热器安全阀开启压力应低于锅炉安全阀开启压力；安全阀开启后应能通畅地排出蒸汽，以保证在蒸汽阀关闭和炉内充分燃烧时烟管锅炉在 15 min 内，水管锅炉在 7 min 内气压的升高值不超过锅炉设计压力的 10%，所以安全阀不但应有足够大的直径，而且开启后应该稳定且具有较大的提升量；要动作准确，并保持严密不漏。辅锅炉安全阀如图 5－4 所示。

图 5－4　辅锅炉安全阀

五、辅锅炉的自动控制

辅锅炉的自动控制主要包括点火及燃烧时序控制;水位控制;蒸汽压力控制;安全保护四个。

1. 点火及燃烧时序控制

点火时序控制是指给锅炉一个启动信号后,按时序的先后顺序进行预扫风、预点火、喷油点火以及点火后锅炉预热,然后转入正常燃烧的负荷控制阶段(即蒸汽压力控制)。同时对锅炉进行一系列的安全保护,通常的点火时序包括启动前准备、预扫风、点火、预热和正常燃烧。

预扫风的目的是防止点火时发生"冷爆"。预扫风把炉膛、烟道等处可能积存的不完全燃烧的煤粉、可燃气体排出去,防止点火时发生爆燃。

辅锅炉燃烧时序控制框图如图 5－5 所示。按下锅炉启动按钮后,自动启动燃油泵和鼓风机,关闭燃油电磁阀使燃油在锅炉外面进行循环。此时风门开得最大,以大风量进行预扫风,以防止锅炉内残存的油气在点火时发生"冷爆"。预扫风的时间根据锅炉的结构形式而异,一般是 20～60 s。预扫风时间达到后自动关小风门,同时点火变压器打出电火花,进行预点火,时间为 3 s 左右。然后打开燃油电磁阀,开大回油阀,以小风量和少喷油量进行点火。点火成功后维持一段"低火燃烧"对锅炉进行预热。然后开大风门,关小回油阀,使锅炉转入"高火燃烧",即进入正常燃烧的负荷控制阶段。在预定的时间内若出现点火不成功或风机失灵、中间熄火等故障现象时,会自动停炉,待故障排除后按复位按钮方能重新启动锅炉。

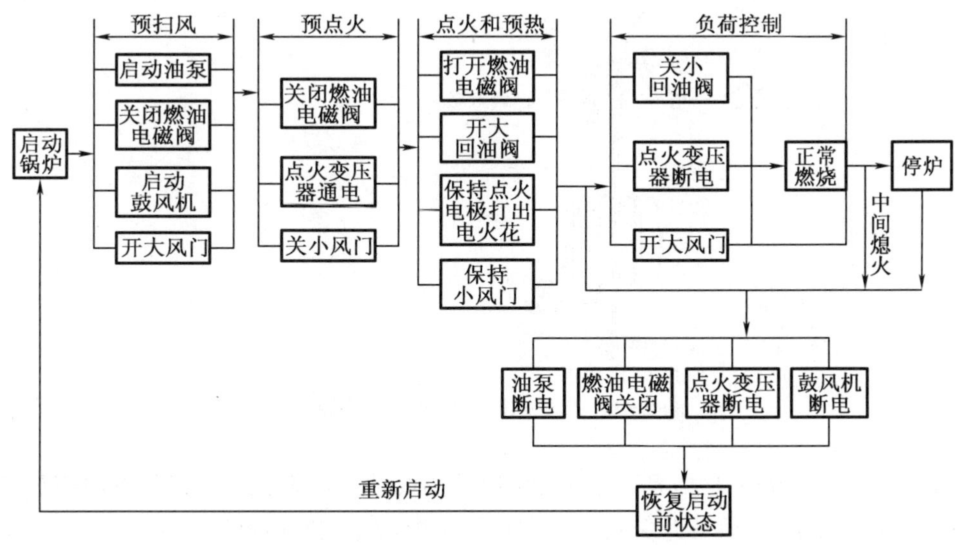

图 5－5　辅锅炉燃烧时序控制框图

为了实现辅锅炉的时序控制,必然要采用如下主要元部件。

(1)信号发信器

信号发信器是发送各种控制信号的元件,包括手动信号发信器和自动信号发信器。手动信号发信器包括启动和停炉按钮、转换或选择开关等,它们的结构和工作原理简单,这里不予介绍;自动信号发信器如压力开关、温度开关等。

(2)时序控制器

时序控制器是辅锅炉燃烧时序控制的核心元件。它根据启动信号发信器送来的电信号,接通或切断电路,或者根据规定的时间来接通或断开电路,用以实现预扫风、预点火、点火及转入正常燃烧等一系列时序动作。广泛采用的时序控制器有两大类,即有触点时序控制器和无触点时序控制器。

有触点时序控制器多采用凸轮式时序控制器。图 5－6 为凸轮式时序控制器结构原理,同步电机经减速装置带动一根凸轮轴转动,在凸轮轴上通常安装有若干组凸轮,每一组凸轮控制一个微动开关。每组凸轮由右凸轮和左凸轮构成,用来控制开关触点的闭合或断开。改变左、右凸轮的相对位置可以调整开关闭合或断开的时间。定时器相当于钟表机构。

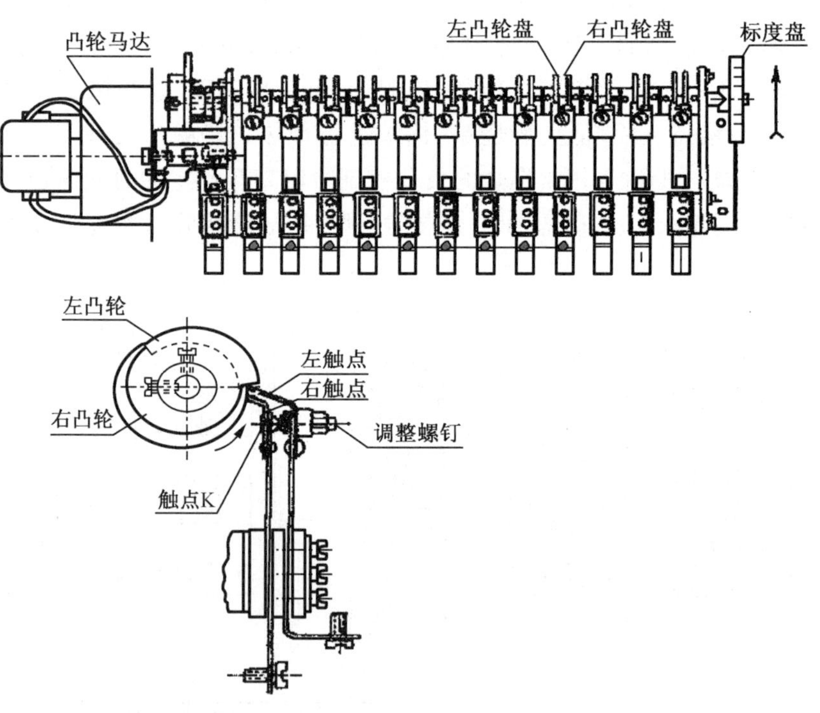

图 5－6　凸轮式时序控制器结构原理

无触点时序控制器是利用 RC 电路延时功能实现的。通常把 RC 充放电回路加在晶体管基极电路中,利用晶体管的开关特性使继电器通电动作或断电释放,如图 5－7 所示。

图 5－7(a)为单管延时释放电路。开关 K 闭合时,电容被旁路,晶体管立即导通,继电器 J 通电动作。当开关 K 断开时,电源向电容充电。在一段时间内晶体管基极的充电电流较大,晶体管保持导通,继电器 J 保持通电。随着电容的充电,电容两端电压不断升高,充电电流不断减小,晶体管基极电流不断减小,经 t_s 延时后继电器 J 断电释放。

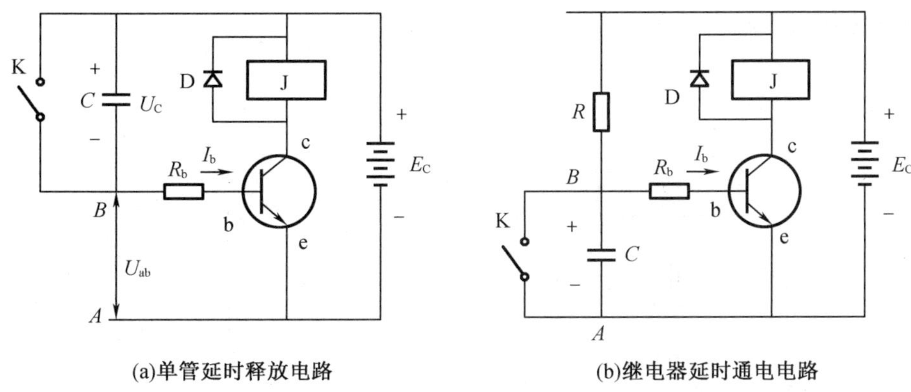

图 5－7　晶体管延时开关电路

图 5－7(b)是继电器延时通电电路。当开关 K 闭合时，电容 C 被旁路，晶体管立即截止，继电器 J 立即断电释放，当开关 K 断开时，电源向电容充电，起初充电电流较大，晶体管基极电流近似为零。以后随着电容 C 两端电压的升高，晶体管基极电流不断增大，经 t_s 的延时后，基极电流增大到使晶体管导通，继电器 J 通电动作。

晶体管延时开关电路的延时时间取决于 RC 电路的时间常数 T 及继电器的动作电流。晶体管延时开关电路的延时时间可以从 1 s 到几十秒内进行无级调整。

(3)火焰感受器

火焰感受器用来监视炉膛内有无火焰。当点火失败或在持续燃烧期间熄火时，为避免再向炉内喷油引起故障，要求立即关闭燃油电磁阀停止喷油，并发出声光报警。因此，自动化锅炉都装有火焰感受器用来监视炉膛内的火焰。辅锅炉上常用的火焰感受器有光敏电阻、光电池和紫外线检测管等。

①光敏电阻。

光敏电阻是由涂在透明底板上的一片光敏层，经金属电极和导线引出而制成的，如图 5－8(a)所示。光敏层由铊、镉、铅的硫化物或硒化物制成，光敏电阻的主要特性是接受光照射时其电阻值较小，无光照射时，其电阻值较大。因此，在光敏电阻两端所加电压不变的情况下，有光照射和无光照射时流过光敏电阻的电流相差很大，其伏安特性如图 5－8(b)所示。用光敏电阻组成的火焰感受器如图 5－9 所示。为了防止光敏电阻接受高温炉墙所辐射的可见光和红外光使光敏电阻动作迟延或误动作，在安装时要避免高温炉墙辐射线直接照射在光敏电阻上。此外，光敏电阻不能承受高温，否则会影响使用寿命。因此，光敏电阻火焰感受器装有散热片并用空气冷却，磨砂玻璃可阻挡红外线的透入。

②光电池。

光电池是一种半导体材料，它是利用有光照射后在两极间产生电压的原理工作的。图 5－10 为光电池的控制电路。图 5－10(a)采用 RAR 型硒光电池作为光敏元件，当它接受光照射时，正负两极之间将会产生小于 1 V 的电压，经电磁放大器 MV 放大后足以激励继电器 FR 动作；图 5－10(b)采用 2CR11 型光电池，当它接受光照射时，光电池两极间能产生 0.5 V 的电压，经晶体管放大器放大后，可使继电器 J 通电动作。光电池使用寿命长，而且它的光谱敏感范围仅限于可见光,而不包括红外线。这对监视炉膛内火焰是非常合适的,因此其近年来使用得越来越多。

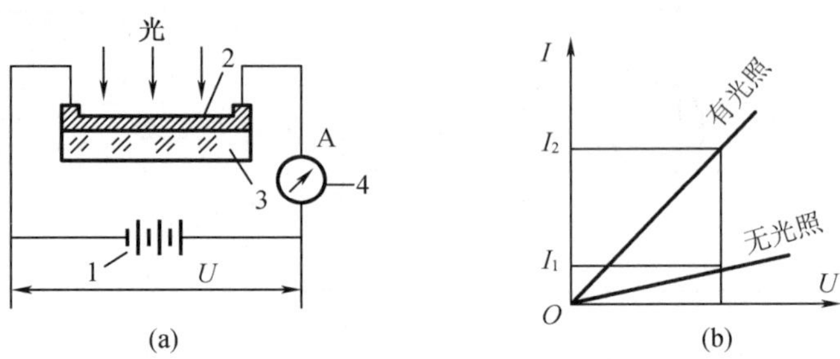

1—金属电极;2—光敏层;3—透明底板;4—电流表。

图 5-8　光敏电阻及其特性

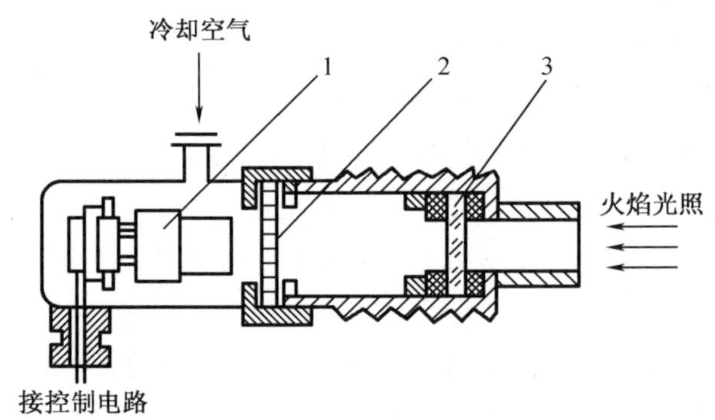

1—光敏电阻;2—磨砂玻璃;3—耐热玻璃。

图 5-9　光敏电阻火焰感受器

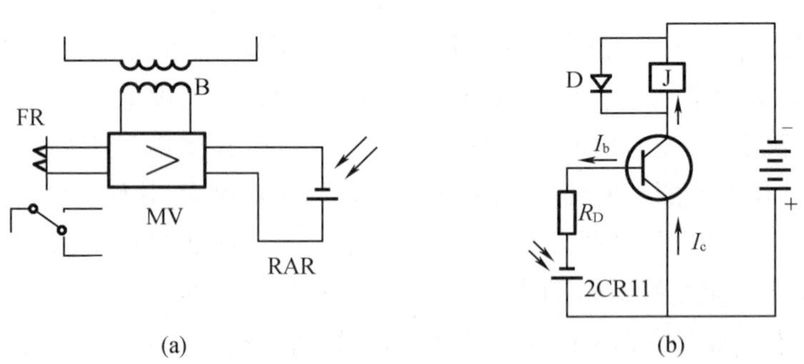

图 5-10　光电池的控制电路

③紫外线检测管。

紫外线检测管的结构如图 5-11 所示。管泡外壳是用能透过紫外线的石英玻璃制成的,泡内充以惰性气体,两个电极对称放置。当阴极接收到足够数量的紫外线时会发射出光电子。在外电场的作用下,光电子加速运动使惰性气体电离,管子导通;若无光照射,紫外线管截止。紫外线检测管的优点是不受高温炉壁辐射的影响,它的特性较光敏电阻好,且在交、直流控制线路中均可使用。

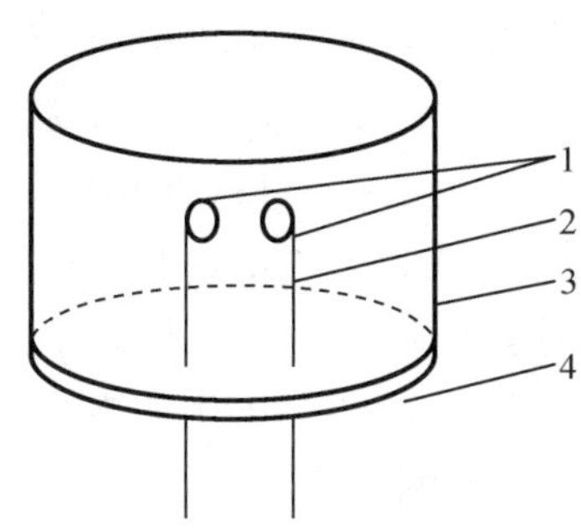

1—电极;2—引脚;3—石英玻璃外壳;4—管脚。

图 5－11　紫外线检测管的结构

2. 水位控制

锅炉工作水位允许在最高水位及最低水位之间变动,二者高度相差 60～120 mm,因为给水泵多为电动的,故采用双位式调节。常见的水位调节器有磁性浮子式水位调节器及电极式水位调节器。

磁性浮子式水位控制系统:利用浮子检测水位高低,并通过磁性开关控制给水泵电源的接通或切断,使锅炉的水位维持在一定范围内。

电极式水位控制系统:利用高位、低位、危险三根电极棒,分别检测与之对应的锅炉水位,以便控制给水泵的电源,使锅炉水位保持在预定的工作范围内。

电极式水位控制原理如图 5－12 所示,其控制原理解释如下。

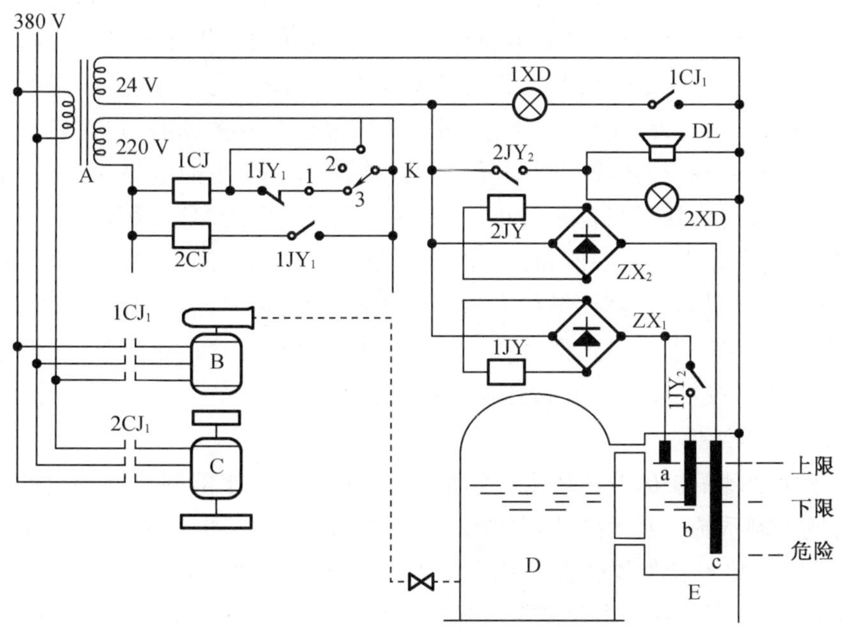

图 5－12　电极式水位控制原理

当水位上升至最高工作水位时，其水面与 a 棒接触，接通了桥式整流器 ZX_1，使继电器 1JY 有电，常闭触头 $1JY_1$ 断开，接触器 1CJ 失电，给水泵 B 停止转动，它的运行指示灯 1XD 熄灭，水位停止上升。当水位下降离开 a 棒时，由于 $1JY_2$ 仍然闭合，故继电器 1JY 仍然有电。只有当水位降到 b 棒以下时，1JY 才会失电，常闭触头 $1JY_1$ 闭合，使接触器 1CJ 有电，给水泵 B 转动，它的运行指示灯 1XD 亮。由于 1JY 失电时，$1JY_2$ 断开，故水位上升到与 b 棒接触时，给水泵 B 不会停转，直到水位升高到与 a 棒接触时，给水泵才会停转。电极棒 c 用于危险水位的报警，当水位下降到电极棒 c 以下时，桥式整流器 ZX_2 失电，使继电器 2JY 失电，它的触头 $2JY_1$ 断开，接触器 2CJ 失电，油泵风机的电机 C 停转，使锅炉熄火，同时 $2JY_2$ 闭合，使 2XD 故障灯亮以及警铃 DL 发响。

3. 蒸汽压力控制

对锅炉的蒸汽压力控制，是通过改变炉膛的喷油量和送风量，控制锅炉的燃烧强度来实现的。对柴油机货船辅锅炉蒸汽压力自动控制系统的要求是简单、可靠，对经济性的要求并不严格，因此大多数货船辅锅炉采用气压的双位控制，少数采用比例控制，并保证在锅炉不同负荷下，其送风量基本适应喷油量的要求。

(1)燃烧的双位控制

在燃烧的双位控制系统中，锅炉的蒸汽压力不能稳定在某一值上，而是在允许的范围内波动。其中，最简便的方案是，在蒸汽管路上装一个类似 YT－1226 压力检测开关。当气压上升到允许的上限值时，压力检测开关断开，切除油泵和风机的工作，停止向炉膛喷油和送风，即自动停炉。当气压下降到允许的下限值时，压力检测开关闭合，自动启动油泵和风机，即自动启动锅炉进行点火燃烧。这种控制方案虽然简单，但由于锅炉启停频繁，对锅炉运行不利，所以很少采用。在绝大多数燃烧双位控制系统中，蒸汽管路上装两个压力检测开关，它们动作的整定值不同。当蒸汽压力下降到允许下限值时，两个压力检测开关都闭合，控制系统自动启动风门电机使风门开得最大，它的同轴所带动的回油阀关得最小(这是采用一个油头工作的情况，对采用两个油头的锅炉是打开两个供油电磁阀使两个油头同时喷油)。这时喷油量和送风量都最大，即对锅炉进行所谓的“高火燃烧”。当蒸汽压力上升到正常上限值时，一个压力检测开关闭合，另一个压力检测开关断开，再次启动风门电机把风门关得最小。它同轴带动的回油阀开得最大(或关闭一个燃油电磁阀，使一个油头喷油工作)。这时，喷油量和送风量都是最小的，即锅炉进行所谓的“低火燃烧”。当锅炉负荷变化时，蒸气压力就在允许的下限值和正常的上限值之间波动。当锅炉负荷很小时，在“低火燃烧”的情况下，蒸汽压力仍然要继续升高。当气压升高到高压保护压力时，两个压力检测开关均断开，自动停炉，发出声光报警。当蒸汽压力下降到允许的下限值时，两个压力检测开关均闭合，但必须按复位(启动)按钮才能重新启动锅炉。

(2)燃烧的比例控制

在少数干货船辅锅炉的蒸汽压力控制系统中，采用压力比例调节器和电动比例操作器所组成的比例控制系统。其工作原理如图 5－13 所示，其中，图 5－13(a)是压力比例调节器，图 5－13(b)是电动比例操作器。蒸汽压力的变化会使划针 2 沿着电位器滑动，改变电阻 R_1 和 R_2 的比值，于是 4 点电位就与气压信号成比例。扭动调节螺杆 6 可改变设定弹簧 5 的预紧力，从而调整蒸汽压力的给定值。

当锅炉的燃烧强度适应锅炉负荷要求时，蒸汽压力稳定在某一值上，划针 2 的位置不变。由风门电机带动的反馈划针位置也不变，图 5－13（b）所示的电桥平衡，其条件是 $R_1 \cdot R_4 = R_2 \cdot R_3$。当蒸汽压力升高时，划针 2 左移，$R_1$ 减小，R_2 增大，破坏了电桥的平衡，使电桥输出一个上负下正的不平衡电压信号 U 入。经放大器 b 放大后，去触发反转可控硅交流开关 d 使其导通，电机 M 反转，关小风门开大回油阀，以降低锅炉的燃烧强度使蒸汽压力降低。与此同时，电机 M 同轴带动的反馈齿轮 e 转动并推动反馈划针向左移动，使 R_3 减小、R_4 增大。当反馈划针移动到使 $R_1 \cdot R_4 = R_2 \cdot R_3$ 时，电桥又处于新的平衡状态，这时 $U_{入} = 0$，电机 M 停转。锅炉的燃烧控制达到一个新的平衡状态，当蒸汽压力降低时（锅炉负荷增大），划针 2 右移，电桥输出的不平衡电压信号 $U_{入}$为上正下负。经放大器 b 放大后，触发正转可控硅交流开关 c 导通，电机 M 正转，开大风门关小回油阀，加强锅炉的燃烧强度，使蒸汽压力上升。同时反馈划针右移，直到 $R_1 \cdot R_4 = R_2 \cdot R_3$ 时，控制系统又达到一个新的平衡状态。通过改变测量电位器 4 的倾斜角度，可调整比例作用强弱。该电位器倾斜角越大，在蒸汽压力变化量相同的情况下，即划针左右移动相同距离时，电阻 R_1 和 R_2 的变化量越大，电桥所输出的不平衡电压信号 $U_{入}$变化量越大，电机 M 需要转一个较大的角度，也就是对炉膛的送风量和喷油量改变比较大，才能达到新的平衡。即比例控制作用强；反之比例作用减弱。

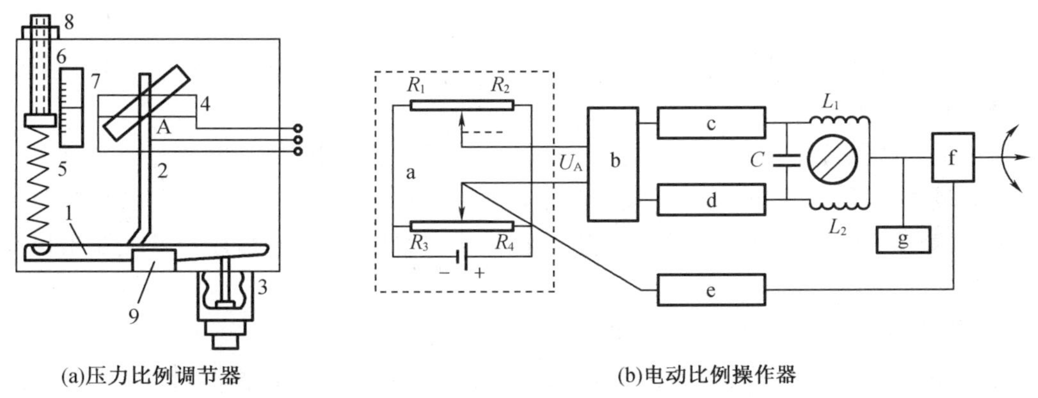

(a)压力比例调节器　　(b)电动比例操作器

1—平衡杠杆；2—划针；3—波纹管；4—电位器；5—设定弹簧；6—调节螺杆；7—刻度盘；8—锁紧螺母；9—杠杆支点；a—平衡电桥；b—放大器；c—正转可控硅交流开关；d—反转可控硅交流开关；e—反馈齿轮；f—减速装置；g—制动装置。

图 5－13　燃烧比例控制工作原理

锅炉蒸汽压力自动控制也就是燃烧自动控制。它根据气压的高低自动改变进入炉膛的喷油量和送风量，维持锅炉气压恒定或在允许的范围内波动。由于船用主锅炉和大型油船辅锅炉的蒸汽量较大，气压较高，往往需要保持稳定的气压，所以一般都采用定值控制方案。

4. 安全保护

锅炉是船舶机舱重要的辅助设备，其运行情况直接关系到船舶机舱用汽设备的正常工作；另外，锅炉属于压力容器，一旦发生爆炸，将对人身和财产安全造成重大影响。因此，船舶蒸汽锅炉要采取严格的安全保护措施。

(1)蒸汽压力保护

蒸汽压力保护的目的主要是防止蒸汽压力超过汽包的设计压力,避免爆炸事故。压力保护的手段是在锅炉上安装安全阀,一旦蒸汽压力超过安全阀的设定压力,安全阀能够自动开启,对炉内压力进行泄放。

锅炉一般安装有两个安全阀,通过安全阀的调压弹簧可以调整安全阀的开启压力,开启压力的大小可为大于实际工作压力的5%,但应不超过锅炉的设计压力。安全阀在开启状态的泄压能力有相应的规范要求,这要通过设计和制造环节加以保证。从管理的角度来讲,应对其进行定期试验。试验时可关闭主蒸汽阀,对锅炉进行升火,观察压力表,确定是否能够正常开启;若不能,则需调整安全阀的调压弹簧,直到能在希望压力下开启为止。

为保证应急情况下能够手动开启安全阀,必须设有远距离操纵装置,必要时可通过远距离手动操纵的方式将安全阀强制打开。

(2)水位安全保护

正常情况下,锅炉的水位在控制系统的控制下将保持正常水位,对于水位连续控制的锅炉,水位能稳定在设定水位附近;若是双位控制,则其水位应该在水位的上限和下限之间波动。

但在故障情况下,若出现低水位报警后,水位还继续下降,则会出现锅炉干烧的情况。为此,锅炉必须设有危险水位保护装置。当水位下降到危险低水位时,保护装置应能切断锅炉的燃烧,并发出报警。

锅炉的危险水位报警和保护装置一般独立于水位自动控制系统,包括专门的浮子室、浮子开关和控制电路。

危险低水位保护装置也应该定期检查和试验。对于控制电路,可以通过短接浮子开关输出接线端子,模拟浮子的动作,试验自动停炉功能。对于浮子室及浮子开关,可以关闭浮子室的通汽和通水阀,再打开浮子室泄放阀,让浮子室水位下降,测量浮子开关输出接线端子之间的通断情况。

(3)熄火保护

熄火保护的目的是在锅炉非正常熄火时,能及时切断锅炉的燃油系统,并发出声光报警。

熄火保护装置是锅炉点火时序控制系统的一部分,主要由火焰探测器及其控制电路组成。它不仅在中途非正常熄火时起作用,而且在点火过程中还用于判断点火是否成功。熄火保护装置的试验可以在正常燃烧过程中人为断开火焰探测器的接线,以试验其熄火停炉功能。

任务二　柴油机冷却水温度控制系统的认知与维护

一、柴油机冷却水系统概述

船舶柴油机在运行时,气缸套和气缸盖都需要用淡水来冷却。在柴油机定速航行时把冷却用的淡水温度控制在给定值或给定值附近(一般是80 ℃),对柴油机安全、可靠和经济运转都十分重要。其控制方法是,把气缸冷却淡水分成两部分:一部分通过淡水冷却器,用海水冷却淡水使淡水温度降低;另一部分不通过淡水冷却器,与经过冷却的淡水混合,然后进入柴油机气缸的冷却空间。如果冷却水温度高于给定值,应减少不经冷却器的旁通水量,增大经冷却器的水量,使冷却水温度降回到给定值;反之,若冷却水温度低于给定值,则应增大旁通水量,减少经冷却器的水量,使冷却水温度回升到给定值。柴油机冷却水温度自动控制方式可分为直接作用式、基地式、单元组合式和现场总线微机控制式几种。其中小型柴油机上多使用简单的直接作用式,基地式和单元组合式在目前船舶中还有使用,但随着技术的发展将逐渐退出市场。在新造船舶中,现在使用的多为现场总线微机控制式。

二、冷却水温度控制系统的组成及基本工作原理

电动冷却水温度控制系统原理如图 5 – 14 所示。它由电动调节器 1、电机正反转控制电路 2、限位开关 3、过载保护继电器 4、三相交流伺服电机 5 及由它带动的三通调节阀 6 等部分组成,并且还需要外加电源。电动调节器是基地式仪表,它把测量、显示、调节各单元及相应的开关元件组装在一个控制箱内。

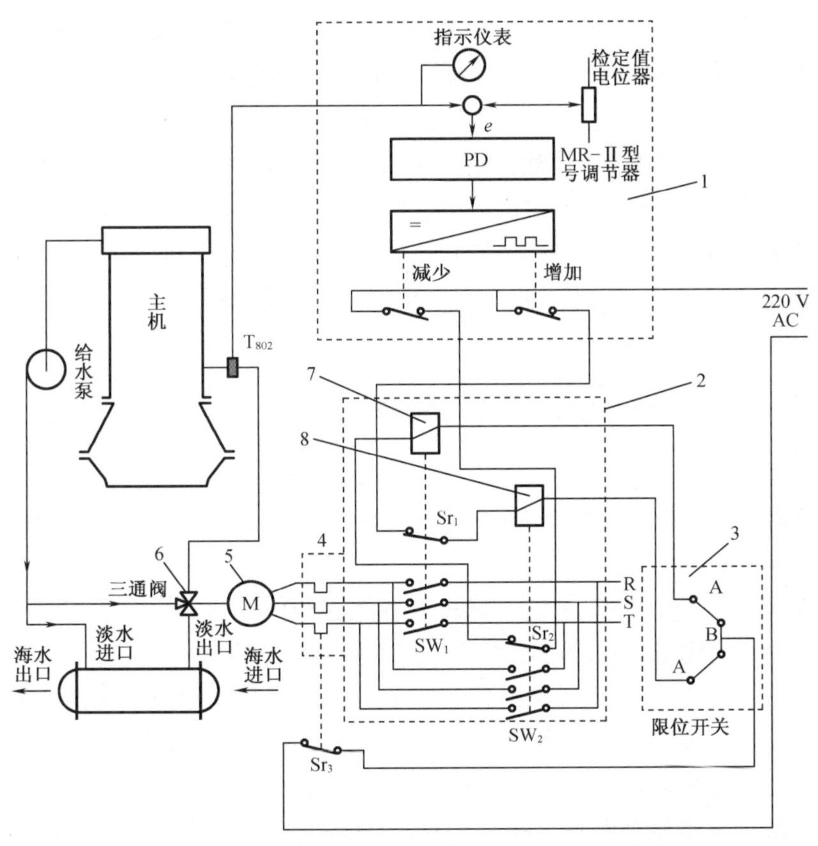

1—电动调节器;2—电机正反转控制电路;3—限位开关;4—过载保护继电器;
5—伺服电机;6—三通调节阀;7—减少输出继电器;8—增加输出继电器。

图 5 – 14 电动冷却水温度控制原理

该系统能实现比例微分控制作用。它将测量单元热敏电阻 T_{802} 插在气缸冷却水进口管路中，其电阻值随冷却水温度的升高而减小，经分压器分配，就把冷却水温度的变化成比例地转换成电压信号。这个表示冷却水温度测量值的电压信号，与由电位器调定的代表冷却水温度给定值的电压信号相比较，得到偏差值 ε。这个偏差值经比例微分作用输出一个连续变化的控制信号送到脉冲宽度调制器，脉冲宽度调制器把 PD 输出的连续变化的控制信号调制成脉冲信号。若冷却水温度高于给定值，脉冲信号使减少输出继电器 7 断续通电，组合开关 SW_1 断续闭合。若冷却水温度低于给定值，其脉冲信号使增加输出继电器 8 断续通电，组合开关 SW_2 断续闭合。

执行机构是一个三相交流伺服电机 M，在它的轴上经减速传动装置带动两个互成 90° 的平板阀。一个阀控制旁通淡水量；另一个阀控制淡水经过冷却器的流量。当 SW_1 断续闭合时，伺服电机 M 将断续正向（从操作手轮侧向电机方向看为逆时针）转动，关小旁通阀，开大经冷却器的淡水阀，使冷却水温度降低。当 SW_2 断续闭合时，伺服电机 M 将断续反向（顺时针）转动，使冷却水温度升高。这样，可保证冷却水温度稳定在给定值或给定值附近。当冷却水温度测量值等于或接近给定值时，调节器无输出，减少和增加输出继电器均断电，SW_1 和 SW_2 组合开关均断开，伺服电机 M 停转，三通调节阀的开度不变。

在 SW_1 和 SW_2 的电路中串联了一个限位开关 3 和一个过载保护继电器 4 控制的开关 Sr_3。若某些故障使伺服电机 M 电流过大时，过载保护继电器动作，使开关 Sr_3 断开。SW_1 和 SW_2 断电，其相应的组合开关断开，切断伺服电机 M 的电源，保护电机不会因过热而烧坏。限位开关 3 在一般情况下，其触头是合于 A，当伺服电机 M 带动三通调节阀中的平板阀转到接近极限位置时，触头 A 断开，使 SW_1 和 SW_2 断电，切断伺服电机 M 的电源，防止平板阀卡紧在极端位置，使 M 回行时动作不灵敏，或因启动电流过大而引起过热现象。在 SW_1 和 SW_2 的通电回路中，分别串联了 SW_1 和 SW_2 的常闭触头 Sr_2 和 Sr_1，其作用是互相连锁，防止 SW_1 和 SW_2 同时通电。

三、冷却水温度控制系统的操作与管理

1. 操作管理要点

电动调节器正面面板布置如图 5－15 所示，它是由一个温度表 A 和 5 块插拔式电路板组成的。

温度表 A 实际是一个电流表，它与插板 B 相连，把 0～1 mA 的变化范围按比例地转换成 0～100 ℃的刻度，用来指示冷却水温度的实际值或给定值。

插板 B 是测量电路，旋钮 1 用来整定给定值。按钮 2 是温度指示转换开关，拔出按钮，温度表 A 指示冷却水温度的测量值，按下按钮，温度表 A 指示冷却水温度的给定值。

插板 C 是比例微分调节电路。旋钮 3 和 4 分别用来整定微分时间和比例带。

插板 D 是脉冲宽度调制电路。旋钮 5 用来调整不灵敏区，旋钮 6 用来调整脉冲宽度。

插板 E 是继电器和开关电路。7 和 8 是电机 M 的转动方向指示灯。开关 9 是手操开关，当自动控制系统出现故障时，可手操扳动开关 9 使电机 M 转到希望的位置上。

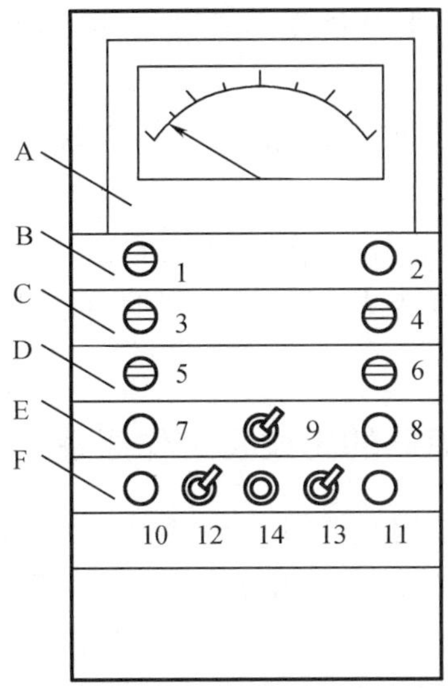

图 5-15 电动调节器正面面板布置图

插板 F 是电源和“手动－自动”切换电路。10 和 11 是保险丝。开关 12 是“手动－自动”选择开关，扳到右边是“自动”位置，扳到左面是“手动”位置。开关 13 是电源主开关，扳到右面主开关合上，扳到左面主开关断开。14 是电源指示灯。

(1)控制系统投入工作的操作

先把开关 13 扳到右面位置，接通主电源，电源指示灯 14 亮。若不亮，可拔出保险丝 10 和 11，更换烧坏的保险丝。电源正常后，按下按钮 2，转动旋钮 1，使温度表 A 指示在给定值上。再把按钮拔出，让温度表 A 指示冷却水温度的测量值，把开关 12 扳到左面位置，手操开关 9 将冷却水温度调节到给定值附近。然后把开关 12 扳到右面的自动位置，从而可实现无扰动切换，自动控制系统就可投入工作。

(2)参数调整

控制系统安装以后，调节器的比例带 PB、微分时间 T_d 和脉冲宽度调整旋钮不要轻易转动。确实发现动态过程不理想(观察温度表指针向给定值方向恢复很快，或指针波动较大)，可适当调整比例带、微分时间或脉冲宽度，但每次调整量要小。每调整一次都要认真观察温度表指针变化情况，直到调好为止。

2. 故障分析

在自动控制系统工作的过程中，如果温度指示的测量值与给定值之间有较大的偏差值，而指示灯 7 和 8 都不亮，说明电机 M 没有转动。这时，必须把开关 12 立即扳到左面的手动位置，然后手操开关 9，如果此时电机 M 可按逆时针和顺时针方向转动，说明控制系统出故障，可分别抽出 B、C 和 D 板，人为地输入一个信号，观察其输出端是否有变化。哪块板输出不变化，故障就出在那块板上。换一块备件板，控制系统就能恢复正常工作，若手操开关 9 时，电机 M 仍不转动，说明自动控制系统没有故障，故障是出在执行机构中，如电机 M 烧毁或卡死；过载保护继电器动作，切断电机 M 的电源等。如果手操开关 9，电机 M 能在一个方向转动，而不能在另一个方向转动，可能的原因是减少输出继电器或增加输出继电器的线圈断路,或者它们的触头磨损、烧蚀而不能闭合,要及时检查修复。

任务三　自清洗滤器控制系统的认知与维护

目前,在自动化船舶上广泛采用自清洗滤器。自清洗滤器有空气反冲式和油反冲式两种类型。下面仅以空气反冲式自清洗滤器为例,说明自清洗滤器及其控制电路的组成和工作原理。

一、空气反冲式自清洗滤器的组成及工作原理

空气反冲式自清洗滤器的结构原理如图 5－16 所示。该滤器由 4 个滤筒 1、1 个旋转本体 5 及驱动电机 2 等部分组成,滤筒中装有滤网等滤清元件。在清洗时,由电机驱动旋转本体依次对准每个滤筒。在同一时间只有一个滤筒处于清洗状态,其他 3 个滤筒在进行正常的过滤工作。被清洗的滤筒由旋转本体切断进油通路。此时清洗电磁阀 S_1 通电,控制活塞 9 上部空间通大气,下部空间通气源 P_0 经减压阀 4 送来的压缩空气,抬起控制活塞,打开控制阀 8 和排污阀 7。压缩空气进入冲洗滤筒,并从滤筒内向滤筒外冲洗,这与油的流动路线(从滤筒外向滤筒内)正好相反,故称空气反冲式自清洗滤器,被冲洗下来的污物经打开的排污阀 7 从排污口排出。大约冲洗 1 min,清洗电磁阀 S_1 断电,下位通,气源 P_0 经减压阀 3 送至控制活塞 9 的上部空间。由于活塞上面的受压面积大于下面的受压面积,使活塞向下的作用力大于向上的作用力,故把控制活塞 9 压下,关闭控制阀和排污阀,停止对该滤筒的清洗,然后启动电机 2 带动旋转本体 5 转动,并对准下一个滤筒进行清洗。每当滤器进出口压差高于某值(如 0.09 MPa)时开始清洗,当滤器进出口压差低于某值(如 0.03 MPa)时,清洗电磁阀 S_1 不再通电,停止对滤筒的清洗。

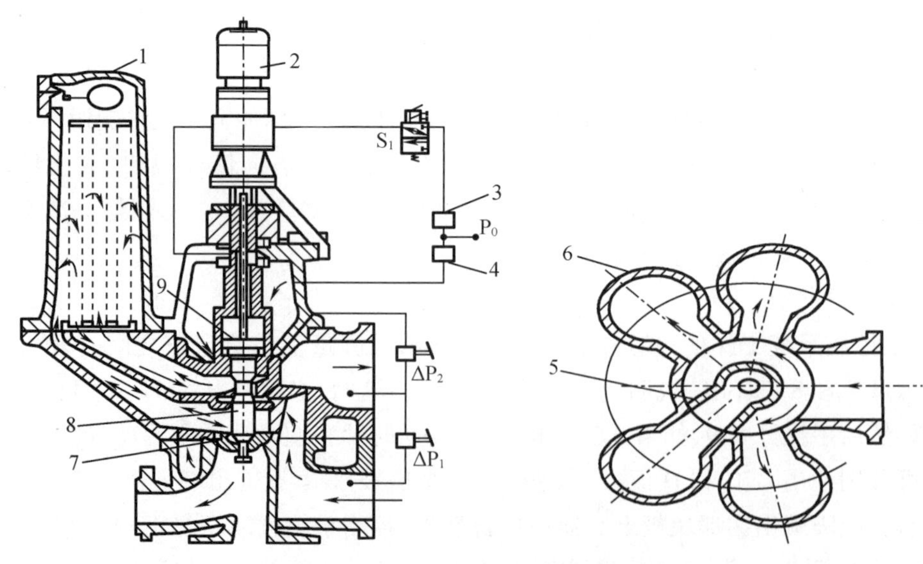

1,6—滤筒;2—电机;3,4—减压阀;5—旋转本体;7—排污阀;
8—控制阀;9—控制活塞;S_1—清洗电磁阀;ΔP_1—进出口压差开关;ΔP_2—压力开关。

图 5－16　空气反冲式自清洗滤器的结构原理

二、自清洗滤器的自动控制电路

自清洗滤器的自动控制电路如图 5 - 17 所示。合上电源主开关因延时继电器 RT 还没有动作，其触头 RT(1 ~2)/7 断开，RT(1 ~3)/6 闭合，冲洗电磁阀 S_1 通电上路通，控制活塞上部空间通大气，控制活塞下面的 0.3 ~0.4 MPa 的压缩空气把控制活塞抬起，打开控制阀和排污阀，对一个滤筒进行清洗。冲洗 1 min 左右时间，继电器 RT 已达到延时时间动作，其触头 RT(1 ~3)/6 断开，RT(1 ~2)/7 闭合。电磁阀 S_1 断电下位通，控制活塞上部空间通气源经减压阀输出的气压信号，把控制活塞压下，关闭控制阀和排污阀，停止清洗。当滤器进出口压差 Δp 大于某值时，其压力开关 ΔP_1/3 闭合。因为 ΔP_2 是常闭的，所以接触器 C_1/3 通电动作，触头 C_1 闭合，电机 M 转动，触头 C_1/6 断开，在电机转动时，电磁阀 S_1 不能通电。电机 M 在转动时，凸轮开关 CS/5 闭合，继电器 R_1/5 通电动作，其触头 R_1/4 闭合使接触器 C_1 不会因触头 R_1(1 ~2)/7 断开而断电，即保持电机继续转动。继电器 R_1 触头 R_1/9 断开，时间继电器 RT 断电，其触头 RT(1 ~2)/7 立即断开，RT(1 ~3)/6 闭合，为冲洗做准备。当电机驱动旋转本体转到对准下一个滤筒时，凸轮开关 CS/5 断开，继电器 R_1/5 断电，其触头 R_1/4 断开，接触器 C_1/3 断电，触头 C_1 断开切断电机 M 电源而停止转动，接触器 C_1 触头 C_1/6 闭合。此时虽因继电器 R_1/5 断电其触头 R_1/9 闭合，时间继电器 RT 通电，但需延时 1 min 左右其触头才能动作，故 RT(1 ~3)/6 继续保持闭合。所以电磁阀 S_1 通电，对滤筒进行清洗。当清洗 1 min 左右时，达到时间继电器 RT 的延时时间，其触头 RT(1 ~3)/6 从闭合状态断开，RT(1 ~2)/7 闭合，电磁阀 S_1 断电停止清洗，接触器 C_1 通电，再次启动电机 M 驱动旋转本体对准下一个滤筒进行冲洗。以后就重复上述动作，直到滤器进出口压差 Δp_1 小于某一个值时，其压力开关 ΔP_1/3 断开。接触器 C_1 断电，电机 M 断电停转，C_1/6 闭合为下次冲洗做准备。因电机 M 不转，开关 CS/5 是断开的，继电器 R_1/5 断电，触头 R_1/4 断开，而 R_1/9 是闭合的，时间继电器 RT 通电，其触点状态是 RT(1 ~3)/6 断开，RT(1 ~2)/7 闭合。故滤器进出口压差 Δp_1 再增大到某个值时，电机 M 先转动带动旋转本体对准下一个滤筒后再进行冲洗。

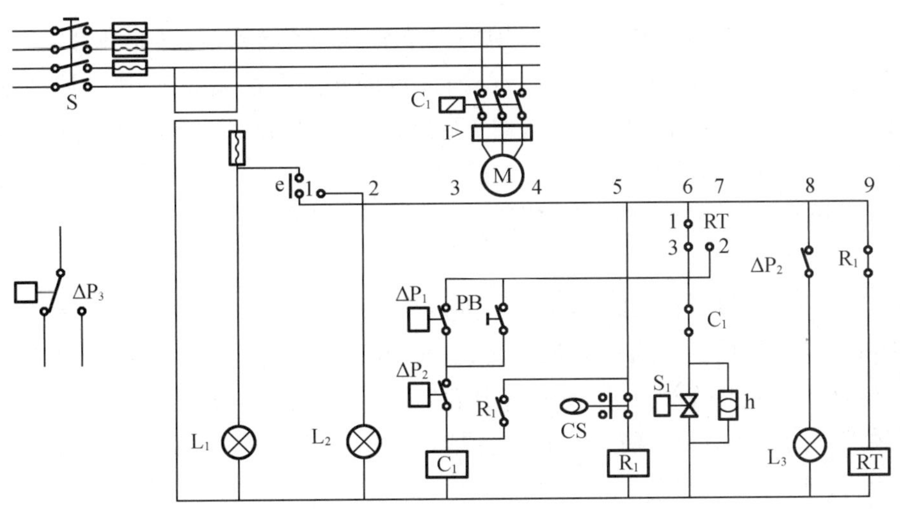

图 5 - 17 自清洗滤器的自动控制电路

如果清洗后无效果，说明滤器有故障，当滤器进出口压差大于 0.12 MPa 时，报警触头 ΔP_3 闭合，发报警信号。ΔP_2 是冲洗状态指示压力开关。在冲洗时，因冲洗腔室内压力高，使压力开关 $\Delta P_2/8$ 闭合，冲洗指示灯 L_3 亮，而触头 $\Delta P_2/3$ 是断开的，当达到冲洗时间时，电磁阀 S_1 断电，冲洗腔室内压力降低，$\Delta P_2/8$ 断开，冲洗指示灯灭，表示某个滤筒冲洗完毕，同时，$\Delta P_2/3$ 闭合，为接触器 C_1 通电做准备。图 5－17 中 PB 是手动冲洗按钮开关，用于手动清洗。h 为计时器，e 为热保护继电器，L 是故障指示灯。

任务四　船舶供油单元控制系统的认知与维护

一、燃油供油单元自动控制系统概述

ALFA LAVAL 公司生产的燃油供油单元 FCM，是新一代用于船上的燃油供给与自动控制系统，是专门为燃油系统的自动监视和燃油黏度控制而设计的单元。控制系统中最核心的设备包括黏度传感器 EVT20、温度传感器 PT100、控制器 EPC－50B、蒸汽调节阀（或电加热供电单元）和燃油加热器，可实现燃油黏度或温度的自动控制。除此之外，系统还对供油泵、自动滤器、循环泵、“柴油/重油”自动转换实现全面的自动控制和监测。

其黏度传感器和控制器无论在结构上，还是在工作原理上都有根本的改变。黏度传感器 EVT20 和控制器 EPC－50B 均用微型计算机取代常规的变送器和控制器。在系统中可采用 SHS 蒸汽加热器，也可采用 EHS 电加热器或两者兼用。柴油或重油经转换后，由控制器 EPC－50B 根据选择的加热器控制加热，并同时在线测量油温和黏度，由控制器根据选择的控制方式进行温度或黏度的自动控制。

二、燃油供油单元自动控制系统的结构组成及工作原理

燃油供油单元的结构组成如图 5－18 所示。总体上可以分为供油处理系统、燃油黏度或温度自动控制系统、油泵电机和滤器自动控制系统等部分。

供油处理系统由重油日用柜、柴油日用柜、“柴油/重油”转换阀、燃油供给泵（供油泵）、燃油自动滤器、流量变送器、压力变送器、混合管（混油筒）、燃油循环泵、燃油回油管系等设备组成。燃油供给泵的压力由压力变送器 PT 检测，用于控制器分析判断供给泵的状态。供给泵的流量由流量变送器 FT 检测，用于控制器分析柴油机的耗油情况。在自动滤器的前后装有压差开关 PDS，用于滤器脏堵报警的检测，当滤器进出口压差达到设定值时控制器发出报警。

滤器排污电磁阀可执行滤器自动排污。脱气模块包括带脱气的混合管、浮子开关和脱气阀，用于供油与加热后从主机的回油混合，并使油气分离，当气体达到一定量时，浮子开关动作，控制系统控制脱气阀打开，使油路中的气体返回日用柜 HFO。循环泵 CPB 用于向柴油机提供需要的油压，可以通过压力变送器来检测。主机的回油通过压力控制阀和管系回送到混合管，进行脱气处理。

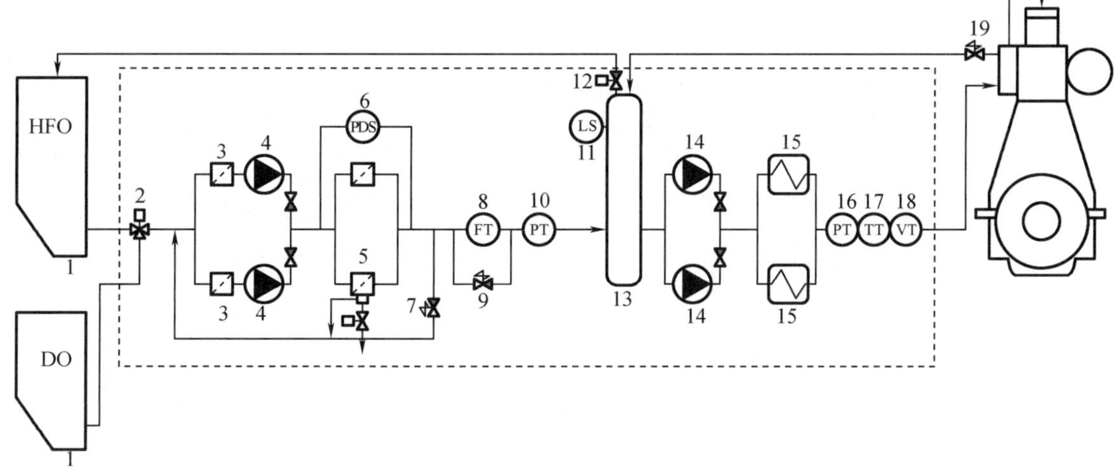

1—重油和轻油日用柜；2—三通转换阀；3—泵浦滤网；4—供给泵；5—自动反冲洗滤阀；6—滤网压差开关；7—供给压力调节阀；8—流量变送器；9—流量变送器旁通阀；10—压力传感器；11—液位开关；12—脱气阀；13—带脱气的混合管；14—循环泵；15—加热器；16—压力变送器；17—温度传感器；18—黏度传感器；19—压力控制阀。

图 5－18　燃油供油单元的结构组成

在燃油黏度或温度自动控制系统中，若采用电加热器 EHS，则由两个电加热供电单元分别对两个电加热器的燃油进行加热，作用有三：一是提供足够的加热量，确保燃油能够得到加热；二是可以方便地控制加热速度的快慢，需要快速加热时，两个加热器可同时满额工作；三是两个加热器可互为备用，保障了加热器的安全使用。若采用蒸汽加热，也是由两个加热器组成，电加热器 EHS 被蒸汽加热器 SHS 代替。蒸汽从外部引入，经过蒸汽调节阀送到两个蒸汽加热器，然后从本系统流出至热水井。由控制器 EPC－50B 通过继电器触点输出，控制伺服电机 M 动作，从而改变蒸汽调节阀 SRV 的阀门开度。另外，加热器还可选择使用热油作为加热源，控制方式与蒸汽加热相同，也是用调节阀来控制加热量。有的系统配置两个不同类型的加热器，典型的配置是一个蒸汽加热器和一个电加热器，这样既可方便控制加热，又能实现互为备用。在实际系统中除采用并联外，还常采用串联配置，如图 5－19 所示是常见的两个加热器配置方案。加热器无论采用哪种加热方式，燃油温度均由温度传感器 TT（PT100）检测，由控制器 EPC－50B 按照事前设定的 PI 控制规律调节加热器的加热量，从而实现燃油温度自动控制。如果系统选择黏度控制方式，不仅需要黏度传感器 EVT20 检测燃油黏度，还需要温度传感器 TT 检测燃油温度，并由控制器按照 PI 控制规律来调节加热器的加热量，实现燃油黏度自动控制。如果执行器件是蒸汽调节阀 SRV，则控制器给出"增加"或"减小"信号去控制伺服电机动作，直到阀门开度检测信号（0～2 Ω 电阻信号）与输出要求一致；如果是电加热供电单元，则控制器 EPC－50B 输出最多 5 挡加热控制（根据加热器容量和控制输出挡位设定决定），由温度控制系统实现温度闭环控制。另外，控制器上配有手动/自动选择操作和手动加热量增加/减小（或加热挡位选择）操作，可以在需要时通过操作面板采用手动加热控制。控制系统除了燃油黏度或温度的自动控制以外，还能对"柴油/重油"转换阀进行自动控制，为保证转换正确可靠，实际回路中装有限位开关来检测转换阀的具体位置，并将检测信号送给控制器。

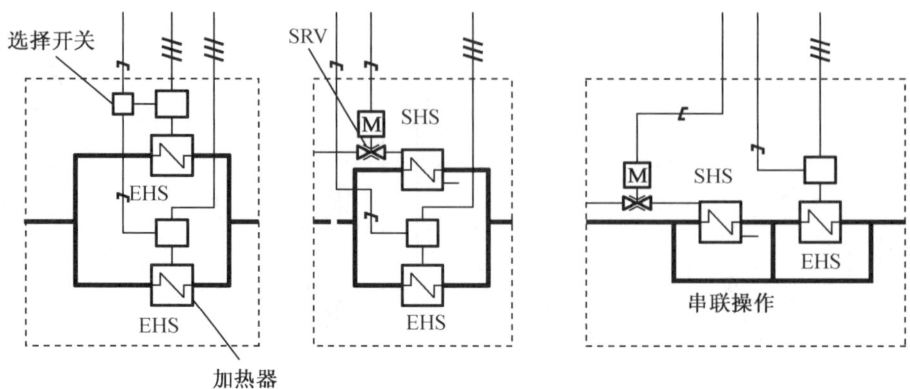

图 5-19　两个加热器的配置方案

由油泵电机启动箱实现电机的启动、停止控制，每个启动箱对应一台电机，带电源开关、电流表和指示灯。还配有选择开关安装在本地操作面板上，用于选择 Manual - Stop - EPC - Remote。当选择 EPC 时，即油泵由控制器 EPC - 50B 自动控制，两套油泵之间互为备用，可实现备用油泵自动切换运行控制。另外，自动滤器也是由本地操作面板选择手动清洗 - 手动关 - 自动控制，当选择自动控制时，由 EPC - 50B 根据设定时间和压差开关 PDS 来控制滤器的自动清洗。当油泵电机或自动滤器选择“Remote”时，则由 FCM 的远程（集控室）操作面板或微型计算机进行控制。

控制器 EPC - 50B 是整个系统的核心单元，由主控制板、本地基本操作面板 OP 组成，如图 5 - 20 所示。另外可根据需要选配 FCM 远程操作面板 OP，如图 5 - 21 所示。

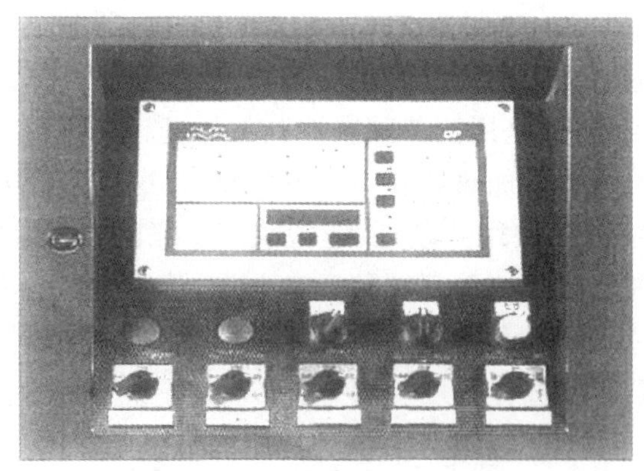

图 5-20　控制器 EPC-50B

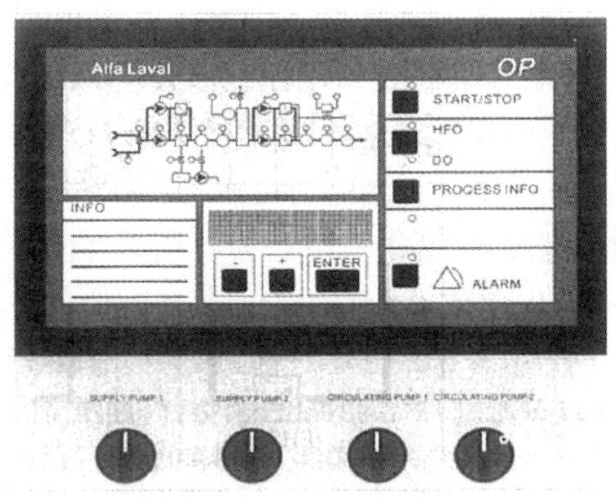

图 5-21　FCM 远程操作面板

控制器 EPC - 50B 的主控制板与下节分油机控制中的 EPC - 50 硬件上是一样的，也是微型计算机（单片机）控制系统。但是由于控制对象的不同，外围输入输出不同，输出继电器扩展板和通信扩展板因需求不同配置也不同，所以配置的软件不同，故在本系统中用 EPC - 50B 来表示。另外，有 4 个不同级别的操作模块，分别为基本级、扩展级、高级扩展级和全自动级。基本级即本地操作面板，是基本配置，可实现“柴油/重油”转换控制、燃油加热控制、报警控制、油泵自动切换控制、自动滤器控制及 OP 上相关状态和测量值的信息显示等功能，其他级则扩展为可远程控制。

控制器 EPC－50B 主要分为 3 部分：一是电源，由滤波装置和多输出变压器实现；二是主控制板，安装在 EPC－50B 控制箱内；三是操作面板 OP。主控制板与操作面板通过异步串行通信实现数据交换。主控电路板接收安装在燃油供油单元 FCM 管路上的各种变送器和传感器信号，经分析和处理后，输出控制信号使各种阀件或电器动作，实现“柴油/重油”转换控制、燃油温度或黏度控制、报警控制、油泵自动切换控制、自动滤器控制等。同时，燃油供油单元 FCM 的运行状态也可通过在主控电路板通信接口与 OP 联系，由 OP 上的一系列发光二极管及信息显示窗进行指示，实现良好的人机交互。

EPC－50B 的操作面板 OP 采用单片机 P80C32 实现显示控制、按键输入处理和与主板信息交换等功能。结构上分为两块电路板：一块为单片机主板，包括 CPU、内存、字库存储器、通信接口和显示驱动模块等；另一块为专用信息显示控制器，显示需要的 LED 和字符。

操作面板右面有 4 个按钮和对应的状态指示灯，最上面的第一个是启动/停止按钮，第二个按钮是“柴油/重油”转换按钮，第三个按钮是过程信息按钮，第四个是报警复位按钮。

正面左上部是 FCM 基本状态及流程模拟图，当前基本状态可以完整显示。具体参数可以通过左侧下方的信息显示窗来显示，并可通过“＋”“－”来翻看需要显示的参数值；在发生故障时，显示立即启动切换到显示当前最新故障内容；另外，还可用“Enter”翻看主要参数，配合“＋”“－”可以实现参数的修改操作。

三、测黏计工作原理

FCM 中燃油黏度控制系统采用黏度传感器 EVT20，它整体上包含两部分，一是传感器本体部分，二是含控制和信号处理的电路板。本体装在燃油输送管道内，电路板安装在 EPC－50B 主板上部。传感器本身由不锈钢制成，安装在油路中。传感器的探头及流管经过特富龙®表面特殊涂层，自带约 5 m 长的信号电缆用于与电路板之间连接（即传感器与电路板间布线的最长距离约 5 m）。

黏度传感器本体采用有专利的检测原理测量，工作原理是基于流动燃油的黏性对钟摆的旋转振动有阻尼作用。如图 5－22 所示，黏度传感器由一个钟摆 1 通过一个扭力管 3 附在底盘 2 上组成，两套压电元件 4 位于钟摆内部，一套驱动钟摆旋转振动，另一套作为两个检测传感器，均用来测量钟摆的振动，一个作为反馈信号来控制驱动用的压电元件，调节控制频率和幅值，以维持钟摆得以共振，另一个作为信号供系统采样计算黏度使用。振动压电元件的信号由控制板提供，电路板内的单片机 CPU 通过测量出该共振频率下两个压电元件振动信号的特定相位偏差值，从而可获得一个表示燃油阻尼性质的值，而该阻尼与黏度的平方根成比例。保护管 5 安装在钟摆周围，保护其不受机械损伤。

在钟摆 1 内还内置了一个温度传感器 PT100（图上未画）用于检测钟摆内的温度，供微机校正和补偿黏度测量中由温度引起的误差。

为了产生钟摆振动，需要振动源提供给压电元件；为了检测钟摆振动情况，需要对振动进行测量；所以需要一块电路板来实现控制与检测。由于该 EVT20 是第三方产品，可以单独安装，有的系统单独做在一个金属控制盒内。在 FCM 系统中，将 EVT20 的电路板安装在 EPC－50B 主控制板上，是两块单独的电路板叠放在 EPC－50B 的主板上，其中下边一块为电源板,输入双路 17 V 交流电源,通过整流滤波稳压后向黏度检测主板提供 ±15 V 和 5 V 电源。该控制板与黏度传感器的连线包括两对线用于检测振动的压电元件,一对线用于压电元件的振动源,还有 3 根线用于温度传感器 PT100,因此共需要用到电缆线中的 9 芯。电路板内采用单片机控制系统,检测转换响应时间小于 1 min,将检测到的信号转换为 4 ~ 20 mA,则对应的黏度为 0 ~50 cSt,瞬时误差范围为 ±2%。由于黏度传感器及其电路板是第三方提供,所以系统采用简便的 4 ~20 mA 信号实现传感器向 EPC -50B 主控制微型计算机传送。黏度传感器内的温度传感器 PT100 除自身需要黏度校正使用外,还可通过本电路板转换,选择输出 4 ~20 mA 供 EPC -50B 使用。

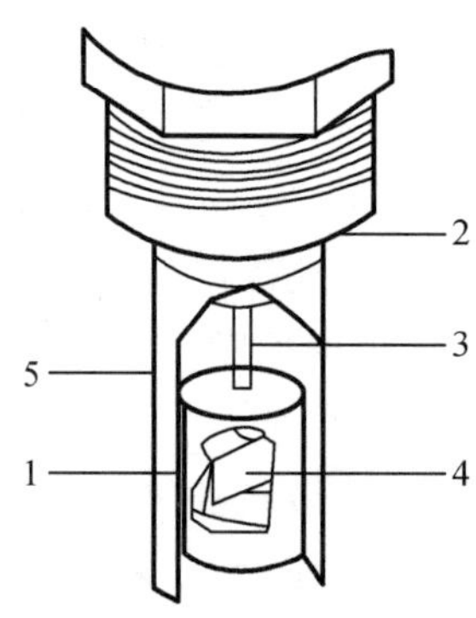

1—钟摆;2—底盘;3—扭力管;4—压电元件;5—保护管。

图 5 -22 EVT20 黏度传感器结构原理

黏度传感器的电路板上有一个数码 LED 显示,用于显示传感器的状态。EVT20 电路板对指示有规定,故障和错误用闪烁数字或文字显示在数码 LED 的第 7 段上(即数码管的中间一横)。根据故障、错误或警告的类型,黏度或温度输出将为 0 mA、4 mA、20 mA 或输出保持正常(4 ~20 mA 与实际黏度对应)。如果没有故障、错误或警告,数码管用不闪烁的符号指示程序状态,如电源开用"-.",正在初始化硬件用"O."等,具体可参考黏度传感器的说明书。

电源打开后,数码管底部的小数点一直打开;当 EVT20 显示 EEPROM 时,小数点关闭;如果一个故障情况发生,通常 EVT20 电子设备将尝试重启单元直至确认故障。如果发生多个故障,则由于故障是按其重要性确定次序的,位于表格上部的故障有最高的优先级,这就意味着高级别的故障可以改写较低级别的故障,即该数码管只显示当前最重要的故障。表 5 -1 是说明书中的部分重要的自检故障符号。

表 5 -1 黏度传感器电路板自检故障符号表

数码管显示	故障原因	传感器电路板尝试性的反应
	①5 V 电源故障,电源下降到 4.65 V 以下 ②微机内 EPROM 或 PAL 缺省 ③微机注册测试失败 ④微机系统没有投入工作	监控系统复位

表 5 - 1(续)

数码管显示	故障原因	传感器电路板尝试性的反应
0.	栈溢出	自动复位
1.	外部输入/输出回路测试失败	自动复位
……		
9.	软件故障	自动复位
……		
d.	15 V 电源故障,电压下降到低于 13 V	延迟后重试
……		

黏度传感器在正常使用中常出现传感器本身没有问题,而是系统环境或条件发生不良状态,导致测量出现极端情况。该情况传感器本身可能没有报警,但是使送给 EPC - 50B 的信号出现失常。表 5 - 2 列明了常见故障现象、原因和处理方法供参考。

表 5 - 2 黏度传感器一般故障现象、原因及处理方法

故障现象	故障原因	处理方法
黏度信号太低	空气夹杂在燃油系统中	系统排气
黏度信号保持在最大值	启动期间燃油温度太低	检查燃油管保温措施或燃油加热器
	由于没有足够的热量,系统正常操作期间燃油温度太低	增加黏度控制器的输出信号至换热器
无黏度信号	空气夹杂在燃油系统中	排出旁通阀系统
	EVT - 20 没有电源	①检查主电源 ②检查控制单元的保险丝或电源开关 ③检查电接头的完整性
	电源接头损坏	检查 4 ~ 20 mA 电线输出信号
	EVT - 20 故障	联系最近的代理商修理,更换传感器

四、燃油黏度控制系统

在燃油供油单元 FCM 的自动控制系统中,采用黏度或温度定值控制是基于同一燃油温度的变化要比黏度的变化灵敏这一事实,特别是在温度传感器经改进后,检测温度很敏感的情况下,可大大提高系统的灵敏性,改善系统的动态特性,同时,两种定值控制可以互为备用,从而也可提高系统的可靠性。燃油黏度控制系统是由黏度传感器、温度传感器、控制器 EPC - 50B 和加热器构成的。黏度传感器和温度传感器分别检测燃油加热器出口燃油的黏度和温度,并将黏度和温度值按比例转换成标准电流和电压信号送到控制器。控制器内置具有比例积分(PI)控制规律的软件,可以对重油的黏度或温度进行定值控制,而对柴油只能进行温度定值控制。但在控制系统开始投入工作或换油切换过程,EPC - 50B 则根据燃油温升斜坡速率实现温度程序控制。系统除可现场自动控制外,还可选择遥控;在需要时,还可在本地经转换选择后,实现本地手动调节。信息显示窗可以显示系统中燃油的黏度、温度值或其他需要的测量值,另外也可显示参数值和故障信息。燃油黏度或温度控制系统就是一个典型的单参数反馈控制系统。

从 DO 转换到 HFO 并工作状态稳定后,EPC - 50B 对 HFO 进行温度或黏度的定值控制。当 HFO 模式且系统处在温度控制方式时,即 Pr19 = Temp,Pr30 作为温度设置点,此时的 Pr30 应为所需黏度对应的温度值。在从低温开始的加温过程中,系统控制加热量,实现按设定的温升参数 Fa30 来进行程序控制加热。当温度程序控制加热到设定 Pr30 减去 3 ℃的温度值后,系统开始温度定值控制。而当 HFO 模式且系统处在黏度控制方式时,即 Pr19 = Visc,Pr20 作为黏度设置点,而此时的 Pr30 应为所需黏度对应的温度值减去 2 ~ 4 ℃(一般设为 3 ℃),这样,在从低温开始的加温过程中,按温升参数加热到该 Pr30 后,系统自动转为黏度控制。所以 Pr20 与 Pr30 有对应关系,在换用不同的 HFO 时,一般要求黏度不改变,但要调整 Pr30 以适应黏度控制设定值 Pr20 的需要。

在燃油黏度定值控制过程中,系统根据黏度变化按控制器内 PI 调节参数进行自动控制。系统根据加热器的不同设置有两套 PI 调节参数,参数 Fa25、Fa26 为蒸汽或热油加热的比例带和积分时间,参数 Fa27、Fa28 为电加热的比例带和积分时间。如果调节过程出现振荡,则需要增加参数 Fa25 或 Fa27,Fa26 或 Fa28,但是这些参数的增加会使得系统反应变慢,消除静差能力减小。调试过程中应综合各种需要,整定到一个既稳定又反应较快的参数。一般出厂后调试工程师整定的参数应可靠保存,以备需要时恢复原始设定。如果调节过程中出现偏差过大,包括黏度和温度的偏差,系统都将给出报警信号。

黏度/温度调节系统的输出主要是控制 SHS 蒸汽加热装置的调节阀或 EHS 电加热装置的接触器,以达到控制燃油温度或黏度的目的。采用 SHS 蒸汽加热装置时比例积分调节器输出控制信号控制蒸汽调节阀,以保持系统设定的温度或黏度。而在 EHS 电加热装置和 SHS 蒸汽加热(或热油加热)装置同时被采用的系统中,系统以蒸汽加热(或热油加热)装置为主,电加热装置为备用,即刚投入使用期间用 SHS 蒸汽加热装置,由增加或减少信号控制蒸汽调节阀;当来自 EPC - 50B 的信号指示系统需要更高加热量且蒸汽调节阀已全开时,控制器输出控制信号使 EHS 电加热装置投入工作,以继续保持系统运行在设定的参数上。当加热功率需要减少时,首先减少电加热功率直至零后,如需再降低加热功率则自动关小蒸汽调节阀。

五、燃油供油单元的综合控制

系统除上述的黏度或温度定值控制外,还有 DO/HFO 的转换控制、燃油供油泵的运行/备用控制、燃油滤器的自动控制、回油的脱气自动控制、燃油循环泵的运行/备用控制及远程控制等功能，全部由控制器 EPC－50B 来协调综合控制。

1. DO/HFO 的转换控制

燃油的转换控制有两种不同的控制模式，即在控制器 EPC－50B 上设置控制模式按钮：柴油控制模式 DO 和重油控制模式 HFO，相应的控制器 EPC－50B 有两套设置和报警参数，并有相应的 LED 指示灯显示。在进行操作时，可能出现以下几个过程。

（1）DO 控制模式

当控制器接通柴油模式 DO 时，EPC－50B 自动选择为温度控制模式，燃油温度被监控。加热程序由柴油温升参数 Fa31 控制，温升斜坡允许燃油在设定的时间内被加热到设定的温度（如果 Fa31＝0，斜坡函数被禁止，控制单元直接调节使用正常的设置点和报警限制等）。斜坡函数加温期间温度控制指示 LED 灯“TT”闪烁，当燃油温度在达到温度设置 Pr35 的 3 ℃内后，温升斜坡停止，正常温度控制运行，LED 灯“TT”稳定发亮。在此过程中注意：

①在加热控制斜坡期间，低黏度和低温报警是无效的；

②在加热控制斜坡开始阶段，设置了一个最长的启动加热斜坡持续时间，从而确保它不能运行太长时间，如果启动斜坡超过了该最长时间，则报警启动。

（2）从 OFF 至 HFO 或从 DO 至 HFO

当需要从 DO 转变到 HFO 时，操作步骤如下：

①按操作面板上右侧“DO/HFO”选择按钮；

②一个问题出现在信息显示屏上，“Change oil mode？ ＋ ＝ yes， － ＝ no”；

③按“＋”按钮开始转换；

④如果转换阀安装的是一个电动/气动转换阀，此阀将马上开始变换到 HFO。

当控制器接通 HFO 模式，或从 DO 转换为 HFO，燃油温度和黏度被监控和显示。加热运行程序由重油温升参数 Fa30 控制，温升斜坡允许燃油被加热到设定的温度。在设定的时间内，斜坡函数期间 LED 灯“VT”闪烁，如果是从 DO 转换为 HFO，则 LED 灯“TT”稳定发亮，但如果从 OFF 开始就是 HFO 模式，则 LED 灯“TT”不发光（如果 Fa30＝0，斜坡函数被禁止，控制器直接调节使用正常的设置点和报警限制等）。

一旦从 DO 转换为 HFO，则控制器 EPC－50B 可检测到黏度增加，表明重油已经进入系统，那么重油将开始被加热。在加热升温斜坡期间，如果控制器检测到油黏度降低，则加热暂停。当温度已经低于重油温度设置值 3 ℃，控制器自动转到黏度调节控制。此时 LED 灯“TT”关闭，LED 灯“VT”稳定发光，切换程序完成，黏度控制开始运行。在此切换过程中，应注意以下几点：

①在启动斜坡加热期间，低黏度和低温报警是无效的。

②在加热开始，即斜坡开始阶段，设置了一个最长的启动斜坡持续时间，从而确保它不能运行太长时间，如果启动斜坡超过了最长时间，则报警启动。

③上述过程是从 DO 转换为 HFO；反之亦然。燃油在 50 ℃时黏度被显示在瞬时值列表中，这样就可以查看燃油表，可知在通常的参考温度 50 ℃时，系统中有多少柴油转换为重油。

（3）HFO 控制加热模式

HFO 控制模式类型由参数 Pr19 决定，选择的类型由传感器 LED，即操作面板流程图上的“VT”或“TT”指示出来。如果黏度传感器 LED 灯“VT”发亮,控制器处在黏度控制类型。如果温度传感器 LED 灯“TT”发亮,控制器处在温度控制类型。

(4)从 HFO 转换为 DO

当从重油转换为柴油,控制器将继续控制燃油黏度,同时降低重油/柴油混合温度来保持黏度值,此时 LED 灯“TT”闪烁,LED 灯“VT”稳定发光。当温度达到柴油的设置值时,控制模式被自动转变为柴油模式(温度控制),然后 LED 灯“TT”变换为稳定发亮,LED 灯“VT”关闭。

(5)HFO 与 DO 间自动转换

如果加热器发生故障,有可能自动安排转换到柴油,这取决于低温限制值参数 Fa14。在加热器故障时,油温低于 Fa14 并延时 2 min 确认后,系统才能被设置为自动转换到柴油。推荐设置 Fa14 值低于低温报警限制,当设置的低温限制达到,转换倒数计时开始,靠近“DO/HFO”转换按钮的 LED 灯“DO”开始闪烁,一条信息在信息窗间断的出现,显示转换的时间。转换倒数计时器可以通过手动按“DO/HFO”按钮来中断。

在系统配置了电动或气动转换阀时,并且设置了参数 Fa17 为主机最大燃油消耗量(L/h),则在系统运行中,如出现燃油消耗量持续小于参数值 Fa16(0~100%)2 min 后,系统会自动进入 DO 的控制程序。但由于换油过程仍保持燃油黏度控制,所以一旦出现需要加温的状况,系统再次回到 DO 到 HFO 的工况中,即保持加热到设定温度后,新一轮的黏度控制开始。

如果系统安装了电动切换阀,即切换阀的开度可以通过电动伺服机构来控制,则新的燃油可以被逐渐地引进系统中,通过调节参数设置转换阀从 DO 到 HFO 的时间,或从 HFO 到 DO 的转换时间。

2. 燃油供油泵的运行/备用控制(燃油循环泵的运行/备用控制相同)

在控制器 EPC-50B 操作面板上有油泵工作模式选择开关,用于选择 Manual-Stop-EPC-Remote,当选择 EPC 时,即油泵由 EPC 自动控制,EPC-50B 根据内部参数 Pr1 来选择燃油输送泵的控制方式,Pr1=1(2)表示 1 号运行,2 号备用;2(1)表示 2 号运行,1 号备用;1 表示 1 号运行,2 号停止;2 表示 2 号运行,1 号停止。同理,Pr2 用于选择燃油循环泵的控制模式。备用机组启动取决于相应的压力开关和运行机组的状态,如 Pr11 为燃油输送泵的出口压力下限值,当压力低于该压力时,并经过延时时间 Fa9 确认后,备用泵自动切换工作。或运行机组故障后,备用机组自动启动。运行或故障状态在面板上相应的 LED 指示灯显示出来,并在信息窗提供相应的报警。

当设备断电、重新送电后,并经过参数 Fa11 延时后,EPC-50B 能够按时间间隔(约 1 s),并根据参数 Fa10 设置来依次启动各油泵、滤器、加热器和自动控制系统,启动运行的油泵是停电前的运行机组。如果 EPC-50B 正常,而发生油泵等动力电源断电后的再次恢复,EPC-50B 认为原设备有故障存在,将控制备用机组自动运行。

3. 燃油滤器的自动控制

假如滤器脏堵,燃油供油泵启动将会困难,所以即使控制器 EPC-50B 处于停止状态,滤器也应保持在自动运行模式;但是在控制器 EPC-50B 停止时,放残阀不能自动工作。在供油泵停止后,可以手动定期运行滤器,手动定期放残。

控制系统根据燃油滤器的选择开关来控制滤器冲洗，选择位置有 MAN、STOP、AUTO 三挡，当选择为自动时，滤器间隔性自动进行反冲洗。而压差开关 PDS 只起到滤器脏堵报警的检测作用。自动放残还取决于系统设定的时间间隔 Fa21，放残时间由参数 Fa22 决定。如果选择手动，则自动无效，需要定期手动冲洗，并需要时刻注意滤器的压差。

4. 脱气自动控制

混合管内将主机的回油和供油泵送来的油混合，油中混入的空气会因密度小而上升到上部，所以需要定时控制脱气阀，使空气返回日用柜（因还混有高温油）。如果上部浮子开关检测到液位低，表示混合管内空气过多，系统控制脱气阀打开，但如果 2 min 后仍然在脱气，则给出报警。

5. 远程控制

除本地基本控制级外，系统还可选配扩展级、高级扩展级和全自动级。扩展级是基本级中的操作控制和有关指示功能传到控制室，但是没有基本级上的流程图和信息显示窗。使用时需要本地选择开关转至“Remote”（远程），实现的功能有状态指示、燃油自动转换、系统启停控制、油泵手动启停控制和报警指示；但是不能在远程站实现报警复位和油泵自动切换控制，也没有信息显示窗和操作按键。一旦出现故障或油泵停止，需要到 EPC－50B 现场实现报警复位或油泵切换处理，所以扩展级与系统的连线是一般的控制电缆。高级扩展级等于是本地操作面板移到了远程，在本地面板上选择好“Remote”即可将功能全部移交远程站，包括各油泵工作模式的选择控制和信息窗内容的显示和操作。显然，除需要控制电缆线连接外，还需要串行通信（RS485 通信）电缆联系。当然要实现油泵自动遥控，需要电机启动模式选择开关处于“Remote”控制。如果选用全自动级的远程操作，则通过现场总线（可在 EPC－50B 主机板上选 Profibus DP、Modbus RTU 或工业以太网）将控制器 EPC－50B 的总线接口与远程计算机直接相连，再在计算机内配置相应的通信和应用软件即可实现远程全功能操作。本地控制 EPC－50B 即成为整个分布式控制系统的一个通信节点，向上位机提供所需要的信息，并接受上位机的控制。此时远程设备与控制系统的连线就是一根通信线，不再需要控制电缆了。

六、燃油供油单元的操作与管理

在系统投入工作之前，要先检查燃油和加热系统有没有漏泄或损坏的情况，各阀件是否开关正确；把控制方式选择开关打到 OFF 位置，合上主电源，观察 EPC－50B 主板和黏度检测电路板指示是否正常；观察比较测量值与实际值有无异常情况；手动检测各电磁阀或电动切换阀是否正常、灵活。准备确认后，启动燃油供给泵，然后根据燃油系统具体配置情况将控制模式切换到 DO 或 HFO 位置，使用参数 Pr19 选择温度或黏度定值控制。这时可通过信息显示窗显示出燃油温度或黏度的实际测量值，系统正式投入调节控制工作。

黏度传感器 EVT20 的工作情况，可通过设在传感器电路板上的数码管显示内容来检查。清洗 EVT20 时需要特别小心，防止人员受伤和损坏传感器。清洗前要切断通过 EVT20 的供油；切断控制箱电源；尽可能排出和排空管系中燃油。把 EVT20 从罩壳上拆除后，再拿下 EVT20，旋出两套固定保护管的螺钉，以拆下保护管。最后用一块干净的软布清洁钟摆，应防止钟摆被机械力损坏或弯曲，不要用研磨材料，如砂纸、锉刀等来清洁钟摆头。

在系统新安装后或工作条件改变时，要对系统运行的参数进行重新设定和修改，以适应新的需要。对于不同的燃油，需要调整一些参数设置，尤其是重油特性相差较大时，对应的参数设置也要相应改变，以期获得最佳调节效果。重油改变时，下面的一些参数是必须改变的：

①密度参数 Pr23。对不同密度的一种重油，调整密度参数，可获得更为精确的黏度测量。

②重油温度设置点参数 Pr30。新更换的燃油需要加热到不同的温度，从而得到相同的黏度。该温度值用于黏度智能调节过程的控制。

③HFO 低温限制值 Pr32。HFO 加热温度控制不能低于该限制值。

除此之外，还需要根据油品的不同，有针对性地设置有关加热速率、加热温度、比例带和积分时间等参数。

1. 系统故障处理

报警系统是为了确保一个安全的黏度控制系统而设计。所有报警都显示在操作员面板屏幕上，大部分有发光二极管补充（LED）。报警按发生的次序显示。FCM 燃油控制系统中有两种类型的报警。

①报警显示在 EPC－50B 上，由普通报警输出特征输出“A××”。例如：A40 表示黏度高。

②仅给出警告在 EPC－50B 上，显示“W××”。例如：W75 表示转换控制模式（Pr19），传感器失灵。

在发生了多个故障的情况下，需要读取历史报警列表，但 EPC－50B 中的 CPU 只存储了最后的 32 次报警。通过按“Enter”键，即可进入该故障有关信息的显示，通过按“＋”来翻看，每个故障的具体内容有：

报警号，如 1 号报警是最新发生的报警，2 号报警是上次发生的报警；

报警时间，从报警发生后计时，小时，分钟；

报警编码，用“A××”或“W××”表示，具体含义参考说明书；

复位时间，故障发生到报警复位的时间，如果复位时间＝0，表示刚一发生故障就被复位了，也就是第一个复位的故障。

具体操作和分油机控制中的 EPC－50 类似，指示故障采用编码形式表示，主要故障见表 5－3，具体故障编码和故障原因及需要相应的处理措施参考说明书。

2. 系统故障测试

由于采用了与分油机控制器 EPC－50 一样的控制器，所以故障测试功能和方法是类似的，可参照下节分油机控制系统的故障测试方法。在 FCM 燃油控制系统中，几乎所有的报警都可以在 EPC 运行中测试。有些情况下，EPC 必须处于 AUTO 模式。而系统的管理也要求经常性地对有关传感器、线路、执行部件、控制系统等进行有针对性的测试。同样需要注意的是在测试中，如果改变参数来触发一次报警，在正式操作前应该复位到原来的值。具体测试的测试动作、试验后的报警情况以及报警延时都可以在说明书中找到，如为测试“A42”——黏度传感器 VT 故障，可以断开接线端子 X5：5。但如果系统原来处于黏度控制中，则会引起系统的故障和动作反映。所以在做该试验前，最好将控制模式选择为温度控制模式,即设置 Pr19 = Temp,Pr30 作为温度设置点,设置 Pr30 值达到要求黏度时的温度,而报警延时为参数 Fa8。这样可以在试验黏度传感器时,不影响系统的温度自动控制。

表 5-3 燃油供油单元自动控制系统故障一览表

故障编码	故障说明	故障编码	故障说明
A40	黏度高	A100	输入/输出通信故障
A41	黏度低	A101	OP 操作员面板通信故障
A42	黏度传感器 VT 故障	A102	OPr 通信故障
A50	温度高(××℃)	A110	输入/输出板故障
A51	温度低(××℃)	A111	OP 板故障
A52	温度反应慢	A112	OPr 板故障
A53	温度传感器 TT 故障	A113	加热器板故障
A54	温度传感器 TT_2 故障	A115	电脑通信板故障
A70	三通阀 CV(DO)故障	A117	远程转变 HFO/DO 故障
A71	三通阀 CV(HFO)故障	A118	参数××.××没有规定
A80	转换到 DO 模式温度低	W49	黏度传感器 VT 失效
A81	检测到无油转换	W58	温度传感器 TT 失效
A82	调节阀 SRV 没反应	W59	温度传感器 TT_2 失效
A83	电加热器故障	W75	转换控制模式(Pr19),传感器故障
A84	模拟输入 1 故障	W79	三通阀 CV 失效
A87	电源故障	W16	IP 地址错误(××.××.××.××)

任务五 船舶分油机控制系统的认知与维护

一、分油机概述

以前的 FOPX 型分油机采用部分排渣法。其特点是待分油连续进分油机,在排渣期间也不切断进油;每次排渣时,其排渣口短暂打开,排出量一般是分离片外边缘与壳体之间容积的 70%。更新换代后的 S 型分油机常用作燃油净油单元,其特点是待分油在分油设定时间内可连续进油、分油,在此期间短暂打开排水口排水并保持持续分油。由于出口中的净油主要通过水分传感器检测其含水量,不再使用密度环,在净化不同密度的燃油时,由水分传感器来判断油中水分是否过多,分油机中的油水分界面是否内移,从而判断是否需要一次排水控制。分油期间,如果净油口水分传感器测到的水分超标时,则分油机控制一次排水,其排出时间可设定;如果一次排水后,水分含量仍较高,则可连续再来一次排水操作;最多可连续进行 5 次排水操作。在设定的分油时间到后,控制系统先用置换水将分离筒内的油全部挤出干净,再通过排渣口的打开进行一次彻底地排渣操作,并准备下次分油;如果是结束操作,则分油机保持无油停机,在下次分油时,分油机将净筒启动运行。另外,正式分油前,控制器 EPC-50 可以实现待分油温度定值控制,根据待分油的设定温度进行加热控制,并在温度满足要求后才开始分油程序控制。控制系统中重要的部件是水分传感器,型号为MT50,其电路板将水分信号转换为 4~20 mA 信号送给以单片机为核心的控制器 EPC-50。本节重点介绍 S 型分油机自动控制系统的基本工作原理。图 5-23 所示为某船分油机实物图。

图 5-23　某船分油机实物图

二、分油机的组成及基本工作原理

S 型分油机的分离筒由一台电机通过平皮带动力传输部件和立轴驱动。电机驱动装置配有一个摩擦联轴器,以避免过载。分离筒为盘式,由水力驱动排渣。

S 型分油机的结构原理如图 5-24 所示,分油机进出油管结构由原来的双向心泵(下部一个为净油排出,上部一个将分离出的水排出),改为下部有一个具有向心功能的固定不动的向心泵 12(parting disc),它能把分离出来的净油从 2 口排出。上部使用向心管 4(parting tube)能把分离出来的水从出水口 3 排出。向心管是活动的,在支撑臂及弹簧的作用下将其向外张开,使其保持与水腔内的水界面接触,需要时可把水腔内水向外泵出。实际上不管是向心泵还是向心管,都是把高速旋转的液体流动能转变成位能(压力能),这种改进使能耗降至最低。待分油从进口 1 连续进分油机,经旋转分离叠片组外边缘上的垂直缺口进入分离叠片组,油经分离叠片之间形成的通道上升,油在上升的过程中继续被分离,水分和渣质被离心力甩向分离叠片的外侧,净油被推向分离叠片的内侧,当净油向内离开分离叠片后,流过分配器油孔进入油腔,通过向心泵 12 扩压,油被泵出油腔,在净油出口 2 所接的管路上装手动背压调节阀和一台 MT50 型水分传感器,它能精确地检测净油中的含水量。当分离出来的水很少时,说明油水分界面在分离叠片外侧较远处,这时装在排水出水口 3 管路上的排水电磁阀关闭,封住出水口 3 不向外排水,这是正常分油过程。随着分离过程的进行,油水分界面不断向里移动,水分传感器会感受到净油中含水量的增大。当油水分界面移动到接近分离叠片外边缘时,净油中的含水量会增加到一个触发值。这个触发值将被送到 EPC-50 型监控装置,由该装置决定是打开排水电磁阀向外排水,还是打开排渣口 X 进行一次排渣。如打开排水电磁阀排水,油水分界面会迅速外移,净油中含水量也会迅速减少,当降低到一定值时停止排水。

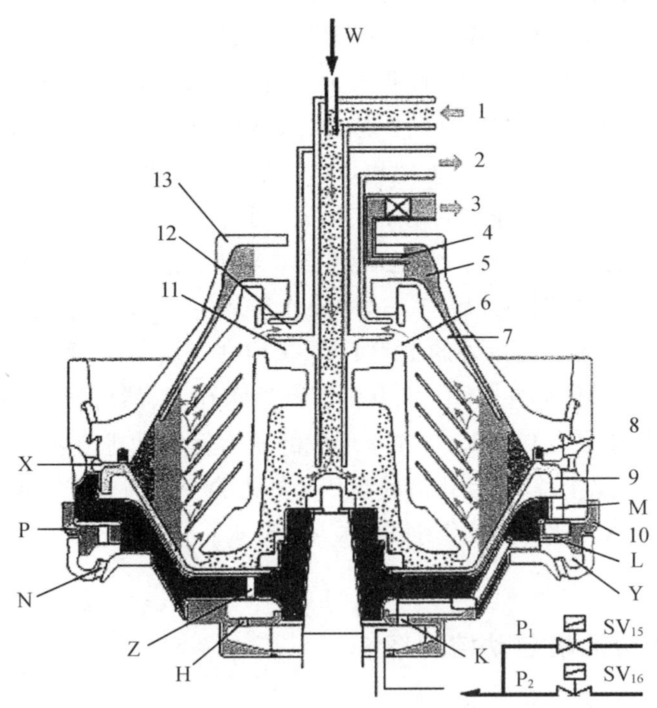

1—待分油进口;2—净油出口;3—出水口;4—向心管;5—水腔;6—分配器孔;
7—顶盘;8—密封环;9—活动排渣底盘;10—操作滑环;11—分离油腔;12—向心泵;13—分离筒盖。

图 5－24　S 型分油机的结构原理

当待分油中含水量极少时,从上次排渣算起,又已达到最大排渣间隔时间,而油水分界面仍离分离盘外侧较远,此时尽管净油中基本不含水分,但 EPC－50 型控制装置也要进行一次排渣操作。为减少排渣时油的损失,首先停止向分油机供待分油,在排渣前从水管的 W 口供置换水,并关闭出油阀,油水分界面会向里移动。为了使更多的油在排渣前从分油机内被排出,以减少油的损失,当出油口压力传感器检测到的压力达到 0.05 MPa 时,打开出油阀,待分离筒内的待分油已全部被水置换,净油出口中检测到水分时,或当置换水供给到量时(置换水的体积是根据分油机首次启动时对水流量标定后自动设定的),关闭置换水,打开排渣口进行排渣,以防止排渣操作中将净油也排出。如果是停机排渣,则在此后控制分油机停机时,分离筒内基本是干净的,确保不会有燃油黏连内部器件;并在下次启动时,使得分油机净筒轻载启动。

S 型分油机分离筒在结构上也有较大的改变,操作滑环 10 取消了托顶弹簧,活动排渣底盘 9 不再利用上、下运动使分离筒封闭,而是靠活动排渣底盘 9 下部的工作水形成的压力使活动排渣底盘 9 下部的平面部分向上变形,使活动排渣底盘 9 外边缘向上移动与分离筒盖上的密封环 8 紧密接合,从而使分离筒的排渣口 X 密封。分离筒盖的锁紧由以前的锁紧螺母改为锁紧环。在正常分油期间,为了补偿工作水由于蒸发和漏泄造成的缺失,由管 P_2

断续供水,使其工作水面维持在Z孔附近(少量多余的工作水会经喷嘴P泻出),这时P_1断水,使滑动底盘下部仍充满工作水,保持足够的向上推力,以确保分离筒密封,此时的工作水称为补偿水。当需要排渣时,管P_1大量进水,持续约3 s,水面向里移,经K孔进入开启室Y,在Y室充满水后(由于进水量较大而喷嘴P来不及泄放),水压分别作用到操作滑环10上、下两个不同的面积上,由于上边的面积大于下边的面积,因此水压会对操作滑环10产生一个向下的作用力,致使操作滑环10向下移动,打开泄水孔M,活动排渣底盘9下面的工作水通过泄水孔M经喷嘴P和泄水孔N泄出。由于活动排渣底盘9下面的工作水泄放出去,作用到活动排渣底盘9下面工作水的动压头消失,而且活动排渣底盘9下部平面部分是由具有记忆功能的特殊材料制成的,因此这时恢复常态使外边缘向下移动,打开排渣口X进行排渣。此时的工作水P_1称为开启水。这样操作滑环10上面的水会很快泄完,而作用到操作滑环10的下面,孔N径向以外的水泄不掉,仍留在开启室Y,而且会对操作滑环10产生一个向上的推力,使操作滑环10上移,从而封闭泄水孔M,然后管P_2连续进工作水,水经H和Z孔进入活动排渣底盘9下部,工作水形成的压力使活动排渣底盘9下部的平面部分向上变形,从而使外边缘上移,活动排渣底盘9的外边缘上部与分离筒盖上的密封环8再次紧密接合封住排渣口X。此时的工作水P_2称为密封水。管P_2连续进水一段时间后恢复断续进补偿水。

三、EPC－50分油机自动控制系统

1. 分油机自动控制系统的组成

分油机自动控制系统的组成原理如图5－25所示。它由EPC－50控制箱、电机启动箱、工作水阀组、控制气动执行阀的电磁阀组、分油机和油路等组成。

系统分为燃油回路、工作水回路、气动回路、分油机、电机启动箱和EPC－50控制器,如果系统自带电加热器,还会配有电加热控制器。燃油回路中有加热系统(heating system)、温度传感器(TT_1、TT_2)、压力传感器(PT_1)和待分油控制阀V_1,分油机的出口还配有净油出口阀V_4和排水阀V_5。工作水回路包括置换水(有的称冲洗水)电磁阀SV_{10}、开启水电磁阀SV_{15}、补偿水或密封水电磁阀SV_{16},S型分油机的SV_{15}和SV_{16}输出同一根水管,由于控制水量的不同,实现的作用也不同;在P型分油机中SV_{15}和SV_{16}是两根水管作用在分油机不同的进水部位,实现开启和关闭的作用。气动回路包括控制待分油阀的电磁阀SV_1、控制净油出口电磁阀SV_4和排水管电磁阀SV_5。分油机和待分油循环输送泵可由EPC－50控制箱上的启停按钮控制运转或停止。分油机全速运行后,控制器EPC－50开始控制分油过程,包括控制待分油控制阀V_1、净油出口阀V_4和排水阀V_5,以及各工作水电磁阀等,实现密封、分油、排渣、保护、停止等控制。根据自动控制的分析方法,将EPC－50构成的控制系统分为如下几个部分。

(1)主要的输入信号装置

在该控制系统中,输入信号和输出信号是比较多的。这些信号能准确地监视分油机的工作状态,同时也能控制分油机的各种操作。

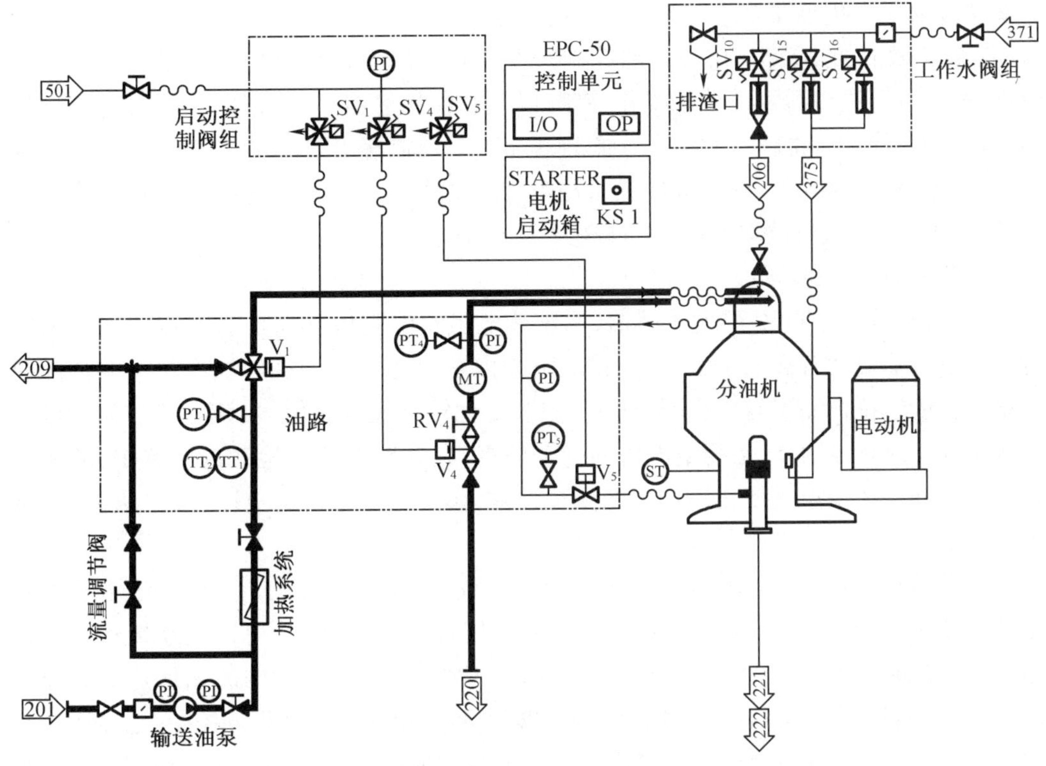

图 5-25 分油机自动控制系统的组成原理

①水分传感器

在净油出口管路上装有 MT50 型水分传感器，它能随时检测净油中的含水量。EPC-50 根据净油中含水量来判断是否超设定值，另外还可判断 MT50 是否故障，如信号小于 4 mA 表示传感器断线，而如果水分过低，可以判定净油出口油中有空气；如果水分过高，可以判断分油机内部油和水的状态，经延时后，由 EPC-50 决定是打开排渣口还是开启排水电磁阀。因此水分传感器是监控系统中很重要的部件，是由圆筒形电容器和由振荡器电路及信号调理电路组成的电路板两部分所组成。电容器实际上是两个彼此绝缘的同心圆筒，净油全部流过内圆筒，在内外圆筒的电极间电容量与油中的水分成比例。EPC-50 为水分传感器提供直流电源，它使水分传感器内部的振荡器工作，产生频率为 1 MHz 的振荡信号源。当振荡器产生固定频率及幅值的交流电信号后，流过电容器中的电流大小就完全取决于电容器的介电常数。纯矿物油的介电常数只有 2～4，而水的介电常数高达 80，因此净油中含水量的增加导致介电常数的增大，会使其流过电容器的电流也增大。MT50 的电路板通过交流电桥检测电容变化，并将信号处理后转换为 4～20 mA 的电流信号送给 EPC-50。该水分传感器检测精度是比较高的，一般精度可达 ±0.05%，同时，EPC-50 可判断该电路板和传感器的好坏，如果故障，则需要更换。在 EPC-50 中可以通过调整参数来取消该传感器功能，取消 MT50 功能后分油机将按特定程序运行，并且每隔 24 h 系统将会发出警报提醒。

②待分油压力传感器 PT_1

PT_1 装在燃油加热器出口，待分油控制阀 V_1 前端，用于检测循环输送泵的出口压力是否建立，是否可以进行后续的分油操作控制，以及判断加热器是否有油，是否可以进行加热控制。传感器采用扩散硅，内置信号调理电路，二线制输出给 EPC－50 的信号是 4～20 mA，所以 EPC－50 可以判断该传感器是否有断线故障，并且可以根据信号的大小判断是否断流（过低压力）或管路堵塞（压力过高）。

③待分油温度传感器 TT_1 和 TT_2

TT_1 和 TT_2 采用 PT100 温度传感器，属于热电阻式温度传感器。这种传感器是利用金属材料电阻值随温度升高而增大，且在检测范围内它们之间保持良好线性关系的特性制造的。利用测量电桥把测温元件（金属丝）电阻值变化转换成电压信号，该电信号与所检测的温度成比例。测量电阻 R_t 是测量电桥的一个桥臂，它安装在所要检测的管路中，离测量电桥较远。为补偿环境温度变化所产生的测量误差，在实际测量电路中往往把“两线制”接法改为“三线制”。

在正常运行期间，它检测燃油温度实际值，当油温超过设定的上、下限值时，EPC－50 发出油温超限报警。另外，EPC－50 能够检测温度传感器的状态，可以判断传感器是否有短路或断线故障。两个信号各有用途：一是送至 EPC－50，由其中的燃油加热油温控制系统，作为温度偏差 PI 调节器的反馈信号，实现对燃油温度进行比例积分控制，把油温控制在给定值上；二是送至 EPC－50 作为逻辑控制使用，除由数字显示窗显示待分油温度外，当发生油温上、下限报警时，还可实现报警和保护控制。

④净油出口压力传感器 PT_4

PT_4 检测原理同 PT_1，也可检测传感器本身是否故障，装于分油机净油出口处，检测出口背压。当出现超限时，需要调整相关分油等状态，甚至需要检测分油机内部。不同时间段出现的超限还需要注意油路或水路的状态。

⑤排水压力传感器 PT_5

PT_5 检测原理同 PT_1，也可检测传感器本身是否故障，装于分油机排水出口处，检测出口压力。当出现超限时，可以判断分离盘是否正确到位，并用于控制和监视排水阀 V_5 的动作。

⑥分油机速度传感器 ST（speed transmitter）

采用磁脉冲式检测分油机的旋转速度，二线制送到 EPC－50，通过电流检测，EPC－50 可以判断出该传感器是否处于故障或断线状态。如果传感器故障，一时又没有备件，可以通过修改 EPC－50 内部参数取消该传感器功能，但是，这时的分油机全自动模式进不去。该传感器在 P 系列分油机中可以不用。

速度传感器用来检测分油机的转速，安装位置如图 5－26 所示。如转速发生下列情况之一，分油机应按一定的模式自动停止，同时发出相应的警报。

a. 转速超过设定的分油机最高转速；

b. 转速低于设定的分油机最低转速；

c. 转速控制系统经常检查速度传感器检测到的脉冲情况，当检测到异常时；

d. 分油机启动时，在设定的时间内转速达不到设定的转速范围。

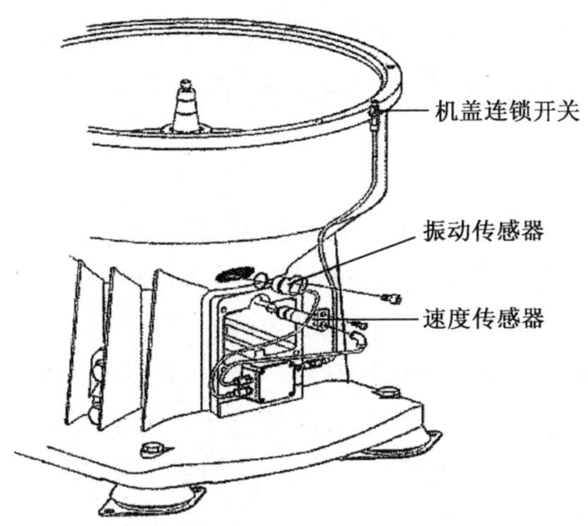

图 5 - 26 速度传感器、振动传感器和分油机盖的连锁开关的安装位置图

⑦分油机振动传感器 VT(vibration transmitter)

这是一个可选项,该三线制传感器将信号送给 EPC - 50。一旦发现振动过大,控制器给出一个故障停止信号,控制分油机停止。另外,由 EPC - 50 可以判断传感器的好坏,如果传感器故障,一时又没有备件,可以通过修改 EPC - 50 内部参数取消该传感器功能,但是,这时就不能实现分油机的全自动模式了。

安装在分离筒的立轴旁径向位置的振动传感器(可选择)如图 5 - 26 所示。振动传感器用来监测分油机立轴的原始位置和运行状态,从而可监测分油机任何异常的不平衡状况。振动报警级别设置了两个报警级别,如振动超过第一级别应发出警报,振动超过第二级别,分油机按安全停止模式自动停止,因为大量振动会缩短轴承的预期寿命,因此振动应予以消除后方可启动。

⑧分油机盖的连锁开关(cover interlocking switch)

分油机盖的连锁开关(可选择)用来检测分油机盖安装是否正确,其安装位置如图 5 - 26 所示。在盖被关闭之后给控制系统送出信号,控制系统关闭此连锁回路,这样才允许启动分油机。

(2)输出信号装置

在控制系统中,EPC - 50 输出的信号有:控制对分油机操作的各种电磁阀;显示分油机控制系统状态的指示灯及由显示器所组成的信息显示窗。

①工作水阀组

所有的电磁阀均采用 24 V 交流供电,电磁阀 SV_{16} 是用于控制进分油机补偿水和密封水的。在分油机排渣口密封期间,EPC - 50 输出的信号将使电磁阀 SV_{16} 断续通电,工作水经管 375 断续进分油机,把滑动底盘托起,并使滑动圈下面的工作水维持在泄水孔附近。电磁阀 SV_{15} 是用于控制开启水的。当需要排渣时,EPC - 50 将使电磁阀 SV_{15} 通电打开 3 s,由管 375 向分油机进开启水,滑动底盘的外边缘向下移动,打开排渣口进行排渣。在排渣口密封期间,电磁阀 SV_{15} 保持断电。电磁阀 SV_{10} 是用于控制进分油机置换水的,与待分油进入分油机是同一个进口,在需要排渣前,常通入冲洗水挤出分离筒内已分离的净油,确保排渣或排水操作时,不会将净油也排出。上述三个水阀组成一个整体阀组,当电磁阀通电时,电磁阀上带有旋转指示表示阀体动作,便于观察。其中进水口一个,SV_{10}出水口一个,SV_{16}和SV_{15}的出口合在一起。

②气动控制阀组

电磁阀 SV_1 是进油电磁阀,当控制该阀动作时,通过该阀,控制空气经节流控制后,送到供油阀 V_1,控制 V_1 缓慢打开供油。电磁阀 SV_4 是净油电磁阀,当控制该阀动作时,通过该阀,控制空气控制出油阀 V_4 关闭。在该阀断电或没有控制空气时,出油阀是保持打开状态的。电磁阀 SV_5 是排水电磁阀,通电后控制空气经过该阀驱动排水阀 V_5。随着分油机正常分油的进行,分油机内油水分界面将不断内移。当需要向外排水时,EPC-50 将使电磁阀 SV_5 通电打开,向外排一次水。上述三个电磁阀构成一个阀组整体,控制空气为阀组的进口,三个出口分别接到对应的阀上。

③温度控制输出

EPC-50 对待分油的温度也有控制信号输出,可以根据蒸汽加热、电加热或热油加热方式来输出相应的控制信号,如果是蒸汽加热或热油加热方式,EPC-50 通过伺服机构控制加热介质阀门的开度来调节加热量;如果是配套的电加热,则须加装与电加热配套的电源单元,由 EPC-50 输出相应的控制信号到电源单元实现温度控制。

当待分油温度在正常范围内,且没有发生使分油机停止工作的故障信号时,EPC-50 控制单元一直输出一个信号使电磁阀 SV_1 通电,控制空气进入阀 V_1 的动作气缸,使三通活塞阀接通在待分油进分油机状态,切断在分油机外面打循环的回路。当分油机发生故障或停止分油机工作时,电磁阀 SV_1 断电,三通活塞阀动作气缸的控制空气从阀 SV_1 放掉,将切断待分油进分油机的通路,使待分油流回沉淀柜。

④报警及继电器控制输出

除温度控制采用继电器控制伺服电机改变阀门开度外,EPC-50 还提供多种用途的继电器触点输出,包括循环泵电机和分油机电机的停止控制、系统配置需要的触点输出、远程状态显示和报警用的触点输出等。

(3)EPC-50 的组成

在 S 型分油机中,组成其控制系统的重要设备是控制器 EPC-50。EPC-50 主要分为三个部分:一是电源,由滤波装置和多输出变压器实现;二是主控制板,安装在 EPC-50 控制箱内;三是操作面板 OP,主控制板与显示操作板通过异步串行通信实现数据交换。主控电路板接收装在分油机待分油管路上和净油出口管路上的各种传感器信号,经分析和处理后,由输出端输出控制各种阀件或电器对分油机进行操作,同时分油机的运行状态也可通过在主控电路板通信接口与 OP 联系,由 OP 上的一系列发光二极管及信息显示窗进行指示,实现良好的人机交互。

①操作面板 OP

如图 5-27 所示,EPC-50 的操作面板 OP 继承了其传统的布置特点,其右面有四个按钮和对应的状态指示灯。最上面的是加热器按钮,按此按钮将接通加热器电源,对待分油进行加热,待分油在分油机外面打循环。第二个按钮是程序启动/停止按钮,按一次该按钮,EPC－50 运行预定的程序,程序运行 LED 灯(绿色)亮,它首先监视待分油的温度,当加热器把待分油加热到正常温度值时,开始对分油机进行分油、排水、排渣等操作;再按一下,停止分油程序,停止程序工作,其指示 LED 灯(黄色)点亮。第三个按钮是手动排渣按钮,按一次该按钮对分油机执行一次排渣程序。第四个也是最下面的按钮是报警复位按钮,当分油机和控制系统出现故障时,对应的总报警指示 LED 灯(红色)点亮,EPC－50 将输出停止分油机工作或停止程序运行信号。待故障排除后,须按此复位按钮才能撤销故障信号,并使程序恢复到启动前的状态。其中第四个 LED 灯是操作面板激活指示灯,表示当前显示控制器有效工作。

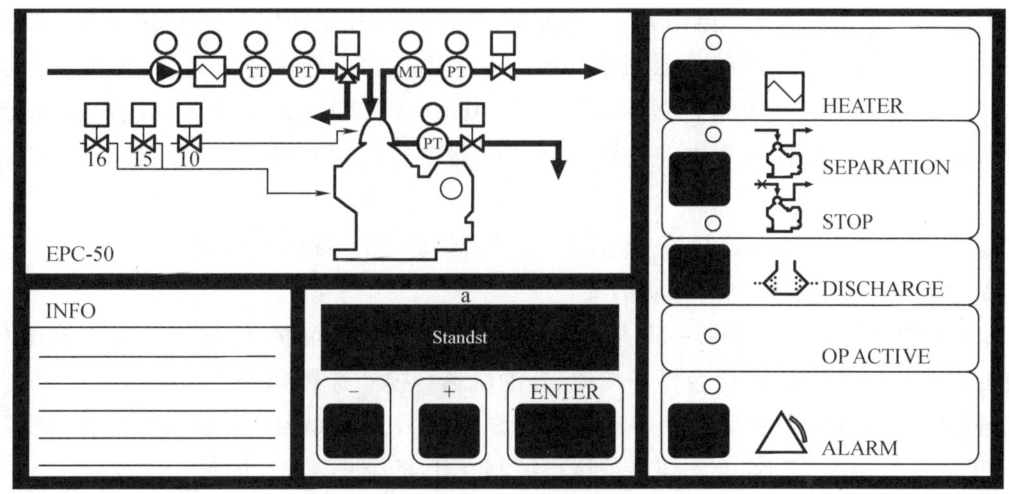

图 5－27　EPC－50 操作面板布置图

注:HEATER 为加热,SEPARATION 为分油,STOP 为停止,DISCHARGE 为排渣,OP ACTIVE 为操作屏有效,ALARM 为报警。

正面左上部是分油机基本状态及分油流程模拟图,当前基本状态可以完整显示。具体参数可以通过左侧下方的一条信息显示窗(图示显示“Standst”)来显示,并可通过“＋”“－”来翻看需要显示的参数值;在发生故障时,显示立即启动切换到显示当前最新故障内容;另外,还可用“Enter”翻看主要参数,配合“＋”“－”可以实现参数的修改操作。

操作面板采用单片机 P80C32 实现显示控制,具有按键输入处理和与主板信息交换等功能。其结构上分为两块电路板,一个为单片机主板,包括 CPU、内存、字库存储器、通信接口和显示驱动模块等,一个为专用信息显示控制器,显示需要的 LED 和字符。

②EPC－50 控制板

EPC－50 控制板位于控制箱内,由主板和扩展继电器输出板组成,主板分为电源、CPU 模块、开关量输入、模拟量输入、开关量输出、通信模块及扩展输出用总线接口。其中 CPU 模块采用金属外壳封装,内部使用 5 V 单一电源,内含 CPU、RAM、EEPROM、晶振及总线接口等器件,实现一个小型化微机系统,配以外围接口电路,构成 EPC－50 的控制核心。开关量输入采用光耦输入,外围电源采用单独隔离的直流电源;主板上配有多路外围开关量输入,继电器输出;模拟量输入配有多路差分输入信号源,其中有两路 PT100 温度传感器配以相应的信号处理电路作为其模拟量输入的一部分；主板还配有高速开关量输入电路，并通过 CPU 内的高速计数来测量分油机的转速；为实现与外围设备的通信，主板上配有内置双路的专用异步通信模块，其中一路通过 MAX232 转换为 RS232 通信与操作面板进行通信，交换信息。如果主板内参数选择为现场总线，则可选择另一个异步通信通道为 PROFIBUS 或 MODIBUS，并需要另外配有相应 PROFIBUS 扩展板或 MODIBUS 扩展板，通信扩展板内含相关通信软件，从而可实现现场总线通信。如果需要，可以根据需要定制工业以太网、Device Net 或 CAN 总线接口。

③电源

EPC－50 的工作电源来自分油机启动箱。启动箱通过变压器给出 220 V 交流主电源作为 EPC－50 的工作主电源。电源开关、滤波器、变压器在控制箱内控制板的旁边。要使分油机投入工作，首先要按启动箱上的循环输送泵启动按钮。等压力建立后，再按下分油机电机启动按钮，EPC－50 内部变压器输出 24 V、10V、8 V、12 V×2 和 18 V 交流电，经整流稳压输出需要的直流电源，作为主控电路板和传感器信号处理电路板、信号调理器或变送器的工作电源。

接通 EPC－50 内部电源开关，就接通了主控制板和操作面板的电源。

④EPC－50 控制箱和电机启动箱

作为控制分油系统的 EPC－50 控制箱，除 EPC－50 操作面板外，还配有循环输送泵和分油机的启动和停止按钮、应急停止按钮、分油机运行模式选择开关及相关指示灯，其中分油机运行模式选择开关分为自动、手动和 CIP 方式，其中自动是由远程面板操作分油机系统运行，手动是指在本控制箱上实现系统运行控制，CIP 是清洗分油机时使用的模式。

电机启动箱门上装有一个主电源开关、一只分油机马达电流表。启动箱内布置的是分油机及供油泵的启动电路。

2. EPC－50 分油机控制系统的控制过程

(1)待分油的温度控制

为了保证分油机的分离效果，必须对待分油进行加热。加热器可选用电加热器，也可选用蒸汽加热器或热油加热。在 EPC－50 主板上有个加热器板选件来控制待分油的温度，传感器 TT_2 作为温度控制的反馈信号，TT_1 作为温度报警和保护的信号；作为反馈控制的传感器配合 EPC－50 实现温度的自动控制，其中 EPC－50 通过加热器板输出"＋"或"－"两个继电器触点，去控制伺服电机调节阀门开度，从而控制加热量；同时可通过电位器检测开度位置，即 PT100、EPC－50 和温度调节阀构成了一个温度自动控制系统；其 PI 调节参数在 EPC－50 中，可以根据实际情况予以调整。当选用电加热器时，由 EPC－50 将温度设定信号送给电加热器电源单元(POWER UNIT)控制加热，电加热器电源单元单独配有检测加热待分油温度的 PT100 传感器，用于电加热器过热保护，即由 PT100、EPC－50、POWER UNIT 和电加热器构成温度控制系统。而 EPC－50 配有的温度传感器 TT_1 和 TT_2 起到检测温度的作用，确保加热在正常的工作范围内。当待分油温度在正常范围内，且没有发生使分油机停止工作的故障信号时，EPC－50 根据时序控制要求，使电磁阀 SV_1 通电，控制气压源(压力为 0.5～0.7 MPa)通过 SV_1 和一个节流阀后控制三通活塞阀 V_1 缓慢打开，使待分油不冲击进油。当分油机发生故障或停止分油机工作时,电磁阀 SV_1 断电,三通活塞阀 V_1 将切断进油通路,使待分油在分油机外面通过循环泵循环并保持加热。

(2)分油机的时序控制

刚开始投入工作时,应先按加热器按钮,开始将待分油进行加热,同时确认温度自动控制系统投入工作。当确认温度上升后,按一次程序启动/停止按钮,EPC－50 从初始化程序开始执行,首先它监视待分油温度。当油温达到正常温度值时,EPC－50 将对分油机进行密封排渣口、设备自检、分油、间断排水、排渣等操作。EPC－50 增加了对设备状态的自检功能,可以根据被控制阀件的动作及相应参数变化的检测,智能地判断设备的故障,或对操作时序自动做适当的调校,以适应工况的变化。

程序运行开始时,EPC－50 首先确认是否有过拆解保养或更换器件工作,如果通过面板操作确认进行修理后,EPC－50 会在按下“分油”后进入“校准启动”程序,在确认输送泵运转、分油机电机运转、温度控制、开机一次排渣操作、分油机空筒后,首先自动进行一次置换水的水流量计算,程序是密封操作 Ti58、置换水的水流量校准 Ti59、排渣口打开控制 Ti56、工作水排水时间 Ti57。Ti59 的最大值为 170 s,如果在此时间内没有压力响应,则说明有泄漏或无水进入,无法建立压力,系统发出警报;而如果通过建立压力的时间,可计算出置换水(SV_{10})进水的流量。依据该水流量计算,EPC－50 还计算出 Ti63 的设置时间(应小于 120 s),以便向分离筒中加注正确的调节水量,以便排渣后,在进行分油前,使分离筒内注满水。当选择了分离设备的规格时,与分离筒相关的数据被激活。Ti63 的预设值仅用于启动,在计算后,会自动为 Ti63 设置正确的值。该段时间主要为校准置换水量,可称“校准”。水流量校准之后,“校准启动”和“不校准启动”就一样了。系统先进行一次“排渣”操作 Ti60,用于防止在断电后,排渣间隔时间中断,引起两次排放之间的时间大于排放间隔设定时间 Pr1,并在滑动圈下建立水弹簧,使分离筒内滑动圈向上运动,关闭滑动底盘下腔排水口;接着是工作水排水时间 Ti61,设置时间的长短应确保滑动底盘、工作室和定量室工作水泄放完,其功能同前述的 Ti57。

接着开始准备分油。分油设定时间到,排渣后的程序也是回到此处。程序先控制滑动底盘下进工作水,进行“密封”操作 Ti62;之后控制 SV_{10}加水实施分离筒“注水”操作 Ti63。

分离筒注水后,SV_1 控制供油阀 V_1 开一小段时间 Ti64 和 Ti65,SV_4 配合控制净油出口阀 V_4 在 Ti64(约 60 s)关闭,Ti65 打开。Ti64 时有进油,但出口净油关,分油机将分离筒内侧和出油管内原来的注水全部挤到分离筒外侧,所以此时应保证出口压力 PT_4 达到设定值,水分传感器检测的水分小于设定值,说明已置换。Ti65 打开净油出口,同时检测水分仍小于设定,说明置换完全成功。Ti64 时间后,如果由水分传感器 MT50 检测到水分偏大,说明前次置换水过多,则需要减小一次置换水量的计算值,供下次置换水使用。如果出油口中没有压力 PT_4 的响应,则在 Ti64 内将发出警报;如果 Ti65 时间内水分很大,同样引起故障,系统自动进入排放程序。所以该段程序可以称为“置换”程序。

为保证系统可靠运行,在分油之前,还要进行一次分离筒是否泄漏的检查程序 Ti66,在该时间内供油阀 V_1 关、净油出口阀 V_4 关,PT_4 压力应能稳住,波动值不应过大,如压力低于 0.1 MPa,系统将会发出警报,说明有泄漏存在。确认没有泄漏后,重新开始供油并打开净油口,进行分油,但是出口流量突变,水分传感器 MT50 的检测值需要一点时间(Ti67)稳定,即在该段时间，保持分油，不考虑水分对分油进程的影响。可称该段时间为“检漏”程序。

之后才是正式的分油过程 Ti68。Ti68 的时间与 Pr1 相同。如果对其中一个进行更改，则另一个会随之自动更改。在 Ti68 期间，为保证滑动底盘向上压住密封条，工作水 SV_{16} 会间断打开，每 5 s 打开 1 s。同时水分传感器监视清洁过的油中的水分含量，如果监测值大于 100 pF，则排水阀（V_5）短时间打开一次，然后会在几秒钟内再检查水分含量。当监测值低于 70 pF 时排水将停止。最多可连续打开 5 次进行排水。在打开超过 5 次后，监测值仍未低于 70 pF，系统程序将跳转至 Ti74 进行“排渣”控制，如排渣后监测值仍未低于 70 pF，系统将再次打开 V_5 排水，5 次排水后监测值仍未低于 70 pF，系统将进入停止程序并报警。所以在该过程中，SV_{16} 断续提供补偿水，SV_5 控制 V_5 间断排水。由于是正常分油主过程，所以该过程称为“分油”。

分油时间 Ti68 到后，或手动按了排渣按钮，程序先进入“关油”程序 Ti70（关闭供油阀 V_1），此后由于没有进油，所以出口压力会下降；出口水分可能会增加，如果出现水分检测高于 100 pF，则需要进行一次排水操作，最多可进行 5 次排水操作，确保分离筒内的净油尽量排完。确认净油出口管内还是净油后，开始“进置换水”程序 Ti71：供油关，关闭净油出口阀 V_4，开 SV_{10} 置换水，出口压力 PT_4 应增加至少 0.05 MPa，如果没有压力反馈，则发出警报；如增加到了至少 0.05 MPa，则停止 Ti71 计时，说明置换阀 SV_{10} 正常。接着是“冲洗”程序 Ti72：供油关，打开净油出口阀 V_4，开 SV_{10} 冲洗水，将分离筒内和出口的进油全部排出，冲洗时间受前述水流量校准限制，即不能进太多的水，防止水冲出到净油去；之后，仅有排水阀 V_5 打开进行管路的“冲洗”操作 Ti73，整个过程可称为“冲洗”程序。

完成“冲洗”后，再打开开启水 SV_{15} 进行一次“排渣”操作 Ti74；排渣后进行工作水的排水操作 Ti75。“排渣”程序中，分离筒的转速应该会下降，但如果“排渣”后分离筒速度下降小于参数 Fa 设定转速，则发出排渣反馈故障警报。正常“排渣”后，EPC－50 根据有关置换水的参数是否人为修改过，来确定程序是进入水流量校准 Ti59 进行参数校正，还是准备再次分油，直接进入分离筒“密封”操作 Ti62。至 Ti75 后，系统完成一个工作循环。

如果发生故障或手动停止操作，则从“关油”程序 Ti70 开始到“排渣”操作 Ti75 后，程序再次自动进入“密封”程序 Ti81；“冲洗”程序 Ti82、Ti83，Ti82 后停止加热温度控制；Ti83 后停止分油机程序至结束。

3. EPC－50 的面板操作与参数调整

EPC－50 的操作需要面板指示灯“OP ACTIVE”点亮后才能进行，该灯表明操作面板 OP 与主控制器已建立好通信联系。在循环泵和分油机的电机启动后，分油操作就可在本地控制面板上来操作或可通过远程通信来操作。在操作和参数修改过程中，用到最多的是“＋”“－”和“Enter”三个键，其中“Enter”键用于显示参数序号与内容切换、确认、进入或退出参数表，接收或储存参数值等。“＋”“－”用于翻看参数序号或修改参数使用，状态显示时，可以翻看到一直需要观察的参数。

正常运行过程中，显示当前工况和当前工况进行到的时间。当报警发生时，报警信息显示在显示窗口左侧，系统准备排渣，而到下次排渣前的时间将显示在显示窗口的右侧。正常情况下，可通过“＋”键来切换显示内容，如显示“TT1 98 ℃”。系统中所有模拟量传感器的测量值都可以显示。

系统设有三种参数类型:安装参数(In××)、工艺参数(Pr××)和工厂设置参数(Fa××),分油时序用时间参数(分离开始、排渣、停止)列在“工厂设置参数”下,但称为“Ti××”。不同类型参数可以通过同时按“Enter”和“+”“-”来切换。安装参数必须在初次启动之前且先于工艺参数进行设置。这些参数极少需要重新调整。如果要存储新的参数值,则需要浏览整个列表,并在列表结尾处确认。工艺参数可以按所需(即使在运行过程中)轻松调整,以满足运行条件的变化(如两次排渣之间的时间、油温以及报警点)。工厂设置参数可以根据实际运行过程中状态的变化来进行调整,尤其是有关分油时序的时间参数。其中“启动”对应的计时器为50~59;“分油”对应的计时器为60~69;“排放”对应的计时器为70~79;“停止”对应的计时器为80~89。参数的修改可通过按“Enter”进入。具体面板的操作和参数的修改可参考设备说明书。

水分传感器值会受温度变化影响。可以根据待分油的不同使用不同的参数对其进行补偿。具体操作步骤如下:

①记下传感器值,注意要进行此测试,传感器值必须稳定,并确认油中无水、无气。

②在正常稳定运行温度下,将温度降低10 ℃。

③在稳定的新温度下,读出温度和传感器值。

例如:当温度下降了10 ℃时,传感器测量值变化了+1(如从82.6到83.6),则由于传感器值增大了,实际值未变,必须通过将Fa34(对应HFO)设置为负数来进行补偿。具体值为

$$Fa34 = -(1.0\times10)/10 = -1.0$$

由于控制系统的程序大多依赖水分传感器,所以该传感器非常重要。如果该传感器故障,但又要分油操作,可以应急设置参数Pr4从“on”调整为“stb”,即进入分油备用控制工况,此后水分传感器MT50功能禁用。但程序每15 min进行一次“排渣”,而Pr1分油时间设定无效;并且排渣过程不加冲洗水和置换水,即只实现简单的分油和排渣操作。

4. EPC-50中的报警控制与功能测试

EPC-50在运行中如果发生故障报警,相应的总报警发光二极管和有关状态指示灯闪亮,同时在显示及操作面板中的信息窗中将会显示出完整的故障名称。故障复位需要消除掉故障后按“Alarm”键才能复位。如果有多个故障,则当前显示为最新故障,为读取存储的警报列表,可以按“Enter”键后用“+”“-”键翻看,中间可用“Enter”键查看故障号、发生故障处于当前多长时间之前,故障名称和对应的参数设置值,以及故障发生后的复位时间。

最后可再用“Enter”键回到正常显示。显示窗口中显示的内容及对应的含义如下:

Alarm no.5:(5号警报)警报编号;

0:13:此警报在13 min前发出;

Feed pressure low:(进油压力低)警报类型;

P1 60:参数Pr1设为60 min;

00:02:13:2 min13 s后复位了该警报。

有些故障可以通过人为干预或通过设置EPC-50中对应的参数进行测试,如传感器断线故障、电源故障、油温过高、分离盘速度过低等。需要注意的是,任何参数为了试验而修改后,当测试结束,开始正式工作前,需要恢复该参数原始数据。表5-4列出了几个报警测

试示例，具体其他方面的测试可参考说明书中的“功能测试”。表中出现的 Pr16、Fa10 等为 EPC－50 的设置参数，即可以通过修改其内部参数，使之偏离正常值，在实际参数正常情况下模拟发生故障报警。

表 5－4　报警测试

警报消息	注释	故障 LED	试验前状态	试验方法	端子	试验结果
POWER FUILTURE	电源故障		启动	运行期间关闭/开启电源		
Feed pressure PT_1 －HIGH	待分油压力 PT_1 －高	PT_1	启动	减少限制(Pr14)		
Feed pressure PT_1 －LOW	待分油压力 PT_1 －低	PT_1	启动	减少限制(Pr15)		V_1 关
Feed pressure sensor PT_1 －ERROR	待分油压力传感器 PT_1 －错误	PT_1	启动	断开传感器的连接	X5:4	
Oil feed － TEMPERATURE HIGH	供油－油温较高	TT	启动	减少限制(Pr16/Pr19)		V_1 关 加热关
Oil feed － TEMPERATURE LOW	供油－油温较低	TT	启动	增加限制(Pr17/Pr10)或降低 Ti53		V_1 关
Temperature alarm sensor －ERROR	温度报警传感器－错误	TT	启动	断开传感器的连接	X5:2	V_1 关 加热关
Bowl speed －HIGH	分离盘速度－快		分离	减少限制(Fa10)		停止序列
Bowl speed －LOW	分离盘速度－慢		分离	增加限制(Fa11)		停止序列
Bowl speed sensor －ERROR	分离盘速度传感器－错误		停止	在断开传感器的情况下启动分离设备	X6:1	

四、分油机控制系统的操作与管理

1. 分油机手动启动与停止

①检查分油机的电源是否正常，油底壳的油位是否正常，进出油管路的阀是否处于正常的位置。

②若以上都正常，启动分油机燃油供给泵，将蒸汽加热阀打开。从操作面板上开启加热器。

③待温度达到要求以后，启动分油机，先按“SEPARATION/STOP”（分离）按钮激活 EPC－50，显示窗口中将滚动出现几个问题，必须先回答这些问题才能启动分离设备。回答

问题后启动分油机,待分油机的转速达到全速及油温超过低温报警设定值以后,EPC - 50控制系统将自动进入分油启动程序直到分油机正常分油。

④观察分油机供油以后工作是否正常,有无异常的振动或是噪声。通过 EPC - 50 上的显示数据,来判断分油机的状态,如果一切都正常,说明分油机开始正常工作。

⑤如果中间发生故障或需要停止分油时,可通过按下“SEPARATION/STOP”按钮,实现停止控制。分离设备停止序列对应的黄色 LED 将开始闪烁。启动排渣。排渣完成后,停止序列 LED 灯将变为稳定的黄色,而分离系统运行对应的绿色 LED 灯将熄灭,显示“Stop”(停止)。如果加热器由 EPC - 50 控制,它将自动关闭。当供油温度开始下降时,进油泵将自动停止。当分离设备完全停止运转时,将显示“Standst”(停止运转)。

2. 控制系统在使用中的注意事项

开启分油机前需检查分油机运转方向是否正确。检查有无异常的振动,在启动之初当分油机通过临界转速时会有振动,这都属于正常现象,在使用中要逐渐了解振动的表现和规律。如果分油机在正常的工作中有异常的振动,那么就要立即停止分油机,并查找分油机振动的原因,在未找到故障的原因之前不能开启分油机。若是开启,由于分油机内部的高速旋转,严重时会造成分油机部件的损坏甚至伤人。在分油机刚启动时,启动电流会比分油机正常工作时的电流大很多,但是随着分油机转速升高,分油机的电流会逐渐地降低并维持在一个稳定的数值上。如果分油机的工作电流维持在较高的数值上不变,这说明分油机跑油,这种情况必要时要停止分油机进行检查。分油机正常工作以后要检查供油流量是否正常,调节出口压力为 0.2 MPa。注意在没有完全停止之前不能进行拆卸工作,因为其内部高速旋转时会有伤人的危险。

在对分油机控制系统的日常使用和巡班检查时,经常检查电源是否正常,应急操作是否有效;定期检查各种传感器,检查相关的工作水、控制空气及电磁阀。定期检查分离筒的状况。

如果油渣空间中的硬油渣量不十分明显,则排渣间隔可以适当延长。但排渣间隔太长会使油渣不均匀地积聚在分离筒内,引起分油机振动。运行中注意水分传感器的变化规律,注意电机启动时转速变化情况,包括振动情况。特别是要注意跑油检测信号是否完好,排渣通道是否淤塞等。对控制板和显示板要定期检查,防止受潮或有关电线脱落等。

3. 故障处理

当分油机系统出现故障时,首先考虑的是故障对整个供油系统的影响。如果到了不能克服的状态,则需要考虑应急措施。故障可以分为传感器故障、参数越限、状态设备故障等几类,具体可通过说明书中的“Alarm and Fault Finding”查找原因和解决措施。

如果分油机因故障报警,那么在分油机的 EPC - 50 控制单元上,相应的警报指示灯就会发出红光,并不停地闪烁,机舱内同时伴有警报声。处理操作首先是先要确认警报,按下警报确认按钮。然后根据分油机的警报去查找原因,等把故障排除以后,再按一下警报确认按钮。若是故障已经解除,则分油机就可以接着正常工作。分油机的警报有很多种,而每一个警报的原因有很多,因此解决分油机报警的时候一定要细心观察,除说明书确认的原因外,有时还需要根据分油机故障时的外在表现来判断故障的原因。例如排渣失败可能原因是没有工作水或工作水很少，也可能是开启水阀 SV_{15} 问题，所以首先就需要检查供水系统，如果可以确定工作水系统没有问题，那么问题就可能是分油机内部的机械故障。因为就一般情况来说，分油机的故障也就无非是控制系统和机械故障两个部分。其中机械故障一般都是由分油机长期工作，没有得到及时的保养，内部脏而导致的。分油机最常见的跑油故障(oil leaking from bowl)原因及处理如下：

①补偿水供应系统中的滤网被堵塞，处理措施是清洁该滤网。

②补偿水系统中没有水，检查补偿水系统并确保任何供应阀均处于开启状态。

③供应阀与分离设备之间的软管安装不正确。

④水分传感器测量误差偏大，造成控制系统频繁进行排渣动作。

⑤滑动圈中的堵头有缺陷，造成密封不严，应更换堵头。

⑥开启水管的供应阀 SV_{15} 出现泄漏情况或相应的控制回路故障，造成排渣口打开，应及时校正该泄漏情况或检查该阀的控制线路。

⑦油温低，黏度太大，造成进油慢而引起报警，通常会发生在净油机刚启动时，重新启动就可以解决。

⑧O - ring 老化或分离筒太脏，净油机长时间运转，会发生 O - ring 老化磨损，配水环、分离盘、泄水阀等脏堵，这时就需要进行解体清洁，更换 O - ring。

任务六　阀门遥控及液舱遥测系统的认知与维护

根据国际规范的要求并随着船舶自动化程度的提高，采用先进自动化技术的船舶阀门遥控及液舱遥测系统已经在各类型新造船舶中得到广泛应用。阀门遥控系统主要用于监控船舶压载水系统、舱底水系统以及货油装卸系统等管路上的遥控阀门状态，而液舱遥测系统则主要用于监测船舶各压载舱、淡水舱液位以及船舶吃水状态。对于新造液货船舶，包括原油船、成品油船、化学品船等，为了达到密闭装卸的要求，液舱遥测系统不仅需要监测液舱内的液位，还要随时监测舱内的温度、气体压力、液货密度、质量等参数，以确保船舶装卸与航行的安全和液货质量。

阀门遥控系统的阀门驱动方式一般有电动、液压和气动三种。在机舱舱底、管隧等潮湿环境和油船上的危险区域，一般不采用电动方式。气动装置结构简单、造价低，即使漏泄也不污染环境，可以利用船上压缩空气系统的气源，比较适用于中小型船舶；但是由于气源压力有限，驱动器体积较大，气动遥控阀工作时有冲击性，难以保持中间开度，空气中的水分会造成气动元件锈蚀。根据船舶建造规范，油船油舱内不能使用气动驱动器，因此目前船舶阀门遥控系统主要采用液压方式。

液舱遥测系统根据船舶液舱传感器采集到的电信号，来满足所有液舱参数的测量要求。

目前用于液位测量的方法主要有压力传感器式和雷达式。为了减少安装于液舱中传感器的数量，可以根据需要选用集测量温度、压力以及液位等参数于一体的多功能传感器构成完整的液舱遥测系统。

一、阀门遥控系统的组成及基本工作原理

1. 阀门液压集中控制系统

阀门液压集中控制系统一般由液压泵站、电磁换向阀组、阀门控制箱、液压执行机构、阀位指示器等部分组成,如图 5-28 所示。该类型控制系统中所有阀门的开闭均由液压泵站提供的液压油实现,采用集中控制,无论几个阀门需要开闭,都需要启动液压泵,控制管路长而且复杂,容易漏泄造成污染,如果泵站出现故障,整个系统将无法工作。对于离泵站较远的阀门由于管路中存在较大的压力损失,不利于阀门的开闭。

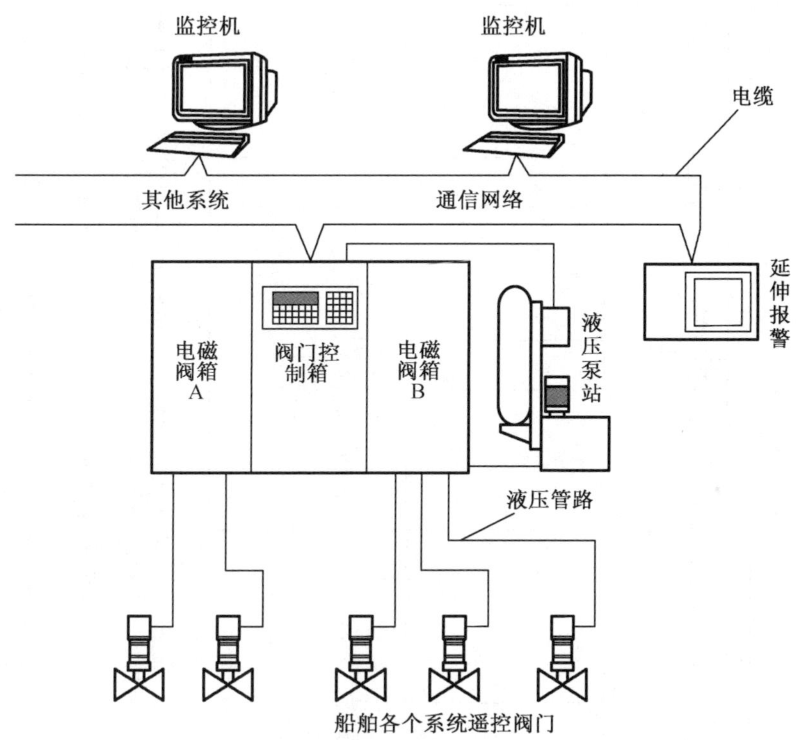

图 5-28 阀门液压集中控制系统组成示意图

阀门遥控液压原理如图 5-29 所示。在泵站中通常装有气囊式蓄能器,与单向阀、压力继电器构成保压回路,以补充系统的内泄漏,并且在液压泵出现故障时作为应急油源。

操作人员通过控制电磁换向阀,进而改变进入液压执行机构液压油流动的方向,达到控制阀门开闭的目的。当电磁阀两端电磁铁均断电,阀芯处在中位时,液压锁可将液压执行机构两端油路无泄漏封闭,锁住阀门。

在阀位指示器上装有两个微动开关,当阀门处在全开或者全闭位置时,阀位指示器上的摆动杆压合相应的微动开关,使电液控制箱上的阀门状态指示灯亮。

结合 PLC 技术、单片机技术以及工业组网技术,对于电磁换向阀的控制方式,可以通过继电器、单片机、PLC,甚至计算机监控站进行,阀门状态也可以在监控计算机上得到体现。随着自动化技术的发展,用 PLC 控制电磁换向阀越来越普遍。

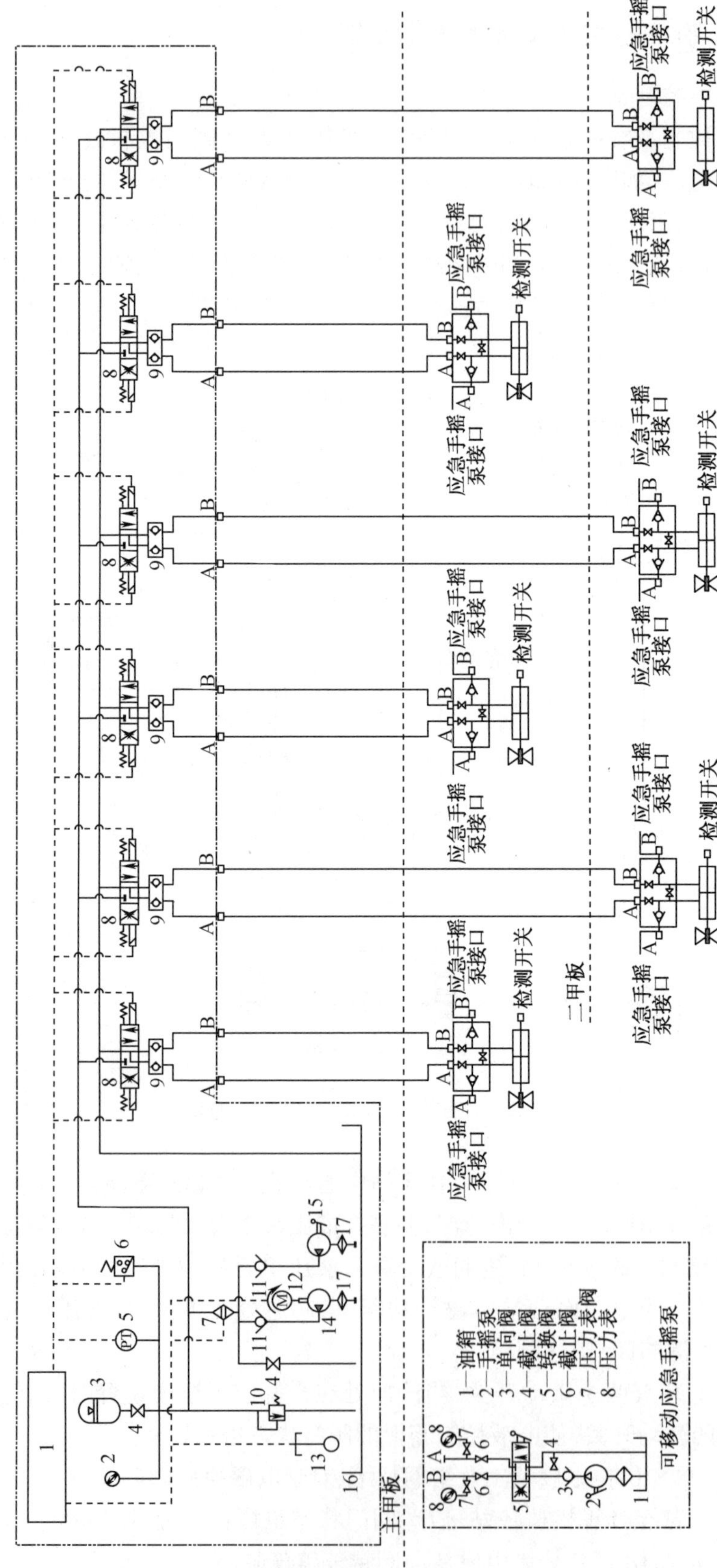

1—控制箱；2—压力表；3—储能器；4—截止阀；5—压力传感器；6—压力继电器；7—滤器；8—电磁阀；9—单向阀；10—溢流阀；11—单向阀；12—马达；13—液位继电器；14—油泵；15—应急手柄泵；16—油箱；17—滤器。

图 5-29 阀门摇控液压原理图

2. 阀门电液分散控制系统

阀门电液分散控制系统是目前应用最为广泛的新型阀门控制系统。系统一般由上层控制设备(包括工控机、PLC、MIMIC 控制面板)、独立的电液驱动头、阀门等组成。上层控制设备发出控制指令,控制电液驱动头中的电机或者电磁阀,进而改变液压油流进液压执行机构的流向,达到阀门开闭的目的。同时,阀位指示器将阀门的实际状态反馈至上层控制设备,通过指示灯显示阀位状态。

电液驱动头将电机、液压泵、控制附件等集成在一起,组成小型的独立电液驱动头,装在每个遥控阀门上,由电信号直接控制电机正反转或者电磁阀通位来控制阀门的开关。

电液驱动头主要由以下四个模块组成。

①动力模块,包括微型电机、微型径向柱塞泵、溢流阀、单向阀、油箱。微型电机可以选择单向工作或者正反转工作。对于单向工作的,在系统中增设换向电磁阀,用于改变液压油流向,正反转工作的电机则可以省去换向阀,而通过改变电机正反转来实现油流向的改变。液压泵主要有径向柱塞式变量泵以及定量泵,变量泵可以调节液压油流量,进而改变阀门启闭的时间。油箱为全封闭式,溢流阀和单向阀组可以保证管路在油泵停止工作时也充满油液。

②安全保护模块,包括压力开关以及安全阀组。如果阀门卡死,则必然导致开关阀门时压力升高,达到调定压力时,压力开关动作,电机停止运转。安全阀组在压力异常升高时开启,压力油直通油箱,达到安全保护作用。

③液压执行机构,分两种类型:一种是普通的液压缸,产生往复运动,用于直接开关截止阀;另一种是齿轮和齿条的液压缸,可以产生旋转运动,用于开关蝶阀。此模块设有快速接头,用来在电液控制器不能工作的时候,通过快速接头和一个手动液压泵相连,用手动的方式开关阀门。

④阀位指示模块,包括微动开关和电流式阀位指示器。微动开关装在开关阀上,用于在到位时停止油泵,阀位指示器装在开度阀上,可以将阀门的实际开度转变为标准的电流信号 4 ~ 20 mA,用来指示阀门的开度和控制油泵。

二、液舱遥测系统

1. 系统的组成及基本工作原理

一般液舱遥测系统由信号处理单元、操作单元、显示器、打印机、压力/温度传感器(或者雷达式加上压力、温度传感器)组成,如图 5 - 30 所示。现在很多液货船要把燃油舱的信息传送至机舱集中控制台,则可选用分散式显示仪表显示燃油舱的液位、温度、质量、容积等,便于轮机部门及时了解燃油舱燃油消耗情况。根据要求,系统还可提供安装在甲板上的就地指示器以便装卸时就地读出。由于船舶自动化程度日益提高,越来越多的船东要求在驾驶台配置终端计算机,使当班驾驶员能在驾驶台直接了解船的实时装载、吃水、稳性等各种状态,因此系统提供了计算机网络功能,可随时连接多个终端。在当代最新开发应用的全船自动化系统中,也把测量系统能通过网络功能作为液货管理和船舶受力及稳性监测计算机子系统,加入全船监控系统中。

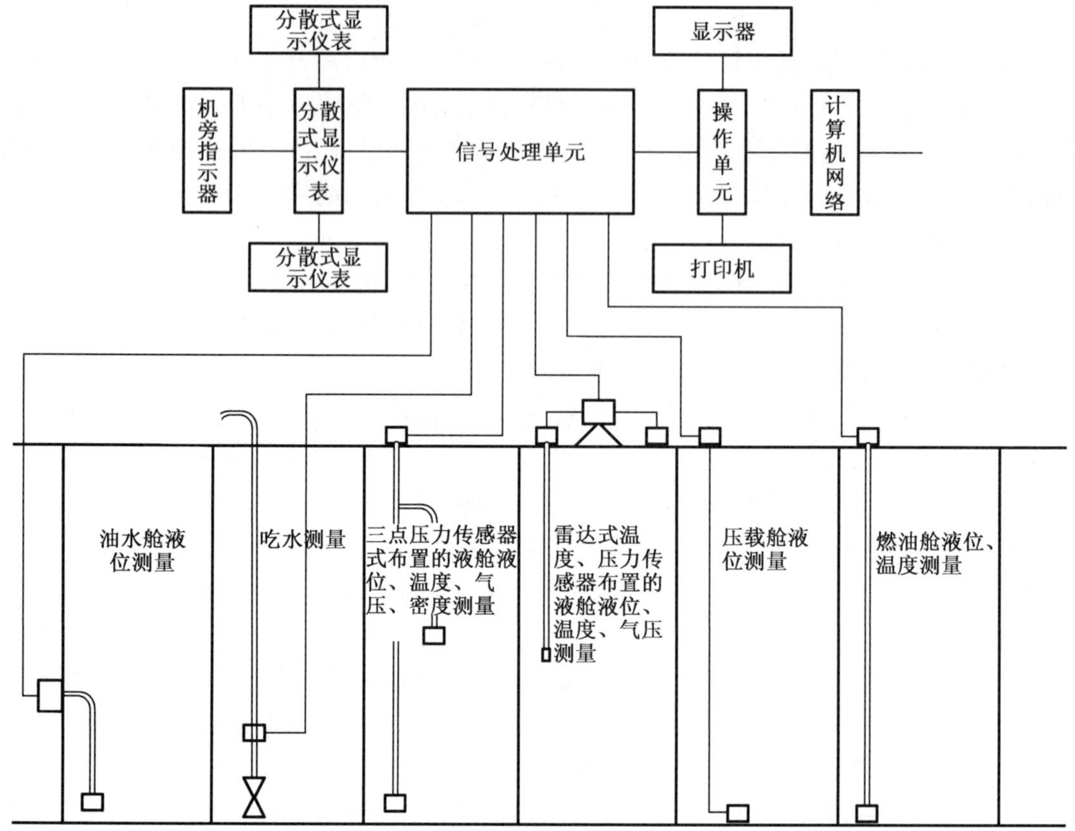

图 5－30　液舱遥测系统组成示意图

(1)信号处理单元

信号处理单元由不间断电源、接口板及控制器等构成。其硬件和软件均为智能化模块设计,能与不同类型的传感器接口连接,输出各种数字和模拟信号。控制器一般采用工业用单片机或者 PLC。信号处理单元的主要功能是根据操作单元的指令,依次扫描每个舱的传感器信号,通过接口板进入控制器进行信号判别处理,计算后送入操作单元。同时,还根据采得的信号对传感器标定自检,确保送入操作单元的信号有效。如发现信号异常,则给出传感器或电缆异常的报警信号,以确保系统的安全运行。

(2)操作单元

通常操作单元为一台特制的船用 PC 兼容机或者工业 PC,配备工业键盘、鼠标和显示器。

基于 Windows 操作系统和 TCP/IP 局域网络协议,安装有液舱遥测系统监控软件,人机界面采用层次化、模块化设计,切换界面可以得到所有监测数据,简单易懂,利于船上操作人员上机操作。另外,操作单元时刻与信号处理单元通信,指挥其运行,对信号处理单元送来的数据信号进行处理计算并编制成表格、图像后送至显示器和打印机。操作单元还具备网络功能,可以连接其他终端或与全船自动化系统联网。

(3)显示器

显示器为高密度彩色显示器,用来显示所有的图形、数据、报表和报警等。

(4)打印机

打印机用来打印所需的数据、表格,以及各种配载方案、装卸货报表,以便归档保存。

(5)传感器

传感器是液舱遥测系统中最为基本的组成部分。根据测量参数及测量区域不同,传感器的选型及布置都有所不同。测量区域及参数包括压载舱的液位,船舶吃水,船舶液货舱的液位、温度、压力等。

2. 传感器的布置及安装

现在大部分船舶压载舱液位的测量都选择在压载舱底部安装一个压力传感器,而船舶吃水测量传感器则有三种安装方式,如图 5-31 所示,图 5-31(a)为两点吃水测量,图 5-31(b)为三点吃水测量,图 5-31(c)为四点吃水测量。

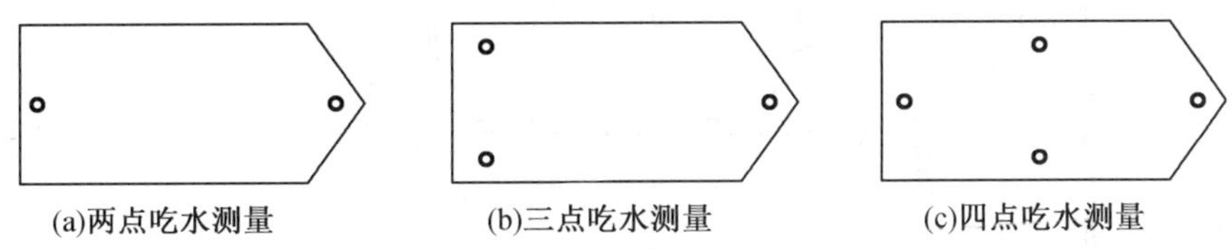

图 5-31 吃水测量传感器安装示意图

两点吃水测量即艏、艉吃水测量,能测出艏、艉吃水并算出纵倾。另外,需要在系统内安装一个倾斜仪以测出船的横倾。艏吃水传感器一般装在艏尖舱内,或安装在隔离空舱或计程仪舱内。艉吃水传感器一般装在机舱后部,也有装在泵舱内的。对于型宽较小的船,如载重量 2 万吨以下的船舶,这类布置是较多采用的。

三点吃水测量能测出艏、艉和左右吃水,并算出纵倾、横倾。艏吃水传感器安装在艏尖舱、隔离舱或计程仪器舱内,两点吃水装在泵舱内。这类布置现在用得较少。

四点吃水测量能分别测出艏、艉和左右吃水,并单独算出纵倾和横倾。艏、艉吃水传感器的安装位置与两点吃水的一样。左右吃水传感器分别安装在船中左右舷的压载舱内。载重量 2 万吨以上的船舶几乎都采用这种布置方式。有了四点吃水测量,还能直接观察到船体的中拱或中垂现象。

液货舱由于要求监测舱内的液位、温度和气压,传感器的布置选型稍微复杂,主要有压力传感器式和雷达式这两种典型的布置方式。

(1)压力传感器式

一个液舱内装有三个压力/温度传感器,PT100 高精度温度传感器附装在压力传感器内,此三个传感器组合可测得舱内的液位、温度、气压和密度。

顶部传感器装在液舱的顶部,测量舱内的气压和气体温度。底部传感器装在液舱后壁离底部 60 mm 处,测量舱内的液位和温度。在船舶卸货时,由于艉倾,当液位显示“0”时,表明舱内基本达到干舱。

系统能测量密度,也就能自动计算装载质量,而不像无密度测量功能的系统,在计算质量时必须人工输入密度,而且有的液货密度的温度系数很大,因此很难得到高精度的质量计算结果。

对于当代多品种化学品船，绝对不允许货品混淆，有了实际密度测量，即可在系统中设有密度报警。在装货时，一旦实际密度超过设定密度的极限即给出报警，提醒当班人员核查，以避免更严重的混装事故。

(2)雷达式

相应的舱底要留出约 1 m 直径的平整面积，以确保雷达波能直接反射至雷达测量器。液舱传感器有多种安装方式可供选择，有舱内安装、舱外安装、舱的顶部安装或者侧边安装，安装形式如图 5－32 所示。

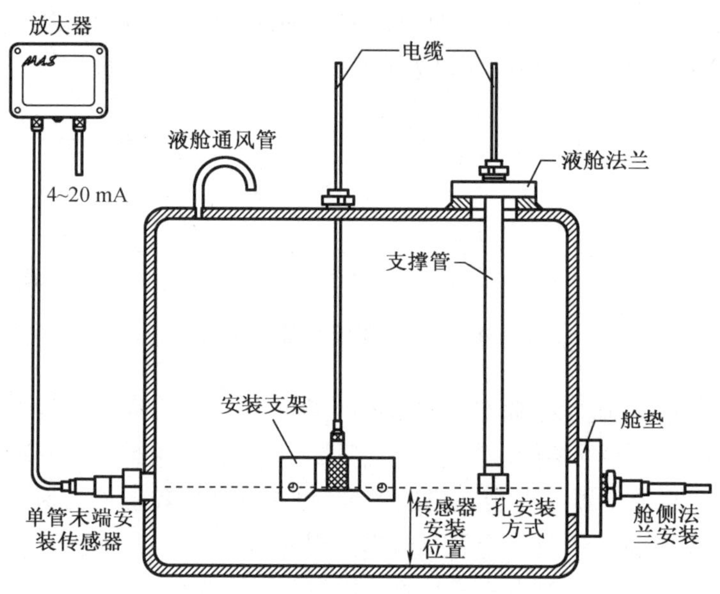

图 5－32　液舱传感器安装形式

三、阀门遥控系统的操作与管理

1. 阀门液压集中控制系统的管理

液压元件及其管路是阀门液压集中控制系统最易出现故障的部分。由于控制管路长而且复杂，采用集中控制，若泵站出现故障，整个系统将无法正常工作，因此在管理中应该注意以下几点。

①每次启动液压泵前，应该检查油箱中的油位情况，注意油的颜色、黏度是否正常，检查阀门的开启和关闭情况是否正确，防止因阀门的误操作而损坏设备。

②启动液压泵后，注意倾听声音是否正常，检查油压是否正常，系统是否存在漏油，通过观察滤器压差指示来判断滤器是否脏堵。

③对于液压管路中的阀门应该注意操作方法，采用缓慢开、关阀门的方法，尽量减少液压冲击，从而保护液压管路。

④注意控制液压油的污染，滤器定期清洗，补油时应该对新油过滤后再加入油箱。

⑤对于泵站中有蓄能器的，一般每半年检查一次蓄能器的气压，当压力不足时必须及

时补气。

⑥定期检查液压泵站,采用专门的油泵及清洗油对管路进行清洗。为了提高清洗质量,应该注意以下几个问题:

a. 管路清洗的条件。管路清洗时,应该检查系统的气密性。同时循环油柜也应该清洗干净,并且检验合格。对有关设备和较精密的元件,可以采用临时跨接管进行串联,使清洗油在管内循环流通。

b. 管路清洗泵及清洗油的选用。尽量不用原系统中的油泵作为清洗油泵,选用排量比系统中油泵大的油泵进行清洗,使清洗油流速大于工作油流速。

c. 提高管路清洗效果的措施。为了使吸附在管路内壁的机械杂质能迅速脱落,清洗时可以用木手锤对管路间断地进行敲击。此外,清洗油最好能预先加热至 45 ~ 60 ℃,从而降低清洗油的黏度,改善流动状态,还可使杂质溶解在清洗油内。如果清洗管路中有换向阀串联工作,则应该经常操作换向阀,不断改变管路中清洗油的流向,使清洗达到更好的效果。

2. 阀门电液分散控制系统的管理要点

阀门电液分散控制系统因采用分散控制,各控制单元彼此之间互不相连,一个控制单元的损坏不会影响其他控制单元的工作,克服了液压集中控制形式彼此互相影响的缺点,可靠性提高。控制单元采用集成制造工艺,不存在连接管路,系统中油液较少,基本上不存在漏泄现象,工作时油液形成闭式循环,不与外界接触,有效防止灰尘、污染物、空气、化学物质侵入系统。所以阀门电液分散控制系统中的液压部分基本上不需要日常保养。集成化的模块式结构使得单元互换性强,也使系统可维修性提高,当某一个控制单元发生故障时,可以十分方便地采用备件进行更换。在管理中只需加强电气部分的保养,防止电气设备浸水或者产生过压而造成损坏。

四、液舱遥测系统的操作与管理

各个传感器能否正常工作是液舱遥测系统获得实时数据的关键,因此在对液舱遥测系统的管理中应该加强对传感器的管理。

①经常调整各传感器的零点,使显示数据更加准确,每次调整零点后要进行备份,以防止信息丢失。

②各舱室在装入液体物质前应经常仔细检查各传感器的连接及密封情况,防止因密封不好造成传感器不能正常工作或损坏。

③对于上位监控机,应该严格按照说明操作,不要按与系统无关的各功能键、组合控制键,虽然系统有很大的容错功能,但也有限度,乱操作有可能会造成死机或不可预测的结果。

④保证至少有一套系统软件的备份,一旦系统文件丢失或出现其他事故,可以尽快恢复。

⑤在进行其他维修工作时应该注意保护通信电缆,否则会造成严重的后果。

任务七　伙食冷库控制系统

每艘远洋船舶都设有伙食冷库，以储存船员日常生活中食用的蔬菜、肉类等食物。现代船舶伙食冷库的制冷装置都已实现了自动控制，能根据冷库温度、冷却水温度等条件的变化，自动控制冰机的工作及调整制冷工况，以保证制冷装置运行的安全性、可靠性和经济性。

一、伙食冷库系统的基本组成及工作原理

图 5 - 33 是伙食冷库系统的组成简图，系统中的制冷装置主要由制冷压缩机、冷凝器、膨胀阀、蒸发器等部件组成；而主要自动控制元件包括热力膨胀阀、高压继电器、低压继电器、温度继电器、电磁阀、蒸发压力调节阀和水量调节阀等。

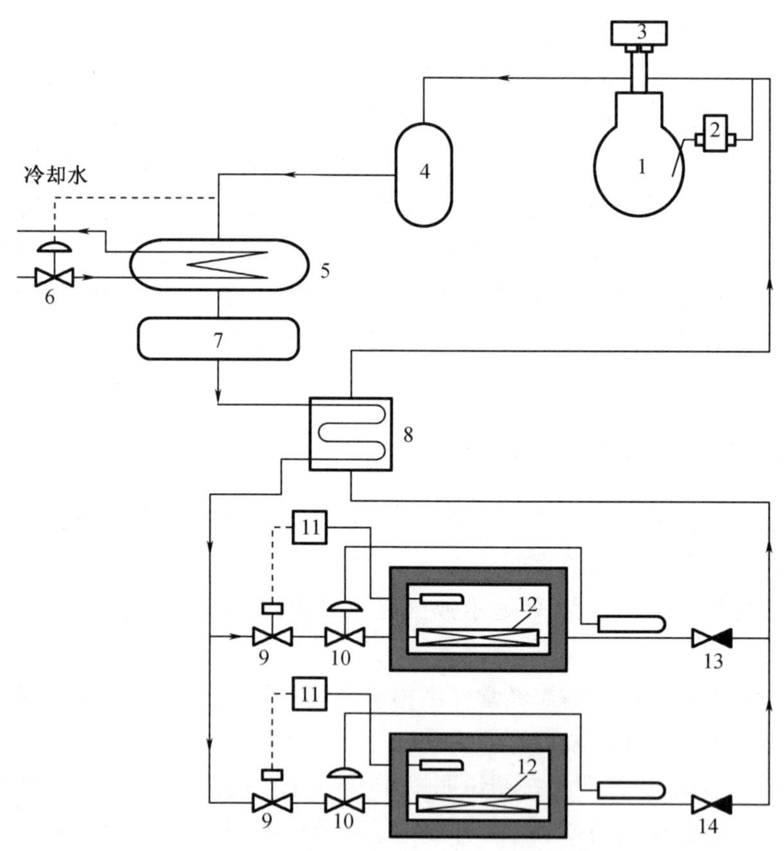

1—压缩机；2—油压差继电器；3—高低压继电器；4—油分离器；5—冷凝器；6—水量调节阀；7—贮液器；8—回热器；9—电磁阀；10—热力膨胀阀；11—温度继电器；12—蒸发器；13—止回阀；14—蒸发压力调节阀。

图 5 - 33　伙食冷库系统的组成简图

伙食冷库的自动控制系统主要由温度自动控制系统和制冷剂的循环使用系统（它是一个压力自动控制系统）组成。上述温度和压力控制的两个系统通过制冷剂相互联系。当温

度控制系统工作时，制冷剂的循环使用工作系统也随之开始工作。

系统的基本工作原理如下：由温度继电器11检测冷库的温度变化，当冷库温度上升至设定温度上限值时，温度继电器的开关闭合，通过控制线路使电磁阀9线圈通电，阀门打开，贮液器7的液态制冷剂通过回热器8和电磁阀9后，经热力膨胀阀节流进入低压的蒸发器里汽化，吸收热量使冷库温度下降，同时压缩机1的吸气压力升高，当上升至低压继电器设定值的上限时，其开关接通，压缩机自动启动，蒸发后的低温低压气态冷剂被压缩机从蒸发器中抽出加以压缩，使其压力、温度均升高，而后经冷凝器5冷却成液体，储存在贮液器7中，以便重复使用；当冷库温度下降至设定温度下限值时，温度继电器开关切断，电磁阀失电关闭，制冷剂停止进入蒸发器。供液电磁阀关闭后，压缩机的吸气压力越来越低，当吸气压力降低至设定值的下限值时，低压继电器开关切断，使压缩机自动停车，从而使冷库温度控制在所要求的范围之内。

二、伙食冷库温度控制子系统

1. 温度控制系统的基本原理

冷藏不同食品的冷库需要不同的库温；冷库的热负荷又可能使冷库温度变动。为了保证冷藏食品的质量，要求冷库温度保持在设定范围内，所以冷库温度变动时必须对制冷装置的工作进行自动调节。冷库温度的自动控制依据不同的温度控制精度，采用与之相适应的控制方案。目前，在冷库温度控制系统中，普遍采用双位式控制，双位式调节器实际上就是温度继电器。

温度继电器是用来控制冷库温度的一种控制开关。在单机单库场合，可用温度继电器直接控制压缩机的启停，使冷库温度稳定在所需的范围内。在单机多库的制冷装置中，温度继电器一般和供液电磁阀配合使用，对各库的温度进行控制（也有各库并联控制压缩机的）。当冷库温度上升到上限温度值时，温度继电器把电磁阀线圈电路接通，电磁阀开启，制冷剂进入冷库蒸发器而蒸发降温；当冷库温度下降到下限值时，温度继电器把电磁阀线圈电路切断，电磁阀关闭，制冷剂停止进入蒸发器，从而把冷库温度稳定在所要求的范围内。

2. WT－1226型温度继电器

WT－1226型温度继电器结构如图5－34所示，图5－35是其工作原理示意图。当感温包1所感受的冷库温度达到整定值的下限时，由于主调节弹簧8的拉力矩大于波纹管3所产生的顶力矩，使杠杆4绕支点5顺时针转动，通过摇臂7和跳簧片9，使触点10与12断开，关闭供液电磁阀。此时因止动螺钉21已触及底板，$\Delta S_2=0$；于是杠杆4不能继续顺时针方向转动而呈水平状态，螺钉6与弹簧座20则互相脱开，因$\Delta S_1>0$，所以幅差弹簧19对杠杆4的转动不起作用。随着冷库温度的升高，作用于波纹管上的压力也相应加大，于是克服主弹簧的拉力，使杠杆4逆时针方向转动一个角度ϕ_1，此时螺钉6碰在弹簧座20上，即$\Delta S_1=0$。若继续转动杠杆，就必须克服主弹簧的拉力和幅差弹簧的张力。当冷库温度升至整定值的上限时，杠杆将转到ϕ_2角度上，杠杆4就通过跳簧片9将动触点10由静触点11转接至静触点12，接通电路使供液电磁阀开启，冷剂重新进入蒸发器。

从温度继电器动作过程中，我们可以看到，在降温控制中：

①主调节弹簧拉力的大小决定了温度继电器设定的下限温度值，其数值大小可以从主

标尺 17 上反映出来。当幅差弹簧张力不变时，调节主调节弹簧，则设定温度上限将随下限一起改变。

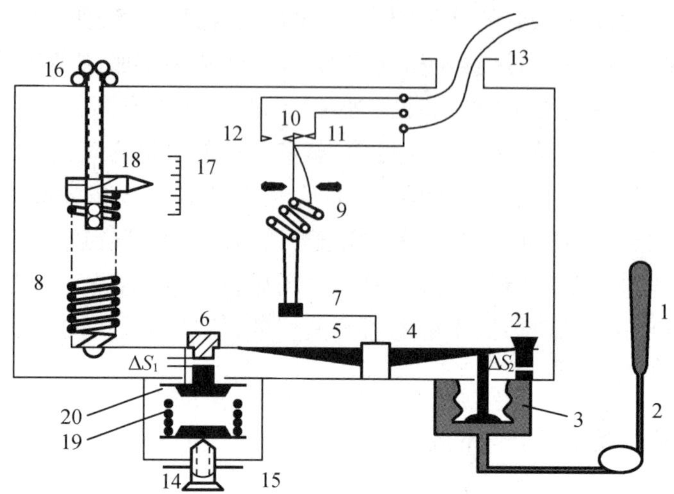

1—感温包；2—传压管；3—波纹臂；4—杠杆；5—刀口支架；6—螺钉；7—摇臂；8—主调弹簧；9—跳簧片；10—动触点；11、12—静触点；13—出线孔；14—幅差调节螺钉；15—幅差标尺；16—主调螺杆；17—主标尺；18—指针；19—幅差弹簧；20—弹簧座；21—止动螺钉。

图 5-34　WT-1226 型温度继电器结构图

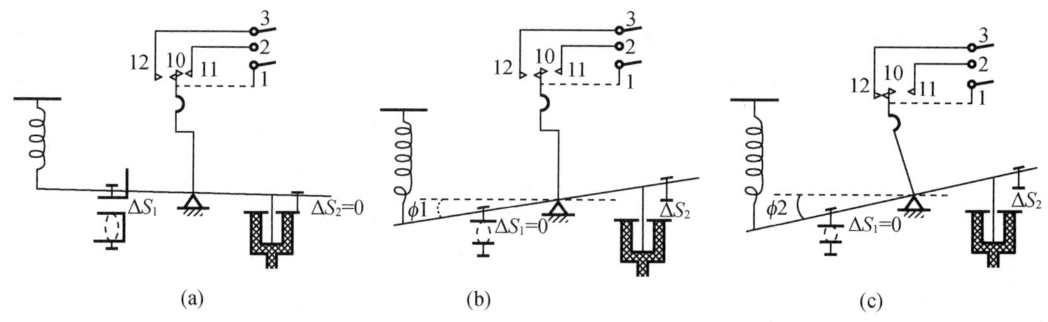

图 5-35　WT-1226 型温度继电器工作原理示意图

②幅差弹簧的压力大小决定了幅差的大小（设定温度上限和下限的差值称为幅差）。转动幅差调节螺钉 14，改变幅差弹簧的压力就能获得不同的幅差范围。当主调弹簧张力不变时，调节幅差弹簧只能改变设定温度上限。以菜库为例：若要求库温为 3～5 ℃，我们就把主调节弹簧调到 3 ℃，幅差范围调至 2 ℃，则当库温下降到 3 ℃时，温度继电器触头断开，电路被切断，电磁阀关闭，停止向库房供液；当库温回升到 5 ℃时，温度继电器触头闭合，电路接通，电磁阀开启，恢复向库房供液进行降温。

WT-1226 型温度继电器有不同的规格，以适应不同的温度控制范围。选用时还要注意毛细管所需长度以及触头的电压容量。

③温包应放在能正确反映冷库内空气平均温度的地方，不应过于接近冷库壁面或冷却盘管，不应置于冷库门口或热货处。在吹风冷却的冷藏库中，温包一般接近于回风口。

3. 热力膨胀阀

(1)热力膨胀阀的作用

热力膨胀阀(图 5－36)安装在蒸发器入口,常称为膨胀阀,主要作用如下。

图 5－36　热力膨胀阀

① 节流作用:高温高压的液态制冷剂经过膨胀阀的节流孔节流后,部分制冷剂气化,成为低温低压的湿蒸汽,为制冷剂的蒸发创造条件。

② 控制制冷剂的流量:进入蒸发器的液态制冷剂,经过蒸发器后,制冷剂由液态蒸发为气态,吸收热量,降低冷库内的温度。膨胀阀控制制冷剂的流量,保证蒸发器的出口完全为气态制冷剂,若流量过大,出口含有液态制冷剂,可能进入压缩机产生液击;若制冷剂流量过小,提前蒸发完毕,造成制冷不足。

(2)热力膨胀阀的种类

热力膨胀阀按照平衡方式不同,分内平衡式和外平衡式两种。

①内平衡式热力膨胀阀原理如图 5－37 所示。感温包内充注制冷剂,放置在蒸发器出口管道上,感温包和膜片上部通过毛细管相连,感受蒸发器出口制冷剂温度,膜片下面感受到的是蒸发器入口压力。如果冷库负荷增加,液压制冷剂在蒸发器提前蒸发完毕,则蒸发器出口制冷剂温度将升高,膜片上压力增大,推动阀杆使膨胀阀开度增大,进入到蒸发器中的制冷剂流量增加,制冷量增大;如果负荷减小,则蒸发器出口制冷剂温度减小,以同样的作用原理使得阀开度减小,从而控制制冷剂的流量。

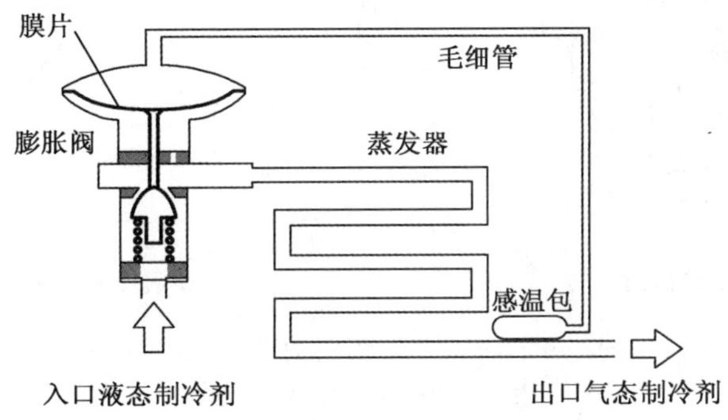

图 5－37　内平衡式热力膨胀阀原理图

②外平衡式热力膨胀阀原理如图 5－38 所示，膜片下面感受到的是蒸发器出口压力。

外平衡式膨胀阀与内平衡式膨胀阀原理基本相同，区别是内平衡式膨胀阀膜片下面感受到的是蒸发器入口压力，而外平衡式膨胀阀膜片下面感受到的是蒸发器出口压力。

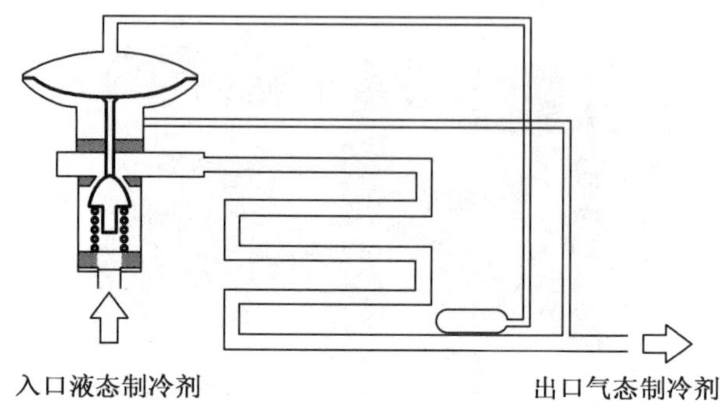

图 5－38　外平衡式热力膨胀阀原理图

4. 电子膨胀阀

随着电子控制技术发展，电子膨胀阀越来越多地替代了传统的热力膨胀阀。电子膨胀阀的特点是调节范围大、动作迅速灵敏、调节精密、稳定可靠。制冷剂在电子膨胀阀中可以正、逆两个方向流动，避免了热力膨胀阀只有一个方向的缺点，用于热泵时可使制冷系统大为简化。制冷系统停机时，电子膨胀阀可以完全关闭。

电子膨胀阀按驱动方式分有电磁式和电动式两类。

电磁式膨胀阀的结构如图 5－39(a)所示。比例电磁线圈 7 通电前，针阀 3 处于全开位置；通电后，磁性材料制成的弹簧 2 受电磁力吸引，克服柱塞弹簧 5 的张力升高，与柱塞 6 成一体的针阀 3 开度变小。改变线圈的控制电压(电流)可以调节针阀的开度，在阀前后压差既定时流量即接近线性变化，流量特性如图 5－39(b)所示。电磁式膨胀阀结构简单，响应快，但工作时始终需要提供控制电压。

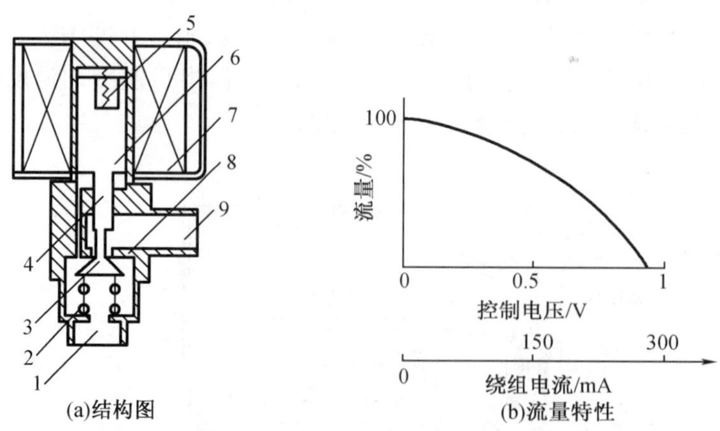

1—出口；2—弹簧；3—针阀；4—阀杆；5—柱塞弹簧；6—柱塞；7—比例电磁线圈；8—阀座；9—入口。

图 5－39　电磁式膨胀阀

电动式膨胀阀的结构和流量特性如图 5－40 所示。它是用脉冲电动机(步进电动机)驱动,在电机定子绕组 5 上施加正、反序列的脉冲电压指令即可驱动转子 4 正、反向转动,调节阀杆 3 上、下移动,改变针阀 2 的开度。

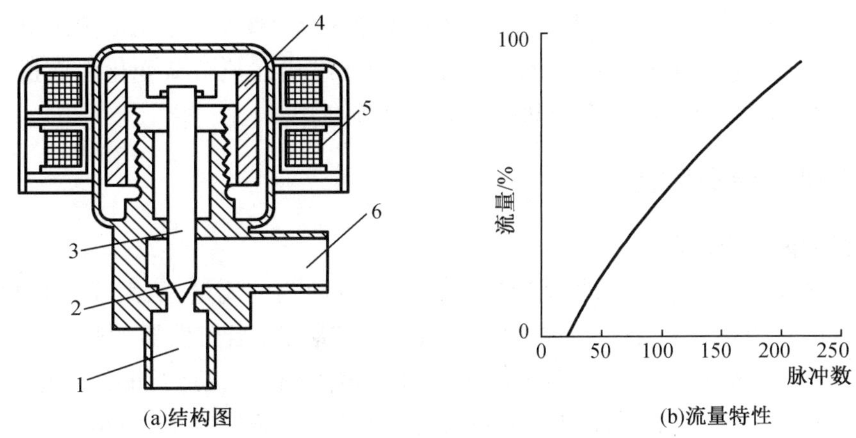

(a)结构图　(b)流量特性

1—入口;2—针阀;3—阀杆;4—转子;5—定子绕组;6—出口。

图 5－40　电动式膨胀阀

图 5－41 所示为电子膨胀阀用于蒸发器制冷剂供液量调节的系统原理图。传感器、电子调节器、执行器(膨胀阀)分别是独立的,通过导线连接,以标准电量传递信号,对流量实施自动控制。图 5－41(a)所示为在蒸发器出口设压力传感器 P 和温度传感器 T,所测信号输入电子调节器而求得制冷剂在蒸发器出口的过热度,使之与所设定的过热度相比较,根据两者之差向执行器输出调节信号。图 5－41(b)则分别在蒸发器的进、出口各设温度传感器 T_2、T_1,以 T_1 与 T_2 的读数差来近似代表制冷剂在蒸发器出口的过热度。后一种方式只使用温度传感器,比前者简单,但由内平衡式热力膨胀阀的工作原理可知,只有在两测点间制冷剂压降所导致的饱和温度降不太大时才比较准确。

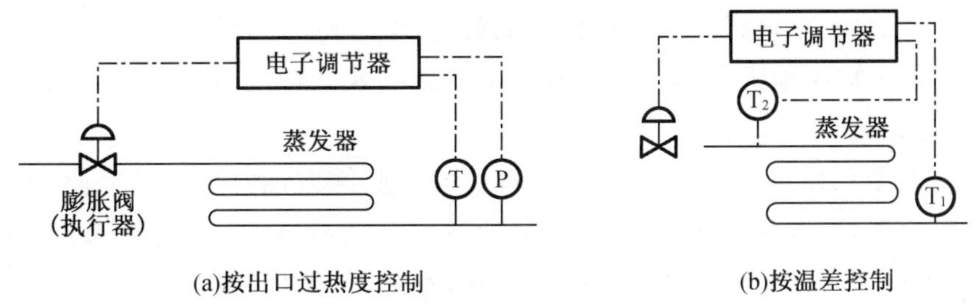

(a)按出口过热度控制　(b)按温差控制

图 5－41　电子式膨胀阀流量调节

电子膨胀阀相对热力膨胀阀有明显的优点,主要包括:

①流量调节可以不受冷凝压力和供液过冷度变化的影响;

②动作迅速,调节精确,热负荷变化激烈也能避免振荡,因此允许将出口过热度调至很小(2 ℃甚至更低),而且可以实现比例积分调节,使过热度变化量为零,从而提高了蒸发器

的利用率；

③流量特性的线性范围很宽，适用很大的制冷量范围，也适用各种蒸发温度；

④电动式阀还允许制冷剂双向流动，可直接用于热泵工况和热气除霜。

由于以上显著的优点，虽然电子膨胀阀调节系统相对复杂、价高，但不仅已用于家用空调器，也已广泛用于要求适用不同冷藏温度、制冷量变化大、温度控制精度要求高的冷藏集装箱，有的较大船舶的空调制冷装置也已采用，从而压缩机在热负荷变化大而进行容量调节时，无须像过去那样并联大、小两个热力膨胀阀切换使用。

三、压缩机控制子系统

1. 压缩机的能量自动调节

压缩机能量调节实际就是调节制冷压缩机排送制冷剂的流量，从而改变其制冷量，使之与制冷装置的热负荷保持平衡。如果没有能量调节装置，当蒸发器的热负荷变化较大时，蒸发压力会变化较大。当热负荷减小、蒸发压力降低时，不仅运行的经济性会降低，而且，当蒸发压力降到低压继电器设定的下限值时，会引起压缩机停车，停车后，压力会逐渐升高；当升高到低压继电器设定的上限值时，压缩机再次启动。由此增加了压缩机的启停频率。能量调节装置还可以起到卸载启动的作用，压缩机满载启动其启动力矩较大，容易引起电机过载，既增大电网负载的波动，又容易引起电机损坏。若选用容量大的电机来工作，则又降低运行效率。压缩机能量调节方法比较多，多数可由压缩机自身机构来实现，也可以用压缩机电机变速的方法。

在压缩机工作缸数和转速不变的情况下，外界热负荷的变化必然引起蒸发压力的变化，热负荷增大时，蒸发压力相应升高；热负荷减小时，蒸发压力也相应降低。一般来说，如果没有其他因素影响，吸气压力近似等于蒸发压力，因此可以根据吸气压力的变化情况来调整制冷压缩机的能量，使之与外界热负荷匹配。

(1)压力继电器－电磁阀能量调节

根据吸气压力来调节压缩机能量的方式比较多，目前在船舶中使用较多的是采用压力继电器－电磁阀式能量调节方式。根据吸气压力的变化，去控制相应电磁阀动作，以实现加载或卸载。一般而言，电磁阀通电动作后加载，失电复位后卸载。

图5－42是8缸压缩机采用压力继电器－电磁阀式能量调节原理图，我们以此为例来分析能量调节的原理。

压缩机每两个气缸为一组，由一套卸载机构控制，卸载油缸内的活塞驱动气缸外侧的拉杆。其动作原理是：当油缸通压力油时推动活塞驱动拉杆，压下吸气阀片，该组气缸工作；当油缸泄油时，则吸气阀片由弹簧自动顶开，不起开、闭作用，成为空行程，该组气缸卸载。图5－42中仅示出推动卸载气缸的油缸，其余部分省略。该压缩机有两组气缸为基本工作缸（Ⅰ组和Ⅱ组），在运行时不能调节；中间两组（Ⅲ组和Ⅳ组）为调节气缸，分别由压力继电器P3/4和P4/4控制；这两个吸气压力继电器的差动值为0.04～0.05 MPa。其中P4/4为高负荷压力继电器，其接通压力按最高蒸发压力调定，两个压力继电器定值压力差为0.01～0.02 MPa，其能量调节范围8缸工作时为100%，6缸为75%，4缸为50%。

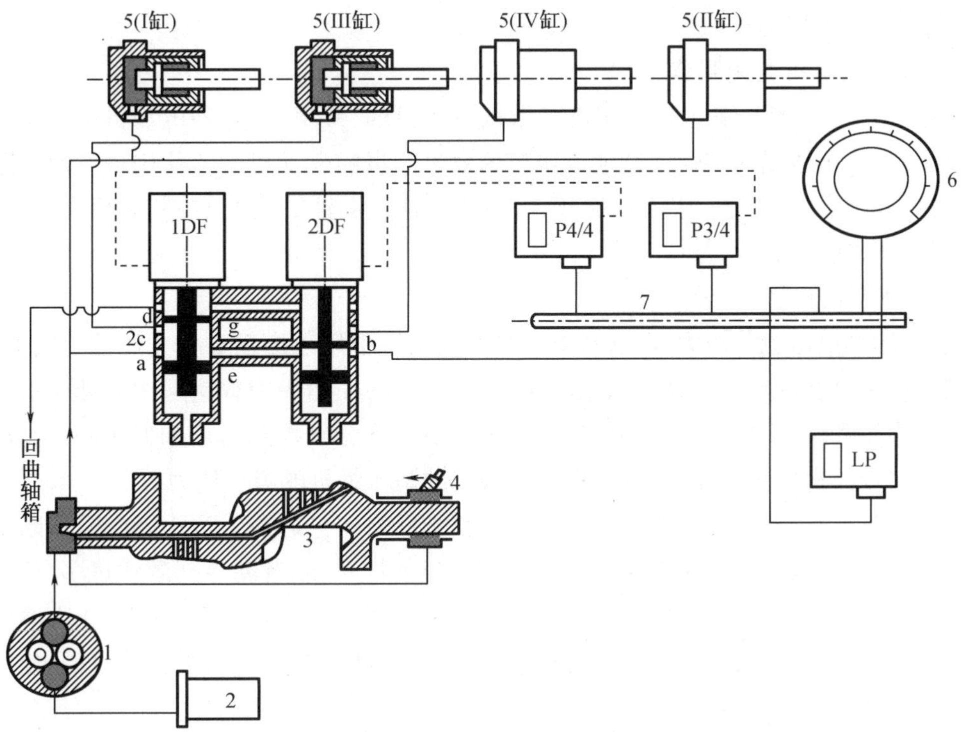

1—油泵;2—滤油器;3—曲轴;4—手动调节机构;5—卸载油缸;6—油压差表;7—吸气管;
1DF、2DF—电磁滑阀;P3/4、P4/4—压力继电器;LP—低压继电器。

图 5－42　压力继电器－电磁阀式能量调节原理图

基本工作缸Ⅰ、Ⅱ组卸载油缸直接与油泵出口相通,当压缩机刚启动时,油压尚未建立,油缸无油压,气缸吸气阀片被弹簧顶杆顶起,基本工作缸也被卸载,因此压缩机能处于全卸载工况轻载启动。经几十秒钟(限在一分钟以内)后,滑油压力建立,基本工作缸便投入工作。当热负荷大于 4 缸工作的制冷量时,吸气压力上升,超过 P3/4 的接通压力 0.26 MPa,使 P3/4 接通,将电磁滑阀 1DF 吸上,压力油通过 a 孔,经 c 孔流入Ⅲ组气缸的卸载压力油缸,使Ⅲ组气缸投入运行,工作于 75% 工况。若由于负荷大,吸气压力仍继续上升至 0.28 MPa,使 P4/4 压力继电器也接通,电磁滑阀 2DF 被吸上,压力油从 a 孔经 1DF 滑阀下部,孔 e、孔 b 流入Ⅳ组气缸的卸载压力油缸,使Ⅳ组气缸亦投入工作,此时压缩机 100% 全负荷运行。

若负荷下降,吸气压力跌至 0.23 MPa,则 P4/4 断开,电磁滑阀 2DF 失电关闭(如图 5－42 所示位置),则Ⅳ组气缸断油泄压,油缸活塞被弹簧顶回,油缸中油经孔 b、g 与 d 流回曲轴箱,Ⅳ组气缸卸载,又恢复 75% 负荷运行。若 4 缸工作时,吸气压力因负荷下降而跌至 0.2 MPa(表压),则低压继电器 LP 动作,将压缩机停车。停车后压力回升到 0.24 MPa,则 LP 接通,压缩机又自动启动以 4 缸 50% 工况运行。若吸气压力又逐步提高,则可依靠 P3/4、P4/4 和相应的电磁滑阀,使压缩机增缸至 75% 与 100% 工况运行。

如需要把 8 缸压缩机调节范围增加 25% 这挡(共 100%、75%、50%、25% 四挡),可由三个电磁阀用三个压力继电器分别控制。此时Ⅰ组(两缸)为基本工作缸,Ⅱ组、Ⅲ组和Ⅳ组

(三组两缸)为调节气缸。

(2)压缩机电机变速调节

用电动机变速调节来达到压缩机能量调节的目的,效率最高,若电动机可以实现无级调速,则能在一定范围内实现连续能量调节的效果。目前电动机调速使用最广泛的是变频调速和选用电磁式滑差电动机(可在10% ~100%连续调速)。但目前使用面尚不大,主要原因是初始投资较高。

2. 高、低压继电器

高、低压继电器也称压力开关,在制冷机控制系统中用于启动和停止压缩机的电动机,以保持制冷装置在规定的工作压力范围内工作。目前,在船舶中普遍采用高低压组合继电器来控制高压和低压,也有分别用单体的压力继电器来分别控制高压和低压的。高压继电器检测的是压缩机的排气压力,低压继电器检测的是压缩机的吸气压力。

检测排气压力(高压)主要是起到一个保护的目的。它是为了防止因冷凝器断水或水量供应严重不足,或者由于启动时排气管路的阀门未打开,或者制冷剂灌注过多,或者因系统中不凝性气体过多等原因造成排气压力急剧上升而产生事故。为此使用压力继电器来控制排气压力,一旦排气压力超过给定值时,继电器立即切断压缩机电机的电源,使压缩机停车。

检测吸气压力(低压)主要用以控制压缩机的启动和停止。在冷库温度已经达到设定值使供液电磁阀关闭后,若压缩机继续运行,则会使吸气压力越来越低,这样就会产生两个不良后果:一是由于吸气压力很低,蒸发温度也很低,运行经济性降低,还会使贮存食品的干耗增大;二是如果装置低压侧有泄漏的话,则会引起大量空气渗入系统,从而造成压缩机排气压力和排气温度升高,功耗增大,产冷量降低,有时在膨胀阀处还会产生“冰塞”现象。因此压缩机的吸气压力也必须加以控制,使它保持在一定值以上工作。在船舶伙食冷库制冷机装置中一般直接用控制吸气压力的办法来控制压缩机的停车和开车,实现冷库温度控制。

图5-43是日本DNS-D606型高低压继电器的示意图。该元件内含两组开关,一组用于低压控制和保护;另一组用于高压控制和保护。高压开关设有手动复位机构。当压缩机吸入压力升高时,通过低压波纹管13使角杆15沿顺时针方向偏转,压缩主调弹簧10,这时幅差调节弹簧11因空心框下端被钩住,不妨碍角杆15转动,故不起作用。当压力升高到低压设定值上限时,角杆15的右端压动微动开关,这时动触点1即会在跳簧17的作用下迅速地由静触点5跳向静触点2,使有关控制电路接通,压缩机运转。当吸入压力降低时,角杆15在主调弹簧10作用下逆时针偏转,触及幅差调节弹簧11下端的框架,要继续偏转必须克服主调弹簧10的拉力,当吸入压力降到设定下限时,动触点1由静触点2跳向静触点5,切断压缩机控制电路,使压缩机停机。当压缩机的排气压力高于高压设定限值时,通过高压波纹管14使角杆16沿逆时针方向偏转,使动触点3由静触点6跳向静触点4,同时自锁,切断电路,使压缩机停转;在排气压力恢复正常后,按复位按钮解除自锁,角杆16顺时针方向偏转,断开静触点4,接通静触点6,压缩机才可以重新启动。

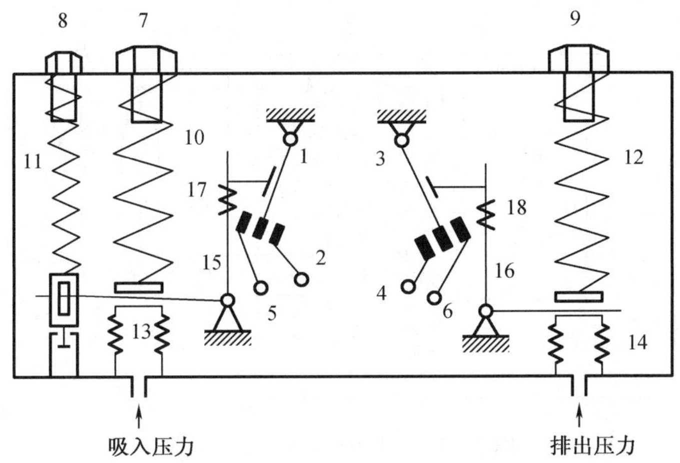

1,3—动触点;2,4,5,6—静触点;7—低压主调螺钉;8—幅差调节螺钉;9—高压调节螺钉;10—低压主调弹簧;11—幅差调节弹簧;12—高压调节弹簧;13—低压波纹管;14—高压波纹管;15,16—角杆;17,18—跳簧。

图 5-43　DNS-D606 型高低压继电器的示意图

高低压继电器设定值的调整:旋转幅差调节螺钉 8 可以调整低压下限设定值;旋转高压调节螺钉 9 可以调整高压上限压力设定值。

3. 油压差和冷凝水压力保护环节

(1)油压差保护环节

制冷压缩机在运行过程中,运动摩擦面需要有一定压力的润滑油进行润滑和冷却。为了保证压缩机的安全运行,采用压力润滑时,当油泵排压与曲轴箱压力(即吸气压力)之差降至某一定值时,应发出信号,使压缩机停止运行。

油压差保护环节采用压差继电器来实现,其在制冷系统中的安装如图 5-44 所示。它的两个感压元件接在油泵出口端与吸入端(压缩机曲轴箱)之间,检测的是两者之间的压力差值。目前船上用于压缩机油压差保护的是自身带延时装置的压差继电器,包括国外生产的 MP55 型油压差继电器,及国产的 JC3.5 型压差继电器,两者结构与动作原理相似,前者的结构如图 5-45 所示,其中 A-B 是时间延时触点,C-D 是滑油压差开关触点。

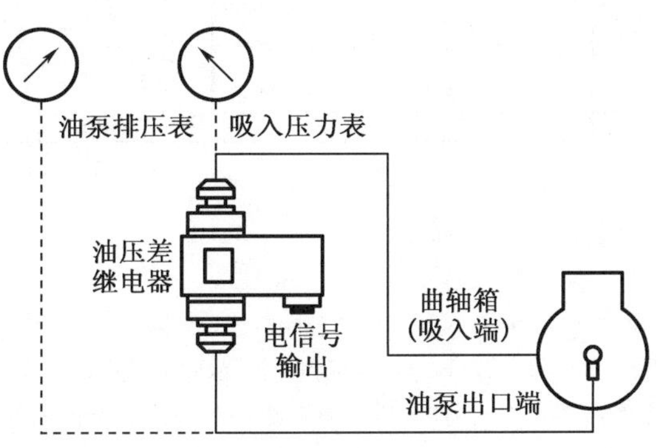

图 5-44　油压差继电器的安装

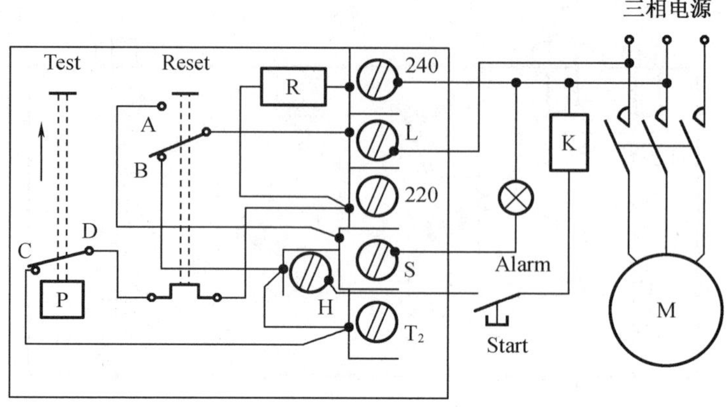

图 5-45　MP55 型油压差继电器

JC3.5 型油压差继电器适用范围广、触头容量大，在船上应用较多。它的工作原理如图 5-46 所示，高压波纹管 2 接滑油泵出口端，低压波纹管 1 接曲轴箱，其压力差值所产生的力由主弹簧 16 平衡。刚启动时，由于滑油压差未建立，开关 K、YJ 接通，使加热器 5 投入工作，此时正常工作灯 14 不亮。如果压缩机状态正常，应在双金属片动作前建立正常油压差，使压差值大于设定值，角形杠杆 15 处于实线位置，将开关 K 与 DZ 接通，由压缩机电路的 a 点经 K、DZ 再回到 b，使正常信号灯 14 亮；由 a 点经交流接触器线圈 13、开关 SB、X、K_{SX}、SX 再回到 b 点，因为热继电器 11、高低压继电器 20 均处于正常闭合状态，故压缩机电机接触器 C 接通，压缩机正常运转。

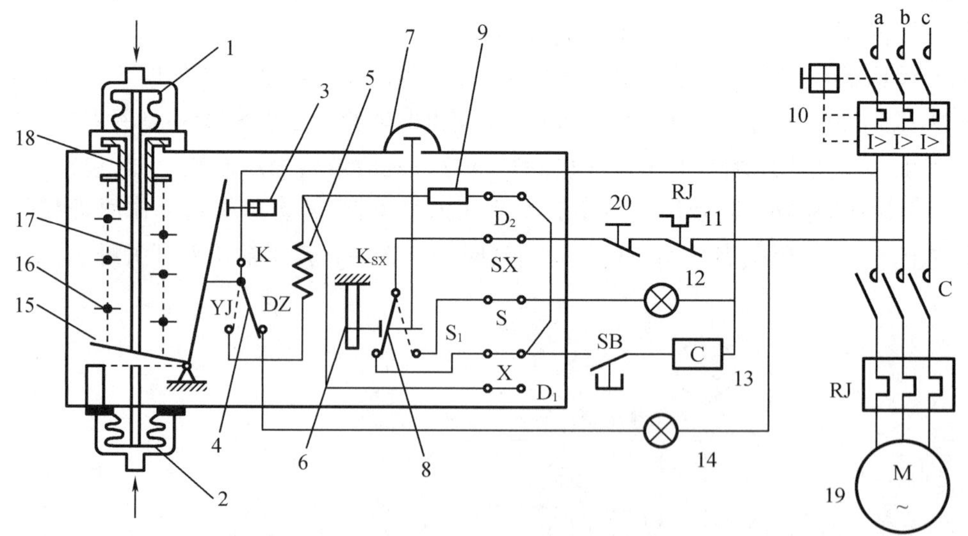

1—低压波纹管；2—高压波纹管；3—试验按钮；4—压力差开关；5—加热器；6—双金属片；7—手动复位按钮；8—延时开关；9—降压电阻；10—电源开关；11—热继电器；12—故障信号灯；13—接触器线圈；14—正常工作灯；15—杠杆；16—主弹簧；17—顶杆；18—压差调节螺丝；19—压缩机电机；20—高低压继电器。

图 5-46　JC3.5 型油压差继电器工作原理图

当压差小于设定值时，杠杆 15 逆时针偏转（处于虚线位置），开关 K 与 YJ 接通，正常信号灯熄灭，电流由 a 点经 K、YJ、加热器 5、D_1、X、K_{SX}、SX 再回到 b，此时压缩机仍能运转，但电热器接通电后发热，加热双金属片，约经过 60 s 后，双金属片向右侧弯曲程度逐渐增大，直至能推动延时开关 K_{SX} 与 S_1 接通，从而切断了交流接触器线圈 13 与电加热器 5 的电源，交流接触器脱开，压缩机停止运转，而故障信号灯 12 亮，同时加热器停止加热。

在因油压差低于设定值使压缩机停车后，虽已停止对双金属片加热，但它在推动延时开关时，其端部已被自锁机构钩住，冷却后也不能弹回，故不能自动复位再次启动压缩机，只有待故障排除后，按动手动复位按钮 7，使 K_{SX} 回复到与 X 接通的位置，使交流接触器线圈通电，才能再启动压缩机。

要注意的是：压差继电器电路中必须有延时机构。若无延时机构，则在压缩机刚启动时，因油压小于给定值（正常油压建立一般不超过 40 s），压差继电器的开关 K_{SX} 会立即切断压缩机电机的电源，造成压缩机无法启动投入工作。

压缩机启动时，在延时时间以内，虽然已经加热双金属片，但因弯曲不足，延时开关尚未动作，故压缩机在运转，故障信号灯不亮，但因开关已经脱离触头 DZ 而未和触头 YJ 相接触，所以短时间内正常信号灯也会不亮。

压差继电器正面装有试验按钮，以便随时测试延时机构的可靠性。在制冷压缩机正常运转过程中，将按钮往左方向推动，并保持 60 s 以上模拟油压消失，强迫开关 K 合到与 YJ 接通，使加热器 5 通电，加热双金属片，如在推动试验按钮时间内能切断电源而使压缩机停车，则说明延时机构能正常工作。

（2）冷凝水压力保护环节

若要制冷装置正常工作，希望冷凝水压力处于一个比较稳定的工作范围。冷凝水压力过高会导致压缩机功耗增大，而且还容易引起设备破损；而冷凝水压力过低，效果也不好。

冷凝水压力保护环节主要有两种：一种是利用压力控制的水量调节系统，另一种是利用温度控制的水量调节系统。图 5-47 和图 5-48 分别是它们的工作原理图。

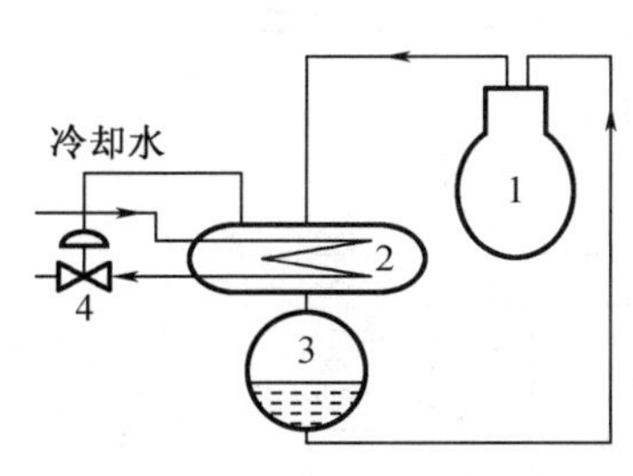

1—压缩机；2—冷凝器；3—贮液罐；
4—压力控制的水量调节阀。

图 5-47　压力控制的水量调节系统

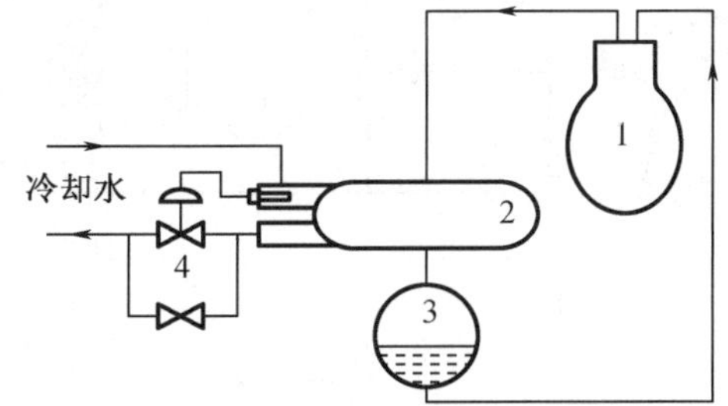

1—压缩机；2—冷凝器；3—贮液罐；
4—温度控制的水量调节阀。

图 5-48　温度控制的水量调节系统

四、融霜控制

在制冷过程中，蒸发器的管外壁温度低于 0 ℃时，空气中的水蒸气就会在其表面结霜

(主要是鱼、肉库,有时菜库也结霜)。由于霜层的导热系数低,蒸发器结霜后就会大大削弱它的吸热能力,从而导致蒸发压力和蒸发温度的降低,装置的制冷量减少,经济性下降;此外,对空气冷却器来说,如霜层较厚,还会使管外肋片间的通道堵塞,通风量减少,甚至难以正常工作。因此,在蒸发器上结有一定厚度的霜层后(一般建议霜厚约 3 mm 时),就必须及时进行融霜。融霜按热源不同分为淋水冲霜、电热融霜和热气融霜。目前,船舶制冷装置越来越普遍采用的是电热融霜。电热融霜有手动和自动两种方式。自动融霜有采用固定时间间隔方式和传感器检测融霜方式。

任务八　船舶中央空调装置控制系统

船舶航行于各个海域,环境和自然条件变化很大,为了能在舱室内创造适宜的人工气候,以便为船上人员提供舒适的工作和生活环境,因此现代船舶大都设有空气调节装置。

空气调节装置的主要任务是使舱室内具有适宜的空气温度、湿度、清新程度和气流速度,同时还要使室温分布均匀并限制噪声。除个别舱室外,船舶空气调节装置一般采用中央空调的形式。

一、船舶中央空调装置的基本原理

图 5-49 是中央空调装置的系统结构图。通常空调装置都是由夏季空调和冬季空调组成的,因此该中央空调装置主要包括两大部分,一部分是将空气进行冷却,形成"冷风",以适应热天的要求;另一部分是将空气进行加热,形成"热风",以适应冷天的要求。

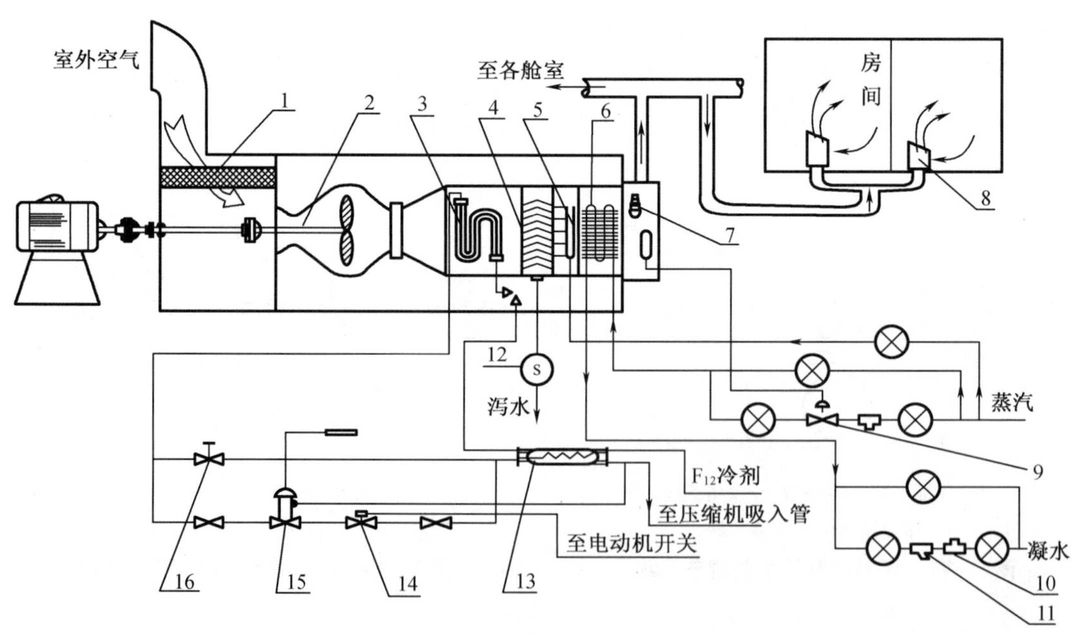

1—滤尘器;2—通风机;3—冷却器;4—除水器;5—喷湿器;6—加热器;7—温度计;8—诱导器;9—温度调节器;10—阻汽器;11—凝水滤器;12—视流器;13—过冷器;14—电磁阀;15—热力膨胀阀;16—手动膨胀阀。

图 5-49　中央空调装置的系统结构图

1. 冷风的形成

从图 5 – 49 可以看出，高压的制冷剂由积储器出来先进入过冷器，在过冷器中进一步受到冷却，以提高制冷效率。然后经电磁阀进入热力膨胀阀节流降压，进入冷却器的盘管中，在管内蒸发吸热后再进入过冷器冷却，然后送至制冷压缩机。电磁阀线圈和压缩机电动机的磁力启动器的常开辅助触点串联。当制冷压缩机的电动机工作时，电磁阀通电开启；压缩机停止运行时，电磁阀关闭。这样可以在压缩机停止工作时，避免大量液态冷剂进入蒸发器，从而使压缩机启动时不会产生冲缸现象。

室外空气经风管进入风箱，先经空气滤尘器清除空气中的尘埃。滤尘可使用纱布、粗孔泡沫塑料或金属网等，再经通风机将空气送入冷却器。冷却器是由多组外面包有散热片的盘管所组成，管内有冷剂流过，制冷剂的蒸发温度一般为 5 ~ 7 ℃，冷剂从管内流过时可将管外流过的空气冷却到 16 ℃左右，经管路通道送至房间，从而维持空调器回风口温度在 27 ~ 29 ℃的合适范围内。

2. 热风的形成

在冷天时，室外空气温度很低，经滤尘后，由通风机吸入，在流经加热器时被加热（通常由蒸汽加热）。为提高换热量，加热器盘管外表面具有散热片。一般来讲，加热后空气温度在 40 ℃左右，40 ℃左右的热风送至房间，即可维持房间温度在 18 ~ 21 ℃的合适范围。

除用蒸汽加热空气外，也可采用热水或电加热器来加热冷空气。空气经过加热以后，比较干燥，因此常用喷一些蒸汽等方法来增加空气的湿度。

二、温度调节的基本方案

船舶中央空调装置的自动调节主要包括降温工况的温度调节和采暖工况的温度、湿度调节。过去曾采用过的高速送风系统风压较高，为避免同一风管上所装的布风器各自启闭时影响风管风压，干扰其他舱室送风，曾采用过送风静压自动调节。现今船舶多采用中速送风，风压不高，相互干扰并不明显，一般无须静压调节。

1. 降温工况的自动调节

降温工况用空气冷却器对空调送风进行冷却、除湿，当送风进入舱室后，按舱室的热湿比升温增湿，吸收热负荷和湿负荷，使室内保持合适的空气参数。

降温工况时空调装置的热负荷受外界气候条件的影响较大，为了保持空调舱室合适的温度，必须进行相应的自动调节。这种调节根据空气冷却器是采用直接蒸发式还是间接冷却式而不同。前者是将制冷剂的蒸发温度控制在一定范围内；后者则是控制流经空气冷却器的载冷剂的流量。显然，这样并不能完全阻止送风温度随外界空气温度、湿度的增减而升降，故舱室内的温度也会因送风温度和显热负荷的增减而升降，然而降温工况这种室温的浮动是合乎要求的。

降温工况只要能保持空气冷却器中足够低的制冷剂蒸发温度或载冷剂温度，即可保持足够低的空气冷却器壁面温度，便有足够的除湿效果，能使一般舱室的相对湿度保持在合适的范围内，故降温工况通常都不对送风湿度再做专门调节。

（1）直接蒸发式空气冷却器的温度调节

采用直接蒸发式空气冷却器的空调制冷装置，一般都采用带能量调节的制冷压缩机与热力膨胀阀相配合，调节制冷剂流量，使蒸发压力、蒸发温度保持在一定范围内。

鉴于每个热力膨胀阀适用的制冷量范围有限，故有些热负荷变动较大的空调制冷装置一个空气冷却器配了两组电磁阀和膨胀阀，在必要时切换使用。

现在新造船舶的空调装置已有采用电子膨胀阀的，其适用的制冷量范围大得多，因此只需用一个膨胀阀即可与能量可调的制冷压缩机匹配，与大范围变化的制冷量相适应。

为了避免室内温度太低，大多数空调装置还采用控制回风(或典型舱室)温度的温度控制器和供液电磁阀对制冷装置进行双位调节，如图5－50(a)所示。当代表舱室平均温度的回风(或典型舱室)温度太低时，温度控制器4就自动关闭供液电磁阀2，于是制冷装置停止工作。

此外也有装置为减少压缩机启停次数，将蒸发器分为两组，各自设有供液电磁阀和膨胀阀，如图5－50(b)所示。其中一组由感受新风温度的温度控制器控制，当天不太热、外界气温不很高时，该温度控制器断电，关闭其控制的供液电磁阀，蒸发器工作面积相应减小(压缩机能量自动调低)，装置制冷量显著减小，以适应热负荷较低时的工作需要。只有当室温仍继续降低并达到调定的下限时，才由感受回风或舱室温度的温度控制器切断剩下的另一组蒸发盘管的供液电磁阀，压缩机随之因蒸发压力降低而停车。

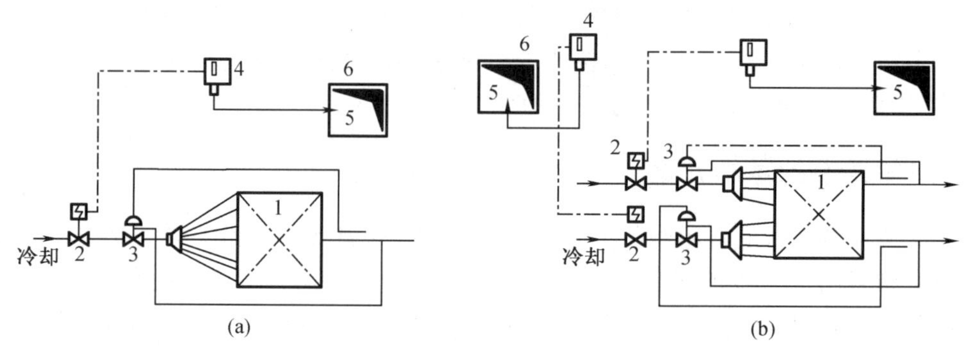

1—蒸发器；2—供液电磁阀；3—膨胀阀；4—温度控制器；5—温包；6—舱室。

图5－50　降温工况舱室温度的自动调节系统图

(2)间接冷却式空气冷却器的温度调节

间接冷却式空气冷却器一般常根据回风或典型舱室温度自动调节载冷剂流量，从而调节空气冷却器的换热量，以控制空调舱室温度。它既可以采用比例调节，也可以采用双位调节。根据回风或典型舱室温度进行自动调节滞后时间长，动态偏差较大。也可以将感温元件放在空调器的分配室内，控制送风温度，但这显然不宜使用双位调节。

图5－51所示为根据回风温度调节载冷剂流量的几种方案。其中图5－51(a)为比例调节，图5－51(b)为双位调节，图5－51(c)为将冷却器分为两组(分组调节)，只对其中的一组进行双位调节。

2. 采暖工况的温度自动调节

(1)调节方案

①控制送风温度。

通过控制送风温度来调节舱室温度滞后时间较短，测温点离调节阀较近，可采用比较简单的直接作用式温度调节器，这是空调系统常用的调节方法，有单脉冲信号和双脉冲信号两种。

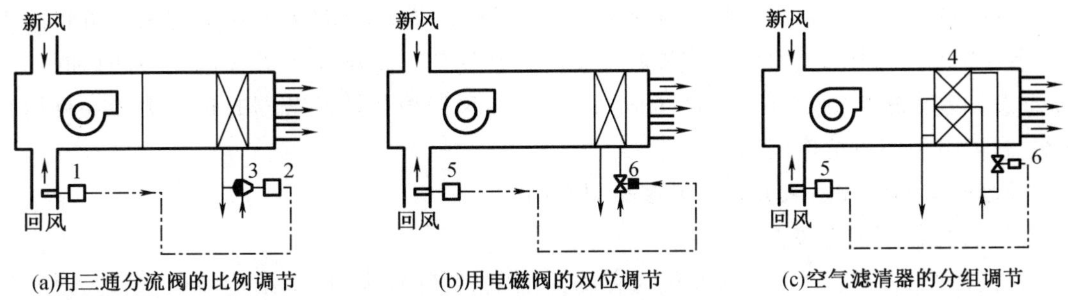

1—温度传感器；2—比例式温度调节器；3—三通分流阀；4—间接式空气冷却器；5—温度控制器；6—电磁阀。

图 5－51 间接冷却式空气冷却器载冷剂流量调节系统图

图 5－52(a)所示为单脉冲信号送风温度调节系统。感受送风温度的送风温度传感器 1 放在空调器出口的分配室内，将信号送到温度调节器 2。当室外新风温度变化时，送风温度也随之变化，于是调节器根据送风温度与调节器调定值的偏差发出信号，对加热工质流量调节阀的开度进行比例调节，使送风温度大致稳定。但是，外界气候变化还会使舱室显热负荷变化。仅控制送风温度不变，室温仍会产生较大的波动，所以又推出了双脉冲信号送风温度调节方案。

图 5－52(b)所示为双脉冲信号送风温度调节方案，它有两个感温元件 5 和 1，分别感受新风温度和送风温度，两个信号同时送入温度调节器 2，综合后再输出调节信号，操纵流量调节阀。这种系统在室外气温降低时相应提高送风温度；室外气温升高时相应降低送风温度，可使室温变动减小，甚至保持不变。室外温度的变化是导致室内温度变化的主要扰动量，在此扰动出现而室温尚未变化时就预先做出调节，称为前馈调节。试验表明，前馈调节能使调节的动态偏差减小，调节过程时间缩短，调节的动态质量指标得到改善。

舒适性空调对温度控制的精度要求并不高，一般采用比例调节即可。

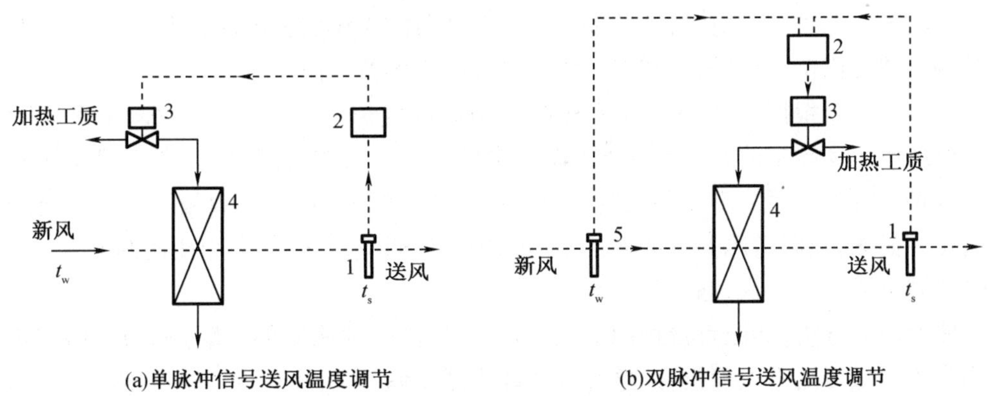

1—送风温度传感器；2—温度调节器；3—流量调节阀；4—空气加热器；5—新风温度传感器；t_w—新风温度；t_s—送风温度。

图 5－52 采暖工况的送风温度调节系统图

②控制典型舱室温度或回风温度。

若采用单脉冲信号调节控制送风温度,则在外界气温变化时室温变化仍可能较大。而将感温元件直接放在所选的典型舱室内,又不一定能使其他舱室都满意;而且测量点往往离调节阀较远,不便于采用直接作用式调节器。因此,有回风的集中式空调装置可将感温元件置于回风口,用回风温度代表各舱室温度的平均值。这种调节方案的调节滞后时间较长,动态偏差也较大;但空调舒适性的要求不高,在采用单脉冲调节器时仍不失为一种可行方案,它可以采用直接作用式调节器。

控制舱室温度或回风温度一般多采用比例调节。

(2)直接作用式温度调节器

直接作用式温度调节器以温包为感温元件,热惯性较大;但其结构简单,管理方便,故在舒适性空调的自动调节中获得广泛应用。

空调加热装置的温度调节器常采用充注甘油之类的液体温包。它利用液体受热膨胀的特性,将温包感受的温度信号转变为压力信号。液体温包的容积都做得较大,这样,毛细管和调节器本体中的液体相对就少得多,从而可减少输出压力受温包以外温度的影响。

3. 采暖工况的湿度自动调节

人对相对湿度不十分敏感,采暖工况可根据送风温度手动调节加湿阀的开度来控制送风相对湿度,即能大致控制舱室的相对湿度。加湿管路常设有与风机连锁启闭的电磁阀。即使采用自动调节,精度也无须太高。

①控制回风或典型舱室的相对湿度。

图 5-53(a)所示为控制回风或典型舱室相对湿度的双位调节系统图。当双位式湿度调节器 10 收到感湿元件 1 送出的湿度信号,表明回风或典型舱室的湿度已降到要求范围的下限时,调节器 10 即会发出调节信号,使加湿电磁阀 11 开启,舱室内湿度随之增加;而当感湿元件感受的湿度达到上限时,调节器又会使电磁阀关闭,于是舱室内湿度即开始下降。这种方案大多采用双位调节,将室内空气湿度控制在 30% ~50% 即可。

②控制送风的相对湿度。

图 5-53(b)给出了控制送风湿度的比例调节系统简图。感湿元件 1 放置在空调器出口的分配室内,用以感受送风的相对湿度,然后将信号送至比例式湿度调节器 2。当送风的相对湿度高于或低于调定值时,调节器会使加湿调节阀 3 相应关小或开大,开度变化与送风湿度的偏差值成比例,使送风的相对湿度控制在一定的范围内。

这种方案只要根据送风温度选取合适的相对湿度调定值,即可大致调定送风的含湿量。只要送风量和舱室的湿负荷不变,就可控制室内空气的含湿量,并在室温变化不大时保持室内相对湿度合适。不过如果舱室的湿负荷变化较大,则室内的相对湿度仍会产生较大的变化。显然,控制送风湿度的方法不能采用双位调节,一般都采用比例调节。

③控制送风的含湿量(露点)。

按照上面的分析,如能直接控制送风的含湿量,同时控制室温,就可控制室内的相对湿度。因为含湿量可由露点确定,故这种方案即为露点调节。图 5-53(c)所示为控制送风露点的空调系统简图。

这种系统采用两级加热的方法,即在预热器 7 后再加设喷水加湿器 4。喷水加湿是一个等焓加湿过程，故加湿后的空气温度会有所降低，未能被吸收的水则由泄水管路泄走。喷水加湿后空气能达到的相对湿度一般比较稳定，只要用调节预热器加热介质流量的方法控制住加湿后的空气温度，即可控制送风的含湿量和露点，而无须担心加湿过量。送风的含湿量一般控制为6～6.3 g/kg，即露点为6～7 ℃。这种方法用温度调节来代替湿度调节，比较方便可靠，适用于采用两级加热的分区再热系统和双风管系统。

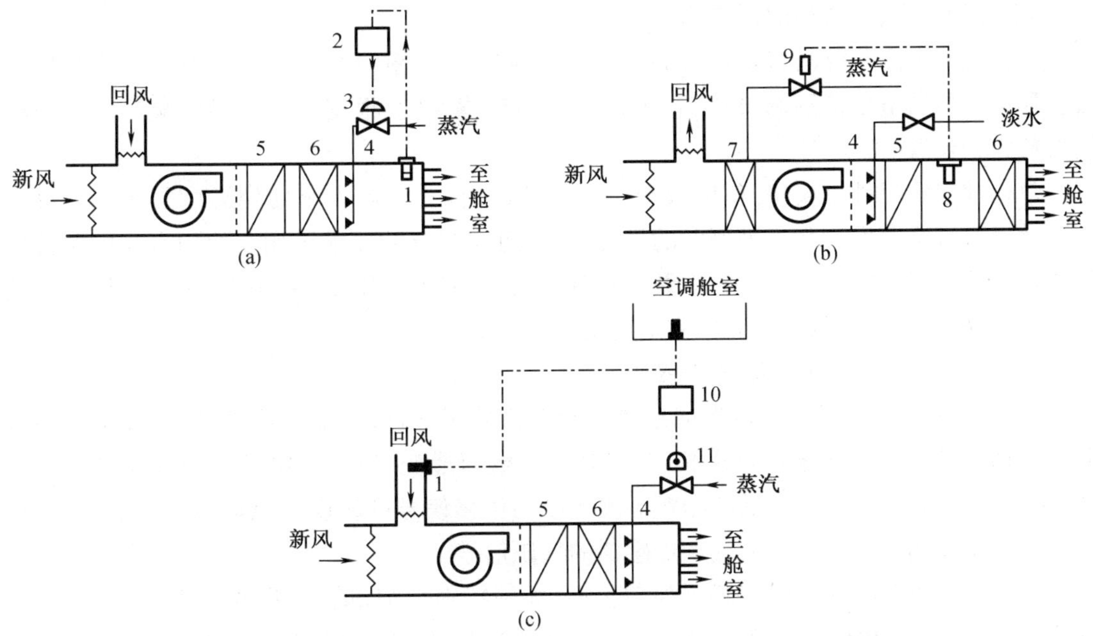

1—感湿元件；2—比例式湿度调节器；3—加湿调节阀；4—喷水加湿器；5—冷却器；6—加热器；
7—预热器；8—温包；9—直接作用式温度调节器；10—双位式湿度调节器；11—加湿电磁阀。

图5－53　加热工况湿度自动调节系统图

4. 湿度传感器（控制器）的原理、特点及维护

中央空调系统冬季加热工况所用的各种湿度传感器（控制器）的差异主要在于测量相对湿度的方法不同。目前常用的方法有以下几种。

（1）电容式湿度传感器

电容式湿度传感器精度较高（3.5%）、体积小、量程宽（10%～95%）、反应快，湿性能稳定，使用寿命长，几乎无须维护，被认为是当今最理想的测量相对湿度的方法，但价格较贵。适用环境温度是0～50 ℃。

电容式湿度传感器是一对金箔制的平板电极，它薄到能允许水蒸气通过。极间介质是有吸、放湿特性的聚合物薄膜，其含水量随空气的相对湿度而变。当极间介质的含水量改变时，平板电容器的电容量会产生很大变化，由检测电路转换成可反映相对湿度大小的0～10 V的直流电压，经电路转换后对加湿阀进行双位或比例控制。

（2）电阻式湿度传感器

电阻式湿度传感器是利用氯化锂等金属盐在相对湿度变化时吸湿量改变，引起电阻值

改变的原理来工作的。

氯化锂双位式电动湿度传感器的感湿元件是一个绝缘的圆柱体,表面平行缠有两根互不接触的银丝,外涂一层含氯化锂的涂料。当空气相对湿度变化时,氯化锂涂料的含水量随之改变,使其导电性改变,通过元件的电流即成比例地发生变化。此电信号经晶体管放大器放大后,去控制调湿电磁阀。当空气相对湿度达到调定值时,信号控制器触头断开,则电磁阀断电关闭,停止向空调器喷湿;当相对湿度低于调定值的1%时,信号控制器触头闭合,则电磁阀开启,蒸汽加湿器工作。

氯化锂的电阻值除与含水量有关外,还与温度有关。湿度传感器上设有可改变晶体管放大器中电位器电阻值的调节旋钮,可按当时的环境温度,根据厂家提供的湿温关系曲线设置旋钮的位置。

氯化锂感湿元件反应快,精度很高(±1.5%以内)。最高安全使用温度是55 ℃,过高则氯化锂溶液会蒸发。其每种测头的量程较窄,应按空调的要求选用。使用直流电源会使氯化锂溶液电解,故不能用万用表测量其感湿元件电阻。用久后氯化锂涂料会脏污或剥落,故在维护保养方面该感湿元件需定期清洁和更换。

(3)毛发(或尼龙薄膜)湿度传感器

这种传感器是采用脱脂毛发或尼龙薄膜作为感湿元件,它们有许多微孔,在空气相对湿度变化时微孔的吸湿能力会改变,引起其弹性壁面形变,故在一定的拉力作用下长度会随相对湿度的升降而增减。反映相对湿度大小的位移信号可转换成电动传感器的电信号,也可通过喷嘴挡板机构转换为气动传感器的气压信号。

毛发或尼龙薄膜的电动传感器简单价廉,无须特别维护,量程(尼龙式30%~80%;毛发式20%~96%)和精度(±5%)能满足舒适性空调的要求;但其灵敏度差,而且毛发与尼龙薄膜用久后易发生塑性变形与老化,会影响测量精度,故在维护保养方面,其零值和终值常需调整。

(4)利用干湿球温差反映相对湿度的湿度传感器

该传感器在陆地上很常见。它利用空气干湿球温度计的测湿原理,根据干球温度与湿球温度的差值,使电开关动作。用两个电阻式温度传感器,一个测量干球温度,一个外面包着湿纱布测量湿球温度。用电子线路将信号放大,去控制电触点动作。干湿球温度测量中要用小风扇强制吹风,湿包测点处的风速保持为3~4 m/s。由于湿球温度测量中要用水,所以这种湿度计只能在0 ℃以上的环境测湿。

由于它需要经常保持湿感温元件外面所套的湿纱布浸水、清洁和通风,管理及维护较麻烦,船上较少采用。

参考文献

[1] 李世臣，徐善林. 船舶机舱自动化[M]. 大连：大连海事大学出版社，2012.

[2] 林叶锦. 轮机自动化[M]. 大连:大连海事大学出版社,2009.

[3] 赵晓玲,孙旭清. 轮机员船电业务[M]. 大连:大连海事大学出版社,2006.

[4] 阮礽忠. 船舶电气设备维修指南[M]. 北京:人民交通出版社,1999.

[5] 吴树雄. 船舶轮机自动测控技术[M]. 大连:大连海事大学出版社,2000.

[6] 李世臣,徐善林. 船舶机舱自动化:电子电气专业[M]. 大连:大连海事大学出版社,2012.

[7] 谭跃. 船舶电力拖动系统[M]. 大连:大连海事大学出版社,2013.

[8] 邱赤东,高兴斌,安亮,等. 船舶机舱自动化[M]. 大连:大连海事大学出版社,2020.